"十四五"职业教育国家规划教材

国际货运代理实务

（第4版）

主　编　张　敏　周敢飞
副主编　李　淼　陈红霞　杨　楠

北京理工大学出版社
BEIJING INSTITUTE OF TECHNOLOGY PRESS

版权专有　侵权必究

图书在版编目（CIP）数据

国际货运代理实务 / 张敏，周敢飞主编 . —4 版 . —北京：北京理工大学出版社，2019.11（2023.7 重印）

ISBN 978-7-5682-7710-5

Ⅰ．①国…　Ⅱ．①张…②周…　Ⅲ．①国际货运-货运代理-高等学校-教材　Ⅳ．①F511.41

中国版本图书馆 CIP 数据核字（2019）第 235225 号

出版发行 / 北京理工大学出版社有限责任公司
社　　址 / 北京市海淀区中关村南大街 5 号
邮　　编 / 100081
电　　话 /（010）68914775（总编室）
　　　　　（010）82562903（教材售后服务热线）
　　　　　（010）68944723（其他图书服务热线）
网　　址 / http://www.bitpress.com.cn
经　　销 / 全国各地新华书店
印　　刷 / 三河市天利华印刷装订有限公司
开　　本 / 787 毫米×1092 毫米　1/16
印　　张 / 18　　　　　　　　　　　　　　　　　　　责任编辑 / 申玉琴
字　　数 / 425 千字　　　　　　　　　　　　　　　　文案编辑 / 申玉琴
版　　次 / 2019 年 11 月第 4 版　2023 年 7 月第 5 次印刷　责任校对 / 周瑞红
定　　价 / 49.00 元　　　　　　　　　　　　　　　　责任印制 / 施胜娟

图书出现印装质量问题，请拨打售后服务热线，本社负责调换

前言 FOREWORD

二十大报告指出：构建优质高效的服务业新体系，推动现代服务业同先进制造业、现代农业深度融合；加快发展物联网，建设高效顺畅的流通体系，降低物流成本，并加快发展数字经济，促进数字经济和实体经济深度融合。为全面贯彻党的二十大精神，推动教育高质量发展，本书落实立德树人根本任务，遵循"思政""专业"相长原则，挖掘和提炼课程思政元素，进行德育渗透的教学设计与实践。

1. 风格创新。保持原有理论分析透彻、实际操作性强的基础上，更加突出现行市场现行操作需要，突出满足打好学生理论基础和培养实践能力需要。

2. 体例创新。在保留原来丰富的知识覆盖面的基础上，对篇章体例进行了整合，结构更加紧凑，重点更加突出。

3. 内容创新。新增了国际货运代理必备的港口、航线班轮公司等资料以及港口库场、港口理货、港口船舶代理等知识。

本书于2014年8月经全国职业教育教材审定委员会审定并经教育部批准正式发布为"十二五"职业教育国家级规划教材，在教材的使用中受到广大读者的欢迎和喜爱。

本书由广州航海学院张敏、厦门中远海运集装箱运输有限公司周敢飞担任主编，江苏海事职业技术学院李淼、陈红霞、杨楠担任副主编。具体编写分工如下：第一章、第三章、第四章、第五章、第八章第一节、第九章由张敏编写；第二章由周敢飞编写；第七章、第八章

第二节由陈红霞编写；第六章、第八章第三节由李淼编写；第十章由杨楠编写。

本书在编写过程中参考了大量书籍和资料，在此谨向有关作者及提供资料的公司和人员表示感谢！由于编者水平有限，错误之处敬请读者批评指正。

编　者

目 录 CONTENTS

第1章 国际货运代理业务综述 ………………………………………… (1)
  1.1 国际货运代理的基本概念 ……………………………………… (1)
  1.2 国际货运代理的性质 …………………………………………… (4)
  1.3 国际货运代理人与无船承运人的识别 ………………………… (6)
  1.4 国际货运代理业务概述 ………………………………………… (8)
  1.5 国际货运代理业务基础知识体系 ……………………………… (12)
  1.6 国际货运代理在贸易和运输流程中的作用 …………………… (19)
  1.7 国际货运代理与第三方物流实务 ……………………………… (22)

第2章 国际集装箱班轮货运代理业务 ………………………………… (28)
  2.1 集装箱班轮货运代理业务概述 ………………………………… (28)
  2.2 国际海上运输航线、港口、班轮公司 ………………………… (34)
  2.3 国际集装箱班轮运输组织 ……………………………………… (40)
  2.4 整箱货货运代理业务流程 ……………………………………… (43)
  2.5 拼箱货货运代理业务流程 ……………………………………… (56)
  2.6 集装箱的发放和交接程序 ……………………………………… (59)
  2.7 整箱出口退关、漏装处理 ……………………………………… (61)

第3章 国际危险货物运输业务 ………………………………………… (65)
  3.1 国际海运危险货物规则概述 …………………………………… (65)
  3.2 危险货物运输业务代理 ………………………………………… (66)
  3.3 托运危险品的单证 ……………………………………………… (68)

第4章 国际货运租船业务 ……………………………………………… (70)
  4.1 租船经纪人业务 ………………………………………………… (70)
  4.2 租船运输概述 …………………………………………………… (74)
  4.3 航次租船运输 …………………………………………………… (80)
  4.4 定期租船运输 …………………………………………………… (88)

第5章　港口货运业务 (94)
　　5.1　港口库场业务 (94)
　　5.2　港口货运理货业务 (100)
　　5.3　港口货运船舶代理业务 (105)

第6章　航空货运代理理论与实务 (111)
　　6.1　国际航空货物运输概述 (111)
　　6.2　航空运价与运费 (126)
　　6.3　不正常运输、变更运输及责任与赔偿 (138)

第7章　国际多式联运理论与实务 (147)
　　7.1　国际多式联运概述 (147)
　　7.2　国际货物多式联运实务 (161)

第8章　国际货运单证及单证业务 (178)
　　8.1　提单及提单业务 (178)
　　8.2　航空货运单 (198)
　　8.3　多式联运单据与单证业务 (206)

第9章　国际货物报关与报检代理实务 (218)
　　9.1　国际货物报关代理知识概述 (218)
　　9.2　国际货物检验检疫代理实务 (224)
　　9.3　其他对外贸易管制 (227)

第10章　国际货运代理业务纠纷处理及货运代理法律责任 (232)
　　10.1　货运事故处理 (232)
　　10.2　货运保险理赔 (239)
　　10.3　国际货运代理的责任 (242)
　　10.4　调整国际货运代理法律关系的法律 (248)
　　10.5　货运代理业务经营风险及防范对策 (249)

附录1　常用货运业务缩略语（英汉对照） (256)
附录2　常用附加费名称（英汉对照） (273)
附录3　常用提单名称（英汉对照） (274)

参考文献 (276)

第1章

国际货运代理业务综述

> **教学目的**
>
> 从国际货运代理的概念、性质入手，了解国际货运代理在各种业务中的身份和地位，以及国际货运代理业务在国际贸易和运输中的作用，即如何在进出口业务履行中发挥纽带及服务作用。了解国际货运代理业务广泛涉及的外贸、口岸管理、保险、运输等知识体系，为后面各章货运代理具体业务的学习打下基础。

国际货运代理人源于英文"the freight forwarder"一词。"freight"本义是指运输的货物；"forward"作为动词，具有发送、转运之意；"forwarder"是指传递东西的人或代运人、转运商。因此，"the freight forwarder"本义是指为他人安排货物运输的人，在运输领域应被称为运输业者、运输行、转运公司等。

随着国际贸易结构的精密化和国际货物运输方式的多样化，国际货运代理业逐渐形成并渗透至国际贸易、国际运输的每一个领域，成为国际贸易、运输中不可缺少的重要组成部分。

国际货运代理业是社会经济部门中一个独立的行业，它涉及运输、保险、银行、海关、商检、卫生检疫、仓储等诸多社会部门和机构，但却不能为上述任何部门和机构所涵盖。国际货运代理业在海上货物运输中一直处于重要地位，随着集装箱及多式联运的发展，这种重要性已经达到了前所未有的高度。

1.1 国际货运代理的基本概念

1. 国际货运代理人

"国际货运代理人"一词，国际上虽然没有统一、公认的定义，但在一些权威机构和工具书以及一些标准交易条件中都有一定的解释。

国际货运代理，可以从国际货运代理人和国际货运代理企业两个角度来理解。

根据国际货运代理协会联合会（FIATA）的有关文件，货运代理人的定义是：根据客户的指示，为客户的利益而承揽货物运输的人，其本身并不是承运人。货运代理人也可以依据这些条件，从事与运输合同有关的活动，如储货、报关、验收、收款等。国际货运代理人本质上属于货物运输关系人的代理人，是联系发货人、收货人和承运人的货物运输中介人。

联合国亚太经合组织对货运代理人的解释是：货运代理人代表其客户揽取货物运输，而本人并不起承运人的作用。

2. 国际货运代理企业

国际货运代理业是随着国际经济贸易的发展、国际运输方式的变革、信息技术的进步发展起来的一个相对年轻的行业，在社会产业结构中属于第三产业，性质上属于服务业。

1) 国际货运代理企业的含义

国际货物运输代理企业（简称国际货运代理企业）是指接受进出口货物发货人、收货人或承运人的委托，以委托人的名义或者以自己的名义，为委托人办理国际货物运输及相关业务并收取服务报酬的法人企业。

国际货运代理企业可以作为进出口货物收货人、发货人的代理人，也可以作为独立经营人，从事国际货运代理业务。国际货运代理企业作为代理人从事国际货运代理业务，是指国际货运代理企业接受进出口货物收货人、发货人或其代理人的委托，以委托人的名义或者以自己的名义办理有关业务，收取代理费或佣金的行为。国际货运代理企业作为独立经营者从事国际货运代理业务，是指国际货运代理企业接受进出口货物收货人、发货人或其代理人的委托，签发运输单证、履行运输合同并收取运费以及服务费的行为。

外商投资国际货运代理企业是指外国投资者以中外合资、中外合作或外商独资的形式设立的接受进出口货物收货人、发货人的委托，以委托人的名义或以自己的名义，为委托人办理国际货物运输及相关业务并收取服务报酬的外商投资企业。

2) 国际货运代理企业的名称和组织形式

国际货运代理企业必须依法取得中华人民共和国企业法人资格，国际货运代理企业的名称、标志应当符合国家法律法规的有关规定，符合其业务性质、范围，并能表明行业特点，其名称应当含有"货运代理""运输服务""集运"或"物流"等相关字样。根据2005年商务部和国家工商行政管理总局①《关于国际货物运输代理企业登记和管理有关问题的通知》精神，取消国际货运代理企业经营资格审批以后，新成立的以国际货运代理为主要业务的企业，其名称中必须体现"国际货运代理企业"类似字样。

目前，我国国际货运代理企业的组织形式是以有限责任公司或股份有限公司为主。随着新《公司法》的实施，一人公司将大量设立，一人独资企业等其他组织形式的国际货运代理企业将逐渐增多。

3) 国际货运代理企业的分类

国际货运代理企业可以从不同的角度进行分类，为了更好地了解其行业特点和业务内容，以企业的成立背景和经营特点为标准，可以分为以下几种类型。

（1）以对外贸易运输企业为背景的国际货运代理企业。

这类国际货运代理企业主要是指中国对外贸易运输（集团）公司及其分公司、子公司、控股公司、合资公司。以海、陆、空国际货运代理业务为主，集海上运输、航空运输、航空快递、铁路运输、国际多式联运、汽车运输、仓储、船舶经营和管理、船舶租赁、船务代理、综合物流于一体。它的特点是一业为主，多种经营，经营范围较宽，业务网络发达，实

---

① 更名为国家市场监督管理总局。

力雄厚，人力资源丰富，综合市场竞争能力较强。

(2) 以实际承运人企业为背景的国际货运代理企业。

这类国际货运代理企业主要是指由公路、铁路、海上、航空运输部门或企业投资或控股的国际货运代理企业，如中国铁路对外服务总公司、中国外轮代理总公司、中远国际货运代理有限公司、中国民航客货运输销售代理公司等。它的特点是专业化经营，与实际承运人关系密切，运价优势明显，运输信息灵通，方便货主，在特定的运输方式下市场竞争力较强。

(3) 以外贸、工贸公司为背景的国际货运代理企业。

这类国际货运代理企业主要是指由各专业外贸公司或大型工贸公司投资或控股的国际货运代理企业，如五矿国际货运公司、中化国际仓储运输公司、中粮国际仓储运输公司、中机国际仓储运输公司、中成国际运输公司、长城国际运输代理有限公司等。它的特点是货源相对稳定，处理货物和单据的经验丰富，对某些类型货物的运输代理竞争优势较强，但多数规模不大，服务功能不够全面，服务网络不够发达。

(4) 以仓储、包装企业为背景的国际货运代理企业。

这类国际货运代理企业主要是指由仓储、包装企业投资、控股的国际货运代理企业或增加经营范围后的国际货运代理企业，如北京市友谊包装运输公司、天津宏达国际货运代理有限公司、中储国际货运代理公司等。它的特点是凭借仓储优势揽取货源，深得货主信任，对于特种物品的运输代理经验丰富，但多数规模较小，服务网点较少，综合服务能力不强。

(5) 以港口、航道、机场企业为背景的国际货运代理企业。

这类国际货运代理企业主要是指由港口、航道、机场企业投资、控股的国际货运代理企业，如上海集装箱码头有限公司、天津振华国际货运有限公司等。这类国际货运代理企业的特点是与港口、机场企业关系密切，港口、场站作业经验丰富，对集装箱货物运输代理具有竞争优势，人员素质、管理水平较高，但是服务内容较为单一，缺乏服务网络。

(6) 以境外国际运输、运输代理企业为背景的国际货运代理企业。

这类国际货运代理企业主要是指境外国际运输、运输代理企业以合资、合作方式在中国境内设立的外商投资国际货运代理企业。它的特点是国际业务网络较为发达，信息化程度、人员素质、管理水平高，服务质量好。

(7) 其他背景的国际货运代理企业。

这类国际货运代理企业主要是指由其他投资者投资或控股的国际货运代理企业。它的投资主体多样，经营规模、经营范围不一，人员素质、管理水平、服务质量参差不齐。有的实力雄厚，业务范围广泛，服务网络较为发达，信息化程度、人员素质、管理水平较高，服务质量较好，如天津大田航空服务代理公司、北京市外国企业服务总公司等；有的规模较小，服务内容单一，人员素质、管理水平不高，服务质量一般。

4) 对国际货运代理企业的监督管理

我国对国际货运代理企业的监督管理分为政府主管部门监管和行业自律。

我国由商务部负责对国际货运代理企业进行监督管理，制定国际货运与现代物流发展战略，建立国际货运与现代物流公共信息服务体系，鼓励国际货运代理企业开拓国际市场。

国内的行业自律组织是中国国际货运代理协会和各地方国际货运代理协会，由各从事国际货运代理业务的公司和企业组成，其作用是加强行业自律，制定国际货运代理提单范本，规范责任保险范围，制定标准交易条件，维护行业经营秩序，维护会员企业合法权益。各地方国际货运代理协会接受中国国际货运代理协会业务指导，并接受商务部监管。

1.2 国际货运代理的性质

从上述定义可以看出国际货运代理人的法律地位的复杂性，如何理解国际货运代理作为代理人和作为独立经营人的性质？不少教材称货运代理人的角色从"代理人"逐步向"经营人"或"承运人"的角色发展；而关于代理人，则称"虽然也以独立经营人的身份从事仓储、短途运输，甚至以承运人的身份出具运单、提单，但其本质还是货物运输的代理人"，等等，这些说法从本质上混淆了代理人与当事人的法律地位和责任。即以独立经营人身份从事业务或以承运人身份出具运单、提单，则其身份就不再是代理人了，应当承担当事人相应的责任。

那么关于代理人和当事人，有必要从民法基本原理上进行分析。

1.2.1 民事代理的含义

代理是一种依他人的独立行为而使被代理人（又称本人）直接取得其法律效果的制度。它使得自然人和经济组织借助于代理制度，克服个人能力、精力和地域限制，把民事活动和商业活动的范围扩大。

代理分为委托代理、法定代理和指定代理。委托代理是指由被代理人委托、授权而产生代理权的代理行为。委托代理的权限和权限大小受制于授权委托书的内容，没有授权委托的无代理权的行为，超过授权委托范围的超越代理权行为或者代理权终止后的行为，只有经过被代理人的追认，被代理人才承担民事责任。未经过追认的行为，由行为人承担民事责任。

代理分为狭义代理和广义代理。所谓狭义代理，指代理人以被代理人名义从事法律行为，而使其法律效果直接归属被代理人。所谓广义代理，指代理人以被代理人名义或以自己的名义，代被代理人从事法律行为，而使所产生的法律后果直接或间接归属于被代理人。代理概念还可分为直接代理与间接代理。直接代理即是狭义代理。间接代理，指代理人以自己的名义从事法律行为，而使其法律后果间接地归属于被代理人。而广义代理中既包括直接代理，也包括间接代理。

可见，代理制度的核心是——为被代理人从事的民事法律行为，后果直接归属于被代理人。大陆法系代理法在确定谁与第三人订立合同时，一般采用严格的"名义原则"，即代理人究竟是以被代理人的名义，还是以自己的名义与第三人订立合同。在名义原则的基础上，多数大陆法系代理法把代理关系分为直接代理与间接代理。

我国《民法通则》中代理的定义为：代理是代理人在代理权范围内，以被代理人的名义独立与第三人的法律行为。采取的是直接代理概念，又称狭义的代理。我国《合同法》第402条和第403条的规定，在一定程度上承认了间接代理。即我国的代理制度既有直接代理也有间接代理的规定。在我国，判断行为人是代理人或当事人（实务称独立经营人）的地位，不以其行为是否以自己的名义为唯一标准。

■ 链接1-1 我国代理制度的法律规定

我国《民法通则》第63条："代理人在代理权限内，以被代理人的名义实施的民事法律行为，被代理人对代理人的代理行为，承担民事责任。"

我国《合同法》第 402 条："受托人以自己的名义，在委托人的授权范围内与第三人订立的合同，第三人在订立合同时知道受托人与委托人之间的代理关系的，该合同直接约束委托人和第三人，但有确切证据证明该合同只约束受托人和第三人的除外。"

第 403 条："受托人以自己的名义与第三人订立合同时，第三人不知道受托人与委托人之间的代理关系的，受托人因第三人的原因对委托人不履行义务，受托人应当向委托人披露第三人，委托人因此可以行使受托人对第三人的权利，但第三人与受托人订立合同时如果知道该委托人就不会订立合同的除外。

"受托人因委托人的原因对第三人不履行义务，受托人应当向第三人披露委托人，第三人因此可以选择受托人或者委托人作为相对人主张权利，但第三人不得变更选定的相对人。

"委托人行使受托人对第三人的权利的，第三人可以向委托人主张其对受托人的抗辩。第三人选定委托人作为其相对人的，委托人可以向第三人主张其对受托人的抗辩以及受托人对第三人的抗辩。"

1.2.2　国际货运代理的含义与民法代理的关系

英美法系与大陆法系两大法系关于代理制度的细微区别：英美法系对代理制度的规定较清晰，仅存在被代理人和代理人之分；大陆法系的间接代理制度，似乎在英美代理制度中，在代理人和被代理人之间介入"中间人"。间接代理制度中涉及间接代理人（以自己的名义代表委托人开展业务的代理）及该代理人签订的所谓的间接代理合同。该合同的本质特征是一个代理人兼有当事人和代理人的双重身份。对他的客户来说，他是代理人，履行客户委托的义务；根据与承运人签订的合同，他又是运输合同的当事人，作为当事人，货运代理人有权同承运人签订运输合同，并要求承运人履行所签订的运输合同。正是因为英美法系与大陆法系关于代理制度的细微区别，而法律中又无法找到与中间人相对应的概念，所以，容易造成理解上的差异。

大陆法系的间接代理制度体现在国际货运代理制度的立法上。大陆法系出现了代表委托人、却以自己的名义与承运人签订运输合同，具有佣金代理人性质的国际货运代理人制度。国际货运代理人不仅仅是纯粹的代理人，而且还有可能扮演当事人的角色。国际货运代理人是一种中间人性质的运输业者，他既代表货方，保护货方利益，又协调承运人进行承运工作。因此，学术界和业务界曾一度认为国际货运代理在性质上有别于民事代理，有其特殊性，故有虽然充当了当事人角色但还是应该认定为代理人之说。而所谓的"货物中间人"，其法律的性质应依国际货运代理在实际业务中所起的作用而定。应该承担独立责任的时候，不能以代理人为由逃避责任。

1.2.3　货运代理性质的区分标准

国际货运代理人的上述这两种身份所承担的责任差异很大，关系到国际货运代理人及其相关各方的权益。作为代理人，国际货运代理人仅需要在安排客户货物运输时，做到合理谨慎，而作为当事人的国际货运代理人有责任将客户的货物运送到目的地，其行为远远超出了合理谨慎的要求。所以，法律上要求首先把国际货运代理人充当纯粹代理人和充当当事人两种情况区别开来。

一个国家商业越发达，其国际货运代理人的地位越多样、琐碎、难以把握。国际货运代理人的法律地位及其相应的权利与义务在一国乃至全世界都是一个难以解决的问题，有人称在21世纪，最令货运代理人头疼的法律问题是区分当事人和代理人身份的问题。最终其法律地位将由所属国家的法律决定，而且要考虑货运代理人的实际业务操作。

■ **链接1-2** 区别货运代理人身份至少应考虑以下因素：
（1）是否有强制法的规定或习惯做法。
（2）是否签发了自己的全程运输单证。
（3）是否持有客户据以要求实际承运人履行运输合同的单证。
（4）是收取基于运输费用计算的佣金，还是赚取所付运费与向客户收费之间的差价。
（5）是否与客户以前有过交易。

上述标准仅为区别货运代理人身份之参考，判定货运代理人法律地位还要依个案事实，以及相关法院对具体合同的解释。

1.3 国际货运代理人与无船承运人的识别

1.3.1 国际货运代理人与无船承运人的关系

实践中，国际货运代理人作为纯粹代理人和当事人身份混同，突出表现为货运代理与无船承运人的关系上。

对无船承运人最早规定于FMC的General Order 4：在美国FMC的管辖下，不经营运输船舶而作为海洋公共承运人，称为Non-vessel Operating Common Carrier by Water，简称NVOCC，由美国联邦海事委员会在1961年创设。1984年美国《航运法》对无船承运人的规范被上升为法律。我国《国际海运条例》规定：无船承运业务，是指无船承运业务经营者以承运人身份接受托运人的货载，签收自己的提单，或者其他运输单证，向托运人收取运费，通过国际船舶运输经营者完成国际海上货物运输。

《国际海运条例》出台前，我国没有无船承运人的概念，通常将除船公司之外的海上运输货运业务统称为货运代理业务，但货运代理人事实上承担了作为运输当事人即无船承运人时的权利义务。从这个角度看，无船承运业务是国际货运代理的独立经营人业务，无船承运人是从国际货运代理的双重身份中独立出来的所谓独立国际海运经营人。在《国际海运条例》设立无船承运人制度之前，无船承运业务实际是由货运代理人从事的独立国际海运经营人业务，新的行政立法不过是把货运代理原有的业务进行经营主体的重新认定和变更行政管理主体。

无船承运人和货运代理人在主体上的混同以及业务操作上的相似性，加上有的货运代理公司为了规避大于代理人责任的承运人的责任，而在操作中故意混淆这两种业务，导致了一旦发生纠纷，法院在识别其法律身份时异常困难，司法的不确定性反过来又使得从业者认识上更加混乱。

1.3.2 识别国际货运代理人与无船承运人的方法

司法实践中,涉及货运代理公司身份的诉讼主要有两种类型:① 托运人或提单持有人在发生货损、货差、无单放货或延迟交付后,以货运代理公司为被告提出索赔;② 货运代理公司作为原告向托运人主张运杂费。在这两类案件中,货运代理公司的法律身份一般都会成为案件的焦点问题。货运代理公司向托运人主张运费时,往往自称为无船承运人,托运人则认为其应为货运代理人,无权主张运费;在托运人或提单持有人向货运代理公司索赔货物损失时,通常将货运代理公司视为无船承运人,而货运代理公司则认为自己为货运代理人。

目前达成共识的有如下几种识别货运代理人与无船承运人的方法。

1. 合同的约定

这里所称的合同是指当事人签订的书面合同,而非提单或者其他运输单证所证明的合同。书面合同是判断当事人之间合同关系性质的重要依据,也是识别货运代理人和无船承运人最直接的标准。如果委托人(托运人)与货运代理公司之间订有书面合同(协议),则通常根据合同的名称和内容判断该合同属于运输合同或者代理合同,进一步判断货运代理公司的法律身份(货运代理人或无船承运人)。如果合同的名称与合同的内容不一致(如合同的名称为运输合同,而合同的内容中没有运输合同的基本条款),则以合同的内容为准。

2. 是否签发无船承运人提单

通过提单识别无船承运人,一是看提单格式。在货运代理公司使用自身格式的无船承运人提单(提单抬头印制了货运代理公司名称)的情形下,一般应认定其为无船承运人;反之,在货运代理公司没有使用自身格式的无船承运人提单,而是由船公司签发船东提单的情形下,则船公司为承运人,货运代理公司一般为代理人。二是看提单的签署。一般而言,船东提单以船公司为抬头,由船舶代理人代签。船舶代理人的签署或表明其所代理的船公司,或仅表示"代表承运人"或"代表船长"(for and on behalf of the carrier/master)。无船承运人提单通常由货运代理公司自己签署,其签署应与抬头一致,即表明"作为承运人"(as carrier)。然而,现实中往往并非如此。绝大多数货运代理公司即使使用其无船承运人提单,在签署时仍然表示其"作为代理人"(as agent 或 As agent for the carrier)。这是一种"浑水摸鱼"的心态,具有很大的迷惑性,可能因抬头与签署不一致而被认为以签署为准。根据提单识别承运人的主流意见认为:在提单抬头与签署不一致的情况下,应当以签署为准。假定如此,则货运代理公司可以在使用其无船承运人提单的情况下也能轻易地逃避无船承运人的责任。因此,目前法院新的观点认为:在识别无船承运人的场合,传统的"签署优于格式"的观点不能适用,而应当反其道而行——在签署与格式(抬头)不一致的情况下,以格式为准,因为所谓的 Carrier 其实并不存在。船公司没有使用自己的提单格式,也没有授权货运代理公司签发提单,船公司就不能被认定为所谓的 Carrier。在没有船公司授权的情况下,货运代理公司很难为其自称的"代理"身份进行有效抗辩;而在船公司授权货运代理公司签发提单的极少数情况下,货运代理公司的身份变为船舶代理人,其使用的提单格式应为船东提单,而非无船承运人提单。

3. 收取报酬的形式

目前,货运代理公司取得报酬的主要形式为包干费用,即由货主一次性向货运代理公司支付包括货物运费和货运代理公司利润在内的费用。货运代理公司在收取货主支付的费用之后（或之前），向船公司支付较低的运费，其中差额为货运代理公司的利润。这种收费方式，也常常被当事人（一般为货主）引以为判断货运代理公司法律身份的理由：收取运费是承运人的权利，货运代理公司收取运费，可以表明其承运人的身份。

■ **链接 1-3** 案例

原告李××诉被告 A 公司海上货物运输合同纠纷案［一审案号：（2005）广海法初字第××号；二审案号：（2005）粤高法民四终字第×××号］。李××委托 A 公司将一批货物运至委内瑞拉，A 公司告知李××有不同的船公司选择并说明各自的运价。李××选定了船公司并向 A 公司支付了海运费。广州海事法院认为：A 公司与李××约定并收取了全程运费而非代理费，应视 A 公司自为运输，认定 A 公司为承运人。广东省高级人民法院二审认为：我国法律没有明确规定代理报酬的形式。代理报酬形式不单单限于代理佣金这一单一形式，运费差价亦可作为代理报酬。A 公司收取海运费这一事实并不足以认定 A 公司与李××之间成立运输合同关系。

4. 其他方法

在委托人与货运代理公司之间不存在书面合同、货运代理公司也没有签发自己格式的无船承运人提单的情况下，识别货运代理公司的身份，首先需要从货运代理公司对委托人的询价答复、托运单或者委托书的内容、船公司签发给货运代理公司的提单等方面综合考虑。一般而言，如果委托人指定了船公司，或者货运代理公司在答复委托人的询价时披露船公司，并且（或者）提供多家船公司供委托人选择，托运单或者委托书记载了船名或以其他方式表明了货运代理公司的代理人身份，船公司签发给货运代理公司的提单记载的托运人是委托人，则应当认为货运代理公司披露了承运人，并且明示或者暗示其代理人的身份；反之，如果货运代理公司在相关文件中没有披露承运人，也没有表明其代理人的身份，而且，船公司签发的提单中记载的托运人是货运代理公司，则一般应认定货运代理公司为无船承运人。

具有无船承运人资格的货运代理公司，同时具有"国际海运业运输专用发票"和"国际货物运输代理业专用发票"。按规定，两种发票应分别对应两种不同性质的业务。但是，货运代理公司在日常操作中并没有严格按规定要求根据提供服务的不同类型开具相应的发票。除非委托人特别要求，货运代理公司通常出具货运代理发票。因此，货运代理发票不足以成为判断货运代理身份的依据。

当依据上述因素仍不足以做出判断时，还可以参考其他因素。其他因素包括委托人与货运代理公司之间的往来函件、双方的交易历史、货运代理公司的参与程度等。

1.4　国际货运代理业务概述

1.4.1　国际货运代理业务的起源

航运科技的进步以及航贸一体时代的结束，使得航运与外贸分离成两个彼此独立的部门，并通过提高专业化程度来实现利益的最大化。随着航运和外贸两部门分工日益精细，两部门出现了信息不对称、专业知识垄断的局面，而两部门又没必要为跨越这种行业界限而付出成本，因此，国际货运代理人应运而生。

国际货运代理人作为促进贸易和航运两个行业交易的中间人,在贸易合同的履行和运输合同的履行中起到了纽带作用,为船货双方节省了获取对方专业知识和交易信息的成本。

国际货运代理也随着外贸和海上货物运输量的日益增加而发展。无论是货物进出口贸易,还是海上运输,涉及的环节多,业务范围广,任何一个货主或船公司都很难亲力亲为。而且限于人力和物力,也不可能在世界范围内广设分支机构,国际货运代理就是适应这种需要而产生的代理行业。他们接受委托人的委托,代办各种运输业务并按提供的劳务收取一定的报酬,即代理费、佣金或手续费。国际货运代理业随着国际贸易和运输业的发展而迅速发展起来。当前,货运代理业已渗透到运输领域的各个角落,成为外贸和运输业不可缺少的组成部分。

1.4.2 国际货运代理的发展阶段

1. 初期——传统国际货运代理人阶段

早期国际货运代理人经营的规模一般较小,最多在一两个国家设有办事处,也没有形成运输网络,所以货运代理人选择仅以代理人的身份安排货物运输,充当托运人或收货人的代理人,联系承托双方安排运输,而将运输风险留给他人,他们的客户根据货运代理人的指示在运输单证上以发货人或委托人的身份出现。客户可以要求承运人履行由货运代理人代表他与承运人签订的运输合同。这样,国际货运代理人的法律责任如同其他代理人一样是最低限度的。

在该阶段,国际货运代理人仅代表客户为货物办理保险;帮助客户履行进出口手续,如办理海关、商检、卫生检疫等;为客户办理货物装卸、理货、仓储等业务;对货物进行简单加工、包装;帮助客户交付货物、按照"交货付款"(Cash on Delivery,COD)条件收取相关费用;为客户提供运输和货物分拨方面的建议等。但上述业务范围仅限于为了安排货物运输而必须从事的附随义务。国际货运代理人一般不直接参与组织运输和实际运输工作,他们成为维系以发货人或收货人为客户和以各类承运人、海关、商检等部门为另一方之间关系的媒介和桥梁。

虽然该阶段许多货运代理人可以在一定范围内拥有必需的仓库、小型车队,但其根本目的是更好地履行货运代理责任和控制货物,也没有与客户签订除代理合同之外的其他任何合同,因而不是当事人。国际货运代理人不从事具体运输工作,一般不经营运输工具,也不经营进出口货物。

2. 发展阶段——货运代理人转化为"货运中间人"

国际货运代理人作为纯粹代理人从事传统货运代理业务,虽然有投资少、成本低、责任轻、风险小的优点,但获利少。随着经济的发展,生产效率需要进一步提高,客户要求越来越方便、快捷、简单的运输安排,要求权利、义务进一步明确。传统国际货运代理人显然不能满足客户要求,例如,当客户货物遭到损坏或丢失时,传统国际货运代理人仅协助当事人向有关方面追偿,但并非其绝对的义务,客户的利益不利于被保护。纯粹代理人的角色也因此而逐渐不受客户的欢迎。与此同时,一种新的运输方式也在货运代理业的实践中不断发展,并极大地影响着货运代理人角色的转变。

随着铁路运输的发展,不少货运代理人已经开始使用铁路公司的车厢经营集拼货物运输,即首先把不同客户的小批货物集中起来形成一个运输单位(即一个车厢),到达目的地后,再把集中起来的货物拆开交付给不同的收货人。在这种情况下,货运代理人开始公布自己的运费率。集拼货物运输方式的采用要求货运代理人必须同国外的公司联合,将其业务扩展到国外,从而建立自己的运输网络。此时,相对于国内货物运输代理人的国际货物运输代理人才真正形成。这种集拼货物运输方式具有新生事物的优点和旺盛的生命力,并迅速扩展到海运业和空运业。

自20世纪60年代开始,集装箱化运输已成为国际贸易的显著特征。集装箱的出现,使货物贸易一体化成为可能,从而显著提高了搬运与运输效率。货运代理人很快适应了这一变化,他们与船东签订整箱货(Full Container Load,FCL)运输协议,却与货方签订拼箱货(Less Container Load,LCL)运输合同,为其提供门到门服务。

国际货运代理人向新型运输方式经营转变过程中,其自身的法律地位也悄然发生了变化。货运代理人经营集拼货物运输,成为集拼货物运输业者,其传统意义上仅充当代理人,而不是当事人的法律地位已经面临挑战。当国际货运代理人控制着大量的货物运输时,他可能租用大部分甚至全部的船舶或飞机舱位。尽管有些国际货运代理人仍坚持他们只是代理人,但从法律角度来看,由于他们已经不向托运人索要一定比例运费,然后再分别支付实际承运人,而是能够自己决定运费率而成为运输合同的一方,成为运输合同的当事人,从而完成由代理人向承运人的转变。

国际货运代理人成为运输合同的一方,承担运输合同项下的责任,但有时却仅充当代理人,辅助客户安排货物运输,具有混合身份。从该阶段国际货运代理人基本的性质来看,他主要是联系客户和承运人,提供有关货物运输、转运、仓储、保险,以及与货物运输有关的各种业务的服务机构。国际货运代理是一种中间人性质的运输业者,他既代表客户,保护客户的利益,又协调承运人进行承运工作,其本质就是"货物中间人",在以发货人和收货人为一方,承运人为另一方的两者之间行事。这些中间人的特征都是在商业实践中发展起来的,它往往不符合法学理论中提出的关于代理的概念。

1.4.3　国际货运代理与第三方物流

1. 物流基础概要

所谓物流(Logistics)是指物品从供应地向接收地的实体流动过程。根据实际需要,将运输、储存、装卸、搬运、包装、流通加工、配送、信息处理等基本功能实施有机结合。

现代物流的基本构成:储存、装卸、搬运、包装、流通加工、配送、信息处理。

物流系统是由物流各要素所组成的,要素之间存在有机联系并具有使物流总体合理化功能的综合体。

物流系统的6个特征:

(1)物流系统是客观存在的,但一直不被人们所认识,从而未能能动地利用系统的优势。

(2)物流系统是一个大跨度系统。这反映在两个方面:一是地域跨度大;二是时间跨度大。

(3)物流系统稳定性较差而动态性较强。

(4)物流系统具有可分解性。物流系统属于中间层次系统范畴,本身有可分解性,可以分解成若干个子系统。

(5)物流系统的复杂性。

（6）物流系统要素具有"效益背反"的特点。

物流系统的5个目标：

（1）服务目标。
（2）快捷目标。
（3）节约目标。
（4）规模优化目标。
（5）库存控制目标。

物流系统的4个功能要素：

（1）物流系统的功能要素。
（2）物流系统的一般要素。
（3）物流系统的支撑要素。
（4）物流系统的物质基础要素。

供应链管理（Supply Chain Management，SCM），即对供应链中的物流、信息流、资金流、增值流、业务流以及贸易伙伴关系等整个供应链系统进行计划、协调、操作、控制和优化的各种活动和过程。

供应链管理的4个基本原则：

（1）供应链上的每个供应商以最低的成本和费用持续可靠地满足其客户的需要。
（2）供应链管理从一个全新的高度对物流和信息流进行有效的管理，其侧重点在于公司之间或公司内部之间的连接。因此，是一种对原材料供应商、生产制造商、批发商、零售商以及最终消费者等组成的系统进行的管理。每个贸易伙伴都是该系统的一个子系统。
（3）贸易伙伴之间的密切合作，共享信息，共担风险。
（4）应用现代科技作为管理手段。

2．第三方物流的概念

第三方物流的概念源自管理学中的外包，指企业动态地配置自身和其他企业的功能和服务，利用外部的资源为企业内部的生产经营服务。将外包引入物流管理领域，就产生了第三方物流的概念。

第三方物流的概念是在20世纪80年代中期由欧美国家提出的。在1988年美国物流管理委员会的一项顾客服务调查中，首次提到"第三方物流服务提供者"一词。这里所谓"第三方"是指提供物流交易双方的部分或全部物流功能的外部服务提供者，即是独立于第一、第二方之外的，具有明显资源优势的物流企业，它是承担专业物流业务、组织物流运作的主体。

第三方物流，英文表达为Third-Party Logistics，简称3PL，也简称TPL，是相对"第一方"发货人和"第二方"收货人而言的。3PL既不属于第一方，也不属于第二方，而是通过与第一方或第二方的合作来提供其专业化的物流服务，它不拥有商品，不参与商品的买卖，而是为客户提供以合同为约束、以结盟为基础的、系列化、个性化、信息化的物流代理服务。最常见的3PL服务包括设计物流系统，EDI能力，报表管理，货物集运，选择承运人，货运代理人，海关代理，信息管理，仓储，咨询，运费支付，运费谈判等。由于业务的服务方式一般是与企业签订一定期限的物流服务合同，所以有人称第三方物流为"合同契约物流（Contract Logistics）"。在某种意义上，可以说第三方物流是物流专业化的一种形式。如果对什么是第三方物流给一个通俗的说法，就是承担运输的公司既不是生产者，也不是购买者,而是第三方。举个简单的例子来说,你在网上买了一件衣服,那么送衣服的那家快递公司就是第三方物流公司。

3. 第三方物流与货运代理企业发展

物流已经被国内运输领域炒得火热,一时间似乎物流成为运输发展的必然趋势。货运代理企业的主业是运输,没有必要千方百计地去戴上物流的花环。如果要发展物流,则一定要瞄准生产和加工企业的物流活动,开发介于生产者和消费者之间的第三方物流业务。

第三方物流实际上是为生产商或供应商提供专业的物流活动,而运输是其主要业务之一。所以货运代理企业不能抛开生产或加工企业而谈物流,发展物流设施也不是发展物流的表现,决不能认为发展一个车队,建设一些场站或仓库就是在发展物流。当然从广义或从名义上看,任何与物流业相关的企业,包括航运公司、铁路公司、汽车公司、航空公司、港口、场站、仓库等,都可以称为物流企业。但确切地讲,真正的物流公司是直接面向生产或加工企业,并为其提供物流服务的实体,如物流经营人。

对货运代理企业而言,能否成为物流企业只是发展中可供选择的战略之一。大多数的运输公司仍然以运输为主业。甚至在专业化发展的形式下,很多大型国际运输公司放弃了陆上产业,将重点放在海上运输,但这不影响他们仍然把自己称为物流增值服务的提供者。

当然,运输业重视物流对货运代理企业自身很有益处。第一,货运代理企业应充分认识到物流的内涵,运输服务应满足企业物流系统管理的需求,从货主,甚至货主的顾客角度出发去努力提高服务水平。第二,货运代理企业应建立与货主的战略伙伴关系,包括与第三方物流企业建立战略伙伴关系。第三,大力发展多式联运,为货主提供安全、快速、准时、经济、可靠和灵活的运输服务。第四,提高零担货物的运输组织。另外,十分重要的是要建立完善的信息系统来满足物流发展的需求。特别是加强与客户建立直接的信息网络,迎接网络经济发展的挑战。

但是,发展物流并不是货运代理企业的必需选择。当然,物流是正在兴起的一个领域,货运代理企业有条件,也有理由做出发展第三方物流的战略选择,这应是货运代理企业的一种纵向整合战略。我国物流成本很高,需要花一定的时间去做大量的工作来提高经济运行的整体效率。我国大部分生产和加工企业是自己进行物流管理,甚至很多大型企业有自己的运输部门。发展物流最重要的是引起生产和加工企业的重视。

发展第三方物流服务业务,可以不需要拥有多少设施和装备,就像多式联运经营人一样,更多的是进行策划、组织和管理。发展物流企业最重要的是需要一批专长于生产企业管理,特别是物流管理方面的专家,选择具有一定规模的生产或加工企业(客户),针对现有物流管理提出各种可选择性方案,并说服客户由你来进行全部或部分的物流管理工作。如果获得了足够的业务,你可以考虑建设一个专用(为一个客户)或公共的物流中心来支持你的业务。当然一个好的专业物流公司应有便利于客户的广泛网络,在这一点上,信息网络比物理网络更加重要。

1.5 国际货运代理业务基础知识体系

中国货运代理的
光辉历程

国际货运代理业服务于国际贸易、国际运输业,并渗透到两大行业内的每一个领域,成为国际贸易、运输中不可缺少的重要组成部分。国际货运代理业是社会经济部门中一个独立的行业，它涉及运输、保险、银行、海关、商检、卫生检疫、仓储等诸多社会部门和机构，但却不能为上述任何部门和机构所涵盖。简而言之，国际货运代理业务立足于服务国际贸易和国际运输业，但不等于货运代理业务就是各种运输业务。所以，要从事国际货运代理业务，除了要具备国际贸易和国际运输的专业知识外，还要掌握外贸管理、口岸管理、金融、保险等知识，以及一些超过外贸和运输行业本身的知识。以下是开展货运代理业务必备的知识点。

1.5.1 进出口贸易合同履行所包含的知识

以进口合同为例来说明贸易合同履行的必要环节：当进口商签订完进口合同后，进口商就要及时履行进口合同。由于我国的进口合同主要以FOB条件成交，进口商一般要经过申请开证、租船订舱、进口投保、审单付款、入境报检、进口报关、换单提货和进口索赔等环节。

1. 申请开证

根据进口合同，对采用信用证付款方式的，进口商应按合同规定的期限，填写开证申请书，连同合同副本、进口许可证和用汇证明等单证向银行提出开证申请，银行经审核同意后，开立信用证。

■ **链接1-4** 申请开立信用证的具体手续包括：

（1）进口商在向银行申请开证时，必须向开证银行递交进口合同的副本以及所需附件。如进口许可证、进口配额证、某些部门的审批文件等。

（2）填写开证申请书。进口商填写开证申请书一式三份，一份留业务部门，一份留财务部门，一份交银行。

（3）缴付保证金。进口商向银行缴付一定比例的保证金，其金额一般为信用金额的百分之几到百分之几十，根据进口商的资信情况而定。在银行的授信额度内，进口商可以免缴保证金。

2. 租船订舱

若采用FOB或FCA条件成交，根据《2000年国际贸易术语解释通则》（简称《2000年通则》）的规定，进口商应当负责指派船只到装运港接运货物；并给予卖方充分的通知，即告知卖方接运货物船只的船名、航次、船期，以便卖方做好装船准备。在接到卖方的装船通知后，应当及时投保。

3. 进口投保

在常用的六种贸易术语（FOB、CFR、CIF、FCA、CPT和CIP）中，进口商除CIF和CIP外，其余四种均要自己办理保险。进口货物运输保险一般采用预约投保。所谓预约投保，是指进口商预先与保险公司签订进口预约保险合同。在保险合同中，预先规定货物投保的险别、保险加成率、保险适用条款、保险费率及赔款的支付办法等。

4. 审单付款

当开证行收到议付行寄来的全套结汇单证后，经对照信用证核对单据的份数和内容，如果单证相符，即对外付款。同时，开证行按照付款当天的外汇牌价折算成人民币向进口商索款交单，进口商买汇赎单。

如果单证不符，应停止对外付款，及时通知国外公司改正。因为国际商会第500号出版物《跟单信用证统一惯例》（简称《UCP 500》）规定，无论开证行或保兑行或其他被指定的银行决定接受单据,都应在收到单据次日起7个工作日内,以电信方式或其他快捷方式通知寄单银行,说明银行凭以拒收单据的所有不符点,还须说明单据是否保留以待交单人处理,或退回交单人。

5. 入境报检

凡法律、行政法规、规章或国际公约规定须经检验检疫机构检验检疫的入境货物,检验检疫机构接受报检后,先签发入境货物通关单,海关据以验放货物。然后,经检验检疫机构检验检疫合格的,签发入境货物检验检疫情况通知单,不合格的对外签发检验检疫证书,供有关方面对外索赔。

■ **链接 1-5** 入境报检的时限

(1) 对入境货物,应在入境前或入境时向入境口岸指定的或到达站的检验检疫机构办理手续;入境的运输工具及人员应在入境前或入境时申报。

(2) 入境货物需对外索赔出证的,应在索赔有效期前不少于 20 天内向到货口岸或货物到达地的检验检疫机构报验。

(3) 输入微生物、人体组织、生物制品、血液及其制品或种畜、禽及其精液、胚胎、受精卵物的,应当在入境前 30 天报检。

(4) 输入其他动物的,应当在入境前 15 天报检。

(5) 输入植物、种子、种苗及其繁殖材料的,应当在入境前 7 天报检。

入境报检应提交的单证:进口报检时,应填写入境货物报检单,并提供合同、发票、提单等有关单证。下列情况还应按要求提供有关文件。

(1) 凡实施安全质量许可、卫生注册或其他需审批审核的货物,应提供有关证明。

(2) 报检品质检验的,还应提供国外品质证书或质量保证书、产品使用说明书及有关标准和技术资料;凭样成交的,须加附成交样品;以品级或公量计价结算的,应同时申请重量鉴定。

(3) 报检入境废物时,应提供国家环保部门签发的进口废物批准证明书和经认可的检验机构签发的装运前检验合格证书,以及检验检疫机构签发的入/出境废旧物品检验检疫预申报证等。

(4) 申请残损鉴定的,还应提供理货残损单、铁路商务记录、空运事故记录或海事报告等证明货损情况的有关单证。

(5) 申请重(数)量鉴定的,还应提供重(数)量明细单、理货清单等。

(6) 货物经收、用货部门验收或其他单位检测的,应随附验收报告或检测结果以及重量细单等。

(7) 入境的动植物及其产品,需按规定办理检疫审批手续的,应提供有效的进境动植物检疫许可证和输出国官方出具的检疫证书正本(半制动物皮张、远洋捕捞的海产品除外);进境动植物检疫许可证第二联须经检验检疫机构动检处或植检处审核备案。

(8) 过境动植物及其产品报检时,应提供货运单和输出国家或地区官方出具的检疫证书;运输动物过境时,还应提供动物过境许可证。

(9) 因科研等特殊需要,输入禁止入境动植物及其产品的,必须提供国家市场监督管理总局签发的特许审批证明进境动植物检疫许可证。

(10) 入境特殊物品的,应提供国家进口批文和有关证明、检验证书等以及检验检疫机构卫生处签发的入/出境特殊物品卫生检疫审批单。

(11) 用于展览、工程、科研等临时入境货物报检时，须提供有关部门批件。

■ **链接 1-6** 入境货物的提前报检

(1) 报检单位在进口货物入境前 3 天内，在入境口岸检验检疫局办理提前报检手续，缴纳检验检疫费，领取入境货物通关单（通关单备注栏中注明"此单为提前报检，3 日内有效"字样）、报检单第二联"检验检疫情况联系证明"。报检单位凭入境货物通关单到现场海关办理有关报关手续。

(2) 货物到达入境口岸现场时，司机持报检单第二联"检验检疫情况联系证明"向现场查验部门办理现场查验手续。查验合格的，由现场查验部门检验检疫人员在海关报关单上加盖"检验检疫专用章"。货主凭加盖"检验检疫专用章"的海关报关单通关。

6. 进口报关

进口货物到货后，进口商填写进口货物报关单向海关申报，并随附发票、提单及装箱单等单据，经海关查验无误后进口货物才能放行。进口报关要注意报关期限，否则必须向海关缴纳滞报金。

报关期限是指货物运到口岸后，法律规定收货人或其代理人向海关报关的时间。根据我国《海关法》的规定，进口货物的报关期限为从运输工具申报进境之日起 14 天内，由收货人或其代理人向海关报关，超过这个期限报关，由海关征收滞报金。

进境货物滞报金的起收日期为运输工具申报进境的第 15 天，而邮运进境的货物滞报金为收件人接到邮局通知之日起的第 15 天。此外，转关运输进境货物滞报金起收期有两个：一是运输工具申报进境之日起 15 天；二是货物抵达指运地点之日起第 15 天。

滞报金的征收对象是进口货物的收货人或其代理人，按日征收，日征金额为进口货物到岸价格的 5‰，起征点为人民币 10 元，不足者不征。进口货物的到岸价格以外币计价的，海关按征收滞报金之日国家外汇牌价的买卖中间价折合人民币。

7. 换单提货

海关放行后，进口方凭提单向船公司换取提货单提货。

如进口货物运达港口卸货时发现短缺，应及时填制短缺报告交由船方签认，并根据短缺情况向船方提出保留索赔权的书面声明。卸货时如发现残损，货物应存放于海关指定仓库，待保险公司会同商品检验检疫部门检验后做出处理。

如进口货物有残损，凭商品检验检疫部门出具的证书对外索赔。对于合同规定在卸货港检验的货物，或已发现残损、短缺、有异状的货物，或合同规定的索赔期限即将满期的货物等，都需要在港口进行检验。

8. 进口索赔

进口方常因交货期、品质、数量、包装等不符合合同的规定，而需向有关方面提出索赔。根据造成损失原因的不同，进口索赔的对象主要有卖方、轮船公司和保险公司三个方面。必须注意，有时订立的合同中，省略了索赔、仲裁等条款，但这不等于说，遭受损害的一方就不能提出索赔要求。

出口合同履行的程序和进口合同履行的程序相对应，分别为对信用证催证、审证和改证，备货和申领出口许可证，租船订舱和投保，出境检验和报关，出口核销和退税。

在上述流程中，货运代理对专属外贸领域的知识要求作一般了解，而侧重于掌握贸易合同中对运输条款及口岸管理知识和申报操作的掌握。

1.5.2 国际货物买卖合同中的运输条款

国际贸易中的货物运输主要有海运、铁路运输、航空运输、邮包运输和多式联运等,各种运输方式的理论与实务知识将在后面分篇介绍。本部分主要介绍国际货物买卖合同中运输条款的内容,这是货运代理正确办理运输的基本根据。

1. 国际货物买卖合同中装运条款的主要内容

国际货物买卖合同中装运条款的主要内容有:装运时间、装运港和目的港、分批装运和转船等。如:Shipment during May from London to Shanghai. The Sellers shall advise the Buyers 45 days before the month of shipment of the time the goods will be ready for shipment and transshipment allowed. (5月份装运,由伦敦至上海。卖方应在装运月份前45天将备妥货物可供装船的时间通知买方,允许分批和转船。) During Mar./Apr. in two equal shipments, transshipment to be permitted. (3/4月份分两次平均装运,允许转运。)

2. 装运时间

国际货物买卖合同中常见的装运期的规定方法有:① 明确规定具体的装运期限;② 规定在收到信用证后若干天内装运;③ 笼统地规定装运期。《UCP 500》第46条b款规定:不应使用诸如"迅速""立即""尽快"之类词语,如使用此类词语,银行将不予置理;该惯例第47条b款还规定:"以后"将被理解为不包括所述日期。

3. 装运港和目的港

通常情况下,只规定一个装运地和一个目的地;在大宗商品交易条件下,可酌情规定两个或两个以上的装运地和目的地,并分别列明其名称供选用。就具体目的地而言,买方在卖方发货前应从可供选择的地点中确定,并通知卖方安排运输。在双方洽谈和协商暂无法确定装运港和目的港时,可采用选择港口的方式。

4. 分批装运和转船

分批装运(Partial Shipment)是指一笔成交的货物,分若干批装运。转船(Transshipment)是指货物没有直达船或一时无合适的船舶运输,而需通过中途港转运。一般来说,允许分批装运和转船,对卖方比较主动。国际商会《跟单信用证统一惯例》规定,除非信用证有相反规定,可准许分批装运和转船。

拟订货物运输条款应注意的问题:

1)装运期的规定应该明确具体

2)对目的港的要求

(1)目的港和目的地必须明确具体。

(2)合同中规定以海上运输方式交运的交易,货物运往的目的港无直达班轮或航次很少的,合同中应规定允许转运的条款。

(3)目的港必须是船舶可以停泊的港口。对内陆国家的贸易,而又采用CIF或CFR条件的,一般不可接受以内陆城市为目的港。在采用多式联运情况下,除非联运承运人接受全程运输,一般不可接受以内陆城市为目的港的条件。

(4)在规定目的港时,应注意所选择的港口是否有重名的问题。凡是重名的港口或城市,应加注国名或地区名称,在同一个国家或地区有同名港口或城市的,应注明所在国家或地区的部位，以防止发生因漏注而错运货物的事故。

■ **链接 1-7** 《UCP 500》对分批装运和转船的规定

（1）《UCP 500》第 40 条 b 款规定："运输单据表面注明货物系使用同一运输工具并经同一路线运输的，即使每套运输单据注明的装运日期不同及/或装货港、接受监管地、发运地不同，只要运输单据注明的目的地相同，也不视为分批装运。"

（2）除非信用证另有规定，允许分批装运和转船。

（3）如信用证规定在指定时期内分期装运，其中任何一期未按期装运，信用证对该期和以后各期货物均告失效，除非信用证另有规定。

1.5.3 进出口外贸管制

1. 进出口报关

根据我国《海关法》的规定，所有的进出境货物、进出境运输工具和进出境物品都必须向海关申报，由海关查验后，按规定缴纳有关税费后，才能放行。这要求出口货物在办理完出口报检后，必须办理出口报关。

1）报关及报关制度

报关是指进出境运输工具负责人、进出口货物收货人、进出境物品的所有人或者他们的代理人向海关办理运输工具、货物、物品进出境手续及相关手续的全过程。报关的主体就是报关人。

报关制度：海关报关制度主要有报关注册登记制度和异地报关备案。向海关注册办理报关的企业可分为三大类：① 专业报关企业；② 代理报关企业；③ 自理报关企业。出口企业一般委托代理报关企业办理报关。异地报关备案制度是已经在所在地海关办理了报关注册登记的企业，为取得在其他海关所辖关区报关的资格，在有关海关办理报关备案审批手续的海关管理制度。该制度一般只适用于自理报关单位。

出口申报单证可分为主要单证和随附单证两大类。主要单证就是出口报关单；随附单证包括基本单证、特殊单证和预备单证。基本单证是指出口装货单据（海运为装货单，陆运为陆运单，空运为空运单）、商业发票、装箱单等。特殊单证主要是指出口许可证件、加工贸易登记手册、特定减免税证明、出口收汇核销单、原产地证明书等。预备单证主要是指贸易合同、出口企业的有关证明文件等。

2）报关单

对于一般贸易方式，报关单一般填写一式三联：第一联为海关留存联；第二联为海关统计联；第三联为企业留存联。如果是在利用计算机进行数据录入的口岸报关，只需提供一份报送单，交指定的预录入中心将数据输入计算机。

为了更方便区分，对于不同贸易方式，报关单采用不同的颜色。一般贸易进出口货物，填写白色的报关单；进料加工的进出口货物，填写粉红色的报关单；来料加工装配和补偿贸易的进出口货物，填写浅红色的报关单；外商投资企业进出口货物，填写浅蓝色的报关单；出口后需国内退税的货物，填写浅黄色的报关单。

出口报关单的主要内容包括出口口岸、出口日期、申报日期、经营单位、运输方式、运输工具名称、贸易方式、运抵国（地区）、结汇方式、指运港、成交方式、合同协议号、批准文号、运费、件数、包装种类、毛重、净重、商品编号、商品名称和规格型号、数量及单位、最终目的国（地区）、单价及总价、币制、标记唛码及备注。

进口报关单的主要内容以出口报关单为依据。进口货物到货后，进口商或代理人填写进口报关单向海关申报，并随附其他单证，经海关查验放行。

3）报关一般程序

一般出口货物是指在出境环节缴纳了应征的出口税费并办结了所有必要的海关手续，海关放行后不再进行监管的出口货物。一般出口货物的报关通常经过四个基本环节：出口申报、查验货物、缴纳税费、放行装运。

（1）出口申报。出口货物的申报期限为货物运抵海关监管区后、装货的 24 小时以前。出口申报主要是单证的准备以及申报方式的选择。出口申报方式可以选择终端申报方式、委托 EDI 方式、自行 EDI 方式、网上申报方式四种电子申报方式中的一种，将报关单内容录入海关电子计算机系统，生成电子数据报关单。

（2）查验货物。海关查验是指海关依法确定进出境货物的性质、价格、数量、原产地、货物状况等是否与报关单上已申报的内容相符，对货物进行实际检查的行政行为。海关查验时，出口货物的发货人或其代理人应当在场。对海关要求彻底查验的货物，出口货物的发货人或其代理人应当配合海关查验。

（3）缴纳税费。对需要缴纳税费的出口货物，发货人或其代理人在规定的时间内，持纸质缴款书或收费票据向指定银行办理税费交付手续。对于已实行中国电子口岸网上缴税和付费的海关，发货人或其代理可根据海关发出的电子税款缴款书和收费票据，通过网络向海关指定的银行缴付。

（4）放行装运。海关放行是指海关接受出口货物的申报、审核电子数据报关单和纸质的报关单及随附单证、查验货物、征收税费以后，对出口货物作出结束海关进出境现场监管的决定，允许出口货物离开海关监管现场的工作程序。海关放行后，出口货物的发货人或其代理人凭海关加盖"海关放行章"戳记的出口装货凭证（装货单、空运单等）到货物出境地的港区、机场等地的海关监管仓库办理将货物装运上运输工具运离关境的手续。

进口报关的程序主要是申报和放行，要求相应简单。

2. 报检

1）报检范围

根据《商检法》的规定，报检的范围主要有：① 国家法律、行政法规或规章规定的应检对象；② 有关国际公约规定须经出入境检验检疫机构检验检疫的对象；③ 输入国有规定或与我国有协议或协定，必须凭检验检疫机构出具有关证书（明）方准入境的对象；④ 对外贸易合同、信用证规定由检验检疫机构出证的出入境对象；⑤ 对外贸易关系人申请的鉴定业务；⑥ 委托检验检疫的业务；⑦ 一般原产地证和普惠制原产地证的签证业务；⑧ 涉及出入境检验检疫内容的司法和行政机关委托的鉴定业务。

2）出入境报检时须提供的单证

出境报检时，一般应填写出境货物报检单，并提供对外贸易合同、信用证、发票、装箱单等有关单证，特殊情况下还须提交其他相关文件。进口报检时，应填写入境货物报检单，并提供合同、发票、提单等有关单证。

3）报检的业务程序

进出口商品检验主要有接受报检、抽样、检验和签发证书等环节。

(1) 接受报检。

报检是指进出口货物的出口商或进口商向出入境检验检疫局申请检验。其申请行为体现在填写并提交中华人民共和国出入境检验检疫出境货物报检单或中华人民共和国出入境检验检疫入境货物报检单。

加工贸易企业的集中报检和逐批报检出境货物，一律在企业所在地检验检疫局（辖区局）办理检验检疫手续。企业必须把货物的出境情况逐次填写在《管理手册》上，并凭《管理手册》和《海关登记手册》、海关货物清单以及出境货物通关单、熏蒸/消毒证书等有关单据到辖区局办理月报核准手续。

(2) 抽样（Sampling）。

抽样是指检验检疫人员到现场抽取样品。除委托检验外，一般不得由报检员送样，而是由检验检疫人员在货物堆存现场自行抽样。

抽样的方法按进出口合同规定的方法抽取，对于进出口合同中没有规定抽样方法的，按有关标准进行抽样。

对所抽取的样品经过加工方能进行检验的称为制样，如矿产品、铁合金、粮谷等成分的检验，金属材料的拉力性能检测，纺织品的面料性能检测等。

(3) 检验（Inspection）。

检验检疫机构抽取样品后，按规定的检验标准和方法对样品进行检验。同时，做到认真、准确、迅速，证货相符。

(4) 签发证书（Grant Certificate）。

凡法律、行政法规、规章或国际公约规定须经检验检疫机构检验检疫的出境货物，经检验检疫合格的，签发出境货物通关单，作为海关核放货物的依据；经检验检疫不合格的，签发出境货物不合格通知单。

进出口合同要求签发有关检验检疫证书的，检验检疫机构根据外贸关系人的申请，经检验检疫合格的，签发相应的检验检疫证书，作为买卖双方交接货物的依据，也是向银行办理议付的单证之一。

凡法律、行政法规、规章或国际公约规定须经检验检疫机构检验检疫的入境货物，检验检疫机构接受报检后，先签发入境货物通知单，海关据以验放货物。然后，经检验检疫机构检验检疫合格的，签发入境货物检验检疫情况通知单，不合格的对外签发检验检疫证书，供有关方面对外索赔。

商检证书一般使用英文书写，进口商检证书一般使用中英文合并本。商检证书自签发之日起，对于一般货物两个月内有效，对于鲜果、蛋类货物两个星期内有效。

1.6 国际货运代理在贸易和运输流程中的作用

1.6.1 国际贸易业务与运输总流程中的货运代理

以一单外贸货物从出口国卖方到进口国买方为例，演示货运代理在进出口贸易和运输及口岸监管环节中的作用，见图1-1。

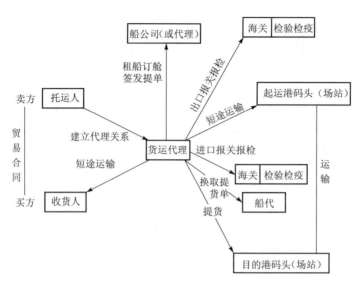

图 1-1　货运代理在进出口贸易和运输及口岸监管环节中的作用

1.6.2　货运代理作为不同角色在进出口业务中的作用

国际货运代理在进出口业务中的作用依据服务对象、服务类别、服务方式等的不同，将其业务活动体现为具体的服务内容。按照服务对象的不同，国际货运代理的业务内容分别如下。

1. 作为出口货物发货人代理人的业务内容

（1）安排运输，办理运输手续。根据发货人对货物运输的要求，选择最优运输线路、方式适当的承运人，安排货物运输、转运；代为填写、缮制货物运输单据，签订运输合同。

（2）办理货物进港、进场。安排货物从发货人处到发货车站、港口或机场的短途运输，办理出运货物的包装、仓储、称重、计量、检尺、标记、刷唛、进站、进港、进场手续；办理出运货物的装箱、拼箱、理货、监装事宜。

（3）办理货物的通关、报检、报验等手续。

（4）办理货物的运输保险手续。

（5）支付有关费用，向承运人、承运人的代理人、其他有关各方交付结算费、杂费、税金、政府规费等款项。

（6）善后事务处理，记录货物的残损、短缺、灭失情况，收集有关证据，协助发货人向有关责任方、保险公司索赔。

（7）办理发货人委托办理的其他事项。

2. 作为进口货物收货人代理人的业务内容

（1）通信联系。与承运人方面联系，随时查询，及时掌握货物动态和运抵目的地的信息，及时通报收货人；与收货人联系，接收、审核其提供的运输单据，协助其准备提货文件，办妥相关手续，做好提货、接货准备。

（2）支付费用。向承运人、承运人的代理人及其他有关各方支付运费、杂费；代为支付有关税金和费用。

(3) 办理货物的报关、纳税、结关、报检、报验手续。
(4) 办理提取货物的相关服务：提取、查验、仓储、短途运输。
(5) 办理货物的提取、接收、拆箱、监卸、查验手续。
(6) 善后处理。向收货人或其指定的其他人交付货物及有关单据；协助收货人处理货运事故等。
(7) 办理收货人委托的其他事项。

3. 作为出口货物承运人代理人的业务内容

(1) 承揽货物，签订运输合同。组织货载，接受托运人的包车、租船、包机、订车、订舱要求，与之洽谈，订立运输合同。
(2) 缮制单证。填写、缮制货物入仓、进站、进港、进场单据或集装箱、集装器放行单；审核车站、码头、机场汇总的货物清单，缮制货物出口运单、提单等单证；汇总出口货物运输单据。
(3) 现场调度。安排货物入仓、进站、进港、进场或装箱；协助承运人或车站、码头、机场进行车辆、船舶、飞机配载，装车、装船、装机。
(4) 运输工具报关，并向海关申报集装箱、集装器、货物情况。
(5) 收取运费。审核有关费用，办理支付、结算手续；向托运人签发运单、提单，收取运费、杂费；向航次租船的船舶承租人签发滞期或速遣通知。
(6) 办理货物、集装箱的中转手续。
(7) 办理承运人委托的其他事项。向委托人转交货物运输文件资料，报告出口货载、用箱数、费用、收费情况。

4. 作为进口货物承运人代理人的业务内容

(1) 取得、整理、审核进口货物运输单据。
(2) 向收货人或通知人传达货物到站、到港、运抵信息，通知其提货。
(3) 填写、缮制进口货物运输单据，办理集装箱、集装器、货物进口申报手续。
(4) 通知、协助车站、港口、机场安排卸货作业。
(5) 安排集装箱的拆箱，货物的转运、查验、交接。
(6) 收取运费、杂费及其他相关费用，办理放货手续；汇总进口货物运输单据，审核有关费用、收费，办理支付、结算手续。
(7) 办理承运人委托的其他事项。

5. 作为仓储保管人提供货物仓储服务的业务内容

(1) 办理货物入库手续。清点货物数量，检查货物包装和标志，与货主或运输人员办理货物交接手续。
(2) 根据货主要求，代为检验货物品质；根据货主要求，整理货物原件包装，进行零星货物的组配、分装。
(3) 根据货物的性质、特点、保管要求，分区、分类按货位编号合理存放、堆码、苫垫。
(4) 编制保管账卡，定期或根据临时需要进行盘点，做好盘点记录。
(5) 妥善保管货物，及时保养、维护。
(6) 审核货主填制的提货单或调拨单等出库凭证，登入保管账卡。

（7）复核货物出库凭证，向货主或承运人支付货物，核销储存货量。

（8）配货、包装、刷唛，集中到理货场所等待运输。

6. 作为专业顾问提供货物运输咨询服务的业务内容

（1）向客户提供有关法律、法规、规章、惯例和运输信息。

（2）就货物的运输路线、运输方式、运输方案提出意见和建议。

（3）就货物的包装装载形式、方式、方法提出意见和建议。

（4）就货物的进出口通关、清关、领事、商品检验、动植物检疫、卫生检验要求提供咨询意见。

（5）就货物的运输单证和银行要求提出意见和建议。

（6）就货物的运输保险险种、保险范围等提供咨询意见。

（7）就货物的理赔、索赔提出意见和建议。

（8）处理客户提出咨询的其他事项。

7. 作为独立经营人提供货物运输服务的业务内容

国际货运代理以缔约承运人、无船承运人、多式联运经营人身份提供货物运输服务，其业务内容通常可以分为以下具体项目。

（1）在货物的起运地或其他地点与托运人或其他代理人办理货物的交接手续，签发收货凭证、提单、运单。

（2）确定运输方式、运输路线，与实际承运人、分包承运人签订货物运输合同。

（3）安排货物运输，跟踪监管货物运输过程。

（4）必要时，对装载货物的集装箱进行保险，对货物的运输投保承运人责任险。

（5）通知在货物转运地的代理人，与分包承运人进行联系，办理货物的过境、换装、转运手续，办理相关事宜。

（6）定期向发货人、收货人或其代理人发布货物位置、状况信息。

（7）在货主提出要求时，安排货物的中途停运。

（8）通知收货人或其代理人货物运抵目的地的时间，安排在货物目的地的代理人办理通知提货、交货手续。

（9）向货主或其代理人收取、结算运费、杂费。

（10）办理货物的索赔、理赔手续。

1.7 国际货运代理与第三方物流实务

1.7.1 第三方物流概述

现代物流的本质是物流服务的提供商通过综合运用信息技术和通信网络，将传统的仓储、运输、装卸、包装等物流活动系统化、专业化，赋之于新的增值服务内容，实现在较大范围内降低产品在流通领域的整体成本，以达到满足客户需求、优化资源配置的目的。

从历史的角度看，企业对物流服务的需要最初是以自我提供方式实现的。随着信息技术的发展和经济全球化趋势，越来越多的产品在世界范围内流通、生产、销售和消费，物流活动日益庞大和复杂，而第一、二方物流的组织和经营方式已不能完全满足社会需要；同时，为参与世界性竞争，企业必须确立核心竞争力，加强供应链管理，降低物流成本，把不属于核心业务的物流活动外包出去，于是，第三方物流应运而生。

第三方物流概念是 20 世纪 80 年代中期由欧美提出的，英文为 Third-PartyLogistics，简称 3PL 或 TPL，是相对"第一方"发货人和"第二方"收货人而言的。由于提供现代物流服务的主体是游离于生产商和客户的第三方企业，所以又常称为第三方物流。第三方物流通过与第一方或第二方的合作来提供其专业化的物流服务，它不拥有商品，不参与商品的买卖，而是为客户提供以合同为约束、以结盟为基础的系列化、个性化、信息化的物流代理服务。第三方物流因其所具有的专业化、规模化等优势在分担企业风险、降低经营成本、提高企业竞争力、加快物流产业的形成和再造等方面所发挥的巨大作用，已成为 21 世纪物流发展的主流。

从第三方物流企业内部的资产构成来看，一般可分为两类：资产基础供应商和非资产基础供应商。对于资产基础供应商而言，它们有自己的运输工具和仓库，它们通常实实在在地进行物流操作。而非资产基础供应商则是管理公司，不拥有或租赁资产，它们提供人力资源和先进的物流管理系统，专业管理顾客的物流功能。

从第三方物流企业的经营业态来看，可分为两种。

其一，第三方物流企业接受客户委托，根据客户提出要求处理相关货物。

其实这种业态的经营模式实质是一个委托的法律关系，从物流学理意义上来说，属于初级业态。其表现形式是以处理委托人事务为目的，根据委托事项支付一定费用，受托人（物流企业）根据实际成本加上利润收受费用并提供相应服务。如果委托人没有尽到告知义务致使受托人设备和其他委托人设备、货物造成损失的，且受托人已尽了审查义务（《合同法》第 406 条受托人有关义务），受托人免责，造成第三人损失的，由第三人直接向有过错的委托人追索。在实际操作过程中，也是往往根据委托合同有关条款加以调整。如《合同法》第 407 条受托人处理委托事项，因不可归责于自己事由受到损失的，可以向委托人要求赔偿损失。故第三方物流的初级业态实质是委托法律关系。中国物流刚刚起步，因此大多数物流企业都是基于这层委托关系而成立的。

其二，另外一种模式是物流企业根据客户要求，以物流企业名义向外寻求供应商、代理商、分销商，同时又向客户提供相应的仓储、运输、包装等服务，为客户设计物流计划。

该模式往往是从事第三方物流服务的企业通过与固定客户（通常是连锁企业）建立稳定的契约关系，以物流企业名义与生产企业建立广泛的商品关系，第三方物流和终端客户建立长时间联盟合作。这种经营模式是第三方物流的高级经营业态。在实践中，根据第三方物流企业活动特征，可以认为这是隐名代理行为。隐名代理（Agency of Unnamed Principal）是英美法系的概念，指代理人以自己名义，在被代理人授权范围内与第三人订立合同，第三人在订立合同时，明知代理人与被代理人的代理关系。只要是代理人为被代理人利益，由被代理人承担责任。实际上，供应商等商家都与第三方物流企业有买断、代理关系并由第三方物流企业根据终端客户订单进行处理、配送、加工等。可以看出，在这种模式下，第三人明知物流企业其实是某终端客户的代理人，只不过第三方物流企业没有以终端客户名义而以自己名义与其发生关系，责任由最终客户承担。需要指出的是，在此过程中，物流企业为了自己利益越权代理，行为无效。而且由于第三人过错造成终端客户损失，由第三人直接向终端客户承担责任。

1.7.2 第三方物流与国际货运代理的关系

在货运代理市场上,往往有人难以厘清货运代理业务与物流服务之间的关系,有人认为第三方物流就是货代,有些货代公司又挂着物流的旗号。第三方物流与国际货运代理区别何在呢?

从二者的业务范围来看:

国际货运代理的业务范围,《货运代理管理规定》第十七条规定,货运代理人接受委托后可以代办下列部分或者全部业务:① 货物的监装、监卸;② 集装箱拼装拆箱;③ 货物的交接、调拨、转运;④ 货物的包装;⑤ 订舱、仓储;⑥ 国际多式联运;⑦ 国际快递(私人信函除外);⑧ 报关、报检、报验、保险;⑨ 缮制有关单证,并付运费,结算、交付杂费;⑩ 代办揽货,燃物料供应等与运输相关的业务;⑪ 其他国际货物运输代理业务。此外,从《海运条例》及其《实施细则》规定的无船承运人的定义和业务范围可以看出,无船承运人业务实际上就是货运代理业务的一部分,它是货运代理人作为独立经营人履行承运人义务的业务之一。

第三方物流的业务范围,因为到目前为止没有对第三方物流的立法,只能从实践情况分析得知。从1993年对欧美500家最大的工业企业的调查材料统计分析看,第三方物流服务商为企业提供的物流服务主要有"合同导向的系列物流服务"和"个性化的物流服务",常见的物流服务有仓储、共同运输和车队管理、产品回收、订单履行、运价谈判、物流信息系统、报关、库存管理、承运人选择等近三十种服务项目。

在市场和业务运作方面,二者也存在一些区别。

(1) 货代注重货运安排与设备选用,如船公司与船舶的选择,货运进仓等;物流注重的是货物流动过程及其协调与管理。

(2) 货代重视船期与航班控制;物流重视的是物流信息及其反馈作用。

(3) 货代以客户指示为工作依据与出发点,属于被动性服务;物流以不断满足客户需要为目标,以物资流动整体最优为出发点,属于主动性服务。

(4) 货代的业务尽管属于物流功能的一部分,但是具体的货运及相关工作是局限性活动;物流把货运代理的具体工作当作物流链的环节并着重各相关环节运作的控制、管理,以及整个物流链的有效运作。

(5) 货代推销的是货运业务的品牌;物流着重推销的是综合物流的先进性以及一体化货运管理技术和质量保证体系。

(6) 货代单证是货代理企业工作的主要内容;物流特别是现代物流,信息管理系统、互联网与资讯技术,贯穿着物流管理的全过程,并作为物流运作的重要平台。

通过比较不难看出,国际货运代理的业务主要集中在货物的运输上,而运输只是第三方物流的一个子系统、一个部分,换句话说,货运代理业务包括在第三方物流的业务中。运输是物流的一个主要和实质的部分。在进出口贸易中,不管物流方案设计的多么完备和先进,没有实体的运输,货物就不能完成从生产者到消费者的移动。现行的国际货运代理业主要从事货物运输,进出口单证制作,代客户进出口报关、报检等业务。但一旦成为第三方物流经营人后,其业务范围有进一步的扩展,如货物的零星加工、包装,货物装拆箱,货物标签,货物配送,货物分拨等。第三方物流经营人大多在通过软件服务的同时提供硬件服务,即可对客户提供运输工具、装卸机械、仓储设施，并有效地利用自己所有的设备或设施，从中获取更大的"附加价值"或"附加效益"。因此，认为第三方物流的业务就是货运代理业务向前向后分别延伸而构成是片面的，因为二者间绝非是简单相加的关系，而是一个立体化的升级，不仅业务范围扩大了，而且经营理念也有所改变。第三方物流的业务与货运代理的业务相比，最大的不同在于系统化，且是以先进技术为基础的系统化。用系统观点来研究物流活动是现代物流科学的核心问题。

二者的联系：国际货运代理业务是第三方物流业务的基础。从目前第三方物流经营人的"出身"看，大多是国际货运代理人、仓储经营人、运输经营人。他们是在经营传统业务的同时进入物流业，并逐步为客户提供部分或全部的物流服务。国际货运代理人在一定程度上是第三方物流经营人的成因基础。然而，国际货运代理人即使从事第三方物流，或成为第三方物流经营人，但其地位仍受到定义限制。

1.7.3 国际货运代理向第三方物流转型的必要性和切入点

首先，国际货运代理一直面临严峻的竞争形势。加入世界贸易组织后，我国货运代理市场站在对外开放的前沿，一大批外资船公司纷纷建立自己的货运代理公司，直接和全面地控制货流，参与市场竞争。与国内船公司设立货代机构相对应，海外船公司逐步获得货代经营权，设立独资公司，享有报关、揽货和使用货代专用发票资格，并被允许在全国设立多家分支机构，它们用多种竞争手段挤压中国货代的经营空间。同时，大批国内船公司和航空公司纷纷开拓物流业务，进一步控制货源。港口、铁路、仓储、生产和商贸企业也纷纷利用自身的特殊地位和便利条件参与到物流的洪流中来。这些公司将直接控制大货主，使货源进一步从国际货代市场流失。

其次，客户对第三方物流需求千差万别，物流外包将是一个必然的过程。对客户而言，降低成本和周期，提高服务水平是面临的主要挑战，但不同行业重点不同。如，汽车制造业，随着其逐步从依赖进口零配件转向从本地的零配件生产企业进货，他们越发强调通过"及时配送"降低库存水平的重要性；对服装行业，更重要的是如何缩短周转时间，以便对快速变化的市场流行趋势做出及时反应。国内物流业的发展趋势必然走向第三方物流。我国物流所占 GDP 的比重为 20% 左右，第三方物流市场的潜力很大。

我国货运代理企业要发展第三方物流，首先要确定"系统整合、专业服务"的核心思想。将现有货运代理企业资源进行有效组合，形成具有增值功能的综合物流及物流网络体系。其次要遵循"循序渐进"的原则，先明确物流需求，后建立物流目标；先发展国内物流，后扩展到国际物流；先建立客户通道，后建立战略联盟等。最后，要介入全球物流体系。

货运代理企业根据自身条件进行优化组合，发挥自身资源优势，开发不同层面的物流服务产品，最大限度地从中获取效益。要达到以上目的有三种方式。

（1）开展基本流通服务和劳务附加值为主的基础物流服务，抢占物流的第一市场。

（2）开辟贸运结合式的物流服务市场，我国的民营企业、工贸企业对国际贸易与运输普遍存在经验不足、自身商务功能有限的缺陷，特别需要贸运结合式的个性化物流服务。

（3）实现以产业更新为目标的第三方物流服务。总体控制和对供应链实施动态监控是第三方物流主要职能，它体现了物流需求的基本思想，是物流要达到的最高境界。我国货运代理业实现这一目标即标志着完成了服务升级。

1.7.4　国际货运代理如何向第三方物流转型

从国外第三方物流企业的产生背景来看，货运代理企业要发展第三方物流必须具备如下条件。

（1）以全球服务为着眼点，发展健全高效的网络体系。西方的大型货运企业无一不是下力气建立自己的全球服务网络体系，从而为有效地开展国际物流服务奠定坚实的基础。

（2）拥有完善的物流设施，注重对设施的投入。西方国家发达的物流企业不仅发展自己的物流仓库、堆场、车队等，综合运用 EDI、条码等现代化技术和手段，还努力提高竞争力和服务水平，以满足客户个性化、多样性的需求。

（3）强化资讯信息管理系统的建设，强调信息流管理和货物流同等重要。

（4）拥有一支训练有素、服务至上的专业人才队伍。成功的物流企业非常重视培训人才，建立有经验、高素质的管理和专家队伍，实施统一的服务质量标准体系，以达到占领市场、赢得客户的目的。

国际货运代理向第三方物流转型的基本设计：

第一，要拓展服务范围，突出服务特色，向服务多元化发展。国际货运代理企业必须成为一个服务提供的多面手，同时结合这些企业的实际需要，为其提供有针对性的、个性化的特色服务，解决企业开展国际物流方面所遇到的种种难题。特别是面对中外合资企业、外商独资企业这样国际化企业对第三方物流的要求，国际货运代理企业应提供一个全套、完整的物流解决方案，通过合作、代理、联营等多种手段，为客户提供"一站式"物流服务，使货主企业真正感受到第三方物流服务带来的方便、快捷、高效。

第二，要认真研究所服务行业的特点，慎选服务对象。国际货运代理企业在开展第三方物流服务业务时，必须对服务对象有所取舍，在对人力、财力、物力、服务水平进行综合考虑的基础上，选择能发挥自己最大长处的行业介入。这样，既能充分发挥自己在国际货运方面的业务所长，又能为货主企业提供切实需要的个性化服务，从而赢得货主企业的信赖，保证今后业务的顺利开展。

第三，保持合理的人力资源配置结构。目前，国际货运代理企业缺乏既懂国际货运又懂货主具体业务的复合型人才。因此一方面要加大对从业人员的培养力度，使从业人员深入了解某一具体行业的生产流程、组织结构、人员配备等，了解该行业目前的运输业务状况及未来的发展目标；另一方面还要加快人才引进步伐，吸纳社会上那些既懂行业又懂国际货运的复合型人才，高起点发展第三方物流业务，为货主企业提供切实有效的物流服务和解决方案。

第四，完善的信息交流系统。国际货代企业要加强自身的信息化建设，如建设自身的 MS（信息管理）系统，改善公司内部的交流与沟通，建设 CRM（客户资源管理）系统，加强与客户的交流与沟通等。

第五，要有良好的公司信誉。货主企业愿意将国际货运业务外包给专门的国际货运代理公司或通过第三方物流企业开展物流业务，其目的无非是要减少运输成本，提高运输效率，提升为客户的服务质量，因此必须要有良好的市场信誉，这样才能获得货主企业的信任。国际货运代理企业的信誉是通过其服务质量体现出来的，为了保证良好的企业信誉，必须从提高服务质量上下功夫，牢固树立"用户第一"的服务思想。

国际货运代理行业廉政之风

▶ 本章知识点小结　　　　　　　　　　　　　▶▶▶

本章涉及以下几个重要知识点及学习本课程的方法论问题：

1. 了解货运代理企业的背景知识。了解货运代理行业发展过程及方向，不同背景的货运代理公司的经营策略、特点，为学习各种具体的货运代理业务打下基础。

2. 关于货运代理的性质和地位。这是个难点，在学习中要结合民法代理制度的知识，货运代理行业的习惯认识，理解货运代理作为中介人在本质上的含义。货运代理的地位，即法律责任的承担，必须根据其具体业务操作来确定。如果超越纯粹代理人身份，必须承担当事人责任。从事货运代理业务决不能怀有既享受独立经营人的利益又规避应有责任的侥幸心理。

3. 货运代理工作要求全面的知识体系。货运代理业务不是简单的货物进出口申报，也不是单一的运输业务——海运、航空、多式联运的选择或叠加，而是一项综合的、系统的工作，要求从业人员必须具备从贸易到运输、保险、口岸进出监管、相关法律等全面的知识体系。否则，无法胜任货运代理工作。

4. 货运代理工作流程的系统化。货运代理工作涉及的部门关系多，单证种类多，流程复杂，在学习中，要理解货运代理工作在连接贸易和运输及相关口岸监管环节的作用，不要把各部门、各环节的工作孤立看待，而应看作统一、系统的流程。要认清货运代理业务在这个大流程中，以作为不同角色的代理人的业务把系统业务分解成的不同侧面。

▶ 思考题　　　　　　　　　　　　　　　　　▶▶▶

1. 简述国际货运代理的概念、性质。
2. 如何确定货运代理人的地位？
3. 简述国际货运代理企业主要类型。
4. 简述国际货运代理行业发展过程及趋势。
5. 简述进出口合同履行的程序。
6. 简述我国对一般商品的进出口管理制度。
7. 简述货运代理在国际贸易和运输环节中的作用。

第 2 章
国际集装箱班轮货运代理业务

教学目的

通过本章的学习，掌握集装箱班轮运输的基本要素、方式及其主要特点，同时对集装箱货运中，作为货运代理的主要职责有一个初步的了解。本章同时讲解进出口货运的操作流程及注意事项，集装箱整箱货与拼箱货的交接等内容。紧扣目前实际操作方式的介绍，让读者对集装箱货运代理所从事的工作有个完整的了解。

2.1 集装箱班轮货运代理业务概述

2.1.1 海上班轮运输的特点

国际海上货物运输分为班轮运输与租船运输两种方式。

班轮运输的主要特点如下：

（1）具有"四固定"的特点，即固定船期、固定航线、固定港口和相对固定的费率。这是班轮运输的最基本特点。

（2）班轮运输的承运人和货主之间在货物装船之前不书面签订运输合同或租船合同，而是在货物装船后，由船公司或其代理人签发提单，并以此为依据处理运输中的相关问题。

（3）除特别约定在船边交货或船边提货外，一般船公司要求托运人将货物送到承运人指定的码头仓库交货，或到指定的码头仓库提货。相应地，承运人与货主之间不规定货物的装卸时间，不计算速遣费和滞期费。

（4）承运人负责货物的装卸、理货作业等业务作业，一般还负责仓库到码头之间，或相反方向的搬运作业，并承担相关费用。这些费用均已计入班轮费率所规定的费率中，不另外收取。

国际集装箱班轮运输是一种先进的现代化运输方式。对货物的包装和运输都实行了统一和简单的规范化，减少了中间环节，加速了商品的流通过程，降低了流通费用，节约了物流的劳动消耗，实现了快速、低耗、高效率及高效益地完成运输生产过程，与传统的杂货散运方式相比，它具有运输效率高、经济效益好及服务质量优的特点。正因如此，集装箱运输模式已成为世界各国保证国际贸易的最佳运输方式。尤其是经过几十年的发展，随着集装箱运输软硬件成套技术臻于成熟，到20世纪80年代集装箱运输已进入可以利用海、陆、空等两种以上的运输手段来完成国际连贯货物运输，形成能提供优质的国际多式联运服务的一条龙运输模式。

2.1.2 集装箱班轮运输的发展历史

1. 初级阶段（20世纪50年代初期）

第二次世界大战爆发后，美军需要运输大量的军用物资，为了提高运输效率，成立了专门的运输研究课题小组，提出了货物运输组化的原则，实现门到门的运输。主要利用托盘和各种类型的货柜作为媒介，这是集装箱运输的最初形式。

2. 开始阶段（20世纪50年代末期）

1956年4月26日，美国泛大西洋轮船公司（SEALAND的前称）将一艘邮轮改装后，装上了58只集装箱，进行国内运输的试运行，几个月后，试运行获得了巨大的经济效益，平均每吨货物的装运费仅为原来的3%。泛大西洋轮船公司迅速着手进行轮船的改装，全集装箱船"Giteway City"号也在1年后投入运营。

3. 发展阶段（20世纪60年代后期）

全集装箱船开始出现，载位为700TEU~1 100TEU（称为第一代集装箱船），并且开始有了专用的集装箱码头，极大地提高了集装箱运输的周转效率。1966年4月，美国海陆运输公司开辟了美国纽约—欧洲的全集装箱船运输航线。1965年国际标准化组织颁布了一系列国际集装箱的规格尺寸，20英尺①/40英尺普通干货箱开始成为国际标准常用箱，这一规定具有划时代的意义，为集装箱运输的发展奠定了良好的基础。

4. 成熟阶段（20世纪70年代后）

全球的集装箱运输业迅速发展，各主要航线都开展了集装箱运输，20世纪70年代初国际航线上出现了2 000TEU载位的集装箱船（称为第二代集装箱船）。1977年12月，中国远洋派丰城、盐城两轮试装20只20TEU集装箱开赴日本。1978年9月26日，中远上海分公司平乡城轮开辟中国—澳大利亚国际集装箱班轮运输航线，开辟了中国第一条集装箱班轮航线。1979年4月18日，中远上海分公司柳林海轮驶抵美国西雅图港，成为中美建交后第一艘抵达美国的中国商船。中国正式加入了集装箱运输的行业。

1973年集装箱船的集装箱装载数达到了3 000TEU，称为第三代集装箱船。20世纪80年代后期，集装箱船的航速进一步提高，集装箱船大型化的限度则以能通过巴拿马运河为准绳，这一时期的集装箱船被称为第四代。第四代集装箱船的集装箱装载总数增加到4 400TEU。由于采用了高强度钢，船舶重量减轻了25%；大功率柴油机的研制，大大降低了燃料费，又由于船舶自动化程度的提高，减少了船员人数，集装箱船经济性进一步提高。作为第五代集装箱船的先锋，德国船厂建造的5艘APLC-10型集装箱船可装载4 800TEU集装箱，这种集装箱船的船长与船宽的比为7∶8，使船舶的复原力增大。1996年春季竣工的Rehina Maersk号集装箱船，最多可装载8 000TEU，该型船已建造了6艘，人们说这个级别的集装箱船拉开了第六代集装箱船的序幕。2006年3月22日，随着COSCO NINGBO号轮的

---

① 1英尺=0.304 8米。

下水，可装载 10 000TEU 的巨轮问世了。

2.1.3 集装箱班轮运输的优势

1. 高效益的运输方式

集装箱运输经济效益高主要体现在以下几个方面。

(1) 简化包装，大量节约包装费用。

(2) 减少货损货差，提高货运质量。

(3) 减少营运费用，降低运输成本。

2. 高效率的运输方式

首先，普通货船装卸，一般每小时为 35 t 左右，而集装箱装卸，每小时可达 400 t 左右，装卸效率大幅度提高。此外，由于集装箱装卸效率很高，受气候影响小，船舶在港停留时间大大缩短，因而船舶航次时间缩短，船舶周转加快，航行率大大提高，船舶生产效率随之提高。

3. 高投资的运输方式

首先，船公司必须对船舶和集装箱进行巨额投资。开展集装箱运输所需的高额投资，使得船公司的总成本中固定成本占有相当大的比例，高达 2/3 以上。其次，集装箱运输中的港口的投资也相当大。最后，为开展集装箱多式联运，还需有相应的内陆设施及内陆货运站等。

4. 高协作的运输方式

集装箱运输涉及面广、环节多、影响大，是一个复杂的运输系统工程。集装箱运输系统包括海运、陆运、空运、港口、货运站以及与集装箱运输有关的海关、商检、船舶代理公司、货运代理公司等单位和部门。如果互相配合不当，就会影响整个运输系统功能的发挥；如果某一环节失误，必将影响全局，甚至导致运输生产停顿和中断。

5. 适于组织多式联运

由于集装箱运输在不同运输方式之间换装时，无须搬运箱内货物而只需换装集装箱，这就提高了换装作业效率，适用于不同运输方式之间的联合运输。在换装转运时，海关及有关监管单位只需加封或验封转关放行，从而提高了运输效率。

2018 年全球集装箱班轮公司及我国集装箱港口参考数据见表 2-1~表 2-3。

表 2-1 2018 年全球集装箱运力 TOP20 排名

排名	船东	船舶艘次	运力/万 TEU	市场份额/%
1	马士基航运	713	406.5	17.9
2	地中海航运	524	332.2	14.6
3	中远海运集运	463	277.2	12.2
4	达飞轮船	509	266.9	11.7
5	赫伯罗特	230	165.2	7.3
6	ONE	216	151.5	6.7
7	长荣海运	200	119.2	5.2
8	阳明海运	97	63.2	2.8
9	太平船务	131	41.8	1.8
10	现代商船	70	41.3	1.8

续表

排名	船东	船舶艘次	运力/万TEU	市场份额/%
11	以星海运	69	33.7	1.5
12	万海航运	92	24.4	1.1
13	伊朗国航	50	15.4	0.7
14	安通控股	122	14.6	0.6
15	高丽海运	64	14.3	0.6
16	中谷海运	100	13.8	0.6
17	X-Press Feeders	78	11.9	0.5
18	海丰国际	79	10.7	0.5
19	德翔海运	34	7.6	0.3
20	SM Line	18	7.5	0.3

注：中远海运集运含东方海外，数据统计至2018年12月。

表2-2　2018年我国十大港口货物吞吐量排名

排序	港口	1—12月累计/万吨	累计为上年同期的百分比
1	宁波舟山	108 439	107.4
2	上海	68 392	97.0
3	唐山	63 710	111.1
4	广州	59 396	104.2
5	青岛	54 250	106.1
6	苏州	53 227	104.3
7	天津	50 774	101.4
8	大连	46 784	102.8
9	烟台	44 308	110.6
10	日照	43 763	108.9

表2-3　2018年我国港口集装箱吞吐量前10名

名次	港口	万TEU	增幅/%	全球排名
1	上海	4 201	4.42	1
2	宁波舟山	2 635	7.07	3
3	深圳	2 574	2.10	4
4	广州	2 187	7.40	5
5	青岛	1 930	5.46	8
6	天津	1 600	6.17	10
7	厦门	1 070	3.08	15
8	大连	977	0.58	17
9	营口	649	3.30	24
10	苏州	636	8.20	25

2.1.4 国际集装箱基础知识

1. 集装箱的定义

国际标准化组织（ISO）给集装箱下的定义为："集装箱是一种运输设备，应满足以下要求：① 具有耐久性，其坚固强度足以反复使用；② 便于商品运送而专门设计的，在一种或多种运输方式中运输时无须中途换装；③ 设有便于装卸和搬运的装置，特别是便于从一种运输方式转移到另一种运输方式；④ 设计时应注意到便于货物装满或卸空；⑤ 内容积为 1 立方米或 1 立方米以上。集装箱一词不包括车辆或传统包装。"

目前，中国、日本、美国、法国等世界有关国家，都全面采用了国际标准化组织的定义。除了 ISO 的定义外，还有《集装箱海关公约》（CCC）、《国际集装箱安全公约》（CSC）、英国国家标准和北美太平洋班轮公会等对集装箱下的定义，内容基本上大同小异。我国国家标准 GB 1992—1985《集装箱名称术语》中也引用了上述定义。

2. 集装箱的标准

集装箱标准按使用范围分，有国际标准、国家标准、地区标准和公司标准四种。开展国际集装箱多式联运，必须强化集装箱标准化。

1）国际标准集装箱

国际标准集装箱是指根据国际标准化组织（ISO）TC 104 技术委员会制定的国际标准来建造和使用的国际通用的标准集装箱。

集装箱标准化历经了一个发展过程。国际标准化组织 ISO/TC104 技术委员会自 1961 年成立以来，对集装箱国际标准作过多次补充、增减和修改，现行的国际标准为第 1 系列共 13 种，其宽度均一样（2 438 mm），长度有四种（12 192 mm、9 125 mm、6 058 mm、2 991 mm），高度有四种（2 896 mm、2 591 mm、2 438 mm、2 438 mm）。

2）国家标准集装箱

各国政府参照国际标准并考虑本国的具体情况，制定本国的集装箱标准。

我国现行国家标准《集装箱外部尺寸和额定质量[①]》（GB 1413—1985）中规定了集装箱各种型号的外部尺寸、极限偏差及额定重量。

3）地区标准集装箱

此类集装箱标准，是由地区组织根据该地区的特殊情况制定的，仅适用于该地区。如根据欧洲国际铁路联盟（VIC）所制定的集装箱标准而建造的集装箱。

4）公司标准集装箱

某些大型集装箱船公司，根据本公司的具体情况和条件而制定的集装箱船公司标准，主要在该公司运输范围内使用。如美国海陆公司的 35 英尺集装箱标准。

此外，目前世界还有不少非标准集装箱。如非标准长度集装箱有美国海陆公司的 35 英尺集装箱、总统轮船公司的 45 英尺及 48 英尺集装箱；非标准高度集装箱，主要有 9 英尺和 9.5 英尺两种高度集装箱；非标准宽度集装箱有 8.2 英尺宽度集装箱等。

3. 集装箱的种类

随着集装箱运输的发展，为适应装载不同种类货物的需要，出现了不同种类的集装

---

① 除此处外，其他地方均采用行业习惯用语重量。

箱。这些集装箱的外观、结构、强度、尺寸都不相同。根据集装箱的用途而分为以下几种。

1）干货集装箱（Dry Cargo Container）

也称杂货集装箱，这是一种通用集装箱，用以装载除液体货、需要调节温度货物及特种货物以外的一般件杂货。这种集装箱使用范围非常广泛，常用的有 20 英尺和 40 英尺两种，其结构特点是常为封闭式，一般在一端或侧面设有箱门。

2）开顶集装箱（Open Top Container）

也称敞顶集装箱，这是一种没有刚性箱顶的集装箱，但有可折式顶梁支撑的帆布、塑料布或涂塑布制成的顶篷，其他构件与干货集装箱类似。开顶集装箱适于装载较高的大型货物和需吊装的重货。

3）台架式及平台式集装箱（Platform Based Container）

台架式集装箱是没有箱顶和侧壁，甚至有的连端壁也去掉，而只有底板和四个角柱的集装箱。

台架式集装箱有很多类型。它们的主要特点是：为了保持其纵向强度，箱底较厚。箱底的强度比普通集装箱大，而其内部高度则比一般集装箱低。在下侧梁和角柱上设有系环，可把装载的货物系紧。台架式集装箱没有水密性，怕湿的货物不能装运，适合装载形状不一的货物。

台架式集装箱可分为：敞侧台架式、全骨架台架式、有完整固定端壁的台架式、无端仅有固定角柱和底板的台架式集装箱等。

平台式集装箱是仅有底板而无上部结构的一种集装箱。该集装箱装卸作业方便，适于装载长、重大件。

4）通风集装箱（Ventilated Container）

通风集装箱一般在侧壁或端壁上设有通风孔，适于装载不需要冷冻而需通风、防止汗湿的货物，如水果、蔬菜等。如将通风孔关闭，可作为杂货集装箱使用。

5）冷藏集装箱（Reefer Container）

这是专为运输要求保持一定温度的冷冻货或低温货而设计的集装箱，分为带有冷冻机的内藏式机械冷藏集装箱和没有冷冻机的外置式机械冷藏集装箱，适于装载肉类、水果等货物。冷藏集装箱造价较高，营运费用较高，使用中应注意冷冻装置的技术状态及箱内货物所需的温度。

6）散货集装箱（Bulk Container）

散货集装箱除了有箱门外，在箱顶部还设有 2~3 个装货口，适用于装载粉状或粒状货物。使用时要注意保持箱内清洁干净，两侧保持光滑，便于货物从箱门卸货。

7）动物集装箱（Pen Container）

这是一种专供装运牲畜的集装箱。为了实现良好的通风，箱壁用金属丝网制造，侧壁下方设有清扫口和排水口，并设有喂食装置。

8）罐式集装箱（Tank Container）

这是一种专供装运液体货而设置的集装箱，适于装载酒类、油类及液状化工品等货物。它由罐体和箱体框架两部分组成。装货时货物由罐顶部装货孔进入，卸货时则由排货孔流出或从顶部装货孔吸出。

9）汽车集装箱（Car Container）

这是专为装运小型轿车而设计制造的集装箱。其结构特点是无侧壁，仅设有框架和箱底，可装载一层或两层小轿车。

由于集装箱在运输途中常受各种力的作用和环境的影响，因此集装箱的制造材料要有足够的刚度和强度，应尽量采用质量轻、强度高、耐用、维修保养费用低的材料，并且材料既要价格低廉，又要便于取得。

4．集装箱规格及代号（见表2-4）

表2-4 集装箱规格及代号

柜型	规格尺寸/m	载重/t	容积/m³	柜高/尺
20GP	5.8×2.3×2.3	21	28	8.6
40GP	12×2.3×2.3	26	67	8.6
40HQ	12×2.3×2.5	26	70	9.6

一般70%货柜表面都有标明该班轮公司的标记或者代码，另外30%是租箱公司的标记。

这种租箱公司专出租柜子给班轮公司使用，单不涉足班轮运输，比如以下标记：TEX、CAI、XTRA、MATSON、INTERPOOL、TRITON、TIPHOOK、GENSTAR等。

柜号/箱号 APLU371526-8 总共有11数字，由箱主的号码和数字识别号码组成。其功能、作用及重要性就像身份证一样。

5．集装箱材料分类

1）钢制集装箱

其框架和箱壁板皆用钢材制成。最大优点是强度高，结构牢，焊接性和水密性好，价格低，易修理，不易损坏；主要缺点是自重大，抗腐蚀性差。

2）铝制集装箱

铝制集装箱有两种：一种为钢架铝板；另一种仅框架两端用钢材，其余用铝材。主要优点是自重轻，不生锈，外表美观，弹性好，不易变形；主要缺点是造价高，受碰撞时易损坏。

3）不锈钢制集装箱

一般多用不锈钢制作罐式集装箱。不锈钢制集装箱的主要优点是强度高、不生锈、耐腐性好；缺点是投资大。

4）玻璃钢制集装箱

玻璃钢制集装箱是在钢制框架上装上玻璃钢复合板构成的。主要优点是隔热性、防腐性和耐化学性均较好，强度大，韧性好，能承受较大应力，易清扫，修理简便，集装箱内容积较大等；主要缺点是自重较大，造价较高。

2.2 国际海上运输航线、港口、班轮公司

2.2.1 世界航运线路及基本港知识

1．北美航线

美国领土分布：加拿大西北部的阿拉斯加州和美国本土再加上夏威夷群岛，一共50

个州。

美西：洛杉矶、长滩、西雅图、奥克兰等。美东：纽约、萨凡纳、巴尔的摩、迈阿密、休斯敦、诺福克、杰克逊维尔、查尔斯顿等。

墨西哥湾：Houston（休斯敦），New Orleans（新奥尔良），Miami（迈阿密），Tampa（坦帕），Montpelier（蒙彼利埃）。

IPI 内陆点：Chicago（芝加哥），Atlanta（亚特兰大），Dallas（达拉斯），Detroit（底特律），Denver（丹佛），St. Louis（圣路易斯），Milwaukee（密尔沃基），Washington（华盛顿），Kansas（堪萨斯），Charlotte（夏洛特），Cincinnati（辛辛那提），Salt Lake City（盐湖城），San Diego（圣地亚哥），Sacramento（萨克拉门托），Memphis（孟菲斯）。

1）ALL WATER 与 MLB 的定义和区别

ALL WATER：船走全水路挂靠美东基本港之后经过陆运或者是转运到各内陆点或者是其他非基本港口的运输模式。一般来讲：美东基本港的运费大概是美西基本港的 5/3 左右，如果在报价的时候不清楚可大致估计。基本运费大致为：40GP×80%＝20GP，40GP×125%＝40HQ。

MLB：船挂靠美西基本港之后经过大陆桥走陆运到各内陆点的运输模式。

2）美国线的限制

到美国的货物在品名和重量上都有严格的限制，品名主要是和运价相联系，重量则主要关联当地的法规。一般来讲，到内陆点小柜不要超过 17 吨，大柜不要超过 19 吨，不同的州的具体要求也会有所差别，不过基本港的重量管制较为松懈。

美国线受中美贸易政策影响的程度很大，例如配额。

3）主要船公司

HANJIN（韩进），EVERGREEN（长荣海运），LT（意大利邮船），NORASIA（北欧亚航运），MSC（地中海航运），CMA（达飞轮船），CSCL（中海集装箱运输），K-LINE（川崎汽船），YANGMING（阳明海运），APL（美国总统），COSCO（中远海运）等。

2. 加勒比海、美东海岸各港航线

加勒比海、美东海岸各港航线不仅要横渡北太平洋，还越过巴拿马运河，因此一般偏南，横渡大洋的距离也较长，夏威夷群岛的火奴鲁鲁港是它们的航站，船舶在此添加燃料和补给品等，本航线也是太平洋货运量最大的航线之一。

主要港口：Buenos Aires（布宜诺斯艾利斯），Santos（桑托斯），Rio De Janeiro（里约热内卢），Paranagua（巴拉那），San Francisco（旧金山），Montevideo（蒙得维的亚）。

主要船公司：MAERSK（马士基航运），ZIM（以星综合航运），MOL（商船三井），CCNI（智利航运），CMA（达飞轮船），CSCL（中海集装箱运输）等。

3. 南美西海岸各港航线

南美西海岸航线与上个航线相同的是都要横渡大洋、航线长，要经过太平洋中枢站；但不同的是用不着过巴拿马运河。该线也有先南行至南太平洋的枢纽港，后横渡南太平洋到达南美西岸的。

主要港口：Manzanillo（曼萨尼约），Buenaventura（布埃纳文图拉），Guayaquil（瓜亚基尔），Callao（卡亚俄），Iquique（伊基克），Valparaiso（瓦尔帕莱索）。

主要船公司：EVEGREEN（长荣海运），ZIM（以星综合航运），MAERSK（马士基航运），CCNI（智利航运），CMA（达飞轮船），CSCL（中海集装箱运输）等。

4. 澳新及西南太平洋岛国各港航线

澳新及西南太平洋岛图航线不需要横跨太平洋，而在西太平洋南北航行，离陆地近，航线较短。但由于北部一些岛国（地区）工业发达而资源贫乏，而南部国家资源丰富，因而初级产品运输特别繁忙。

澳大利亚基本港：Sydney（悉尼），Brisbane（布里斯班），Melbourne（墨尔本），Fremantle（弗里曼特尔），Adelaide（阿德莱德）。

新西兰：Auckland（奥克兰），Lyttelton（利特尔顿），Wellington（威灵顿），Napier（纳皮尔）等。

澳大利亚、新西兰对环境要求非常严格，凡是有木质包装的货物都需要做熏蒸，且必须是中华人民共和国出具的熏蒸证。

目前，到澳大利亚的船公司：APL（美国总统），COSCO（中运海运），PIL（太平船务），CSCL（中海集装箱运输），OOCL（东方海外），MAERSK（马士基航运），CMA（达飞轮船）等。

目前，到新西兰及其西太平洋的岛国的船公司：PIL（太平船务），NYK（日本邮船），MOL（商船三井）等。西太平洋岛国是PIL的优势航线。

澳大利亚：澳大利亚港务局规定木箱包装货物进口时，其木材需经熏蒸处理，并将熏蒸证书寄收货人。如无木材熏蒸证书，木箱将被拆除烧毁，更换包装费用均由发货人负担。

新西兰：新西兰港务局规定集装箱的木质结构及箱内的木质包装物和垫箱木料等必须经过检疫处理后方可入境。

斐济：斐济海关规定弹簧刀和旧衣服禁止进口。

5. 东南亚各港航线

东南亚各港航线指日本、韩国、朝鲜、俄国远东及中国各港西南行至东南亚各国港口。该航线短，但往来频繁，地区间贸易兴旺，且发展迅速。

东南亚的主要港口：HuChiMing（胡志明），Bangkok（曼谷），Laem Chabang（林查班），Penang（槟城），Surabaya（苏腊巴亚），Singapore（新加坡），Manila（马尼拉），Port Klang（巴生），Semarang（三宝垄），Jakarta（雅加达），Belawan（勿拉湾），Pasir Gudang（巴西古丹），Pusan（釜山），Manila（马尼拉）。

主要船公司：K-LINE（川崎汽船），NYK（日本邮船），OOCL（东方海外），YANGMING（阳明海运），EVERGREEN（长荣海运），CNC（正利航运）等。

日本：日本港务局对进口烟花规定：去往第二卸货港的烟花船舱，在第一卸货港不准开舱，即使其中有第一卸货港的货物也不例外；每票提单烟花的重量不得超过毛重80吨。

新加坡：新加坡港方规定装有危险品的船只不得停靠码头，必须在危险品锚地卸驳，然后由驳船运往港务局指定码头仓库交收货人，费用由船方支付。因此，船方在承运去新加坡的危险品时，应要求发货人付危险品补贴。

菲律宾：麻袋包装的进口货物，必须先经熏蒸才得进口；危险品不能卸在码头仓库，必须由收货人直接派船或用车或到这里直接提货。

6. 印度、巴基斯坦、孟加拉国各港航线

印度、巴基斯坦、孟加拉国航线大多经马六甲海峡往西，也有许多初级产品经龙目海峡与北印度洋国家间往来，如石油等。

主要港口：Nhava Sheva（那瓦夏瓦），Cochin（柯钦），Chennai（钦奈），Haladi/Calcutta（加尔各答），Chittagong（吉大），Dhaka（达卡），Karachi（卡拉奇），New Delhi（新德里）等。

主要船公司：MAERSK（马士基航运），OOCL（东方海外），NORASIA（北欧亚航运）等。

印度地区雨水、台风、海啸、地震过多，对这个地区的基础设施造成很大程度的破坏，所以到这个地区的货物的重量都有一定的限制。船公司联盟规定：雨季6月开始，到达这个地区的货柜连柜重不能超过23吨，否则会被当地政府罚款。

巴基斯坦卡拉奇港务局规定：对进口纸袋包装的炭粉、石墨粉、二氧化镁及其他染料等，必须打托盘或适当装箱，否则不予卸货。另外，巴基斯坦不接受悬挂印度、南非、以色列、韩国和中国台湾旗帜的船舶靠港。

马尔代夫：未经马尔代夫国内事务部允许，不准进口各种毒品和硫酸、硝酸盐、危险动物等；未经马尔代夫对外事务部允许，不准进口酒精饮料、狗、猪或猪肉、雕像等。

7. 中东地区、红海各港航线

中东地区、红海航线大多经马六甲海峡往西，经过印度洋，到达迪拜，经波斯湾到达阿拉伯国家，或经过红海再经苏伊士运河至地中海、西北欧。

中东的基本港口：Dubai（迪拜），Jebel Ali（阿里山），Rashid（拉希德），Kuwait（科威特），Damman（达曼），Doha（多哈），Riyadh（利雅得），Bahrain（巴林），Sharjah（沙迦）。

主要船公司：PIL（太平船务），MAERSK（马士基航运），OOCL（东方海外），YANGMING（阳明），K-LINE（川崎汽船），HANJIN（韩进），WANHAI（万海）等。

红海线的主要港口：Jeddah（吉达），Aden（亚丁），Hodeidah（荷台达），Aqaba（亚喀巴），Sokhna（苏科纳）。

主要船公司：APL（美国总统），PIL（太平船务），CMA（达飞轮船），MAERSK（马士基航运）等。

这个地区主要是以阿拉伯国家为主，以沙特阿拉伯的领域和经济实力最大最强。到沙特阿拉伯的一些商品，当地政府有一个SASO认证要求。

伊朗：伊朗税法第90款规定，在伊朗港口装货出口，不论其在何处支付运费，均按运费的50%征收运费税。进口货免征运费税。

沙特阿拉伯：沙特政府规定所有运往沙特的货物不准经亚丁转船。吉达和达曼港务局规定：凡经往该两港的货物必须在装运港打托盘，集装箱货物也要先打托盘后装箱；袋装货每包净重不得超过50千克；货物文件各项内容必须详细，若收货人是银行，则应列明最后提单持有人的详细名称和地址；收货人须在船舶到港后2个星期内提货，否则将予拍卖。

阿拉伯联合酋长国：迪拜和阿布扎比港卫生当局规定凡进口食品，必须注明失效期，并随船带有卫生健康说明书，否则港方不予卸货。

黎巴嫩：黎巴嫩兽医卫生检疫法规定凡进口活动物、畜产品及其制品、所有易腐坏的罐头和食品，均须随船携带有关生产国出具的正式卫生证书，无证书的商品禁止入港。

8. 东南非、西非各港航线

东南非、西非航线大多经东南亚过马六甲海峡或过巽他海峡西南行至东南非各港，或再过好望角去西非国家各港，或横跨南大西洋至南美东海岸国家各港。该航线也以运输资源型货物为主。

主要港口：Tema（特马），Lagos/Apapa（拉各斯/阿帕帕），Lome（洛美），Onne（奥纳），Cotonou（科托努），Dakar（达喀尔），Conakry（科纳克里），Luanda（罗安达），Abidjan（阿比让），Banjul（班珠尔），Douala（杜阿拉）。

主要船公司：MAERSK（马士基航运），PIL（太平船务），CMA（达飞轮船），DELMAS（达贸轮船），SAFMARINE（比利时南航），COSCO（中远海运）等。

非洲国家经济发展落后，外汇管制也比较严重。当地政府对进口也有一些认证要求。

坦桑尼亚：坦桑尼亚港务局规定，凡运往达累斯萨拉姆港交给坦桑尼亚或转运到赞比亚、扎伊尔、卢旺达和布隆迪等国的货物，需在包装上显著位置刷上不同颜色的十字标志，以便分类，否则船方将收取货物分类费。

吉布提：吉布提港口规定在该港转运的货物，所有文件及包装唛头上应明确填写最终目的港，如"WITH TRANSSHIPMENT TO HOOEIDAH"，但必须注意，不能将上述内容填在提单目的港一栏内，而只能在抬头上或提单其他空白处表明，否则海关将视作吉布提本港货，而且要收货人交付进口税后才放行。

肯尼亚：肯尼亚政府规定凡对肯尼亚出口货物均需在肯尼亚的保险公司投保，不接受CIF条款。

科特迪瓦：阿比让海关规定，提单和舱单所列货物名称应具体详细，不能以货类代替，如不按上述规定办理，承运人为此产生的海关罚款将由托运人承担；经阿比让过境去马里、布基纳法索等内陆国家的货物，提单和船务单据及货物运输包装上，均需注明"科特迪瓦过境"才能免税，否则要征收附加税。

尼日利亚：为防止不法商人套汇，尼日利亚中央管理部规定，所有进口货物发出前需经瑞士通用公证行分支代理机构检验合格，取得"CLEAN REPORT OF FINDINGS"，收货人方可清关提货。

9. 欧洲、地中海各港航线

欧洲基本港：Hamburg（汉堡），Rotterdam（鹿特丹），Antwerp（安特卫普），Felixstowe（费利克斯托），Bremerhaven（不来梅），Le Havre（勒阿弗尔）。

地中海西基本港：福斯（Fos），Genova（热那亚），Barcelona（巴塞罗那）。

地中海东基本港：Izmir（伊兹密尔），Mersin（梅尔辛），Gemlik（盖姆利克），Limasol（利马索尔），Thessaloniki（塞萨洛尼基），Alexandria（亚历山大），Said（塞得），Latakia（拉塔基亚港），Beirut（贝鲁特）。

枢纽港：Piraeus（比雷埃夫斯），Istanbul（伊斯坦布尔），Constanza（康斯坦萨），Damieta（达米埃塔）。

以色列基本港：Haifa（海法），Ashdod（阿什杜德）。

亚得里亚海：Koper（科佩尔港），Venice（威尼斯港），Trieste（的里雅斯特）。

黑海：Odesa（敖德萨），Varna（瓦尔纳），Ilyichevsk（依切利夫斯克），Novorossiysk（诺沃西比尔斯克）。

主要船公司：APL（美国总统），MAERSK（马士基航运），COSCO（中远海运），CMA（达飞轮船），YANGMING（阳明），MSC（地中海），EMC（长荣海运）。

2.2.2　全球主要国家或地区集装箱班轮公司列表

1) CHINA

   COSCO 中远；

   CHINA SHIPPING 中海。

2) CHINA TAIWAN

   EVERGREEN 长荣（还收购了 LT 意大利邮船）；

   YANGMING 阳明；

   WANHAI 万海；

   YITONG LINE 亿通。

3) CHINA HONGKONG

   OOCL 东方海外；T.S. LINES 德翔航运。

4) SINGAPORE

   APL. NOL 总统海皇（美国总统轮船公司）；

   PIL 太平船务；

   SAMUDERA 萨姆达拉船务公司。

5) JAPAN

   NYK 日邮；

   MOL=MOSK 商船三井；

   K-LINE 川崎汽船。

6) KOREA

   HANJIN 韩进（合并了德国胜利 SENATOR）；

   HMM 现代商船（HYUNDAI MERCHANT MARINE）；

   KMTC 高丽海运株式会社（KOREA MARINE TRANSPORT）；

   DONGNAMA SHIPPING 东拿马海运株式会社；

   HEUNG-A 兴亚海运株式会社。

7) FRANCE

   CMA. CGM 达飞法航，该公司收购了以下公司：DELMAS 达贸公司、CNC 正利航运、ANL 澳洲国航。

8) GERMANY

   HAPAG. LLOYD CONTAINER LINES 赫伯罗特 H.P.L.；

   HAMBURG SUD。

9) DENMARK

   MAERSK 马士基船公司。

10) SWITZERLAND

    MSC 地中海航运（MEDITERANEAN SHIPPING CO）。

11) RUSSIA

FESCO 远东船务。
12） ISRAEL
ZIM 以星。
13） CHILE
CCNI 智利国航；CSAV 南美智利国航。
14） IRAN
IRISL 伊朗国航。
15） THAILANG
RCL 宏海。
16） KUWAIT
UASC 阿拉伯联合航运。
17） MALAYSIA
MISC 马来西亚航运。

2.3　国际集装箱班轮运输组织

2.3.1　国际集装箱班轮运输方式

由于集装箱是一种新的现代化运输方式，它与传统的货物运输有很多不同，根据当前国际上对集装箱业务的通常做法，可以归纳为以下四种运输方式。

（1）门到门：这种运输方式的特征是，在整个运输过程中，完全是集装箱运输，并无散杂货物运输，故最适宜于整箱交、整箱接。

（2）门到场站：这种运输方式的特征是，由门到场站为集装箱运输，由场站到门是散杂货物运输，故适宜于整箱交、拆箱接。

（3）场站到门：这种运输方式的特征是，由门至场站是散杂货物运输，由场站至门是集装箱运输，故适宜于拼箱交、整箱接。

（4）站到场站：这种运输方式的特征是，除中间一段为集装箱运输外，两端的内陆运输均为散杂货物运输，故适宜于拼箱交、拆箱接。

2.3.2　集装箱货物装箱方式

集装箱货物装箱方式可分为整箱和拼箱两种。

（1）整箱（Full Container Load，FCL），指货主自行将货物装满整箱以后，以箱为单位托运的集装箱。这种方式通常在货主有足够货源装载一个或数个整箱时采用。除有些大货主自己置备有集装箱外，一般都是向承运人或集装箱租赁公司租用一定的集装箱。空箱运到工厂或仓库后，在海关人员的监管下，货主把货装入箱内，加锁、铅封后交承运人并取得站场收据，最后凭收据换取提单或运单。

（2）拼箱（Less than Container Load，LCL），指承运人（或代理人）接受货主托运的数量不足整箱的小票货运后，根据货类性质和目的地进行分类整理，把去同一目的地的货，集中到一定数量拼装入箱。由于一个箱内有不同货主的货拼装在一起，所以叫拼箱。这种方式在货主托运数量不足装满整箱时采用。拼箱货的分类、整理、集中、装箱（拆箱）、交货等工作均在承运人或货运代理人的集装箱货运站或内陆集装箱转运站进行。

2.3.3 集装箱货物交接方式

集装箱货运分为整箱和拼箱两种，因此在交接方式上也有所不同，当前国际上的做法大致有以下四类。

（1）整箱交、整箱接（FCL/FCL）。货主在工厂或仓库把装满货后的整箱交给承运人，收货人在目的地以同样整箱接货，换言之，承运人以整箱为单位负责交接。货物的装箱和拆箱均由货方负责。

（2）拼箱交、拆箱接（LCL/LCL）。货主将不足整箱的小票托运货物在集装箱货运站或内陆转运站交给承运人，由承运人负责拼箱和装箱（Stuffing, Vanning）运到目的地货站或内陆转运站，由承运人负责拆箱（Unstuffing, Devanning），拆箱后，收货人凭单接货。货物的装箱和拆箱均由承运人负责。

（3）整箱交、拆箱接（FCL/LCL）。货主在工厂或仓库把装满货后的整箱交给承运人，在目的地的集装箱货运站或内陆转运站由承运人负责拆箱后，各收货人凭单接货。

（4）拼箱交、整箱接（LCL/FCL）。货主将不足整箱的小票托运货物在集装箱货运站或内陆转运站交给承运人。由承运人分类调整，把同一收货人的货集中拼装成整箱，运到目的地后，承运人以整箱交，收货人以整箱接。

上述各种交接方式中，以整箱交、整箱接效果最好，也最能发挥集装箱的优越性。

2.3.4 集装箱的选择

在进行集装箱货物装箱前，首先应根据所运输的货物种类、包装、性质及其运输要求，选择合适的集装箱。因为，采用统一标准规格的集装箱，不仅能保证货运质量，而且还是提高集装箱运输效率的必要条件。

1. 集装箱选择应具备的基本条件

集装箱选择应具备的基本条件是：

（1）符合 ISO 标准。

（2）四柱、六面、八角完好无损。

（3）箱子各焊接部位牢固。

（4）箱子内部清洁、干燥、无味、无尘。

（5）不漏水、漏光。

（6）具有合格检验证书。

2. 集装箱选择考虑因素

采用何种规格的集装箱为宜，应根据航线上和所经运输路线具体的货源条件和港口条件来定，因为这对集装箱运输能否取得成效有重大的关系。

一般来说，在货物批量较少的航线上，选用集装箱的规格不宜太大。当然，还得视货物的密度而定，如在进出口货物中轻泡货较多，则以采用规格较大的集装箱为宜。

另外，在决定选用何种规格的集装箱时，还应考虑与国外船公司、货主的合作问题。因为，在进行集装箱货物的国际多式联运中，很有可能与国外船公司进行集装箱交换、互用。

因此，最好选用国际上广泛使用的集装箱。

开展集装箱的国际多式联运，应以实行"门到门"运输为原则。因此，在选用集装箱运输时，还必须注意到内陆运输的条件。为了适应公路、铁路运输条件的限制，使货运量少、运输条件差的国家和地区也能实现"门到门"运输，可采用"子母箱"运输方法。子母箱运输方法是指子箱的尺寸应与母箱的尺寸紧密配合，在海上运输时可采用大型国际标准箱，而在内陆运输时，则采用小型集装箱运输，等这些国家和地区的集装箱运输得以发展成熟和货运量增大后，逐步完善大型集装箱的"门到门"运输。

选用集装箱运输时，主要考虑的是货物的种类、性质、形状、包装、体积、重量以及运输要求。首先要考虑的是货物是否装得下，其次再考虑在经济上是否合理，与货物所要求的运输条件是否符合。

2.3.5 集装箱的检查及交接

1. 集装箱的检查

集装箱在装载货物之前，都必须经过严格检查。有缺陷的集装箱，轻则导致货损，重则在运输、装卸过程中造成箱毁人亡事故。

所以，对集装箱的检查是货物安全运输的基本条件之一。发货人、承运人、收货人，以及其他关系人在相互交接时，除对箱子进行检查外，还应以设备交接单等书面形式确认箱子交接时的状态。

（1）外部检查：是指对箱子进行六面察看，检查外部是否有损伤、变形、破口等异样情况，如有，即做出修理部位的标志。

（2）内部检查：是指对箱子的内侧进行六面察看，检查是否漏水、漏光，有无污点、水迹等。

（3）箱门检查：检查箱门是否完好，门的四周是否水密，门锁是否完整，箱门是否270°开启。

（4）清洁检查：是指箱子内有无残留物、污染、锈蚀异味、水湿等。如不符合要求，应予以清扫，甚至更换。

（5）附属件的检查：是指对货物的加固环节状态，如板架式集装箱支柱的状态，平板集装箱、敞顶集装箱上部延伸用加强结构的状态等进行检查。

2. 集装箱设备交接单的签证

（1）箱体检验符合交接标准的，由检查口业务人员与集装箱卡车司机无批注在集装箱设备交接单上共同签字，完成箱体交接。

（2）箱体检验不符合交接标准的，由检查口业务人员如实在集装箱设备交接单上加以批注，注明箱体残损的类型、部位、程度，必要时可加文字说明，并与集装箱卡车司机共同在集装箱设备交接单上签字确认。对于进场出口重箱严重残损影响箱内货物的，检查口有权谢绝进场；对于出场提运空箱严重残损影响装货的，集装箱卡车司机有权调换空箱。

（3）在箱体检验交接中凡有残损的，检查口业务人员除在集装箱设备交接单上加批注外，还应将残损情况输入计算机备案。

2.3.6 集装箱货物装载的方法

随着集装箱运输的发展，种类繁多、性质、包装各不相同的货物都进入了集装箱运输的领域。与此同时，从事集装箱运输的管理人员，以及操作人员不断增多，为确保货运质量的安全，做好箱内货物的积载工作是很重要的，许多货损事故的发生都是装箱不当所致。

集装箱货物在装载、堆载时应注意的事项有：

（1）当不同件杂货混装在同一箱时，应根据货物的性质、重量、外包装的牢度、货物的特性等情况，将货区分开，将包装牢固、重件货装在箱子底部，包装较单薄的货物或轻货装在箱子上部。

（2）货物在箱子内的重量分布应均匀。如箱子某一部位装载的负荷过重，则有可能使箱子底部结构发生弯曲或脱开。在吊机和其他机械作业时，由于箱内货物重量分布不均，作业时箱子会发生倾斜，致使作业不能进行。此外，在陆上运输时，如存在上述情况，拖车因前后轮的负荷差异过大，也会发生故障。

（3）在进行货物堆码时，则应根据货物的包装强度，决定货物的堆码层数。另外，为使箱内下层货物不致被压坏，应在货物堆码之间垫入缓冲材料。

（4）货物与货物之间，也应加隔板或隔垫材料，避免货物相互擦伤、沾湿、污损。

（5）货物的装载要严密整齐，货物之间不应留有空隙，这样不仅可充分利用箱内容积，也可防止货物相互碰撞而造成损坏。

（6）在目的地掏箱时，由于对靠箱口的货物没有采取系紧措施，曾发生过货物倒塌，造成货物损坏和人员伤亡事故。因此，在装箱完毕后，关箱前应采取措施，防止箱口附近货物倒塌。

（7）应使用清洁、干燥的衬垫材料（胶合板、草席、缓冲器材、隔垫板）。若使用潮湿的衬垫材料，易发生货损事故。

（8）应根据货物的不同种类、性质、包装方式，选用不同规格的集装箱。选用的箱子应符合国际标准，经过严密的检查，并具有检验部门发给的合格证书。

2.4 整箱货货运代理业务流程

2.4.1 整箱货出口业务流程

集装箱的运输环节，如果纯作为代理客户海运 CY-CY 的部分，涉及的环节就比较少，但实际操作过程中往往涉及整个运输环节（从货物所在工厂到货物送至收货人手中）。下面将按照出口操作流程分环节逐一叙述。

集装箱整箱货出口业务实务操作基本流程为：接受货主询价→确定运价→接受托运→回传订舱确认→装箱→报关报检→缮制提单→收取运费→签发提单，见图 2-1。

1. 接受货主询价

要求货运代理公司业务人员必须熟悉公司优势航线、运价、内陆运输、报关、商检、熏蒸的收费标准，同时尽量详细地了解客户的出货数量、淡旺季、货物重量、货名、需要何种级别的船公司，需要提供 CY-CY 还是 CY-DR 或者其他服务，然后根据客户的需求准确报价。

注意事项：各家货运代理公司都有优势的业务模块，销售人员需要利用好公司的优势点；货运代理公司的经营者也必须不断地加大自身的优势业务，拓宽公司的优势业务模块，以满足不同货主的需求。

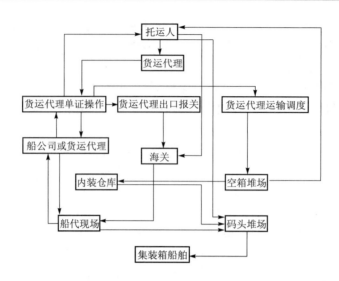

图 2-1 整箱货出口业务流程

2. 确定运价

双方在合作前须书面确认运价（包括所有运杂费）、运输条款（CY-CY/CY-DR/DR-DR/OTHERS）、付款各事项（费用到付或是预付，月结或是单结，结款货币，是否需要发票等）。世界各地主要航线基本港及运价结构见表 2-5。

表 2-5 主要航线基本港及运价结构

航线	各航线基本港	各航线运价结构
欧洲	Hamburg/Bremen/Rotterdam/Felixstowe/Antwerp/Le Harve	OFT+BAF+CAF+ORC+DOC
地中海	Naples/Genova/Barcelona/Valencia	OFT+BAF+CAF+ORC+DOC
美国东岸	Miami/New York/Norfolk/Savannah/Charleston/Boston	OFT+BUC+ORC+AMS+IFC+PNC+CAS+DOC+PSS
美国西岸	Los Angeles/Long Beach/Oakland/Seattle Tacoma	OFT+BUC+ORC+AMS+IFC+ACC+CAS+DOC+PSS
南非	Durban/Capetown	OFT+THC or ORC+DOC
南美洲	Buenos Aires/Montevideo/Santos	OFT+THC or ORC+DOC
澳洲	Sydney/Melbourne/Brisbane	OFT+THC+DOC
新西兰	Auckland/Lyttelton/Port Chalmers/Wellington/Neson/Napier/Tauranga	OFT+THC+DOC

注意事项：货运代理公司需要在各个环节注意风险的规避，特别是提供海运之外的延伸服务，需要和合作的公司签订好服务协议，注重合作伙伴的公司的规模、承担风险的能力等。如果有部分客户有高风险、高难度的服务要求，务必和合作伙伴签订背对背的服务条款。谨记"代理"这个角色的含义。

3. 接受货物托运

双方确定好合作关系后,必须要求客户传货物委托单,加盖公章。

注意事项:(1)托运单是确立双方委托关系的正式单证,在法律上具有重要的意义。法律上要求正本的托运单才具有法律效力。在实际操作中,大部分货运代理或者船公司没有要求货主提供正本的托运单,是有极大的潜在风险的。有部分公司的做法是:要求客户提供一份或多份空白的托运单,以便需要通过法律途径解决纠纷时使用。或者通过协议的方式声明复印件有效。

(2)要求货主最好能提前1周向货运代理订舱,以保证获得船公司的舱位(特别是在旺季),最迟不能超过截关前两天。订舱时须按照船公司订舱单的要求填写,特别是目的港及目的地须确认清楚,若有装载或托运等特殊要求及注意事项均须在托运单上注明。船公司收到后将尽快回传确认单。

■ 链接 2-1　订舱单填写要求

(1)Shipper(发货人):填写托运人的中英文名称、电话。

(2)Consignee(收货人):填写收货人的英文名称、电话,如果没有,填"To Order"。

(3)Notify Party(通知人):填写国外通知人的英文名称、电话,如果没有,填"To Order"或者"Same As Consignee"。

(4)货物的各项资料:唛头、件数、货名、重量、尺码等必须填全。

(5)运费与附加费栏,按双方协定的金额填写,如有协议,请填协议号,不得空白。

(6)可否转船、可否分批栏不填的,一律视作可转船、可分批;运费预付、到付栏不填的,按预付处理;运输条款不填的,一律视作 CY-CY 条款;运费支付人一栏不填的,托运人是当然的运费支付人。

(7)危险品除填本单危险品一栏内容外,必须提供产品说明书、包装容器使用性能鉴定书。

(8)因托运单填写错误或资料不全引起的货物不能及时出运,运错目的地,提单错误不能结汇,不能提货等而产生的一切责任、风险、纠纷、费用等概由托运人承担。

(9)盖章一栏,必须由经办人签名及盖公章。

4. 回传订舱确认(S/O)

货运代理收到订舱确认后,应立刻向船公司订舱,船公司将在开船前7天提前放订舱确认书。订舱确认书(SHIPPING ORDER)上会注明提单号、船名航次、截止文件时间(美国航线要求船开前48小时提供装运资料,向美国海关申报)、截关时间、预计开船时间、放行条交至何处等详细的信息,见表2-6。订单确认书是船公司向客户确认舱位的文件。应该来说,拿到了订单确认书就等于预留了舱位,但在实际操作过程中,特别是旺季爆舱期间,也常常会遇到舱位过分紧张而不能上船的情况,行内称之为"甩柜",船公司将不负任何责任。

注意事项:要求货运代理和货主都要认真注意订单确认书上面的信息和要求,因为各航线并非都是绝对固定的开船时间,当船期变动的时候容易造成失误。

表 2-6 订舱确认书

COSCO 深圳客户服务中心订舱确认书
航线：COSCO-FRS（蛇口）
收件单位：
发件人：
日期：2007.01.12
订舱单号：COSU2869××××
箱型箱量：4×40HQ（CY-CY）
货名：CAN
收货地：SHEKOU, SHENZHEN, GUANGDONG
卸货港：JEDDAH
交货地：JEDDAH, MAKKAH, SAUDI ARABIA
货类：普通货
合约号：
开舱时间：2007.01.12 00：00
截止收重柜时间：2007.01.16 12：00
截止收放行条时间：2007.01.16 17：00
截止收补料时间：2007.01.16 17：00
备注：如有变动，以另行通知为准

＊请立即去码头打单，如因爆舱原因造成无法打单，此单自动失效。
＊＊电池类货物请在订舱时声明，如出现瞒报货名，将按危险品操作。
#如贵司自行报关，请仔细阅读下列事项：
预计船名航次：ITAL GRACE V.133W
预计开航时间：2007.01.19 00：00
打提柜单地点：×××××　TEL：××××××
七联单编号地点：×××××
放行条交接地点：××××××　TEL：××××××
#注意：
1. 贵公司的运费到账后，我司方可签发提单，取单前与我司的业务员或计费人员电话确认。（协议客户按协议操作）
2. 装货时请勿超重，否则后果自负。货物限重（货物毛重）参考：
美国：17.2 吨/20GP，20.0 吨/40GP；
其他地区：21.74 吨/20GP，26.75 吨/40GP，26.56 吨/40HQ。
----

5. 安排拖车（装箱）

装箱时有两种不同的方式可供选择：

(1) 产地装箱：船公司为了给货主提供方便，对于较大宗货，或有特殊要求的货主，可以提供产地装箱服务，通俗地说就是船公司将空箱运至托运人的仓库或工厂将货物装箱后，直接将集装箱运至堆场。

(2) 工厂送货：托运人将货物发运到船公司指定的集装箱中转站，由中转站负责将货物依次装入集装箱。这时，托运人要经常到现场察看装货情况，防止短装或装错，即"监装"。

如果客户需要货运代理安排拖车，要求在托运单上详细注明工厂装货的地址、时间、联系人、电话，有无特殊的要求（例如20GP的柜子需要摆放在卡车最后面等），需不需要转关，是否是重货（重货需要派功率大的拖车）。

货运代理内部接到货主的拖车安排要求后，要马上给合作拖车行传真拖车委托单，注明所有相关要求，对特殊的运输要求，应给予特别的注明。

以深圳出口为例：货主于拖运前两天确认具体拖运时间。为保证报关顺利进行，避免造成压车（由于各种原因造成拖车未能在拖柜当天回码头，称为压车，压车费一般为拖运费的80%，超过两天后，压车费将按拖运费的100%收取），拖运时间应尽量安排在早上或下午3点之前，并尽量避免周日下午拖柜。

一般拖车到厂装货时间误差在60分钟以内为正常情况。由于港口提柜、路上严重塞车或车辆损坏维修等非人为因素影响造成拖车迟到，货运代理公司应尽早通知货主，并征求货主意见尽快处理。由此造成的压车及其他损失将由双方友好协商解决。

船公司在码头会给客户提供7天的码头免费堆存时间和码头外3天的免费用柜时间，也就是说货主可以在开船前10天把柜子提出，开船前7天还柜子进入码头，而不会产生任何费用。

当集装箱返回码头，由于货主的原因需要修改目的港，或者提柜后货主不装货，需要收取额外的费用。以深圳为例：如果集装箱返还码头后而未装船前货主要求更改目的港，须收取45USD/柜的移堆费；若提柜后工厂未能装货而空箱返码头，码头将收取94USD（47×2）的吊柜费及1天的滞箱费；如果提取已进港待出口的重箱回工厂且空箱返码头（即取消出口），码头将按照4次装卸车来收取费用；如果是提取已进港待出口的重箱回工厂并重新装箱，重箱回到码头，码头通常收取3次装卸车的费用。

注意事项：拖车的安排是一件非常细致的工作，由于受外部环境的影响因素较多，所以需要多和拖车行、司机、货主沟通，力求把失误降到最小。

集装箱交接单见图2-2。

6. 安排报关、商检、熏蒸

不少货主要求货运代理公司代办报关、商检、熏蒸事宜，有关操作要求如下。

报关：分为工厂手册报关和一般贸易报关两种。

(1) 工厂手册报关一般适用于"三来一补企业"。拥有自己的进出口权，进口货物加工后复出口，需要的文件有：装箱单（盖公章，要有详细的货物名称、材料、规格、体积、数量、净重、毛重等信息）、发票（盖财务章，要有详细准确的金额）、报关单、核销单、进出口备案合同手册、报关委托书。

(2) 一般贸易报关主要适用于本身无进出口权的普通企业，原材料的采购来自于国内，需要委托有进出口权的进出口公司、贸易公司出口。这种方式一般只要货主提供装箱单、发票文件就可以，其他文件将由进出口公司或者贸易公司提供。

有关商检、熏蒸、办产地证的代理也基本如此，只需工厂提供装箱单、发票、委托书即可。

注意事项：报关的业务由于涉及海关，尽量要做到细致，提供的资料要真实、可靠，不能抱有侥幸心理。接受货主的委托要了解清楚情况，不要盲目接单。

有关单证的样本参见图2-3～图2-6。

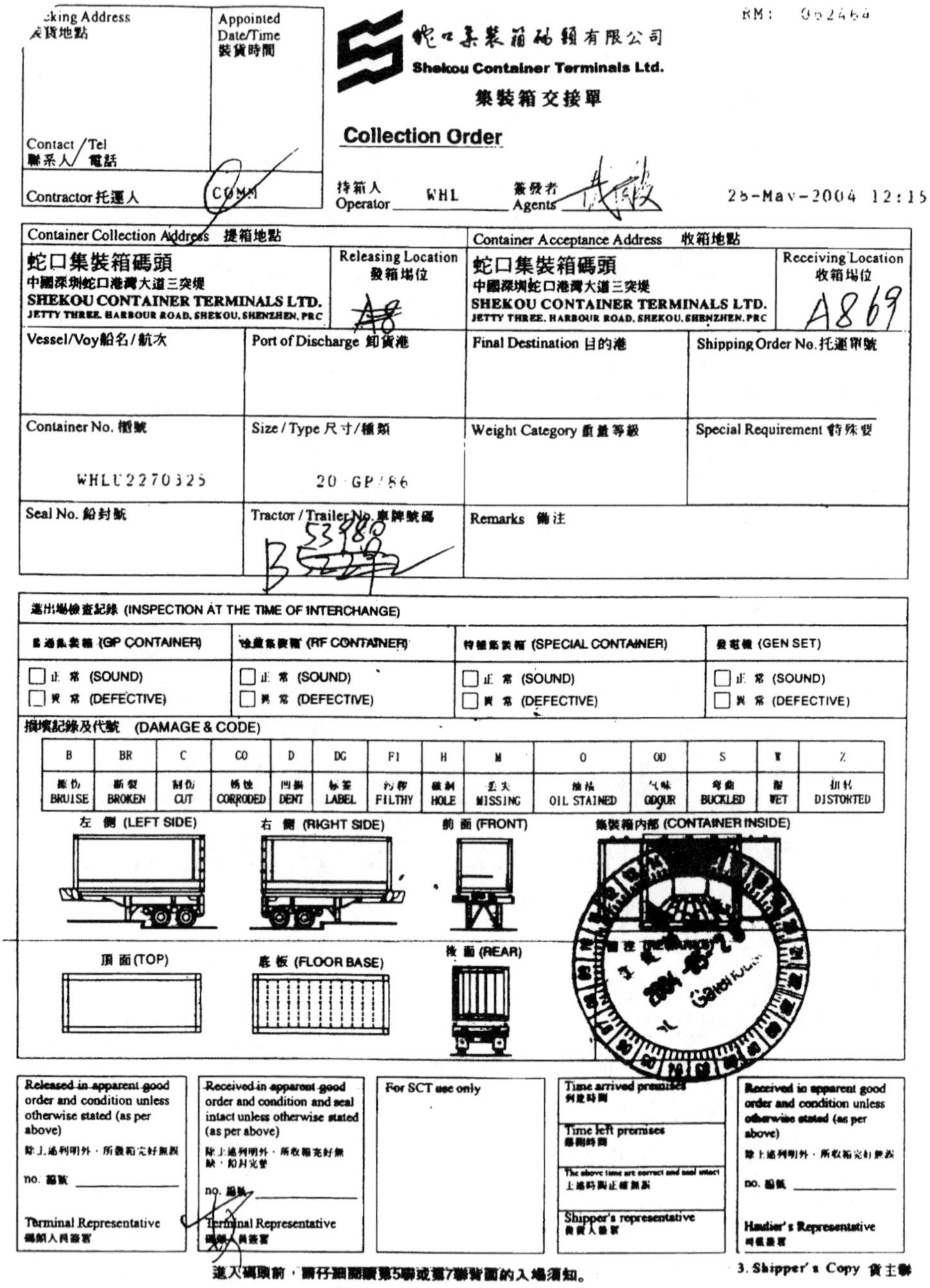
Packing Address 装货地点

Appointed Date/Time 装货时间

Contact/Tel 联系人/电话

Contractor 托运人 COMM

蛇口集装箱码头有限公司 Shekou Container Terminals Ltd.

RM: 052464

集装箱交接单

Collection Order

持箱人 Operator WHL　签发者 Agents　25-May-2004 12:15

Container Collection Address 提箱地点: 蛇口集装箱码头 中国深圳蛇口港湾大道三突堤 SHEKOU CONTAINER TERMINALS LTD. JETTY THREE, HARBOUR ROAD, SHEKOU, SHENZHEN, PRC

Releasing Location 发箱场位: A8

Container Acceptance Address 收箱地点: 蛇口集装箱码头 中国深圳蛇口港湾大道三突堤 SHEKOU CONTAINER TERMINALS LTD. JETTY THREE, HARBOUR ROAD, SHEKOU, SHENZHEN, PRC

Receiving Location 收箱场位: A869

Vessel/Voy 船名/航次	Port of Discharge 卸货港	Final Destination 目的港	Shipping Order No. 托运单号
Container No. 箱号	Size/Type 尺寸/种类	Weight Category 重量等级	Special Requirement 特殊要求
WHLU2270325	20 GP/86		
Seal No. 铅封号	Tractor/Trailer No. 车牌号码	Remarks 备注	
	53988		

进出场检查记录 (INSPECTION AT THE TIME OF INTERCHANGE)

普通集装箱 (GP CONTAINER)	冷藏集装箱 (RF CONTAINER)	特种集装箱 (SPECIAL CONTAINER)	发电机 (GEN SET)
□正常 (SOUND)	□正常 (SOUND)	□正常 (SOUND)	□正常 (SOUND)
□异常 (DEFECTIVE)	□异常 (DEFECTIVE)	□异常 (DEFECTIVE)	□异常 (DEFECTIVE)

损坏记录及代号 (DAMAGE & CODE)

B	BR	C	CO	D	DG	FI	H	M	O	OD	S	W	Z
擦伤 BRUISE	断裂 BROKEN	割伤 CUT	锈蚀 CORRODED	凹损 DENT	标签 LABEL	污秽 FILTHY	破洞 HOLE	丢失 MISSING	油渍 OIL STAINED	气味 ODOUR	弯曲 BUCKLED	湿 WET	扭曲 DISTORTED

左侧 (LEFT SIDE)　右侧 (RIGHT SIDE)　前面 (FRONT)　集装箱内部 (CONTAINER INSIDE)

顶面 (TOP)　底板 (FLOOR BASE)　后面 (REAR)

Released in apparent good order and condition unless otherwise stated (as per above) 除上述列明外，所发箱完好无损 no. 箱号　Terminal Representative 码头人员签署

Received in apparent good order and condition and seal intact unless otherwise stated (as per above) 除上述列明外，所收箱完好无缺，铅封完整 no. 箱号　Terminal Representative 码头人员签署

For SCT use only

Time arrived premises 到达时间　Time left premises 离开时间　The above time are correct and seal intact 上述时间正确无误　Shipper's representative 货主人员签署

Received in apparent good order and condition unless otherwise stated (as per above) 除上述列明外，所收箱完好无损 no. 箱号　Haulier's Representative 拖车人员签署

进入码头前，请仔细阅读第5联或第7联背面的入场须知。

3. Shipper's Copy 货主联

图2-2　集装箱交接单

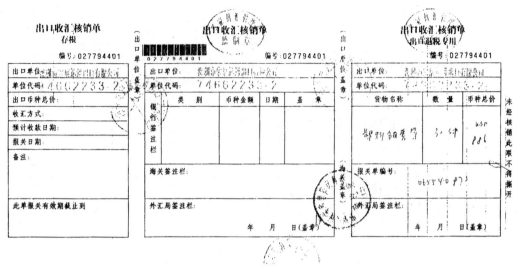

图 2-3 外汇核销单

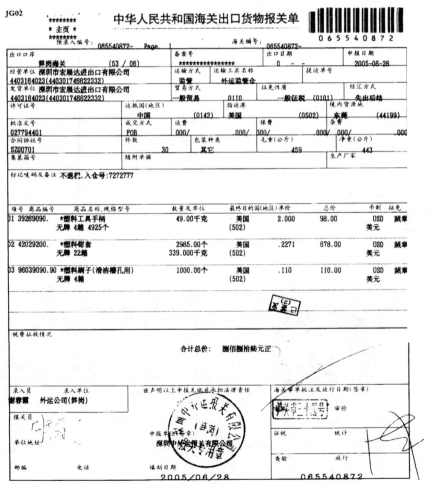

图 2-4 报关单（一）

ZP	ORIGINAL	**4705753316**

1. Goods consigned from (Exporter's business name, address, country) SHENZHEN JIAXINDA IMPORT EXPORT CO., LTD. CHINA	Reference No. ZC1997/05/1157 GENERALIZED SYSTEM OF PREFERENCES CERTIFICATE OF ORIGIN (Combined declaration and certificate) FORM A
2. Goods consigned to (Consignee's name, address, country) NGI COMPANY/MS CHRISTELLE VILLAGE D'ENTREPRISES RUE CHARLES GRANGER 72600 MAMERS, FRANCE TEL:0033243335656 FAX:0033243335666	Issued in THE PEOPLE'S REPUBLIC OF CHINA (country) See Notes overleaf
3. Means of transport and route (as far as known) FROM GUANGZHOU CHINA TO FRANCE BY AIR ON/AFTER MAY 10, 2005	4. For official use

5. Item number	6. Marks and numbers of packages	7. Number and kind of packages; description of goods	8. Origin criterion (see Notes overleaf)	9. Gross weight or other quantity	10. Number and date of invoices
1	N/M	METAL MOULDS TOTAL:FIVE (5) SETS ONLY. *** *** *** *** *** *** *** ***	"P"	5SETS	05044 May. 10, 2005

11. Certification It is hereby certified, on the basis of control carried out, that the declaration by the exporter is correct. SHEN ZHEN May. 10, 2005 Place and date, signature and stamp of certifying authority	12. Declaration by the exporter The undersigned hereby declares that the above details and statements are correct; that all the goods were produced in CHINA (country) and that they comply with the origin requirements specified for those goods in the Generalized System of Preferences for goods exported to FRANCE (importing country) SHENZHEN May. 10, 2005 Place and date, signature of authorized signatory

图 2-5　报关单（二）

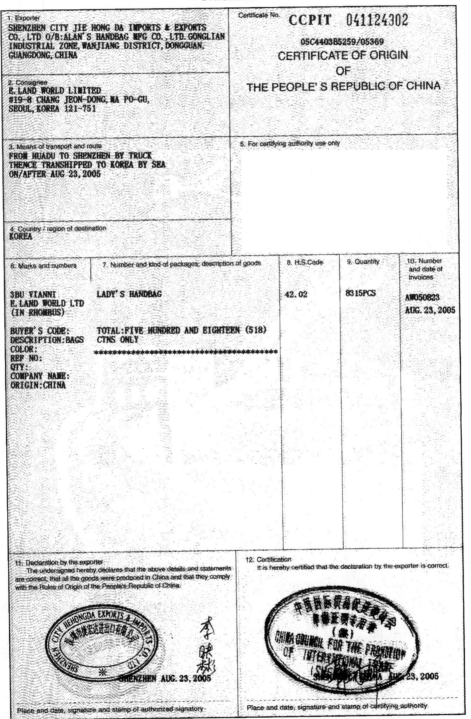

图 2-6 原产地证明

7. 接收货主提供的提单资料缮制提单

货物出运后，在船开之前，货主应及时提供装载资料给货运代理公司，资料的提供主要依据装箱单和发票的内容。

货运代理公司根据货主提供的提单资料制作提单，对单无误后要求货主签字确认。货运代理公司据此制作货运代理提单或者提供给船公司制作提单。

在美国提单的制作过程中，必须提供真正的收货人资料，不能只显示货运代理公司代理资料。而其他航线接受"TO ORDER"的显示。

注意事项：制作提单最终确认无误后，谨记要求货主签字确认，并将所有往来单证归档留底。

8. 收取运费

货物出运后货运代理公司应及时开出对账单，并要求货主签字确认，及时回收运费，规避风险。

注意事项：货运代理行业是高风险的行业，运费占了很大的部分，利润与成本比例失调，所以在货运代理操作中，运费风险的防范极为重要。

9. 按照货主要求出具提单、电放

收取运费后，货运代理公司将按照货主的要求出具提单。提单按照抬头、运输方式等可以分为很多种，这里将不作赘述。这里主要提的是在实际操作过程中常用的出单方式。

一般来说，客户要求提供 CY-CY 以外的服务的提单，通常都出具货运代理公司自己的提单，因为船公司一般只提供 CY-CY，或者 CY-DR 的服务。在实际操作过程中有不少货主不需要正本提单结汇，当收到买家的货款后要求船公司直接 E-mail 通知国外代理放货给收货人，这种做法称为电放。电放的要求是制作提单时，收货人一栏是电放的对象。

下面对几种特殊的提单出具方法做简单的叙述。

电放：需客户提供正本"电放保函"（加盖公章）。如果是船东提单，需要出具船东公司"保函"到船公司申请电放。

预借：船还未开，或者需要拿到提单，这种方式称为预借提单。需客户提供正本"预借保函"，通常这种做法都是出具货运代理公司自己的提单。

倒签：由于信用证或者其他原因，货主要求将开船日期提前，称为倒签提单。同样需客户提供正本"倒签保函"，通常这种做法都是出具货运代理公司自己的提单。

分单：货主要求一票货分多份提单的做法，通常是有多个收货人。

并单：多份提单号并出一单的做法，通常是分几次出口的货，同一个收货人并成一单，前提是务必同一班船。

异地放单：要求在第三地，或者第三国出具提单，要求取得货主保函和异地接单之联系人、电话、传真、公司名、地址等资料方可放单。

注意事项：上面所提到的预借、倒签两种方式，风险是极大的，尽管有货主的保函，但法律对保函的效力要依据是否善意做出区别对待，在实际操作中应相当注意。

电放保函格式见表 2-7。

表2-7 电放保函格式

电放保函
TO:
INDEMNITY LETTER
Dear Sirs,
MV./VOY:
Port of Loading:
Port of Discharge:
Place of Delivery:
B/L No./Container No:
Cargo:
We (shipper's name)
confirm and hereby authorize a telex release of the above mentioned Container (s)/cargo for which we surrender full sets of original Bill of Lading (duly Endorsed) and you are kindly requested to release the above mentioned container (s) to:
DURA MICRO INCORPORATED
3410 POMONA BOULEVARD.
POMONA, CA91768, U.S.A
TEL:
FAX:
We hereby accept full responsibility and all consequences for this Telex release of the container (s)/cargo in this manner, with no liability to shipping company, their principals or agents.
Name:
Position:
Signature:

10. 通知目的港代理做好服务准备

货物出运后，应该及时通知代理做好准备工作，特别是货主要求在目的港代理清关、配送等服务的业务，必须保证各项单证准时无误地递交给代理，保证服务的延续。

11. 通知货主货物已顺利交接

收货人收到货物后应该通知货主，完成整个托运业务流程。

2.4.2 整箱货进口业务流程

总体上说，集装箱进出口作业流程基本是类似的，以下从进口实际操作上的具体事项作简单介绍。

（1）接到客户的全套单据后，要查清该进口货物属于哪家船公司承运、哪家作为船舶代理、在哪儿可以换到供通关用的提货单（注：全套单据包括带背书的正本提单或电报放货副本、装箱单、发票、合同）。

注意事项：① 提前与船公司或船舶代理部门联系，确定船到港时间、地点，如需转船应确认二程船名。

② 提前与船公司或船舶代理部门确认换单费、押箱费、换单的时间。

③ 提前联系好场站，确认好提箱费、掏箱费、装车费、回空费。

（2）带背书的正本提单（如是电报放货，可带电报放货的传真件与保函）去船公司或船舶代理部门换取提货单和设备交接单。

注意事项：① 背书有两种形式，如果提单上收货人栏显示"TO ORDER"，则由"SHIPPER"背书；如果收货人栏显示其真正的收货人，则需收货人背书。

② 保函是由进口方出具给船舶代理的一份请求放货的书面证明。保函内容包括进口港、目的港、船名、航次、提单号、件数/重量/尺码或体积及进口方签章。

③ 换单时应仔细核对提单或电放副本与提货单上的集装箱箱号及封号是否一致。

④ 提货单共分五联，白色提货联、蓝色费用账单、红色费用账单、绿色交货记录、浅绿色交货记录。

⑤ 设备交接单：它是集装箱进出港区、场站时，用箱人、运箱人与管箱人或其代理人之间交接集装箱及其他机械设备的凭证，并兼管箱人发放集装箱的凭证的功能。当集装箱或机械设备在集装箱码头堆场或货运站借出或回收时，由码头堆场或货运站制作设备交接单，经双方签字后，作为两者之间设备交接的凭证。集装箱设备交接单分进场和出场两种，交接手续均在码头堆场大门口办理。出码头堆场时，码头堆场工作人员与用箱人、运箱人就设备交接单上的以下主要内容共同进行审核：用箱人名称和地址，出堆场时间与目的，集装箱箱号、规格、封志号以及是空箱还是重箱，有关机械设备的情况，正常还是异常等。进码头堆场时，码头堆场的工作人员与用箱人、运箱人就设备交接单上的下列内容共同进行审核：集装箱、机械设备归还日期、归还时的外表状况，集装箱、机械设备归还人的名称与地址，进堆场的目的，整箱货交箱货主的名称和地址，拟装船的船次、航线、卸箱港等。

（3）用换来的提货单（1、3）联并附上报关单据前去报关。

报关单据包括：提货单（1、3）联海关放行后，在白联上加盖放行章，发还给进口方作为提货的凭证；正本箱单、正本发票、合同、进口报关单（一式两份）、正本报关委托协议书；海关监管条件所涉及的各类证件。

注意事项：① 接到客户全套单据后，应确认货物的商品编码，然后查阅海关税则，确认进口税率，确认货物需要什么监管条件，如需做各种检验，则应在报关前向有关机构报验。报验所需单据：报验申请单、正本箱单、正本发票、合同、进口报关单（两份）。

② 换单时应催促船舶代理部门及时给海关传舱单，如有问题应与海关舱单室取得联系，确认舱单是否转到海关。

③ 当海关要求开箱查验货物时，应提前与场站取得联系，调配好机械及人力将所查箱子调至海关指定的场站（事先应与场站确认好调箱费、掏箱费）。

（4）若是法检商品应办理验货手续。

如需商检，则要在报关前，拿进口商检申请单（带公章）和两份报关单办理登记手续，并在报关单上盖商检登记在案章以便通关。验货手续在最终目的地办理。

如需动植检，也要在报关前拿箱单、发票、合同报关单去代理报验机构申请报验，在报关单上盖放行章以便通关，验货手续可在通关后在堆场进行。

（5）向代理报验机构提供箱单、发票、合同报关单，由他们代理报验。报验后统一交费，并在白色提货单上盖"三检"放行章。

（6）"三检"手续办理后，缴纳港杂费。港杂费用结清后，港方将提货联退给提货人供提货用。

（7）所有提货手续办妥后，可通知事先联系好的堆场提货。

（8）重箱由堆场提到场地后，应在免费期内及时掏箱，以免产生场地和箱体的滞期费。

（9）货物提清后，从场站取回设备交接单证明箱体无残损，去船公司或船舶代理部门取回押箱费。

2.4.3　集装箱整箱货进出口业务单证小结

1. 出口业务单证

1）海运出口委托书

2）十联单

第一联：集装箱货物托运单（货主留底）（B/N）

第二联：集装箱货物托运单（船代留底）

第三联：运费通知（1）

第四联：运费通知（2）

第五联：场站收据（装货单）（S/O）

第五联副本：缴纳出口货物港务费申请书

第六联：大副联（场站收据副本）

第七联：场站收据（D/R）

第八联：货代留底

第九联：配舱回单（1）

第十联：配舱回单（2）

3）集装箱陆上货物运输托运单

4）装箱单

5）集装箱发放/设备交接单进场/出场

6）报关手册

7）集拼货预配清单

8）装箱单

9）集装箱发放/设备交接单进场/出场

10）提单（正本/副本）

（1）普通货物：已装船提单。

（2）集装货：收讫代运提单。

2. 进口业务单证

1）进出口货物代理报关委托书

2）提货单（进口五联单）

第一联：到货通知书

第二联：提货单（D/O）

第三联：费用账单（1）

第四联：费用账单（2）

第五联：交货记录

3）设备交接单

第一联：船代留底联

第二联：堆场联

第三联：用箱人联

4）海关进口货物报关单提单（正本/副本）

（1）普通货物：已装船提单。

（2）集装货：收讫代运提单。

5）货物运输报价单

2.5 拼箱货货运代理业务流程

所谓拼箱货就是有集拼条件的货运代理人，将不同委托人、不同收货人、同一卸货港的零星货物集中起来，以货运代理人的名义办理整箱运输，国际上称为 Consolidation，集拼货运代理人称为 Consolidator。

国家放宽集装箱沿海运输规则

2.5.1 承办集装箱拼箱业务的货运代理必须具备的条件

（1）具有集装箱货运站的装箱设施和装箱能力。

（2）在国外有自己的货运代理人，具备拆箱分拨能力。

（3）政府部门批准有从事集拼业务经营范围且能签发货运提单。

通常情况下，从事集拼业务的货运代理人，由于其签发自己的提单，其法律地位相当于无船承运人。办理拼箱业务的货物托运人，其接受的提单是货运代理人签发的以（LCL）CFS/CFS 为交接方式的 House B/L。货运代理人作为集拼箱的托运人，从船公司或其代理人处签得的以（FCF）CY/CY 为交接方式的 Master B/L。

例外情况：若集拼业务的货运代理人，在整箱货物的卸货港没有自己的代理人，则货运人

（代理人）会使用船公司或其船代的代理，将拼箱货物送到船公司的 CFS，安排内装箱，向客户签发船公司的提单。这种业务相对船公司或其船代而言，称为自拼箱（Self Container Load, SCL），即将货运代理人视同货主，由货主自行组织零星货物拼成整箱后运输，船公司在卸货港的代理负责拆箱交货。在这种情况下，实际货物托运人接受的是船公司签发的以 CFS/CFS 为交接方式的 Master B/L。船公司提供的是类似货杂班轮的服务，因此操作程序也类似。

2.5.2　拼箱货出口业务流程

集拼货运代理人预先以（LCL）CFS/CFS 交接方式向船公司或船代预订整箱，并为该箱项下的每票货物单独缮制场站收据联单（D/R）。船代接受订舱后，依照场站收据联单操作流程将相关报关单证退给货运代理人。货运代理人通知各委托人在规定时间内将运输的货物送进货运代理人指定货运站，同时将相关报关资料送交货运代理人。货运代理人安排将空箱运到 CFS 装箱。CFS 中的装箱人根据实际装箱情况缮制装箱单，并将实际装箱数据通知货运代理操作人员，以便于与订舱时的场站收据联单数据核对。若有误，则及时要求船代更正。货运代理人整理报关资料统一向海关进行出口申报。海关验放后，货运代理人应及时将有关单证送交船代现场配载装运。船开后，货运代理人向船代申领整箱货下的全部 Master B/L 提单，同时向各委托人分别签发货运代理的 House B/L。拼箱货出口业务流程见图 2-7。

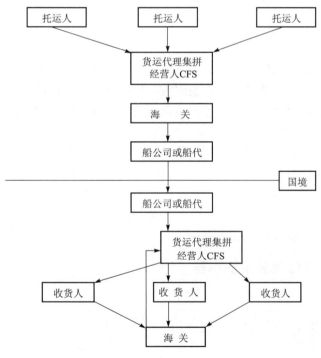

图 2-7　拼箱货出口业务流程

2.5.3　拼箱货进口业务流程

集装箱拼箱进口货物按照交货人的不同分为两种情况：或由船公司负责拆箱交货；由有拼箱分拨权的货运代理人负责拆箱交货。两者的共同之处在于：货物在交付前均须处于海关监管下，即存放在海关监管仓库或监管港区内。

1. 卸船拆箱

载运集装箱的船舶到港后，由船代根据积载舱单数据向海关进行货物进港的申报。船公司以拼箱货交付方式交货的集装箱则转入港区监管仓库或船公司的海关监管仓库拆箱仓储。经海关核准具备拼箱分拨权的货运代理人先向海关办理整箱放箱手续，同时将整箱内所装货物的明细制作成分拨舱单，向海关发送分拨舱单信息以供验放核对之用，货物转入海关监管仓库拆箱仓储。

2. 理货及到货通知

船代或有分拨权的货运代理人在货物入库拆箱后，根据舱单内容对货物进行清点、整理、分类、仓储，同时向提单上显示的收货人、通知人发到货通知。货主或其委托的货运代理人凭背书后的提单向船代或有分拨权的货运代理人缴清运杂费后换取提货单。提货单须有船代或有分拨权货运代理人的放货章方为有效。

3. 报关报检

货主或其委托的货运代理人，携提货单和其他海关规定的报关资料向海关申请货物验放。有检验检疫要求的货物，须在报关申报前办理检验检疫手续。

例外情况：非口岸地货物的检验手续由客户自行到货物目的地申请当地检验机构办理的，则接受进口报关报检委托的货运代理有义务提醒货主及时办理检验手续，以免招致相关职能部门的处罚而产生委托代理纠纷。

4. 提货转运

货主或其委托的货运代理人在海关验放后，携盖有海关放行章及其他相关单位放行章的提货单，到港区监管仓库或船公司监管仓库或有分拨权的货运代理监管仓库中提货。若货主有委托代转运要求的，则货运代理人还需负责将货物转运到货主的指定地点交付货物。

5. 转关运输

进口货物涉及转关运输必须具备若干条件：货主所在地设有海关机构；向海关交验的进境运输单据上列明到达目的地为非首达口岸，需转关运输；运输工具和货物符合海关监管要求；转关运输的单位须经海关核准等。货运代理人在接受货主委托办理转关运输时，须明确海关的相关规定，对涉及的报关注意事项、转关关封等文件的管理和移交，以及转关运输工具及运输单位的选择等事务必须谨慎办理。

2.5.4 拼箱货进出口业务单证小结

1. 货主提供的单证

1）出口委托书

2）出口货物明细单

3）装箱单

4）发票

5）出口许可证

6）出口收汇核销单、退税单

7）报关手册

2. 货代负责的单证

1) 出口十联单

第一联：集装箱货物托运单（货主留底）（B/N）

第二联：集装箱货物托运单（船代留底）

第三联：运费通知（1）

第四联：运费通知（2）

第五联：场站收据（装货单）（S/O）

第五联副本：缴纳出口货物港务费申请书

第六联：大副联（场站收据副本）

第七联：场站收据（D/R）

第八联：货代留底

第九联：配舱回单（1）

第十联：配舱回单（2）

2) 提单（正本/副本）

(1) 分提单

(2) 总提单

3) 海运单

4) 出口货物报关单证

(1) 必要单证：报关单、外汇核销单、装货单、装箱单、发票、合同、信用证副本。

(2) 其他单证。

(3) 出口许可证、免税手册、商检证明、产地证明等。

5) 货物报关清单

6) 进舱通知

7) 集拼货预配清单

8) 装箱单

9) 集装箱发放/设备交接单进场/出场

2.6 集装箱的发放和交接程序

2.6.1 集装箱发放和交接的依据及责任划分

1. 集装箱箱体的发放和交接

集装箱箱体的发放和交接应依据进口提货单、出口订舱单、场站收据以及这些文件内列明的集装箱交付条款，实行集装箱设备交接单制度。从事集装箱业务的单位必须凭集装箱代理人签发的集装箱设备交接单办理集装箱的提箱（发箱）、交箱（还箱）、进场（港）、出场（港）等手续。

2. 集装箱交接责任的划分

(1) 船方与港方交接以船边为界。

(2) 港方与货方（或其代理人）、内陆（公路）承运人交接以港方检查桥为界。

（3）堆场、中转站与货方（或其代理人）、内陆（公路）承运人交接以堆场、中转站道口为界。

（4）港方、堆场中转站与内陆（铁路、水路）承运人交接以车皮、船边为界。

2.6.2 进口重箱提箱出场的交接

进口重箱提离港区、堆场、中转站时，货方（或其代理人）、内陆（水路、公路、铁路）承运人应持海关放行的进口提货单到集装箱代理人指定的现场办理处办理集装箱发放手续。集装箱代理人依据进口提货单、集装箱交付条款和集装箱运输经营人有关集装箱及其设备使用和租用的规定，向货方（或其代理人）、内陆承运人签发出场集装箱设备交接单和进场集装箱设备交接单。货方、内陆承运人凭出场集装箱设备交接单到指定地点提取重箱，并办理出场集装箱设备交接；凭进场集装箱设备交接单将拆空后的集装箱及时交到集装箱代理人指定的地点，并办理进场集装箱设备交接。

2.6.3 出口重箱交箱（收箱）、进场的交接

出口重箱进入港区，货方、内陆承运人凭集装箱出口装箱单或场站收据、进场集装箱设备交接单到指定的港区交付重箱，并办理进场集装箱设备交接。指定的港区依据出口集装箱预配清单、进场集装箱设备交接单、场站收据收取重箱，并办理进场集装箱设备交接。

2.6.4 空箱的发放和交接

空箱提离港区、堆场、中转站时，提箱人（货方或其代理、内陆承运人）应向集装箱代理人提出书面申请。集装箱代理人依据出口订舱单、场站收据或出口集装箱预配清单向提箱人签发出场集装箱设备交接单或进场集装箱设备交接单。提箱人凭出场集装箱交接单到指定地点提取空箱，办理出场集装箱设备交接；凭进场集装箱设备交接单到指定地点交付集装箱，并办理进场集装箱设备交接。

2.6.5 收、发箱地点应履行的手续

指定的收、发箱地点，凭集装箱代理人签发的集装箱设备交接单受理集装箱的收、发手续。凭出场集装箱设备交接单发放集装箱，并办理出场集装箱设备交接手续；凭进场集装箱设备交接单收取集装箱，并办理设备交接。

出场集装箱设备交接的主要内容：

（1）提箱（用箱人和运箱人）。
（2）发往地点。
（3）用途（出口载货、修理、进口重箱等）。
（4）集装箱号、封号（铅封号、关封号）。
（5）集装箱尺寸、类型。
（6）集装箱所有人。
（7）提离日期。
（8）提箱运载工具牌号。
（9）集装箱出场检查记录（完好或损坏）。

进场集装箱设备交接单的主要内容：
（1）送箱人。
（2）送箱日期。
（3）集装箱号、封号。
（4）集装箱尺寸、类型。
（5）集装箱所有人。
（6）用途：① 返还重箱；② 出口集装箱，此时需登记该集装箱发往的时间、地点（航次、时间）。
（7）送箱运载工具牌号。
（8）集装箱进场检查记录。

集装箱交接地点应认真进行检查和记录，并将进出场集装箱的情况及时反馈给集装箱代理人，积极配合集装箱代理人的工作，使集装箱代理人能够及时、准确地掌握集装箱的使用情况，及时安排集装箱的调运、修理，追缴集装箱延期使用费，追缴集装箱的损坏、灭失费用等工作。

2.7 整箱出口退关、漏装处理

2.7.1 整箱出口退关

整箱出口退关（Shut Out or Draw Back）是指托运人委托货运代理人办妥整箱出口货运订舱手续后，因种种原因在货物配载装船前中止货运过程的事件。

由于退关后处理手续的繁杂，稍有疏忽即可能造成非常被动的货运责任事故，并引起额外的费用支出，因此在发生退关后，货运代理人与托运人之间应及时分清责任。货运代理人应在取得托运人的明确指示后，尽量迅速、妥善地处理退关事宜。整箱退关的原因多种多样：尚未提取集装箱空箱即退关；已提取空箱但货物尚未装箱即退关；已经装箱但尚未送进港区即退关；已送进港区但尚未报关成功即退关；已经送进港区且已报关成功但因超配或船舶吃水等原因退关；等等。货运代理人要区别不同的情况，采取不同的应对措施。

1. 单证的处理

退关的结果是货物的装货单失去配载的作用。在货物退关后，货运代理人应及时通知船公司或船代注销退关货物的订舱，以便其注销相应的场站收据等单证。

在货物报关成功前退关的，货运代理人需及时将托运人的报关资料退还托运人；若在货物报关成功后退关的，货运代理人需及时向海关办理退关手续，将注销的报关单及相关单证尽早取回后退还托运人。

委托人提出退关时，集装箱设备交接单尚未领取的，则由船公司或船代的现场工作人员予以注销；若集装箱设备交接单已经领取但尚未提取空箱的，则货运代理人要及时通知委托人或空箱提箱人（一般是货运站或集卡运输车队）及时返还设备交接单。

2. 货物及集装箱设备的处理

已经提取空箱但尚未装箱即退关的，货运代理人需督促托运人或空箱提箱人及时将集装箱空箱还回船公司的集装箱堆场。已装箱但尚未将整箱货物送进港区或船公司集装箱重箱堆场即退关的，货运代理人要及时安排重箱拆箱，货物交还托运人，空箱返还船公司集装箱堆场。

重箱进港后退关的，货运代理人需向港区办理申请手续并缴纳相关费用后，安排将箱拉出拆箱。货物交还托运人，空箱返还船公司集装箱堆场。

2.7.2 整箱出口漏装

整箱出口漏装是指整箱货物重箱进港报关成功后，因船舶超载、船舶吃水、码头作业等非托运人原因造成货物未上预先订舱的货运事件。

在整箱漏装发生后，货运代理人应及时与托运人、船公司或船代取得联系，听取托运人和承运人双方对漏装事件的处理意见，积极沟通和协调双方利益。在取得托运人的书面处理意见后，迅速处理漏装货物后续操作事宜。

1. 漏装操作

托运人同意由原船公司或船代将漏装货物安排在同一港区，由下一班船装船出运的，货运代理人负责将盖有海关放行章的场站收据副本联统一交船公司或船代，由其制作整船漏装清单，到海关办理相关货物放行手续，托运人不必重新报关，货物则留在港区待装下一班船。通常情况下，船公司或船代负担漏装货物在港区的堆存费、搬移费、海关单证费等费用。也有例外情况，依据船公司或船代与托运人之间的协商结果办理。

2. 改配操作

托运人决定换装其他承运人的船，或由船公司在其他港区码头的其他船出运的，则货运代理人需及时向海关办理退关手续，将注销的报关单及相关单证尽早取回后退还托运人。在向港区办理申请手续并缴纳相关费用后，安排将重箱拉出。若仍配原船公司船出运，则按照重新订舱的程序安排货运。在征得船公司同意的情况下，可以使用原集装箱，不必重新提取空箱进行货物倒箱作业。须注意，集装箱装箱单仍需重新制作。若托运人准备另行安排货运委托事宜，则货运代理人在安排拆箱后将货物交还托运人，拆箱后的空箱返还原船公司集装箱堆场。至于产生的费用结算事宜，则依据船公司或船代和托运人之间的协商结果办理。

■ **链接 2-2** 集装箱进口操作实务

概要：1999 年 2 月，某市轻工进出口公司（以下简称 A 公司）从智利进口 1 000 t 纸板。进口港：天津新港，共计 52 个 20 英尺集装箱。具体操作：1999 年 2 月 8 日，A 公司接到出口方全套单据，其中包括正本海运提单（三正三副）、正本箱单发票、合同等。通过提单中的装货港（圣安东尼奥）、卸货港（釜山）及提单签发人可以了解到以下信息：

（1）此票货物为转船运输，必须凭一程正本提单换取二程提单传真件。

（2）提单签发人表明此票货物由 B 船公司负责承运。知道上述信息，A 公司就及时与 B 公司天津代表处取得联系，并了解到船舶动态，该票货物于 2 月 9 日在釜山上二程船（PUSAN——TIANJIN VESSEL/VOY：LING QUAN HE V.0520W），并获悉，天津外轮代理公司作该船的船舶代理，还要用二程提单的传真件去外代换取真正用于提货的提货单。

2 月 10 日，A 公司在 B 公司天津代表处缴纳换单费、押箱费后，换取了二程提单传真件与一份开予塘沽外代的保函（保函内容：B 公司正本提单已收回，请凭此保函放货；请协助放箱给收货人，并安排将空集装箱回运到指定堆场；押箱费用已向收货人收取，箱体破损与外代无关)。2月11日，A公司携带二程传真件与保函到塘沽外代缴纳换单费后换取了提货单，并马上将提货单（1、3）联与全套报关单据交予报关行报关，之后报关行通知A公司：

(1) 纸板需要做商检，要先去做商检登记。

(2) 舱单没有传送到海关计算机系统中，因此无法预录报关单（教训1：换单前就应落实纸板是否需要监管条件，如需商检，就应提前携带报验单据去商检机构申请报验，然后将盖有商检登记在案章的报关单交予报关员。教训2：换单时，应与塘沽外代落实舱单是否传送给海关，并到海关舱单室确认)。

由于上述两点失误耽误了一些时间，以致报关员将报关单据递交海关申报后，直到海关下班前还没有打印出税单，影响了通关速度。

2月12日上午，海关审单完毕并打印出税单交与A公司去开户行交税。完税后将税单中海关留存联交与海关审核。下午，海关开出验货通知单。要求提16个20英尺集装箱到指定地点开箱验货，并要求报关行出具保函放货，即打保放行（保函内容：由于海关验货需要先将集装箱从港内提至验货地点验货，因此要求报关行保证先验货，如无任何问题再放行）。

2月13日上午，A公司携带有海关放行的提货单白联（打保放行）及相关报验单据办理"三检"，一般情况下，将所有单据（即报验单据，包括箱单、发票、合同、报关单）提交结报验行，由它办理代报验，缴纳一定费用后，由"三检"机构在提货单白联上盖商检、动植检、卫检放行章，"三检"手续办理完毕后，即可去所有货物的港区办理港务港杂，缴纳港杂费用后，就可凭提货单白联提货。下午，A公司及时与港区有关部门联系摆箱事宜，将海关指定开验的16个20英尺集装箱调至海关指定的地点依次摆开以便海关验货。海关验货放行后，A公司即将提货单白联交与事先联系好的仓库，预计2月14日上午就将52个20英尺集装箱全部提回仓库。

2月14日早晨，仓库来电，由于没有准备交接单，提箱车队不允许出港区（教训3：2月11日在塘沽外代换取提货单时，没有同时到箱管部门换取设备交接单，致使后来提货时发生困难)。上午A公司马上到塘沽外代换取设备交接单并交与仓库车队（教训4：由于2月10日，A公司带正本提单到B公司天津代表处换取由釜山传来的二程提单传真件时，没有认真核对每一个集装箱号，提货单上有一个集装箱箱号有误，致使该集装箱没有及时从港区内提出，而产生了不必要的转栈堆存费用。一直到2月19日，经过校对更正才将该箱提出)。之后A公司及时安排汽车、铁路车皮将货物发往目的地。至此该票进口操作基本结束。

通过这票案例的实际介绍，可以对整个集装箱进口实务操作环节有更深刻的理解，并汲取其中的经验教训，在今后的进口操作中争取占据主动地位，尽量减少中间环节，及时将货物运抵目的地。

中国在疫情中对国际集装箱市场贡献显著

本章知识点小结

1. 重点掌握的技能。本章是集装箱班轮运输的基础，作为货运代理人，在提供运输相关的服务性活动中必须掌握的基本技能有：选择集装箱的注意事项，装箱及拆箱的注意事项，集装箱交接的方式等。

2. 重点掌握集装箱班轮货运流程。众所周知，国际货运代理业务重中之重是集装箱班轮运输代理。本章引用了深圳市集装箱货运代理的实际操作规范，该部分具有操作手册作用，重点精读。

3. 熟悉集装箱货运相关的业务单证及流转程序。

4. 了解集装箱货运中常见的法律问题。通过案例分析，进一步了解货运代理工作的顺利进行需要从业人员高度的责任感和法律专业水平。

思考题

1. 简述集装箱的发展。
2. 为什么集装箱运输在相对短的时期内能取得如此快速的发展？请你结合我国港口的飞速发展谈谈你的看法。
3. 集装箱有哪些种类？
4. 集装箱的交接方式有几种？
5. 集装箱的选择的注意事项有哪些？
6. 简述集装箱装载的注意事项。
7. 简述集装箱整箱货进出口业务流程。
8. 简述集装箱拼箱货进出口业务流程。
9. 谈谈集装箱漏关后的处理。
10. 试述集装箱箱体交接简要流程。
11. 谈谈货运代理在集装箱货运中如何避免法律纠纷。

第 3 章
国际危险货物运输业务

教学目的

通过对危险货物基础知识、危险货物运输技术规范、危险货物运输业务的学习，了解危险货物包装的作用、标志，熟悉国内外危险货物运输原则及包装要求，掌握危险货物的概念、分类、特征、标志、装箱、申报、单证。

3.1 国际海运危险货物规则概述

为对海上运输危险货物进行管理和防止危害海洋环境，许多国家都采取了措施。不同国家对海运货物的要求不同，造成不同国家货物运输程序的不同。为了提高运输危险货物的安全性，同时又促进危险货物的自由运输，在 1960 年召开的国际海上人命安全会议建议国际海事组织（第 56 号建议案）负责制定一个统一的《国际海运危险货物规则》（IMDG）。为执行第 56 号建议案，国际海事组织海上安全委员会组织专家起草了《国际海运危险货物规则》，并经海上安全委员会批准，于 1965 年由国际海事组织大会推荐给各国政府。1996 年起，为了与联合国专家委员会出版橙皮书《关于危险货物运输的建议书》（该建议书又称联合国《样板规则》）保持一致，《国际海运危险货物规则》进行了重新修订，修订周期为两年一次，与《样板规则》修订周期保持一致。

《国际海运危险货物规则》主要是对罐式集装箱、汽车罐车的结构、材料、罐体壁厚、使用等提出了要求。该规范对每一种介质的最大允许工作压力、介质毒性、装载率、罐体开口和安全附件设置、安全泄放量都有详细的规定，并且该规范根据介质的性质（非冷冻液化气体或冷冻液化气体），对结构、材料、罐体壁厚等提出了不同要求。

1）第一部分——总则、定义和培训

该部分对本规则的适用范围、术语和计量单位进行了界定。

2）第二部分——分类

该部分中将危险货物分为 9 类，并对海洋污染物作了界定。9 类危险货物包括爆炸品气体，易燃液体，易燃固体，易自燃物质，遇水放出易燃气体的物质，氧化物质和有机过氧化物，有毒物质和感染物质，放射性物质，腐蚀性物质，杂类危险物质和物品。其中主要涉及移动式压力容器储运的危险货物是气体类。

3) 第三部分——危险货物明细表和限量内免除

给出了每一个危险货物的名称、分子式及主要物性等内容。

4) 第四部分——包装和罐柜规定

给出了危险货物的包装（包括中型散装容器和大宗包装）和可移动罐柜包装的要求，其中第4.2章对移动式压力容器的罐式集装箱使用提出了详细的要求。

5) 第五部分——托运程序

对危险货物的托运程序进行了规定。

6) 第六部分——容器、中型散装容器、大宗包装、可移动罐柜和公路槽罐车的构造和试验。

3.2 危险货物运输业务代理

危险货物具有燃烧、爆炸、腐蚀、毒害、放射射线等性质，在运输过程中能引起人身伤亡和财产毁损。因此，危险货物运输在很多环节上都有自己的特殊要求。

1. **危险货物的承运**

（1）一批办理的限制。危险货物和非危险货物或者配装条件不同的危险货物，不能按一批托运。但是对能直接配装的危险货物和非危险货物，并在专用线内装车和卸车时，可以作为一批托运。

（2）正确填写危险货物品名。发货人托运危险货物时，应在货物运单内填写危险货物品名索引表内列载的品名、编号，并在运单右上角用红色墨水或红色戳记标明类项。

发货人托运的危险货物，没有列载在索引表内，而且也不属于危险货物品名表中所列的概括名称时，应按规定提出危险货物技术证明书，交承运人鉴定。

（3）危险货物的包装条件。危险货物的包装是防止运输过程中发生爆炸、燃烧、毒害、腐蚀以及放射性污染等事故的重要手段，是确保安全运输的基础。发货人托运危险货物时，必须具备品名表中列载的包装，并符合危险货物包装表的规定。

（4）危险货物的运输种类。海上运输的起爆器材、炸药、爆炸性药品、气体放射性物品和四级包装的放射性物品，限按整船托运。但在个别情况下，短距离运送起爆器材、炸药和爆炸性药品，经铁路局特别承认，可按零担托运。

有些危险货物要根据包装条件确定其运输种类。

所有危险货物，都不能以集装箱托运。

（5）危险货物承运的组织方法如下：整车危险货物，可按月、旬计划，结合仓库货位容量、车辆来源、气候条件，指定进货日期，并尽可能缩短货物在仓库内的存放时间。

在专用线内的整车危险货物，车站根据发货人提出的货物运单，应尽量优先安排组织装车。

按零担运输的危险货物，车站应根据货源、货流的特点，分别不同情况采用"随到随运""计划受理"等办法受理和承运。对零担运量较大、货运设备条件较好的车站，可以编制危险货物承运日期表。

一些铁路车站，由于所在地区的工业布局、所在城市的位置等原因，不办理危险货物运输或中转作业。所以，发货人托运前，应向车站货运员加以确认。

2. 危险货物的装载和卸载

危险货物品名繁多，性质复杂，因此做好零担货物的配装和装载工作，对保证安全运输具有十分重要的意义。

(1) 危险货物的配装。在同一零担车内装载不同性质的危险货物时，应严格按照"危险货物配装表"的有关规定办理。配装表具体规定了各类项相互间配装的条件，它是保证运输安全、经济合理地利用车辆载重力和容积，组织零担危险货物装载作业的主要依据。

在配装表中，将9类危险货物（放射性物品除外）按其类项及品名编号划分为24个配装号，包括普通货物共为29个配装号，采用梯形表格的形式，以不同的配装符号表示各种品名的危险货物配装条件。

在配装表中无配装符号，反映货物在性质上不相抵触，在舱内配装不影响运输安全，可以配装在同一舱内。

符合"△"表示可以隔离配装。两种货物性质虽有抵触，但是依靠包装的防护作用和舱内码放距离的限制，可以避免相互间引起化学作用，因此，能够配装在同一零担车内，但需要互相隔离两米以上。

符号"×"表示不可以配装。

由于配装表中所列载的9类危险货物一旦发生燃烧或爆炸就会破坏放射性物品的包装，造成严重事故。所以放射性物品与危险货物不能配装。放射性物品可按客运包裹、零担货物或整车、整船货物办理。一、二、三级的放射性物品与普通货物、行李、包裹等物品（除三级包装的放射性物品与行李包裹不能配装外），可以直接配装或隔离配装；四级包装的放射性物品与普通货物不能配装，与人员不许在同一车船内。

(2) 危险货物的装载。危险货物的装载作业，必须严格按照品名表中各类危险货物装卸注意事项的有关规定办理。

① 装车或船前，货运员应向装卸工组说明所装货物性质、注意事项和消防方法，并再次核对运单和现货是否相符，包装是否良好，中转范围是否正确，配装条件有无错误。

② 装卸工组应根据货物性质，准备装卸工具和防护用品，并与货运员共同检查待装车或船。夜间作业时，不得使用明火灯具。

③ 装载作业时，要注意装载方法，保证装载质量。作业时要轻拿轻放，堆码整齐牢固，严禁倒放；严格掌握隔离装载，符合配装条件。

④ 装载后，货运员应认真核对货位，检查车辆装载是否符合规定，而后关闭车门、车窗，并进行施封。

⑤ 对规定需要"编组隔离""停止制动""禁止溜放和溜放时限速连挂"的车辆，应在货物运单、车牌、封套、货车装载清单、列车编组顺序表上注明隔离标记和"禁止溜放"或"停止制动"字样，在车辆的两侧插挂"禁止溜放"或"限速连挂"标示牌。在车牌记事栏内标明三角隔离符号。编挂车辆时，应按隔离要求最严的危险货物作为隔离标准。

⑥ 吊车进入危险品仓库前，应按规定安装防护器具。吊车作业中要认真执行禁止溜放的规定，并切实掌握速度。

(3) 危险货物的卸载和交付。到站前，应提前联系收货人，做好卸载和搬出等准备工作；在货物到达后，力争做到随到、随卸、随搬，使货不落地。

危险货物卸载前，货运员应根据其性质确定卸载货位，并向装卸工组布置安全注意事项，作业前应进行必要的通风和检查，做好安全防护工作。卸车时应做到：

① 卸载入库的危险货物，应核对票货是否相符，并及时登记到簿。

② 危险货物应在专库或按配装表规定隔离存放。在中间站应在仓库内画出固定货位，并与普通货物保持适当的距离。

③ 被危险货物污染的仓库、场地和设备、工具应及时清扫、洗刷或消毒，对撒漏的货物及清除的残渣，应按有关规定进行收集并妥善处理。

装运危险货物的车船卸完后，必须彻底清扫。对装过剧毒气体、剧毒品的车船必须进行洗刷。如车船受到污染或有刺激气味时必须进行洗刷和消毒。没有洗刷消毒条件的车站（码头），应向指定的洗刷站回送。在回送时，应填制特殊货车及运送用具回送清单，并在附注栏内注明原装货物品名。在两侧车门外部及车内明显处粘贴"货车洗刷回送"标签各一张，洗刷后由洗刷消毒站撤除。未经洗刷、消毒的车船严禁使用。

3.3 托运危险品的单证

（1）托运时，应随托运单提供中英文对照的《危险货物说明书》或《危险货物技术证明书》一式数份，内应有品名、别名、分子式、性能、运输注意事项、急救措施、消防方法等内容，供港口、船舶装卸、运输危险货物时参考。

（2）托运时，必须同时提交经港务监督审核批准的《包装危险货物安全适运申报单》；船舶代理在配船以后凭此申报单（货申报）再向港务监督办理《船舶载运危险货物申报单》。港务部门只有收到港务监督审核批准的申报单后才能允许船舶装载危险货物。

（3）托运时，应提交进出口商品检验局出具的按《国际海运危险货物规则》要求进行过各项试验后结果合格的《危险货物包装容器使用证》。该证书经港务局审核盖章后方有效，港口装卸作业区凭港务局审核盖章后的证书同意危险货物进港并核对货物后方可验放装船。港务监督也凭该证书办理申报单。

（4）集装箱装载危险货物后，还需填制中英文的《集装箱装运危险货物装箱证明书》一式数份，分送港区、船方、船代理和港务监督。

（5）危险货物外包装表面必须张贴《国际海运危险货物规则》规定的危险品标识。成组包装或集装箱装运危险货物时，除箱内货物张贴危险品标识外，在成组包装或集装箱外部四周还需贴上与箱内货物内容相同的危险品标识。

（6）对美国出口或需在美国转运的危险货物，托运时应提供英文的"危险货物安全资料卡"（简称 MSDS）一式两份，由船代理转交承运人提供美国港口备案。危险货物安全资料卡需填写：概况、危害成分、物理特性、起火和爆炸资料、健康危害资料、反应性情况、渗溢过程、特殊保护措施、特殊预防方法等9项内容。

（7）罐式集装箱装运散装危险货物时，还须提供罐式集装箱的检验合格证书。

（8）对美国出运危险货物或在中国香港转运危险货物，还需要增加一份《国际海运危险货物规则》推荐使用的《危险货物申报单》。

中国加强国际
危险货物运输业务的
高层指导

本章知识点小结

危险货物的运输近年来日益受到重视，本章把危险货物运输必须掌握的内容进行了重点介绍，侧重实践操作性。以下几点是重中之重。

1.《关于危险货物运输的建议书》（橙皮书）、《国际海运危险货物规则》规定的9类危险货物是爆炸品气体，易燃液体、易燃固体，易自燃物质，遇水放出易燃气体的物质，氧化剂和有机过氧化物，有毒物质和感染物质，放射性物质，腐蚀性物质，杂类危险物质和物品。

2. 危险货物的装载按9类和24个小类区分危险货物的主要危害程度。

3. 危险货物的运输包装要求：

（1）包装的材料：容器和货物直接接触时不发生化学反应和其他作用。

（2）包装要有一定的强度。

（3）包装及容器封口应适应货物的性质（气密封口，液密封口，牢固封口）。

（4）包装要有适当的衬垫材料。

（5）包装要有一定的温度、湿度、压力的变化。

（6）包装的重量、体积、外形应便于运输和装卸堆码。

4. 危险货物的标志：标注在危险货物外表的简短文字和符号。

（1）危险货物的名称：学名，联合国危规的编号，海洋污染物标记。

（2）标牌：是放大了的图案标志（250mm×250mm）。

思考题

1. 什么是危险货物？海运中它们有哪几种装运形式？
2. 根据《国际海运危险货物规则》危险货物分为几类？
3. 危险货物运输包装的作用有哪些？危险货物运输配装的要求是什么？
4. 装载危险货物的要求有哪些？
5. 危险货物运输申报时，需要提供的单证有哪些？

第 4 章

国际货运租船业务

> **教学目的**
>
> 了解国际海上货物租船运输的方式和特点;熟悉租船业务程序;掌握航次租船合同及定期租船合同的主要内容及谈判细节。

4.1 租船经纪人业务

4.1.1 经纪合同的特征与经纪人法律地位

经纪合同是指经纪人按照委托人的要求,向委托人提供与第三人订约的机会或作为他们之间订约的媒介,为他们订约提供信息或进行介绍活动,由委托人向经纪人支付劳务报酬的合同。

经纪合同的特征是:

(1) 经纪人在经纪合同中处于中间介绍人的地位,他不代表任何一方,也不是合同一方的当事人,不介入委托人与第三人所签订的合同关系中。

(2) 经纪人是按照委托人的指示和要求进行业务活动的,但他既不是以委托人的名义和费用,也不是以自己的名义和费用来进行民事法律行为。

(3) 经纪合同的标的是劳务的信息,是依合同约定的所实施的中介服务行为。经纪人一般都有广泛的人际关系和广阔的信息资源网络,具备丰富的专业知识和高效率的办事能力。

(4) 经纪合同是劳务有偿合同。经纪合同经双方意思表示一致即成立,委托人与经纪人均享受权利、义务。当经纪人努力达成的合同成立时,经纪人即可取得相应的报酬,或在活动中所发生的费用,依照规定或约定由委托人向经纪人支付。

经纪合同与代理合同是委托合同下的两种合同,故有许多相似之处,如均属于提供服务或劳务的合同,受委托人事务委托处理等。因此,许多国家的立法都明确规定,除经纪合同另有规定外,可以沿用委托合同的规定。

经纪人最初是英美法系的概念和制度,大陆法系称居间人,我国称居间、经纪、中间人。通常认为,经纪人在不同业务中产生的法律关系具有不同性质,不局限于特定的法律身份，是代理、委托、居间等多种身份的统一。

租船经纪人是经纪人家族的一个分支，具有海运专业的行业特点。当其从事船代、货代行为时，为代理人或委托人身份；从事缔结租船合同行为时，为居间人身份。因此，租船经纪人兼有代理、委托、居间人的特征，对租船经纪人从法律身份的定位不能受制于普通民商法。

我国目前没有专门对租船经纪人的经营资格立法，如对最低注册资金、从业人员资格等做出规范。从行业管理上看，对国际货运代理人从事租船业务没有限制，只要具备开展租船业务的专业人才和市场资源就可以开展租船业务。

租船经纪有很强的行业特点并必须遵照一定的国际惯例。与一般的商品买卖或股票交易不同，租船经纪人就货物运输洽谈租船、订舱或包运等业务，除了运价的高低，它还涉及货物的配载，船型选择，装卸港条件，航区特点，贸易合同对运输的特殊要求，运费的支付方式，延滞、速遣费率及计算方法，船方对货物的照料责任和免责，等等。期租合同下，还涉及交船，还船，燃油费、租金支付等一系列因素。

4.1.2 租船经纪人在租船市场的作用

国际上的租船业务，几乎都是通过租船经纪人来进行的。租船经纪人主要提供装载大宗散杂货的租船、揽货、订舱，船舶买卖，信息咨询等中介服务。租船经纪人的业务范围无地域限制，其在全球范围向客户提供航运市场的船货信息，传递合同意向，促成运输合同的订立，并代为起草合同。因此，租船经纪人应受过良好的专业培训，熟悉国内外航运业务，掌握国内外航运信息，具有较高的英语水平。

租船经纪人的作用主要表现为：
（1）船市场的主要调节者。
（2）为船舶所有人和租船人迅速有效地成交创造条件。
（3）减少船舶所有人和租船人大量的租船事务性工作。
（4）降低船舶所有人和租船人在租约中的责任风险。

■ **链接 4-1** 租船业务在国际货运代理业的地位

国际货运代理业界人士称，面对日益激烈的市场竞争，要发展知识型货运代理，做大做强货运代理的核心业务，开展租船经纪人业务。

租船业务又被称为货运代理业务中的脑力劳动，从事租船业务须：
（1）具备租船经纪人的市场信息来源。
（2）具备租船经纪人的特殊知识。
（3）具备租船经纪人的谈判技能。

4.1.3 租船经纪人的业务成交方式

国际上，租船经纪人洽谈租船业务的方式主要有以下两种：
（1）由船舶所有人和租船人各自指定的经纪人洽谈具体业务。当代表双方利益的经纪人就租船业务达成一致意向，且船舶所有人和租船人也表示可按此意向成交时，通常由一方经纪人（一般由船舶所有人的经纪人）根据双方同意选用的某种租船合同范本以及达成的条件和条款，制定完善的租船合同并代表委托人签署合同（经纪人签订合同必须经委托人事先授权），如另一方经纪人对所制定的租船合同条款无异议，也代表委托人在合同上签字。

（2）船舶所有人和租船人共同使用一个租船经纪人进行洽谈。在这种情况下，双方当事人往往在现场面谈。租船经纪人不代表任何一方，而只是引导双方当事人共同议定各项条件或条款，利用自己的知识和技能，尽可能促使谈判顺利进行，并最终签约。

4.1.4 租船经纪人的义务和责任

经纪人代表船舶所有人或租船人洽谈租约，他们必须谨慎工作，恪尽职责，尽最大努力保护委托人意向和利益。他们应尽的义务和责任如下。

1. 应当严格按照委托人口头或书面授权范围行事

《合同法》第399条规定，"受托人应当按照委托人的指示处理委托事务。需要变更委托人指示的，应当经委托人同意；因情况紧急，难以和委托人取得联系的，受托人应当妥善处理委托事务，在适当的时候应当将该情况及时报告委托人"。航运市场时刻在变化，同时它又是一个全球化的市场，租船人、船舶所有人、经纪人可能是在不同的国家和地区，可能处在不同的时区。在很多情况下，为了能迅速反应报价，以节约时间和通信成本，增加洽谈的成功率，委托人会给予经纪人一个很广泛的授权范围。在洽谈租船合同时，经纪人在此授权范围具有很大的自由选择权，但决不能超出该授权范围，否则，租船经纪人应当承担由此给委托人造成的损失。

2. 应当及时、连续地向船舶所有人（或租船人）提供真实可靠的信息

经纪人应当将租船市场行情、发展趋势预测、货载可能性提供给船舶所有人或租船人，尽最大能力掌握市场动态，传递询价订单。一旦经纪人获悉影响委托人业务的信息，应当立即通知委托人，使之掌握主动权。

经纪人不应当将委托人的信息有折扣地通知谈判对手，也不应当向自己的委托人隐瞒信息或传递假信息。如果觉得租约成交机会的可能性不大，或对对方的诚意或经营状况、偿付债务能力等有疑问，则不应促催委托人接受货载或租出船舶，而应当如实向委托人报告，否则会承担由此而引起的法律责任。但为了合理规避责任，经纪人应明确说明他只是传递消息，任何信息都未经证实，例如使用"租船人声称（charterer advise as followed...）"这样的语言。否则，如果由于消息不实而产生纠纷，船舶所有人就会认定是经纪人的信息导致的损失。

3. 应当杜绝各种错误的或内容不完整的询价

委托人通过租船经纪人订约的目的，就是借助他们的专业知识和经验减少差错，从而降低风险。租船经纪人也应当充分利用各种资源，防止在询价、谈判过程中出现各种差错。

4. 在租船合同洽谈过程中，应当积极投入

经纪人应当积极参与谈判，向委托人推荐开价、还价、建议、折中方案，同时应当尽可能收集谈判对手的活动和有关情报，以确保委托人取得最佳谈判的地位。有些经纪人在委托人和对手之间仅仅传递信息、开价和还价，不做任何积极主动的判断和处理，这类经纪人被称为"邮筒经纪人（mailbox broker）"。

5. 按照约定或惯例为当事人保守商业秘密

《合同法》第60条规定：当事人应当遵循诚实信用原则，根据合同的性质、目的和交

易习惯履行通知、协助、保密等义务。在租船合同的谈判过程中，委托人会向经纪人透露一些商业上的信息，例如，买方或卖方的资料，这可能会成为商业秘密。如果经纪人泄露了委托人的商业秘密并给委托人造成损失，则要承担相应的赔偿责任。

4.1.5 租船经纪人业务流程

1. 接待、开发客户

租船经纪人一定要有自己的客户群，否则很难开展业务。他们一般通过打电话或上门访问的形式来接触客户（船舶所有人或是租船人）、寻找货源或是船源。一些规模较大、经营时间较长、信誉良好的租船经纪人在开发客户时比较容易被客户接受。

2. 询价

租船经纪人会将货源信息或船舶舱位信息整理后通过一定的渠道发送到市场上。

3. 谈判

经纪人对收到的反馈信息进行筛选，然后进行初步接触，并将潜在的候选名单通知客户。初步接触后，按照客户的指示开始进行实质性谈判，例如，运费、装卸时间等，尽量按照客户所提出的要求达成初步协议；如果无法达到客户的要求，应当及时通知委托人，并向其提出自己的意见。达成初步协议后，租船经纪人负责制订租船确认书（Fixture Note）。

4. 签订租船合同

编制租船确认书，并得到双方当事人的确认后，就可以制订租船合同了。租船人收到租船合同后若发现与原确认书内容有不符的地方，会及时通知经纪人予以改正；如果没有问题就可以签字。有些航次租约下的装货日期较近，往往还没有签订正式的租船合同，船舶就早已在装货港开始装货。在大多数情况下，只要制订租船确认书就可以了，很少有人一定要签订租船合同。但国内的大部分租船人还是要求签订租船合同的，原因并非是担心船舶所有人会违约，而是为了能凭租船合同从银行换取外汇来支付运费以及作为出口退税的凭证。

5. 协助租船合同的履行

签订租船合同或编制租船确认书后，经纪人还要协助双方当事人履行合同。装船前，向船舶所有人询问船舶动态并通知租船人，以便租船人机动地安排货物，并同港口协调相关事宜；装船后协助船舶所有人计算运费并向租船人寄发运费发票；卸货完毕后计算是否产生滞期费和速遣费，等等。

4.1.6 影响经纪人谈判地位的因素

影响经纪人谈判地位的因素有很多，下列三个是其中的主要因素。

1. 市场行情

在诸多因素之中，市场行情可列为影响谈判方地位的首要因素。市场行情随着贸易货物和船舶运力的供求关系始终在波动，它对双方洽谈租金率或运费率以及明确各自责任、义务、权利和豁免等产生很大影响。例如，在航运市场景气时，船舶所有人的谈判地位就有可能好于租船人，船舶所有人在租金率或运费率高低、租约范本选择、条款修改、补充的讨价还价上就比租船人强硬得多。在这种情况下，租船人想加进某些补充条款保护自己利益可能就比较困难。而当航运市场成为租方市场时，租船人的谈判地位就大大优于船舶所有人。当然，另外还有一些其他因素决定谈判地位，如双方的知识及谈判技巧等。

2. 航运业组织结构

航运业的组织结构对谈判双方的地位也能起到影响作用。某些市场上（如粮食、煤炭、矿石等）的租船人在占有市场比例方面和经济实力上都处于优势地位，租船人在程租和期租市场上通过他们自己的组织力量拥有大量货源，他们的谈判地位具有优势。这种态势近年来正在上升。为了抗争，船舶所有人组建合营公司，他们把船租给合营公司，然后由公司统一经营，将船出租给租船人。这样，每一条船的经营和管理变得多样化，且便于安排，灵活性强。船型多样化，不论租船人提什么要求，都可尽量给予满足。这些公司在谈判时的地位要比单一船舶所有人在洽谈同样业务时的地位有利得多。

3. 谈判者信誉

谈判中，影响当事人谈判地位，能否顺利成交的另一因素就是船舶所有人的信誉和经营能力，租船人同样如此。租船运输中，船舶所有人需要在租船市场树立良好的信誉。假如船舶所有人被人们称为"一流人物"或"良好履约者"，就是说信誉很佳，这在谈判中容易得到租船人信任，许多谈判细节容易解决，租约也容易成交。另外，船舶所有人的声誉还反映在处理纠纷方面。当谈判或履约中出现纠纷，应本着良好合作态度和灵活性妥善解决。若出现法律纠纷，船舶所有人应依照法律和国际惯例，运用良好交际手段和技巧妥善处理和解决，以便得到租船人赞赏。这样做无疑是提高了自己的信誉，创造了更多的业务机会。

4.1.7 租船经纪人的佣金

当租船经纪人成功地为某项租船业务达成交易并缔结了租船合同，该租船经纪人有权取得一定的报酬。这种报酬称为经纪人佣金，一般由船舶所有人支付。如果船舶所有人没有使用租船经纪人，而由租船人指定的经纪人完成了租船业务，则由租船人支付经纪人的佣金。实际上，租船人支付的这笔佣金，通常是从船舶所有人那里获得的运费回扣佣金。

租船经纪人佣金的多少，是事先约定或在租船合同中确定的，因此没有统一的标准。根据租船实务惯例，经纪人佣金一般为运费总额的1%~4%，最常见的为1.25%~2.5%。原则上租船经纪人佣金也是按"无效果、无报酬"处理，即如果所从事的租船业务最终没有成功地达成交易，租船经纪人就不能取得佣金。

在定期租船方式或光船租船方式下，如果合同在履行过程中被取消可能会使租船经纪人遭受一定的佣金损失。为此，租船合同中通常规定，应以某一特定期限（如半年、1年）的租金基数，作为佣金补偿给租船经纪人。

诚然，有时虽经租船经纪人不断努力，但仍不能达成租船交易。在这种情况下，虽然租船经纪人不能取得佣金，但可要求补偿其在整个租船业务过程中发生的成本开支（如电传费、电报费等），以及相应的劳务费。

4.2 租船运输概述

4.2.1 租船运输的特点

租船运输又称不定期船运输（Tramp Shipping），是指船舶没有事先制定的船期表，也没有固定的航线和挂靠港，而由船舶所有人追随货源，按照货主对运输的要求安排船舶的航线，组织货物运输。就世界海运量而言，不定期船承运占了大部分。

租船运输的特点主要有：

（1）根据租船合同组织运输。船舶所有人（出租人）与承租人双方首先要签订租船合同（Charter Party）才能安排船舶营运。合同中除规定船舶的航线、载运货物的种类及停靠港口外，还要明确双方应承担的责任、义务和享有的权利。租船合同中的条款是解决双方在履行合同过程中发生争议的依据。

（2）运费或租金水平的高低，直接受签订租船合同时国际租船市场行情波动的影响。世界经济状况、船舶运力供求关系的变化、季节性气候条件的不同，以及国际政治形势等，都是影响运费或租金水平高低的主要因素。

（3）船舶营运中有关费用的支出，取决于不同的租船方式，由船舶所有人（出租人）和承租人分担，并在租船合同中注明。

（4）运输对象为大宗货物运输，如谷物、油类、矿石、煤炭、木材、砂糖、化肥、磷灰土和水泥等，一般都是整船装运。

4.2.2 租船运输的方式

租船运输是根据承租人对运输的要求而安排的船舶营运方式，因此，根据承租人不同的营运需要，就有不同的租船方式，其中主要的是航次租船和定期租船。随着国际经济和海上运输的发展变化，又出现了光船租船、包运租船和航次期租船等不同的租船方式。

1. 航次租船（Voyage Charter or Trip Charter）

航次租船又称航程租船或租船，是指船舶所有人（出租人）提供一艘特定的船舶在指定的港口之间进行一个航次或数个航次运输指定货物的租船。按需要完成的航次数划分，航次又可分为单航次租船、往返航次租船和连续航次租船三种形式。

航次租船具有承揽运输的性质，它的特点主要表现在以下几个方面。

（1）船舶所有人负责船舶营运调度，负担船舶的燃料费、物料费、修理费、港口费及淡水费等营运费用。承租人按合同规定将货物装上船舶后，即可在卸货港等待提货。

（2）船舶所有人负责配备船员，负担船员的工资、伙食费。

（3）航次租船的收入是运费，它按货物的数量及双方商定的费率计收。

（4）租船合同中需要订明装卸费是由船舶所有人还是由承租人负担。

（5）租船合同中需要订明装卸时间的计算方法，并规定滞期费和速遣费的标准和计算方法。

2. 定期租船（Time Charter or Period Charter）

定期租船又称期租船，是指船舶所有人提供一艘合同约定的特定船舶租给承租人使用一个时期。这种租船方式以约定使用的一段时间为限，这个时间可长可短，少则几个月，多则一两年。在这个期限内，承租人可以利用船舶的运载能力来安排运输货物，也可以用以从事班轮运输，以补充暂时的运力不足，还可以以航次租船的方式承揽第三者的货物，取得运费收入。当然，承租人还可以在租期内将船舶转租，以谋取租金差额收益。

（1）船舶所有人任命船长、配备船员并负担其工资，但船长应听从承租人的指挥，否则承租人有权要求船舶所有人予以撤换。

(2) 承租人负责船舶的营运调度,并负担船舶的燃料费、港口费、货物装卸费和运河通行费等与营运有关的费用,船舶所有人则负担船舶的折旧费、维修保养费、船用物料费、润滑油费以及船舶保险费等船舶维护费。

(3) 租金按船舶的载重吨、租期长短以及商定的租金率计算。

(4) 租船合同中订有交船和还船以及关于停租的规定。

(5) 在较长期的定期租船合同中常订有"自动递增条款",以保护船舶所有人在租期内因部分费用上涨而造成盈利减少或发生亏损的情况。

3. 光船租船(Bear Boat Charter or Demise Charter)

光船租船又称船壳租船,是指在租期内船舶所有人只提供一艘空船给承租人使用,由承租人配备船员、供应给养,而且船舶的营运管理以及一切固定或变动的营运费用都由承租人来承担。

光船租船相当于一种财产租赁,它的特点主要表现在以下几个方面。

(1) 船舶所有人只提供一艘空船。

(2) 全部船员由承租人配备并听从承租人的指挥。

(3) 承租人负责船舶的经营及营运调度工作,并承担在租期内的时间损失。

(4) 除船舶的资本费用外,承租人承担船舶的全部固定的及变动的费用。

(5) 租金按船舶的装载能力、租期及商定的租金率计算。

4. 包运租船(Contract of Affreightment,COA)

包运租船是指船舶所有人提供给承租人一定的运力(船舶载重吨),在确定的港口之间,按事先约定的时间及约定的航次周期,以每次较均等的货运量完成合同规定的总运量的租船方式。

包运租船是航次租船派生出来的一种租船方式,具有"连续航次租船"的基本特点,具体表现在以下几个方面。

(1) 包运租船合同中不确定船舶的船名及国籍,仅规定船舶的船级、船龄和船舶的技术规范等,船舶所有人只需比照这些要求提供能够完成合同规定的每航次货运量的运力即可,这样船舶所有人就可以灵活方便地调度和安排船舶。

(2) 租期的长短取决于货物的总量及船舶航次周期的时间。

(3) 船舶所承运的货物主要是运量特别大的干散货或液体散装货物,承租人往往是业务量大和实力强的综合性工矿企业、贸易机构、生产加工集团或大石油公司。

(4) 航次中所产生的时间延误的损失风险由船舶所有人承担,而对于船舶在港内装、卸货物期间所产生的延误,则通过合同中订有的"延滞条款"来处理,通常是由承租人承担船舶在港的时间损失。

(5) 运费按船舶实际装运货物的数量及商定的费率计收,通常按航次结算。

5. 航次期租船(Time Charter on Trip Basis,TCT)

航次期租船又称日租租船,是指船舶按航次整船租赁,但租金按实际完成航次所使用的日数和约定的日租金率来计算。这种租船方式是介于航次租船和定期租船之间的一种租船方式,在装货港和卸货港的条件较差,或者航线的航行条件较差,难于掌握一个航次所需时间的情况下,该租船方式可以使船舶所有人避免在难以预测的情况下使航次时间延长造成船期损失,对船舶所有人较为有利。

4.2.3 租船程序

一项租船业务从发出询盘到签订租船合同的全过程称为租船程序。它是开展租船业务的一个重要环节,主要包括询盘、发盘、还盘和受盘四个阶段。

1. 询盘

所谓询盘是指租船人或船舶所有人(通常是租船人),以相应的洽租条件,直接或通过租船经纪人在租船市场上要求租用船舶或承揽货物的做法。

由租船人发出的询盘一般包括:
(1) 租船人的名称及营业地点。
(2) 货物的种类及数量。
(3) 装卸港口或地点。
(4) 装卸费用条件。
(5) 受载期与解约日。
(6) 租船方式和期限。
(7) 船型和载重吨。
(8) 希望采用的租船合同范本等。

由船舶所有人发出的询盘一般包括:
(1) 出租船舶的船名、船籍和船型。
(2) 船舶的散装货容积或包装容积。
(3) 可供租用的时间或期限。
(4) 希望承揽的货物种类及数量等。

当然,上述询盘内容不是一成不变的,租船人或船舶所有人在实际操作中可以根据自己业务的需要,针对不同租船方式所涉及的内容发出询盘。在通过租船经纪人进行询盘时,通常首先就询盘的主要内容电告或指示经纪人,由经纪人在租船市场上寻找合适的业务对象。因此,询盘的阶段往往不进行具体的租船业务洽谈,而主要是收集市场对所发出询盘的信息反馈。

凡是就询盘内容愿意与询盘方开展租船业务的当事人,一般由询盘方进行发盘。

2. 发盘

发盘又称报价。租船人或船舶所有人以询盘的内容为基础,把租船业务涉及的主要条件报给询盘方的做法称为发盘。

任何一方发盘时,都应考虑对方接受的可能性。发盘的内容应该比询盘更为详细,包括租船业务的所有主要条件,是一般租船交易缔结租船合同的基础。

这些主要条件通常是指:
(1) 对船舶技术规范和状况的要求。
(2) 洽租方式和期限。
(3) 运费或租金及支付条件。
(4) 装卸港口或航行区域。
(5) 装卸时间和装卸费用。
(6) 交船时间和地点。

（7）货物的种类和数量。
（8）受载期与解约日。
（9）迟延与速遣。
（10）要求采用的租船合同范本等。

不同租船方式所涉及的主要条件不同，视具体情况而定。除这些主要条件外，发盘中还可能提出一些比较详细的内容，如租船合同范本中某项印刷条款应删除，对哪些条款作修改或补充等。

由于在租船业务中时间对双方当事人都至关重要，而且租船市场行情千变万化，因此，不同性质的发盘会产生截然不同的法律效力，有的对双方当事人具有约束力，有的则不然。

在实际中，必须区别以下两种不同性质的发盘：条件发盘和绝对发盘。

■ **链接 4-2**　条件发盘

所谓条件发盘，是指发盘中所列各项条件仅供双方进行磋商，而不是要求对方表示接受与否的最后依据，收到发盘的这一方可以就发盘中的条件提出更改。而且，发盘方通常对发盘内容附有某些保留条件（subjects）。因此，在条件发盘中没有明确使用"firm"这个词，也不规定硬性的答复时限。在双方对发盘中的各项条件达成一致意见之前，条件发盘对任何一方都没有约束力。

■ **链接 4-3**　绝对发盘

在租船实务中，绝对发盘习惯称为实盘（firm offer）。凡一项发盘中有"firm"这个英文单词，即可判断为实盘，如："Owner offer firm…, Charter offer you firm as follows…"

绝对发盘具有法律约束力。发盘方在发盘后不能撤回或更改发盘中的任何条件，收到发盘的这一方也不能要求发盘方改变任何条件。发盘方在发盘中约定的答复的时限期满而仍未收到答复时，才可向第三方发盘。收到发盘的这一方，如果愿意接受发盘中的条件并与发盘方达成交易，必须在约定的答复时限内给予明确答复才有效。

关于绝对发盘中要求对方予以答复的时限（time limit for reply），在租船实务中无统一标准。答复时限的长短，完全取决于发盘方的意愿和租船市场的实际行情。

绝对发盘一经发出，就意味着进入成交与否的决定时刻。对于收到绝对发盘的这一方而言，要么接受发盘中的洽租条件在有效的答复时限内给予答复，要么向发盘方明确表示不接受，或采取不答复，让答复时限自动失效。如果同意接受洽租条件的答复，该项租船业务即已成交，绝对发盘中的所有条件对双方均有约束力。如果表示不接受或不予答复，就意味着该项租船业务即告终止。

3. 还盘

收到发盘的一方当事人对发盘中的某些洽谈条件表示不能接受，从而向发盘方提出更改这些条件的要求或对发盘方另外提出新的条件，这种讨价还价的形式，在租船程序中称为还盘。

还盘在租船程序中时常发生，租船人和船舶所有人均可根据实际情况做出还盘。有时，租船双方当事人之间会进行反复多次的还盘或返还盘（recounter-offer），直到双方达成交易或终止谈判。

4. 受盘

所谓受盘实为接受订租,即一方当事人明确表示接受或确认另一方的各项洽租条件。原则上受盘是租船程序的最后阶段。

实际中受盘只是一种形式,它是一项租船业务成交的标志。因此,受盘一经发出,所涉及的各项洽租条件对双方当事人均有法律约束力,任何违反条件的行为,当事人必须承担违约责任。

由此可见,受盘是整个租船程序的最后阶段,受盘一经发出,一项租船业务即告成交。根据国际上惯常的做法,在条件许可的情况下,特别是航次租船时,双方当事人最好签署一份"订租确认书"(Fixture Note),作为简式"租船合同"(Charter Party)供双方履行。"订租确认书"无统一格式,但一般应包括:

(1) 订租确认书制定日期。
(2) 船名(注明可否代替)。
(3) 双方当事人名称及详细地址。
(4) 货物名称及数量(注明由谁宣布装船数量)。
(5) 装货港名称及装货日期。
(6) 卸货港名称。
(7) 运费率或租金率。
(8) 装卸条款(注明由谁承担装卸费用)。
(9) 运费货币名称及支付方式。
(10) 各方承担的有关税收。
(11) 亏舱费的计算。
(12) 所采用的租船合同的名称。
(13) 其他特殊约定事项。
(14) 双方当事人或其代表的签署。

以下是"订租确认书"的英文样本,供参考。

10th Oct. 2005

FIXTURE NOTE

M/V "…" (Or Suitable Substitute Vessel)

It is mutually agreed between Messrs Owners(船舶所有人的名称及详细地址)and Messrs(租船人的名称及详细地址). As Charters that:

Cargo15 000MT Rice in Bags 5% more or less at owner's option (owners declare Quantity to be shipped 2 days before vessel arriving at loading port).

Loading at one safe port Singapore.

Discharging at one safe port China.

Laydays and Cancelling Date: 20th to 30th Oct. 2005.

Freight rate USD 1900 per Metric ton F. I. O. S. CQD both ends.

100% Freight prepaid by T/T to owner's account in U. S. Dollars at Singapore after completion of loading before releasing Bill of lading.

Any dues/taxes on vessel, on freight to be for owner's account. Any dues/taxes on vessel, on cargo to be for charterer's account.

If charters fail to ship as agreed quantity, they are liable to pay the dead freight at the freight rate as agreed.

Otherwise details as per GENCON C/P. (76)

<table>
<tr><td align="center">For and on Behalf of
(船舶所有人或其代表签字)
(Owners)</td><td align="center">For and on Behalf of
(租船人或其代表签字)
(Charters)</td></tr>
</table>

4.3 航次租船运输

航次租船运输是通过签订航次租船合同（Voyage Charter Party）来实现的。船舶所有人和租船人在开展航次租船运输时，必须履行航次租船合同规定的各自义务。因此，航次租船合同是一项详细记载双方当事人的权利和义务以及航次租船各项条件和条款的承诺性运输契约。

一般而言，航次租船运输所涉及的主要内容有如下几个方面。

4.3.1 船舶的名称

由什么样的船舶完成航次租船合同所规定的运输任务，是双方当事人特别是租船人所关心的问题。目前，对于具体船舶的确定，通常有如下办法可供当事人选择。

1. 指定船舶（Name of Vessel）

所谓指定船舶，实际上就是在航次租船合同中明确地规定了船名，如"M/V SEABIRD"。一旦在合同中确定了船名，就必须由该艘船执行规定的航次运输任务。因而，对提供船舶的船舶所有人而言，在履行合同时，只能派遣合同中指定船名的这艘船，绝不能派遣另外的其他船舶，这是船舶所有人的一项合同义务，否则，被认为是违约行为（breach of contract）。对此，租船人有权取消合同并要求赔偿可能产生的一切损失。

2. 替代船舶（Substitute Vessel）

在实际中，为能顺利地履行合同以及避免因原指定船舶一旦发生意外事故而解除合同，通常在指定船名的情况下，在航次租船合同中订明一项"代替船条款"（substitute clause），如"M/V SEABIRD" OR "SUBSTITUTE AT OWNER'S OPTION"。订立这项条款的意义在于当原指定船舶不能前往执行航次运输任务时由代替船来完成。因此，除非合同中另有明确的相反规定，该项"代替船条款"是有利于船舶所有人的一项选择权，即船舶所有人完全有权根据实际情况对其有利与否，决定是否指派其他的船舶。

只有在指定船舶的情况下，才有可能在合同中订立这项代替船条款。一旦船舶所有人决定行使该项选择权，被派往的这艘船称为代替船。然而，对于船舶所有人来说，并非由于享有这项选择权而任意指派船舶，所派往的代替船必须与合同规定的原指定船舶的标准相同（the same standard as the named vessel），如船型、船级、载重吨等。否则，即使船舶所有人行使了选择权，但由于代替船不符合航次租船合同对原指定船舶的要求，租船人届时可拒绝接受该艘代替船，并视具体情况取消合同。另外，当船舶所有人决定派代替船时，应在一个合理的时间内事先通知租船人。

在此，值得一提的是，如果合同中原指定船舶发生灭失（lost）或成为全损（total loss），船舶所有人就丧失了派代替船的选择权。因为，当原指定船舶发生灭失时，该项航次租船合同因受阻（frustrated）而自动取消（automatically eliminated），代替船选择权也随之消失。

3. 船舶待指定（Vessel to be Named）

通常，在缔结航次租船合同时指定船舶的情况较多，但有时因某些原因致使无法在航次租船合同中确定船名，双方当事人同意在开始执行航次租船合同前适当的时间，由船舶所有人指定具体船舶并将船名通知租船人，这便是所谓的船舶待指定。这实质上也是船舶所有人的一种选择船舶的权利（the owner's has exercised option to choose the vessel）。为防止船舶所有人利用这种权利任意地选择和派遣不符合租船人所要求的船舶，双方当事人必须在合同中明确规定待指定船舶的具体标准、性能及技术规范。这样，如果船舶所有人日后待指定船舶不符合合同的要求，租船人则有权拒绝接受，并因船舶所有人违约而解除合同和要求赔偿。

在船舶待指定的情况下，航次租船合同中不订立"代替船条款"。原因很简单，法律所承认的给予当事人的选择权只能行使一次，只要船舶所有人在开始执行合同时指定了船舶并将船名通知租船人，则被认为该船舶所有人业已行使了选择船舶的权利。因而，即使当指定后的船舶因种种原因（如前往装货港途中发生意外事故）不能执行航次租船运输任务时，船舶所有人也不可能另派代替船。所以船舶待指定的航次租船合同中一般无须订立"代替船条款"。

4.3.2　船舶的载重能力

船舶的载重能力是指实际可装载货物的最大数量，一般用载重量或立方容积（either the deadweight tonnage or the cubic capacity）来表示。船舶装载货物的实际数量是计算航次租船运费的依据。

由于在洽谈租船业务或缔结航次租船合同时，船舶所有人很难对船舶在航次过程中所需的燃料、淡水和其他供应品的消耗量做出准确估计。因此，不能在合同中盲目地规定船舶所能装载货物的确切数量，最好是规定一个大概数量。国际上最常见的航次租船，通常规定船舶能够装载"大约×××吨货物，×%的增减数量由船长或船舶所有人选择"（about ××× tons of deadweight, it of cargo ×% more or less at the owner's option）。这是航次租船合同中有关船舶装载货物的"数量增减条款"（The More or Less Clause），增减数量的百分比一般为5%~10%，由双方当事人根据不同种类的货物在合同中予以确定。一旦在合同中确定了可以增减的百分比，船舶所有人完全有权在百分比范围内选择船舶能够装载货物的实际数量。

实际上，通常在船舶正式开始装货之前，由船长根据船舶本航次所需燃料、淡水、食品等实际消耗量及扣除船舶常数，通过具体计算后，以宣载（the declaration of cargo）的形式向租船人宣布船舶能装载货物的实际数量。为避免可能引起的不必要纠纷，不宜采用口头形式的宣载。无论是采用电传、电报或信函所作的书面宣载，一般都应包括下列几项内容：① 船舶名称；② 船舶的载重吨；③ 货物载重量；④ 燃料数量；⑤ 淡水数量；⑥ 船舶常数；⑦ 船长签名；⑧ 宣载日期。

如果船长或船舶所有人未在船舶正式开始装货之前进行宣载，则被认为自动放弃了合同中"数量增减条款"所赋予船舶所有人的货物数量选择权。对此，如果届时租船人提供装船的货物实际数量没有达到船舶载货能力的要求，船舶所有人不能向租船人主张由此而造成的亏舱损失赔偿，而只能按货物装船的实际数量计收运费。当然，如果船长或船舶所有人已进行了宣载，租船人不能按宣载数量提供装船货物，造成船舶载货能力得不到充分利用而产生亏舱，就构成了违约行为，除合同另有明文规定或属于租船人免责范围外，租船人必须承担亏舱损失。同样，当船舶所有人不能按宣载数量接收货物装船时（即宣载数量大于船舶实际载货能力），船舶所有人也必须承担违约责任，赔偿租船人可能蒙受的一切损失。

4.3.3 船舶的位置、尽速派遣及绕航

1. 船舶的位置

在洽谈航次租船业务或订立航次租船合同时，船舶所有人应提供船舶目前的位置的状况，如船舶正在某个港口卸货，船舶正在履行前一项租船合同或在营运中，船舶正在某个修船厂修船或在某个船厂建造等。提供船舶位置的准确情况（to provide correct information as to the position of the vessel）是船舶所有人的一项义务。租船人根据船舶所有人提供的情况，进行备货和安排货物装船出运的准备工作。因此，如果船舶所有人所提供的船舶的位置不准确，致使船舶一旦发生延误不能在合同规定的预期抵港时间内（expected time to arrive）抵达装货港装货，不论是故意行为还是过失行为，都构成违约，对此，租船人有权要求船舶所有人赔偿由此而造成的损失。

2. 船舶尽速派遣

航次租船合同开始履行阶段，即预备航次（the preliminary voyage）阶段就开始了，船舶所有人应尽快派遣船舶开往合同指定或租船人选定的装货港。对于船舶所有人应尽速派遣船舶的义务，在航次租船合同中通常都有明确的规定，如"船舶必须尽速航行开往装货港"（the vessel must proceed with due dispatch to the loading port）。一旦在合同中订有此类条款，就意味着船舶所有人已承诺按合同规定尽速派遣船舶。因此，除非合同中另有明确规定或属于船舶所有人免责的范围（如船舶在开往装货港的预备航次途中发生碰撞，或因驾驶疏忽造成船舶搁浅等），否则，因船舶所有人没有尽速派遣船舶（如为节省燃油指示船长减速航行），致使船舶发生延误而不能在合同规定的时间抵达装货港，该船舶所有人则被认为是违反了合同中承诺的保证性义务。据此，租船人有权提出损失赔偿。

3. 船舶的绕航

在尽速派遣船舶的前提下，船舶所有人必须从预备航次开始时，将船舶直接开往装货港。任何情况下，船舶所有人不可安排船舶从事一个中间航次（an intermediary voyage），即在开往装货港途中改道航行或偏离正常航线去从事非合同中规定的运输任务或其他业务。因为，从预备航次的起始地点到合同中指定的装货港是契约航线（contractual route），船舶必须按契约航线直接开往装货港，任何偏离该航线的行为都是非法的绕航行为（unlawful deviation），构成了根本性违约（the fundamental breach）。

船舶因非法绕航，会导致以下结果：

（1）租船人解除合同。因为，一旦船舶非法绕航，航次租船合同即告终止（Once unlawfully deviated, the Voyage Charter Party ends）。

（2）船舶所有人必须绝对并全部承担租船人由此而遭受的一切损害或损失（The owner

is fully and absolutely liable for any subsequent damages or losses to the charterer)。

（3）船舶所有人保赔协会的保险失效（P&L Club coverage is voided）。

（4）可能会丧失合同规定的免责权利。

■ **链接4-4** 合法（合理）绕航

根据国际上普遍接受的原则，船舶因下列原因绕航被认为是合法绕航（lawful deviation）：

（1）救助海上人命（包括船员、旅客）。

（2）为避免海上危险（如风暴、冰山、战争、海盗等）。

（3）为躲避天灾（如海啸、地震、雷击等）。

（4）发生火灾。

（5）政府的命令。

4.3.4 装卸港口或地区

在航次租船运输中，通常由租船人指定或选择装卸港，航次租船合同对此也有相应的规定。目前，国际上常采用以下三种规定方法。

（1）明确指定具体的装货港和卸货港。

（2）规定由租船人在某个区域内选择装货港和（或）卸货港。

（3）规定某个特定的装卸泊位或地点。

正常情况下，租船人所指定的港口必须是能使船舶安全进出并装卸货物的安全港（the safe port），这是租船人的一项义务，即使在合同中没有清楚地用"安全"两字来表示，租船人也应承担提供安全港的默示义务。

航次租船合同对装卸港的规定中，一般都包括了两项条款。

（1）安全港或安全泊位条款。

（2）附近港条款。合同中的"附近港条款"一般这样规定："船舶必须开往规定港口或所能安全抵达的附近地点……"（The vessel shall proceed to ××× port or so near there to as she may safely get.）。

■ **链接4-5** 安全港

安全港可从下列几个方面予以解析：

（1）自然条件上的安全。这主要是指该港能够使船舶避免恶劣气候等自然现象的危险，港口应有必要的设施（如防波堤、气象报警设备等）。

（2）物质条件上的安全。港口应能提供足够的夜间照明、拖船、锚地、调头区、引水员等。

（3）航海要求上的安全。港口能使船舶安全进出，导航灯标、主航道水深、桥梁高度等应符合安全航行的要求。

（4）装卸货物要求上的安全。船舶在港进行装卸货物期间，能始终处于安全漂浮状态。

（5）政治局面上的安全。港口没有发生战争或发生战争的危险，没有暴动或骚乱等其他危及船舶安全的政治因素。

4.3.5　货物的种类及数量

关于船舶航次运输的货物种类及数量，由租船人提出并规定在合同中，这是有利于租船人的一项货物的选择权。然而，一旦在合同中确定了货物的种类及数量，租船人届时必须按合同的规定提供货物。所以，租船人在享有货物选择权的同时，也必须承担合同规定提供货物的义务。

1. 货物的种类

租船人从事航次租船的目的是完成对其特定货物的运输。这种特定的货物已经规定在合同中，即已成为契约货物（the contractual cargo）。因此，船舶抵达装货港后，租船人只能按合同所确定的种类提供装船货物，而不能提供合同以外的其他非契约货物（the noncontractual cargo）。否则，船舶所有人有权拒绝接收装船，并因租船人的严重违约行为而要求赔偿损失。

2. 货物的数量

前面已经提及，在航次租船运输的情况下，对船舶装运的货物一般确定大约数量或最多、最少数量。租船人有义务按合同规定的数量范围，对船舶提供满载货物（a full and complete cargo）。

所谓满载货物是指船长宣载以后船舶所能实际装运的最大限度货物数量。因此，如果租船人不能提供船方所要求的满载货物，则被认为是违约行为。

所谓亏舱费实际上就是未装船货物的运费（freight on non delivered quantity）。在具体计算这种部分亏舱费时，应减去船舶所有人方面节省的费用（less expenses saved on the part of the shipowner），如船舶所有人可能负担的货物装船费、税金、港口费等。

4.3.6　受载期与解约日

受载期与解约日（英文简称"Laycan"），是航次租船合同中一项比较重要的条款。受载期（Laydays）是指船舶应该抵达租船人指定或选择的装货港准备装货的预定期限。解约日（Cancelling Date）是指船舶必须抵达租船人指定或选择的装货港并做好装货准备的最后期限。

通常，对受载期与解约日规定一个特定的期限，目前国际惯例一般为10~15天。船舶所有人必须在约定的受载期内，将船舶开到装货港并做好一切装货准备工作。如果船舶不能在规定的解约日前抵达装货港，租船人享有解除合同的选择权（an option to cancelling the charter）。

由于解除合同的选择权掌握在租船人手里，因此，对船舶所有人而言，即使明知船舶已不可能在合同规定的解约日之前抵达装货港，仍然有义务将船舶开往该港，而绝不能中途自行改航。否则，完全有可能承担更大的违约责任。

有关租船人行使解约权的时间，合同中一般以"质询条款"规定。如"如果租船人行使解除本合同的选择权，至少应在船舶预计抵达装货港之前48小时宣布"；"租船人应在解约日后48小时内决定是否解除合同"。双方当事人可根据实际情况在合同中用清楚的字眼明确租船人行使解约权的时间。

4.3.7 装卸费用

航次租船运输所涉及的货物装卸费用由谁承担的问题,完全根据双方当事人在合同中规定的"装卸费用条款"来处理。常用的"装卸费用条款"有以下几种。

1. 船舶所有人不负责货物装卸费用（FIO 条款）

"FIO"是英文"Free In and Out"的缩写。该项条款意味着,由租船人负责进行两港的货物装卸,包括雇用装卸工人及支付装卸费用。

2. 船舶所有人不负责货物装卸、理舱和平舱费用（FIOST 条款）

"FIOST"是英文"Free In and Out, Stowed and Trimmed"的缩写。该项条款意味着,由租船人负责进行两港的货物装卸、理舱和平舱,包括雇用装卸工人及支付装卸、理舱和平舱费用。

3. 班轮条款（Liner Term）

班轮条款的英文除"Liner Term"外,有的合同中用"Berth Term"或"Gross Term"。由船舶所有人负责货物的装卸,包括在装、卸港雇用装卸工人及支付装卸费用,其装卸货物的责任与班轮运输方式下的船舶所有人责任相同。

4. 船舶所有人负责装货费用,但不负责卸货费用（LI, FO 条款）

"LI, FO"是英文"Liner In, Free Out"的缩写。由船舶所有人负责在装货港雇用装卸工人装货及支付装货费用,租船人负责在卸货港雇用装卸工人卸货及支付卸货费用。

5. 船舶所有人不负责货物装货费用,但负责卸货费用（FI, LO 条款）

"FI, LO"是英文"Free In, Liner Out"的缩写。由租船人负责在装货港雇用装卸工人装货及支付装货费用,船舶所有人负责在卸货港雇用装卸工人卸货及支付卸货费用。

4.3.8 装卸时间起算的条件

装卸时间究竟应该从什么时候开始计算,国际上普遍公认的原则是,船舶必须具备以下条件。

1. 船舶必须已抵达合同中指定或租船人选择的港口或泊位

在"港口租船合同"情况下,船舶必须已抵达合同所指定或租船人选择的港口,即船舶进行货物装卸的区域,包括船舶等泊或被命令或被迫等泊的惯常地点,不管该地点离货物装卸区域的距离有多远。简单地说,船舶必须已抵达能够进行装卸作业或经常等泊的港口商业区。

在"泊位租船合同"情况下,船舶必须已抵达合同所确定的具体泊位或地点,即船舶进行货物装卸的特定地点。

2. 船舶必须已在各方面做好装卸货的准备

船舶抵达港口或泊位的同时,必须在各方面做好装卸货物的准备。这主要是指以下几个方面。

(1) 法律所要求的准备工作：船舶已通过了检疫；船舶已履行了海关手续。

(2) 实际所要求的准备工作：① 船舶处于适航状态；② 货舱能够适合装载契约货物,如货舱已通过检验、清洁,无虫、无味,冷藏舱的冷却温度符合装货要求,油舱的加热设施正常运转等；③ 船上的装卸索具已处于可随时使用的状态。

对于某些不影响货物正常装卸的准备工作,也可在装卸过程中进行。

3. "装卸准备就绪通知书"已送交并被接受

"装卸准备就绪通知书"(NOR 或 N/R)是一份由船长或船方代理人在船舶抵港并做好一切准备工作后,由船长或其代表递交的声明:本船已准备就绪以待装卸货物的书面通知。

航次租船合同一般都规定:"在递交和接受 N/R 某段时间后起算装卸时间"(Laytime shall be commenced after a certain period of tender and acceptance of N/R)。从递交和接受 N/R 到起算装卸时间如何确定,目前国际上无统一规定,完全由双方当事人在合同中约定。概括而言,经常采用以下三种规定方法。

(1) 递交和接受 N/R 24 小时后起算装卸时间。
(2) 上午递交 N/R,于当日下午 2 点起算装卸时间。
(3) 不论在上午或下午递交 N/R,从次日上午 8 点起算装卸时间。

船舶抵港后,应在当地的办公时间内递交 N/R。因此,星期天或法定节假日不能递交 N/R。至于办公的具体时间,应根据各港的习惯规定。但是,如果合同中已明确规定了递交 N/R 的具体时间,船方则必须在合同规定的时间内送交 N/R。

4.3.9 装卸时间的计算

一旦起算装卸时间,即进入对装卸时间的计算。根据国际航运惯例,在船舶进行装卸过程中,通常由船方代理详细地记录实际使用的装卸时间,以及装卸作业中断时间和原因(例:某月某日从几点至几点装货;几点到几点因下雨停止装货),即做好"装卸时间事实记录"(Laytime Statement of Facts)。装卸时间的计算,一般也是由船方代理负责完成。

国际上经常使用的与装卸时间和有关的装卸时间例外条款主要有以下几种。

1. 天气许可条款

对装卸货物期间由于坏天气原因使装卸作业中断的时间,根据本条款应在计算装卸时间时予以扣除。

2. 星期日和节假日除外条款

对装卸货期间的星期日及港口所在地法定节假日,应在计算装卸时间予以扣除。

3. 晴天工作日、星期日和节假日除外(Weather Working Days, Sundays and Holidays Excluded, WWD SHEX)条款

该条款实际上综合了前述两项的概念,对装卸货期间的坏天气、星期日和港口所在地法定节假日,应在计算装卸时间时予以扣除。

4. 星期日和节假日即使使用也属除外(SHEX, even if used)条款

如果在星期日和港口所在地的法定节假日进行了货物装卸,在计算所用实际装卸时间时,也应予以扣除。

5. 星期日和节假日应予以计算(Sundays and Holidays Included, SHINC)条款

对装卸货期间的星期日及港口所在地的法定节假日,在计算装卸时间时,应作为装卸实际使用时间来计算。

6. 星期日和节假日除外,除非使用应予计算(SHEX, unless used)条款

货物装卸期间,如果确实使用了星期日和港口所在地的法定节假日装卸货物,该星期日或节假日应作为装卸时间来计算。但是,如果没有使用的话,则不予计算。

7. 星期日和节假日除外，除非使用了，以实际使用的时间作为装卸时间计算（SHEX，unless used, actual time used to count as laytime）条款

对装卸期间本不予计算的星期日和港口所在地法定节假日，由于确实用于装卸而作为装卸时间来计算，但必须按实际使用时间予以计算。因此，这项条款较 SHINC 条款更具体明确、更完善。

另外，有的航次租船合同规定"按港口习惯快速装卸"（Customary Quick Despatch, CQD）条款，即租船人必须根据货物装卸的现实情况，尽可能快地装卸货物。由于这种规定方法没有明确具体装卸时间或装卸率，很容易在延滞和速遣问题上引起纠纷。一般观点以为，CQD 条款下不计算延滞和速遣。因此，船舶所有人应避免接受这种条款。

4.3.10 延滞与速遣

在航次租船合同中规定允许装卸时间，主要是对租船人的约束。如果租船人所用的实际装卸时间超过了合同规定的允许使用时间，超过部分的时间为延滞时间或滞期时间（demurrage time），进入滞期的船舶称为延滞船舶（vessel on demurrage）。对此，租船人必须向船舶所有人支付超时罚金，以补偿船舶所有人因船舶发生延滞而遭受的损失，这种超时罚金称为延滞费（demurrage money）。

如果租船人所用的装卸时间少于合同规定的允许使用时间，节省部分的时间即为速遣时间（despatch time）。对此，租船人有权向船舶所有人主张速遣费（despatch money）。根据国际航运惯例，速遣费通常是延滞费的一半，除非合同另有明确规定。

4.3.11 运费

多数情况下，航次租船的运费是根据船舶实际装运的货物数量和合同中确定的运费率来计算的，但有时也采用包运运费的计算方法。

如果合同规定运费应在货物运抵目的港时支付，习惯上称为到付运费（collet freight），一般有三种情况。

（1）运费在交付货物时支付（freight payable on delivery of cargo）。
（2）运费在卸货前支付（freight payable before discharging）。
（3）运费在交付货物后交付（freight payable after delivery of cargo）。

在到付运费的情况下，船舶所有人必须将货物运送到合同规定或租船人选择的卸货港，才有权取得该项运费。如果在运输途中船舶和（或）货物灭失，船舶所有人就丧失了取得该项运费的权利。如果船舶因发生海损事故在中途卸下货物，除非由船舶所有人安排将货物继续运抵目的港，否则同样不能取得该项运费。如果在承运过程中部分货物发生灭失，运费应按比例扣除（freight is reduced in proportion）。

鉴于这些原因，到付运费对船舶所有人不利，运费的风险始终是由船舶所有人承担。这也是为什么在到付运费情况下，通常由船舶所有人向保险公司投保运费险（Freight Insurance）。

如果合同规定运费在装货港支付，习惯上称作预付运费（Advance Freight），一般有两种情况。

（1）运费在签发提单时支付（freight payable upon signing B/L）。
（2）运费在货物装运若干天后支付（freight payable certain days after shipment）。

预付运费对船舶所有人有利，特别是当合同中订有"无论船舶和（或）货物是否灭失，运费不予退还"（freight non returnable ship and/or cargo lost or not lost）这样的条款。对租船人来说，由于货物还未运抵目的港却已预付了运费，实际上存在一定的风险和利息损失。因此，在预付运费的情况下，运费的风险则由租船人承担，租船人通常向保险公司投保"CIF险"。

作为合同的一方当事人，支付运费是租船人的一项义务。如果租船人没有按合同规定支付应该由其支付的运费，船舶所有人可行使留置权（lien），对租船人的货物实施留置。

4.4 定期租船运输

定期租船运输是通过签订定期合同（Time Charter Party）来实现的。定期租船合同是一项以租船期限为基础，详细记载双方当事人的权利和义务及各项条件的运输契约。

开展定期租船运输最常涉及的主要内容有以下几个方面。

4.4.1 船舶事项

如前所述，定期租船运输方式下，租船人负责指挥、调度和管理船舶。因此，船舶所有人有义务向租船人提供符合合同要求的船舶，包括：船籍（ship's nationality）、船级（ship's class）、船型（ship's type）、船舶载重量（ship's deadweight）、吃水（draught）、船速（speed）以及燃料消耗（bunker consumption）等。对租船人来说，上述这些事项是计算船舶营运成本和经营船舶的重要依据。因而，合同中由船舶所有人所提供的船舶事项的准确性对租船人十分重要。如果船舶的实际情况与合同中的船舶事项不符，租船人有权对船舶所有人提出损害赔偿要求，在某些情况下甚至有权取消合同。在船舶事项中，最容易引起纠纷的就是有关船舶的载重量、航速及燃料消耗。

1. 船舶的载重量

在整个租期内，租船人利用所租船从事运输。无论租船人承运自己的货物，还是承运他人的货物或将船舶租给第三方，租船人的经济利益直接与船舶的载重量有关。如果船舶的实际载重量小于合同中船舶所有人提供的载重量，致使租船人的经济利益遭受损失，船舶所有人必须承担违约的责任，赔偿租船人因船舶载重量不符合合同规定而遭受的一切损失，任何抗辩或解释均无效。

2. 航速及燃料消耗

有关船舶的航速及燃料消耗，合同中一般是这样规定的："船舶满载时能在良好天气和风平浪静的情况下，每天消耗××吨左右的燃料，约××节的速度航行"。

所谓良好天气和风平浪静，通常被认为以航海气象"浦福氏4级"（Before Score 4）为标准。如果船舶的实际航速没有达到合同中规定的航速，原则上租船人可以向船舶所有人提出损害赔偿。但是，由于合同中一般仅规定了船舶的大约航速（about knots），因此从法律的角度解释，对船舶所有人在合同中所承诺的航速，允许有一定范围的变动，国际航运惯例对此限定在5%以下。只要船舶的实际航速在允许变动的范围内，即使较合同规定的航速慢，也不能视船舶所有人违约。在定期租船实务中，对船舶航速的要求，在时间概念上也是有区别的。

（1）船舶在交给租船人使用之前的几个航次或交船当时，必须达到合同规定的大约航速。如果不能达到合同所规定的航速，船舶所有人应承担违约责任。

（2）船舶从交船之后的整个租船期内，航速减慢而不能达到合同规定的大约航速，船舶所有人不承担违约责任。但是，如果合同中明确规定"船舶必须始终保持合同所要求的航速"，船舶所有人应承担违约责任。此外，如果租期内船舶航速的减慢是由船舶所有人对船舶没有合理保养（reasonable maintenance）或尽速航行（utmost despatch）所致，租船人同样有权提出损害赔偿。

对于船舶航行所需的燃料消耗，虽然合同中有明确规定，但因整个租期内由租船人负责安排船舶的燃料，所以在双方当事人之间同样会发生争执。当船舶每天的实际消耗量超过了合同规定的数量，直接会给租船人造成经济损失，租船人可能因此而要求船舶所有人赔偿。然而，船舶的燃料是由租船人安排的，如果燃料的品质低劣，势必导致船舶实际消耗量的增加，船舶所有人以此为理由进行抗辩通常奏效。因此，最好在合同中订一项"燃料品质条款"（The Bunker Quality Clause），明确规定燃料的品质。如果船舶在使用高品质燃料的情况下，实际消耗量超过合同规定的数量，船舶所有人必须承担违约赔偿责任。相反，如果事实证明，船舶燃料消耗量的增加是由于租船人安排不符合"燃料品质条款"所规定的燃料，船舶所有人不承担违约赔偿责任。

4.4.2 交船和还船

定期租船的租期从交船时开始到还船时结束，即交船和还船之间的时间构成了租期（the time between delivery and redelivery constitutes the period of the charter）。

1. 交船

船舶所有人在合同约定的时间及地点，将合同中指定的船舶交给租船人使用的行为称为交船。在实际交船之前，船舶所有人应事先通知租船人预期交船日期及确切交船日期，以便让租船人做好接船准备和安排船舶货运任务。如果船舶所有人没有在合同约定的时间内进行交船，租船人有权取消合同并提出损害赔偿。

交船时，船舶必须适航并在各方面符合合同对船舶的要求。为了如实记载交船时船舶的状况和避免届满时引起的有关船舶状况的纠纷，双方当事人应请一个公正的第三方对交船时的船舶进行检验，并根据该第三方（通常是验船师）出具的检验报告（Survey Report）拟制一份"交船证书"（The Certificate of Delivery）。这份由双方当事人或其代表签署的"交船证书"上应载明：交船日期和时间；交船时船上的剩油数量和机舱用淡水数量；船舶各方面的实际状况等。

作为交船条件之一，合同中还往往订有一项"燃料条款"（Bunker Clause）。在条款中可规定，租船人应在交船地点接收船上的剩油并按当地的市场价格进行结算后支付给船舶所有人。为保证租船人在接收船舶时能充分利用船舶的载重量以及防止船舶所有人利用不同地区的油价差额从中获利，合同一般都对交船时的剩油数量予以限制。

2. 还船

租船人在合同约定的租期届满时，将船舶还给船舶所有人的行为称为还船。在实际还船之前，租船人应事先向船舶所有人发出还船通知。

原则上，租船人应在租期届满时还船。但是，合同中对租船通常只确定一个大约期限

(如：about 12 months)，因此，租船人可以在合同约定的租期届满前后还船。无论是提前或超期还船，主要取决于租船人使用船舶最后一个航次（final voyage）的结束时间。在不足期还船的情况下，如果提前还船的时间远远早于合同中的租期届满时间，租船人必须赔偿给船舶所有人因此而遭受的损失。在超期还船的情况下，普遍的观点认为，如果船舶所从事的最后一个航次将超过正常航次，租船人可继续使用船舶以完成该航次。但是，对任何超期时间的租金计算，在市场租金率（the market rate）高于合同中的租金率时，按当时的市场租金率计算租金；如果当时市场租金率低于合同中的租金率，则按合同租金率计算租金。

从目前的情况看，大多数定期租船合同对还船地点不予限制，通常规定引航员离船（drop off pilot）的时间为还船时间。该时间是指还船地点的当地时间（the local time）。

与交船的情况相同，租船人还船时，船舶所有人必须接收船上的剩油（合同对剩油数量一般也有限制），并按当地的市场油价结算后支付给租船人。作为还船条件之一，租船人还船时，船舶必须处于交船时相同的良好状况下还给船舶所有人，正常损耗除外。因此，如果船舶有损坏，租船人应在还船之前将其修复。否则，租船人不但要负责船舶的修理费，而且必须赔偿船舶所有人在修船期间所遭受的一切经济损失。

还船意味着合同的终止。为了履行还船手续和分清责任，经双方当事人或其代表签署的"还船证书"作为还船的凭证，其记载的内容大致与"交船证书"相同。

4.4.3 租船人使用船舶的限制

在整个租期内，租船人有权使用船舶。然而，合同中往往要对租船人的这项权利在某些方面加以限制，这主要体现在以下两个方面。

1. 对船舶航行区域的限制

租船人指示船舶所从事的航次，必须在合同规定航行区域内，即使对船舶的航行区域规定为世界范围，也应符合英国保险协会保证限制条款的规定。

原则上，船长应听从租船人的命令和指示，但如果租船人指示船舶开往合同限制以外的航行区域，船长可以拒绝接受租船人的指示。

在合同中对船舶的航行区域进行限制的主要原因：

（1）受船舶保险的保单限制。定期租船的很多情况下，由船舶所有人对其船舶进行投保，保险公司根据船舶的实际状况和技术性能接受保险并在保单中对船舶的航行区域范围进行了限制。如果船舶在保单限制的航行区域航线上发生了意外事故，保险公司负责赔偿。如果船舶的航行区域超出保单的限制范围，保险公司则不予赔偿。因此，船舶所有人不可能同意租船人将船舶开往合同和保单限制范围以外的其他航行区域，除非在合同中订明由租船人负责船舶的保险并在上述情况下对船舶进行加保。

（2）受某些政治原因的限制。世界上有些国家或地区间没有建立外交关系，有的甚至是敌对国。鉴于这些国家或地区之间不通商、不通航，限制了船舶的航行区域。租船人不能指示船舶开往对船旗国国家的船舶予以限制的地区或港口。另外，有时在合同中订明租船人不能命令船舶开往某些战争区域（war zone）或船员拒绝前往的某些国家或地区。

2. 对船舶装载货物的限制

租船人在租用船舶进行运输货物过程中，不能任意装载货物。对此，合同通常对租船人可以在船上装载什么样的货物加以限制。首先，租船人所装载的货物必须是合法商品，即装运的货物必须不是船旗国，或货物起运或运抵国家或地区所禁止的货物。其次，租船人不能装载合同规定不允许装载的货物，如重大件货物（火车头、桥梁）、浓度太大的液状货物（散装沥青）、危险品货物（易炸物品、军火）、气味太重的货物（鱼粉）以及有害物质（核废料、硫黄）等。当然，双方当事人应在合同中明确规定所限制装运的具体货物。如果租船人执意装载合同限制的货物，致使船舶遭受损坏或发生事故，租船人必须承担违约责任，赔偿船舶所有人由此而产生的一切损失。

4.4.4 租船人支付租金的义务及船舶所有人的撤船权利

租金一经在合同中确定，整个租期内基本不变。然而，当今世界通货膨胀习以为常，造成船舶所有人的船舶营运费用增加，而由于租金不变，在很大程度上使船舶所有人的收入减少。因此，近年来在定期租船合同中出现一项"按比例调整条款"（The Escalation Clause），目的就是保证船舶所有人能有稳定的收入。该条款通常规定："如果船舶所有人应负担的各项费用在合同缔结后逐渐增加，所增加的部分应由租船人负责。"有的合同还规定："所增加的费用应在双方当事人之间按适当的比例进行分摊。"

对租船人而言，其首要的义务是在整个租期内根据合同的规定，按时支付租金（regular and punctual payment of hire）。除非租船人事先提出银行担保（bank guarantee）或担保金（bank guarantee order），否则，如果租船人未按期准时支付租金，船舶所有人可在事先不给租船人任何警告的情况下，将船舶从租船人那里撤回，但这并不损害船舶所有人对租船人可能提出的任何其他索赔（without prejudice to any claim the owner may otherwise have on the charter）。这就是有利于船舶所有人的撤船选择权（the owner's option of withdrawal）。因此，船舶所有人一旦决定撤回船舶，就意味着船舶所有人因租船人没有履行按时支付租金的绝对义务而解除合同，从通知租船人撤船时起，合同即告终止。

值得重视的是，租金支付的时间是指租金到达船舶所有人所在地银行的时间。因此，即使租船人已通过其银行将租金汇出，但由于没有准时汇抵船舶所有人所在地的银行，船舶所有人也有权撤回船舶，双方当事人应对各自银行在这方面的过失负责。如果船舶所有人错误撤船，致使租船人遭受经济损失，船舶所有人必须承担赔偿责任：将船舶退还给租船人，并赔偿从撤船时起至还船时止租船人的一切损失；船舶不退还给租船人，赔偿因错误撤船使租船人遭受的全部损失。

■ **链接 4-6** 撤船

船舶所有人在行使撤船选择权时，必须注意以下三种不同情况。

（1）如果撤船时船舶正在装货港装货，应先将已装船的货物卸下后才能撤回船舶，卸货费应由租船人承担。

（2）如果撤船时船舶正在航行途中且船上装有货物，船舶所有人应指示船舶开往附近的港口，而不能任意将货物卸在其他港口以致损害善意的第三方（指收货人）。

（3）如果撤船时船舶正在卸货港卸货，必须等船舶卸完货后，方可撤船。

船舶所有人在下列情况下会丧失撤船选择权。

（1）船舶所有人曾接受过租船人迟付的租金，被认为船舶所有人自愿放弃了撤船选择权。

(2) 在租船人迟付的租金到达之前，船舶所有人并没有行使撤船选择权，相反，一直在等待，其行为表明自愿放弃该项撤船选择权。

4.4.5 停租

租船人租用船舶的目的是有效地进行货物运输。正因为如此，租船人才愿意支付租金。但是，在租期内，当船舶发生碰撞、搁浅、主机故障或其他事故而需要修理时，租船人是否仍应支付租金。答案显然十分清楚，船舶在某段时间如果不能有效地供租船人使用，租船人可以对这段时间停止支付租金，这便是所谓的停租。

不同的合同对停租的规定是不同的。概括而言，发生下列情况导致船舶不能有效地供租船人使用，租船人可以停租。

(1) 船上人员或物料不足，影响船舶正常航行。
(2) 船上发生火灾，到避难港修理。
(3) 船舶搁浅。
(4) 船舶或货物海损事故所引起的延误。
(5) 船舶进坞检修或油漆船底。
(6) 船舶进坞检修或导航仪失灵造成船舶停航。
(7) 合同中明确规定的任何其他停租原因。

凡是合同没有规定的停租原因，租船人都必须继续履行支付租金的义务。

在实际中，如果租船人准备停租，必须事先向船舶所有人发出"停租声明"（off hire statement）。由于租金一般都是预付的，因此，对停租期间的税金应从下次支付的租金中予以扣除。

有关停租时间的计算问题，要视合同的具体规定。有的合同规定，从船舶不能正常使用时开始停租直至恢复正常工作状态才重新起租。有的合同则规定，如果船舶在连续 24 小时内不能有效地供租船人使用，停租时间从宽限的 24 小时结束开始起算直至重新起租。

如果租船人租用的船舶发生灭失，从船舶发生灭失时开始停租。在不能具体确定船舶灭失时间的情况下，习惯上是从最后与船舶的联系日起停付租金。

中船租赁疫情
之中创佳绩

中国航运租赁国际
市场影响力逐步扩大

本章知识点小结

货运代理业务的一大特色是，它不完全等同于船公司业务，港口、码头经营人业务，以及航空公司业务。因为货运代理在各种业务中的作用不同，以服务和联系各关系方的作用居多，所处地位相对于上述当事人也不相同。

货运代理在从事租船业务时，即本章所讲解的内容，货运代理与船公司业务基本相同。

租船业务的重点，集中于洽谈和签订租船合同的过程，此乃租船业务具有脑力劳动之称的原因所在。本章所讲述的每种租船合同各个条款包含的细节及订约技巧，都是源于行业惯例和经验的积累，从业人员必须掌握并熟练运用。作为货运代理人员，有关船舶、货物、港口装卸、运输法规、海运国际惯例等内容，都需要深入理解，只有这样才能涉足租船经纪业务。货运代理人员如果不熟悉租船合同法的基本原则、不掌握市场行情及本租约下的航次、港口、货物等情况，订出对自己不利的或模棱两可或漏洞百出的条款，将带来复杂的法律纠纷和经济损失。

需要强调的是，租船业务以合同谈判和订立为主要内容。对于货运代理在租船合同中的身份如何确定的问题，在实际操作中，租船经纪人一般以三种方式出现在合同中：

（1）作为出租人（as owner）或承租人（as charter）签订租船合同。

（2）代表出租人（for and on behalf of owner）或代表承租人（for and on behalf of charter）签订租船合同。

（3）不在合同中作为任一方当事人签字，而是通过佣金条款，如"佣金×××支付给×××货运代理公司"，或另外订立附属于租船合同的佣金协议，来保证作为租船经纪人的佣金收入，但又不承担作为当事人的合同责任。

货运代理在前两种签约方式中，承担的都是当事人的责任。尽管不少货运代理企图以代理人身份来规避合同风险和责任，但司法实践中越来越倾向于合同的实质内容。除非货运代理事后确能举证其签约行为有授权，并能披露委托人。

货运代理在签约时选择不同方式，除了考虑合同责任外，其他的考虑是基于更大的利润、保守商业秘密、稳定客户资源和树立公司形象等问题。货运代理可根据自己的情况参考选择。

思考题

1. 租船运输有何特点？
2. 租船运输有哪几种方式？各种方式中合同当事人的费用分担有哪些不同之处？
3. 租船交易进行的一般程序有哪些？
4. 航次租船合同的主要内容有哪些？
5. 定期租船合同的主要内容有哪些？

第 5 章 港口货运业务

教学目的

了解港口库场业务的含义与类型；熟悉港口货运理货业务；熟悉港口货运船舶代理业务。

5.1 港口库场业务

5.1.1 港口库场的定义

港口库场是指港口为保证货物换装作业正常进行，防止进、出口货物灭失、损坏而提供的用于储存与保管货物的仓库、货棚、堆场、货囤、筒仓和其他建筑物的总称，见图 5-1。它是港口极其重要的组成部分之一，也是整个运输过程中不可缺少的重要环节。

不同港口的库场建筑物的类别和需要的面积不同，其中集装箱港口需要大量堆场和少量后方仓库进行装拆箱作业；杂物港口需要使用仓库、货棚、堆场等多种建筑物与较大的占地面积；油港只要油槽和管道，其占地面积往往较小。

港口库场与港口泊位、装卸、疏运能力一起构成港口生产能力设施。

图 5-1 仓库外形

5.1.2 港口库场的功能

在现代港口货运系统中，大批货物要从各地发货人所在地运送到港口。由于货物种类繁多，运往的地点不同，因此这些到港等待装船的货物事先要在港口不同仓库、堆场进行集中和组合；进口货物抵港卸载，许多货物来不及由铁路、公路或水路中转出去，这些货物也需要在港口库场储存。因此，港口库场在现代运输组织中是不可缺少的，具有重要的作用。

港口库场的功能主要有以下几个方面。

(1) 货物的集散功能。
(2) 调节与缓冲功能。
(3) 实施货运作业的功能。
(4) 保管货物的功能。

库场业务流程见图5-2。

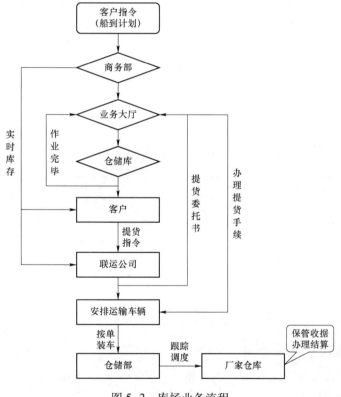

图5-2 库场业务流程

5.1.3 港口库场的类型

每个港口都拥有一定数量及不同种类的仓库和货场，港口库场的种类可以从建筑特征、库场所处的位置和所保管的货物类别等方面来进行分类。

1. 按建筑特征分类

按建筑特征可分为露天货场、货棚、仓库、货囤等。

露天货场一般用来堆存适于露天保管的货物。货棚又称为半露天库房，只有棚顶，四周不围闭。仓库一般为封闭的建筑物，有单层仓库和多层仓库两种形式，库内设有必要的通风、防火设备，可用于堆存件杂货。仓库是港口库场的最重要的设施。货囤，是一种水上仓库，一般是由铁质的或水泥制成的有顶盖的平板驳船，也有用废旧船舶改建成的，既可以停靠船舶进行装卸，也可以在舱面及舱内堆存货物。

2. 按库场所处的位置分类

按库场所处的位置可分为前方库场、后方库场等。

前方库场是指设置在接近码头前沿的仓库或货场，能缩短货物搬运的距离，提高港口的装卸效率，减少泊位与库场间流动机械运行的干扰。后方库场是指在吞吐量大的码头泊位设置足够大面积的库场，可以为前方库场分担堆存压力。

3. 大型港口库场分类

考虑到货物通过港区库场有几种形式，如进口、出口、中转等，为了取得较好的经济效益及便于组织管理，对大型港口还可考虑设置进口库场、出口库场及中转库场。对于大型港区，还可以考虑进一步划分杂货进口库场，大宗货进口库场，南方进口、北方进口及远洋进口库场等。

除了以上分类方法，按所保管的货物类别，还可分为普通库场及煤场、矿石堆场、仓库、油库、冷藏库、危险品仓库等。

5.1.4 港口库场业务

港口库场业务主要是入库作业、保管作业、出库作业，见图 5-3。

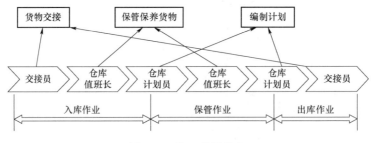

图 5-3 港口库场业务

1. 货物的入库作业

入库作业包括入库前准备、货物入库验收、货物堆码、单据处理。

（1）入库前准备。

货物入库前先要做好收货的准备。

首先，应摸清入库货物情况。一般先要从出口货物的装船通知单入库联、装船预报表附页、进口货物的分舱单取得入库货物的包装、规格、数量等详细资料。对出口货物还应了解装船舱别、到货港和货物的来源；对进口货物还应了解出港的流向、在港堆存时间以及卸船作业顺序、进度等情况。

其次，是安排货位，做到先算后堆。一般来说进口货按入库顺序，出口货按到港顺序及配舱顺序，从里边货位开始逐渐向外开垛脚，不能从外向里堆垛，把门堵死；大票货先确定货位，小票零星货机动安排；大票货不堵小票货，轻泡货不堵重件货，近港货不堵远港货，缓发货不堵围急发货；同一收货人的货物集中堆放；在安全前提下，货垛尽量堆高，利用空间，提高堆存量。货物入库前要匡算每票货所需的货位面积，再根据货位纵深确定开脚数。货位预先安排好后应向作业工人及有关人员交底，讲清要求。

(2) 货物入库验收。

货物入库验收是指库场在货物正式入库前，按照一定的程序和手续，对到库货物进行数量和外观质量的检查。货物验收实质上是一种责任交接。

验收的主要任务是查明到货的数量和质量状态，为入库和保管打基础，防止库场和货主遭受不必要的经济损失，同时对供货单位的货物质量和承运部门的服务质量进行监督。

库场应凭单收货，没有单据的货物不能验收入库，单据和货物要全面核对。

货物验收的基本内容包括质量验收和数量验收。

货物质量验收主要是对包装的验收。通常是在初验时进行的，检验包装有无被撬、开缝、污染、破损、水渍等不良情况。同时还要检查包装选用的材料、规格、制作工艺、标志、打包方式是否符合有关标准要求。国家或国家主管部门未规定标准的应按《水路、公路运输货物包装基本要求》的规定验收。没有标准和要求的应在保证运输安全和货物质量的原则下进行包装。对不符合标准要求的，应该拒收，或由托运人负责加固、整修，并编普通记录随货同行。

货物数量验收是保证货物数量准确的重要步骤，是在初验的基础上做进一步的货物数量验收，即所谓的细数验收。在进行数量验收时，必须注意同供货方采取相同的计量方法，出库时也按同样的计量方法，避免出现误差。货物数量的验收主要是件数的验收，凡按件交接的货物一定要认真点清件数，成组货物既要点清关数，又要注意每关细数。

(3) 货物堆码。

应按照货物性质、作业要求和堆码标准化要求进行堆码。

货物堆码是根据货物的特性、形状、规格、重量及包装质量等情况，同时综合考虑地面的负荷、储存的要求，将货物分别叠堆成各种码垛。

堆码操作的要求：首先是安全。堆码的操作工人必须严格遵守安全操作规程，使用各种装卸搬运设备，严禁超载，同时还须防止建筑安全负荷量。码垛必须不偏不斜、不歪不倒，牢固坚实，以免倒塌伤人、摔坏货物。其次是合理。不同货物的性质、规格、尺寸不相同，应采用各种不同的垛形。货垛的高度要适度，不压坏底层的货物和地坪，与屋顶、照明灯保持一定距离；货垛的间距、走道的宽度、货垛与墙面等，都要合理、适度。再次是方便。货垛行数、层数，力求成整数，便于清点、收发作业。第四是整齐。货垛应按一定的规格、尺寸叠放，排列整齐、规范。货物包装标志应一律朝外，便于查找。最后是节约。堆垛时应注意节省空间位置，适当、合理安排货位的使用，提高仓容利用率。

库场货物堆码应实行标准化，把货物堆码工作置于严密的标准基础之上是实行科学管理的基本要求。货物堆码的规范要求主要是指"五距"，即垛距、墙距、柱距、顶距和灯距。

要设计一种货物的堆码标准，必须考虑该种货物的性质、包装种类、包装材料、数量、成组方式等条件。

包装货物的堆码形式有：

平台垛——底层件数与上层件数相同,成长方形或正方形,常见于库内堆存箱装货物。

起脊垛——底部堆成平台,接近顶部堆码成屋脊形,特点是加盖油布后便于排泄雨水。

行列垛——有单行垛、双行垛等。进口的小票杂货多采用行列垛形式堆放。

散装货物,其堆码可根据货种、场地条件、通道位置等情况,堆放成有规则的几何台形体,这样便于理货计数。

(4) 单据处理。

库场收货入库,是一种责任转移,库场从货主或船方接过货物就要对接收货物的数量、质量负责。因此,需要填写和签证有关的交接单据。

内贸出口货物,库场可以在入库联、运单上签收;外贸出口货物,可以在附页上签收。

进口货物则大多填制理货交接计数单。除了交接单据签证外,还要填制收货报表,登账入册。对单证处理的要求是及时、正确和清洁;按规定内容、要求、方法填制、批准;字迹清楚,改动处盖章;在规定时间内完成,并投入流转。

2. 货物的保管作业

货物在库场堆存保管期内,港口要对货物的安全质量承担责任,确保不发生货损、货差事故。

具体来讲,货物保管要做好以下工作。

(1) 防止盗窃、破坏事件发生。仓库员应坚守岗位,离开时应锁门。库门钥匙要专人保管,上班领取,下班缴回。进出仓库人员应进行登记,与仓库作业无关人员,不能进入仓库。

(2) 做好消防工作。库场应按堆放货物种类配备消防器材,消防器材应放置固定地点,不能挪作他用,并定期检查更换。对火种、电源要进行严格管理。仓库内不准使用电炉、煤炉,不得带火种入库,明火作业应经派出所(消防部门)批准,同时进行监护,车辆进入港区应安装"火星熄灭装置",铁路机车进入港区不得通炉。

(3) 做好防汛、防台风工作。预防措施应落实,器材配足,有专人负责,加强检查督促。水管下水道要保持通畅。屋面漏雨、门窗破裂要及时修复。苫盖油布要经常检查,破洞要及时补好。堆场盖油布要扣牢网绳,以防被风吹开。质量不好的仓库,低洼堆场所堆货物,在台汛期间要催货主尽快提走或转出,不能运出港区,就在港内转栈。防汛墙外的货物要特别注意。要随时掌握气象情况,防止天气突变造成湿损事故。

(4) 健全货账制度,定期盘点。库场堆放货物必须建立货账制度,做到有货有账,货账相符。货物入库应及时登账,货物出库及时销账。库场堆存货物应定期盘点:一般杂货每月一次;煤炭等大宗散货每季或半年一次。盘点发现数量溢缺,应查明原因、报告有关部门更正账面。杂货仓库每月盘货后,填制月结报表,可作为存货的账册。

建立保管责任制、交接班制度和经常性的安全检查制度,保证以上各项措施、制度落实到位。

3. 货物的出库作业

货物出库作业是库场根据货物出库凭证(提货单、领料单、调拨单),按其所列的货物名称、规格、数量和时间、地点等项目,组织货物出库、登账、配货、复核、点交清理等一系列工作的总称。货物出库必须依据货主开出的货物出库凭证进行。不论在任何情况下,库场都不得擅自动用、变相动用或者外借货主的库存货物。

货物出库作业从业务性质上可分为向收货人交付和由车、船转运出港两种，但对库场来说实质上是一样的。

（1）发货前准备。

发货前应查看存货账和货堆实物数量是否相符、有无质量问题，做到心中有数。一票大宗货堆几个货垛的，应根据库场使用要求，确定出货桩脚，出剩残堆应优先出清。对于易弄错的货垛，应在货垛旁做出明显记号，对作业工组交代清楚。

货主持提货凭证来提货时，应先对提货凭证进行审核，弄清是否办过提货手续，货物品名、规格、件数是否相符等。支付现金的提货凭证应核对提货日期。

对接运的车、驳，应询问核对，防止错装错发。

（2）发货与交接。

发货交接应注意做到：

① 出库凭证和手续必须符合要求。出库凭证的格式不尽相同，但不论采用何种形式必须真实、有效。出库凭证不符合要求，仓库不得擅自发货。特殊情况发货必须符合仓库有关规定。

② 发货前双方商定交接计数办法，坚持当面交接。一般货物入库检验与出库检验的方法应保持一致，以免造成人为的库存盈亏。

③ 港口只凭标志相符、包装完整发货，对箱内货物一般不负责任。如包装残损、内货状况不明时，不能贸然开给记录，让其提走件货，而是应暂时将货留下。内贸货双方在场开箱验货，外贸货应由商检局开箱鉴定。

④ 按车、按驳办理交接签证，一般不开总交接单，也不要预先开单，以防更改。除非是点垛交接可以一次办总交接。

⑤ 空袋地脚货应随原批货同行。

⑥ 发现短缺，不能随便用同品种规格的货物抵补。即使同一收货单位的，也要货主开具抵补证明，并在提货凭证上写明抵补情况，出仓日报上也应写清抵补情况。

⑦ 发货完毕，应检查库场，注意有否漏发、错发和掉件。

⑧ 提高服务质量，满足用户的货物出库要求、做到及时、准确、保质、保量地将货物发放给收货单位，防止差错事故发生；工作尽量一次完成，提高作业效率；为用户提货创造各种方便条件，协助用户解决实际问题。

（3）单据处理。

库场发完货应立即与接货方办理交接手续，签证有关交接单据。

签证单据是双方交接的凭证，库场凭此作为货物账册付账的原始依据。车辆提货的交接单据，同时又是出门通行证。船驳装运的货物交接单据叫库场—船驳交接计数单。交接计数单由发货库场员填写，内容要详尽具体，在装好后填妥，交船驳方签证。除了填签交接单据外，还要在提货凭证上做出记录，写明日期、操作过程、提取数量与结存量。如果提货证记录栏已记载满，或者提货凭证港口要收回，则应另填提剩单给货方作为下次提货凭证。开出提剩单后，原提货凭证上应做记录并收回。

货物出库后，还要填制出仓报表，并在货物账册上付账。

○ 案例

上海国家储备棉库突发火灾，近万吨进口棉花受损

上海闵行区一座建筑面积约 2 万平方米，储存有近万吨进口棉的巨型国家储备棉仓库，2000 年 11 月 13 日凌晨 0 时 45 分发生火灾。至当晚 10 时左右，经市消防局出动 52 辆消防车、近 500 名消防战士连续扑救，火势基本得到控制，但棉花阴燃现象仍在发生。

中国农业生产资料上海储运部棉花仓库位于上海闵行区通海路 275 号，在 13 日 0 时 45 分，值班人员发现仓库三楼有火情，但并未立即报警，而是先向值班领导作了汇报后才拨打 "119" 报警，延误了火灾初期紧要的 20 分钟时间。

据目击者称，火灾现场浓烟滚滚，一公里外就能看见，仓库三、四、五层均被火龙包围。下午三四时，大火烧穿了仓库楼顶，由于承受大量的消防用水，仓库墙壁出现裂缝，有倒塌的危险，但无人员伤亡事故发生。据市消防局有关人员介绍，中国农资棉花仓库存在重大火情隐患。按规定，储存棉花的仓库面积不得超过 4 000 平方米，每个防火分区的面积不得超过 1 000 平方米。但农资公司仓库总面积达 2 万平方米，防火分区面积近 1 800 平方米；同时，仓库消防用水不足，消防泵房被擅自改为储藏室，进水管道直径仅 10 厘米，远未达到应有 20 厘米的基本要求，无法维持水枪喷射，近 10 辆消防车被迫到黄浦江边抽水应急；仓库内未装火警报警装置，没有喷水灭火器，且消防栓仅有 2 个，是规定应有最低限度的 1/3。更严重的是，只有四五千吨储存量的仓库竟存放有近万吨棉花，严重违反了有关消防安全防火的规定。据消防人员介绍，这个棉花仓库三个楼面起火，而且两侧窗户紧闭，不易透风，对灭火不利。消防人员到场后，先是用高压水枪包围、喷射，控制火情后，再将玻璃打碎，让烟雾及时排放。而后，再派出突击队，分赴各楼面进入房间内部灭火。上午 10 时，仓库二至五层明火已得到控制。11 时，仓库四层再度火光冲天。指挥员解释，棉花表层火虽不难扑灭，但隐藏在棉花中心的高温暗火极易复燃。记者在截稿前得知，为彻底灭火，13 日晚有超过 300 名消防人员坚守火线彻夜作战。

5.2 港口货运理货业务

5.2.1 理货业务的概念

船舶理货业务是港口货运生产活动中基本业务之一，是港口提供货运服务的基本职能。

港口理货是水路运输的货物，在承运人与托运人、收货人之间发生物权转移时的交接公证工作，并以此划分承运人与托运人、收货人之间在货物数量和质量方面的责任。

理货是随着水上贸易运输的出现而产生的，英文叫 Tally，其含义为计数用的筹码。这是因为船舶在港口装卸货物时，人们最早是用木、竹制的筹码来计算货物数字的，故最早的理货工作就是计数。

国际贸易成交后，商品要通过运输来实现交换，也就是说，卖方的货物要交到买方的手中必须经过一系列的搬运和交接工作。货物在搬运过程中，只要有交接就有理货，见图 5-4。

图 5-4 理货员船边理货工作

5.2.2 理货业务范围

理货业务范围是随着外贸运输的发展而逐步扩大的,从最初的计数、挑残,发展到现在的服务于海上货物运输所涉及货物交接的各个领域。

各国理货机构的理货业务范围大同小异。所谓大同,就是都对货物进行计数、分票、理残、交接和出证;所谓小异,就是在验舱、计量、丈量、检验等业务方面有所不同。理货机构的理货业务范围也是在不断变化的。各机构根据外贸运输关系人的需要,逐步发展自己的理货业务范围。40 多年来,我国理货机构的业务范围也发生了很大的变化。

1. 理货业务类型

按理货对象可分为船方理货、货方理货、保险方理货、其他方理货等。

按货类和船舶可分为成件货物理货、集装箱理货(含理箱和理货)、载驳船理货和散装船理货等。

按工作地点可分为国内港口理货、随船理货、出国理货(去国外合资或独资理货)和内地理货等。

按货物性质可分为外贸货物理货,内贸货物理货,行李包裹理货,海外货物理货和转口、过境货物理货等。

按理货规则可分为强制性理货和委托性理货等。

2. 理货业务内容

理货业务内容见图 5-5。

(1) 点清货物数,剔清货物残损,分清货物标志、批次和件号。

(2) 点清集装箱数,剔清集装箱残损,分清集装箱箱号和铅封号。

(3) 点清集装箱箱内货物数,剔清箱内货物残损,分清箱内货物标志、批次和件号。

(4) 集装箱的验封和施封。

(5) 绘制积载图,制作分舱单。

(6) 办理散装货物单证、手续。

(7) 货物甩样、分规格、挑件号。

(8) 货物丈量、计量。

(9) 监装、监卸。

图 5-5 理货员场站理货工作

（10）办理交接、签证手续，提供有关单证。

5.2.3 理货的工作程序

1. 装船理货程序

1）装船前的准备工作

在船舶装货前 24 小时，船舶代理人将载货清单、装货清单、危险品清单和经船方确定的货物配载图等有关单证资料送交理货机构。发货人或其代理人将经港口仓库确认并批准货物堆放位置的装货单附页和经海关核准放行的装（收）货单一起送交理货机构。

理货机构收到这些单证资料后，要进行整理和登记。如发现问题，及时联系解决。然后将有关单证资料交给指派登轮的理货人员使用。

理货人员收到单证资料后，要立即着手进行下列准备工作。

（1）核对装货清单和载货清单。装货清单是理货人员验收货物和装船理货的凭证。载货清单全称是"国际航行船舶出口载货清单"，习惯称为"出口舱单"或"舱单"，是船舶代理人根据装货单按卸货港顺序汇总编制的，以供理货人员了解和掌握全船所载货物的总件数和总重量之用。核对装货清单和载货清单，应以装货清单上记载内容为准。如发现两者内容不一致，应按装货清单修正载货清单。

（2）编制舱口装货计划表。舱口装货计划表是理货长根据货物配载图和装货清单，按舱口分层次编制的全船装货顺序计划表，俗称"进度表"。

（3）准备所需物品。准备登轮工作所需的单证、资料和理货用品。

（4）与大副联系有关事宜，包括：了解和核对卸货港顺序；修正配载图上错配、漏配、重配的装货单；纠正配载图上存在的问题；了解衬垫隔票要求；确定装卸方面的问题；其他理货方面的事宜。

理货长应将与船方洽谈的有关事项记录在交接簿内，供接班人员掌握。

2）装船过程中的理货工作

（1）熟悉装货清单，准备理货。装货清单是理货的依据，要注意：掌握舱口所装货物的种类、卸货港顺序；掌握货物积载的位置和要求，尤其是特殊货物；了解货物衬垫隔票的要求和物料的来源；了解直装或现装货物的来源、操作过程和交接方法。

（2）凭单装船理货。从港口库场装船的货物，装船前，理货员凭装货清单先到港口库场检查核对货物,然后,再将附页交给库场员,凭其发货装船;或将附页交给装卸工组,凭其到库场提货装船。

直装、现装货物,凭装货清单收货装船。

在装船过程中,理货员在船上或船边凭装货清单逐票核对货物标志、清点件数、检查包装。

核对货物标志,主要是核对货物的主标志和卸货港名称。

清点件数,指对杂货,要逐票点清件数;对大宗货物,工人必须要坚持做到定量画钩,理货人员逐钩复查,点清数目;对直装、现装的货物,要在船上或船边与发货人或驳船船员画钩计数,按钩交接清;对船方有特殊要求的货物,装船前,应通知船方共同进行点交点接,理清数目。

检查包装,重点是检查货物包装是否完整,保障货物完整无损地装船。

(3) 监督装舱。在装货过程中,要指导和监督工人装舱积载和衬垫隔票。

(4) 编制单证。在装船作业过程中,理货人员应按钩填制计数单,整票货物装上船时,应如实批注装货清单。如发生理货待时,应填制待时记录。

(5) 复核计数单和装货清单。核对内容包括:核对计数单上填写的装货单编号、标志、包装、件数是否与装货清单相符合;复核计数单上填写的总件数和总重量是否正确;对直装、现装货物,要核对计数单与随车清单或驳船清单是否相符;整票货物未装完,要核对计数单上填写的计数与装货单附页上签注的件数是否相符;复核已装船的装货单编号和份数与计数单上填写的是否相符。

(6) 销账进度表和载货清单。在复核计数单和装货清单的基础上圈销进度表,俗称销账。这是装船理货工作中很重要的一环,因为它是全船装货进度的综合反映,是绘制积载草图的依据,也是确定出口总数的基础。

(7) 交接班。理货人员的交接班有时是在装船作业过程中进行的,因此交接班的两个理货人员应在理货岗位上进行交接。这就要求接班理货人员应提前到理货岗位,交班理货人员在接班人未到前,不能擅自离开理货岗位。

3) 装船结束时的理货工作

一般要求在装船结束后两小时内,完成全船的所有理货工作,特殊情况除外。在两小时内要完成一般事务、编制单证和船方签证三项任务。

(1) 一般事务。包括:检查和整理好所有理货单证和其他有关单证资料;检查和处理好最后一批装货单;复核装船货物的总件数和总重量,复核装船货物的分港数和分舱数;复核退关的装货单编号和货物数量;向港口库场了解有否遗漏货物,残损货物是否全部装上船;向各舱理货员了解装货结束时间和其他有关事宜。

(2) 编制单证。填制最后一份日报单和待时记录;编制完货物分舱单和理货证明书;完成货物积载图的绘制工作。

(3) 船方签证。在完成上述各项工作的基础上,提请船长或大副签认最后一批装货单、理货证明书和货物积载图等单证。签字结束后,理货人员应携带所有单证资料及理货用品离船。最后将全船的单证资料整理好,交主管部门,并汇报有关情况。

2. 卸船理货程序

1) 卸船前的准备工作

船舶到港前 24 小时,船舶代理人应将进口舱单、分舱单、积载图、危险品清单、重件清单等有关单证资料送交理货机构。货方代理人应将进口货物的详细资料送交理货机构。理货机构根据进口舱单和进口货物有关资料制成若干份分票标志单（又称分唛单）、一份销账进度表和一份流向单，交给登轮的理货长使用。

理货人员收到单证资料后，着手进行下列准备工作：查阅和整理单证资料，联系港口调度和库场，了解船舶停靠泊位、时间，卸船作业计划以及库场货位安排。着重掌握以下情况：船舶性质和国籍；货物的来源和装货港；各舱货物的种类、性质、数量和积载情况；卸船作业计划，货物现提数量和流向，进港口库场的数量和堆存地点；对成套设备、重大件、危险品、贵重品等特殊货物的卸货安排、装卸工艺、安全措施、注意事项和对理货工作的要求等；主管部门对理货工作的指示和要求；在交班簿上填写各舱的重点货种、注意事项、交接方法和验残要求等内容。

船舶靠泊后，理货人员登轮向船方大副了解有关情况：装货港装货时的天气情况、装卸工艺、操作方法、理货方法，有无数字争执和退关，有无残损批注和保函等；船舶在航行途中的天气情况，有无海事报告等；船舶在中途港的装卸、理货情况，过境货的隔票情况，备用袋的存放位置。如装有车辆，要索取钥匙。还要商定原残货物的验残方法和要求；征求对理货工作的要求和卸货注意事项；尽可能借阅装货清单和装货港的理货单证。

理货人员要将向船方了解的情况记录在交接簿内，遇到重大问题，应及时向主管部门汇报。

2）卸船过程中的理货工作

（1）与装卸人员协调：介绍舱内货物的种类、性质、票数和积载隔票情况；介绍残损货物的验残要求，要求工人发现原残货物立即通知理货员，未经理货员处理，不得随意搬动；要求对工残货物，能实事求是地签认理货员编制的工残记录；要求装卸工组必须按票起卸，配合理货人员做好分票工作；要求装卸工组在卸精密仪器、使领馆物资、展览品等贵重货物时，要轻拿轻放，注意货物倒置标志；卸大宗货物，要做好定量钩；要求发现混票或隔票不清现象时，要及时通知理货员，经理货员处理后，再起卸。

（2）理货作业：凭分票标志单进行分票、理数；处理原残和工残货物；处理理货与港口库场或收货人及其代理人办理货物交接手续等；将船方提出的合理要求及时通知装卸指导员；协助工人联系船方解决起落吊杆、起货机故障、安装照明设备、舷梯等问题；协助工人联系船方指导起卸重大件、危险品和困难作业的货物。

（3）交接班：交资料。交班理货人员要将所有单证资料向接班理货人员交接清楚，主要包括卸货进度、全船理货数字、货物残损情况、向船方了解的情况、卸船理货注意事项等内容。同时要交代清楚工作中发生的各种问题和处理情况、交接情况。

上述交接内容，除了口头交代清楚外，还要将一些重要内容记录在交接簿上。

3. 卸货结束时理货工作

卸船结束时，一般要求在两小时内完成全船的理货工作，特殊情况除外。在这短短的两小时要完成一般事务、编制单证和船方签证三项任务。

（1）一般事务。包括：检查和整理好所有理货单证和其他有关单证资料；复核卸船货物的总件数和残损货物数量和内容；了解有否漏计和漏卸货物；了解卸货结束时间等；与港口库场核对全船理货数字，与收货人或其代理人核对现提货物数字；最后确定卸船货物的溢短数字和残损货物数字和内容。

(2) 编制单证。填制最后一份日报单和待时记录；编制理货证明书、货物残损单和货物溢短单。

(3) 船方签证。在完成上述各项工作后，提请船长或大副签认理货证明书、货物残损单和货物溢短单。

签证结束后，理货人员应携带所有单证资料以及理货用品离船，将整理好的单证资料交主管部门，且汇报有关情况。

○ 案例

"特拉蒙塔那"轮因短卸货物扣租金争议案

期租船"特拉蒙塔那"轮1978年4月13日自康斯坦萨港装载尿素和硝铵开往上海，1978年5月12日抵达上海卸货。5月25日卸货结束后，根据上海理货公司出具的、经大副确认的货物溢短单，短少尿素2 671袋和硝铵640袋。租方从应付的租金中扣留了24 900.83美元，作为货差损失的补偿，船方不承认责任，要求租方退还此数并加计利息。船方提出，所载货物在上海全部卸净，中途未停靠任何港口；货物是袋装，每袋重50公斤，不可能发生错交或偷窃。租方认为，船方的上述理由并不能说明船方已经履行了其按提单数量交货的义务。

船方提出，装卸港理货数字不一致，可能是装港或卸港，或两港理货差错造成的。在装货港时，理货员长时间在船上餐厅逗留，有时一个理货员同时照看两个甚至三个舱口，而且他们工作也不认真，这样，他们就不可能将装船的包数记录准确或者未从已装船袋数中扣除根据船长命令卸下的湿包数字。在上海港时，大副曾要求在短卸单上批注："因装卸港的理货工作是由岸上人员进行的，船方不能负责"，但被拒绝了。

租方认为，租船合同第20条规定，船长按照大副收据或理货单相符的数字签发提单。在本案中，船长签发的是清洁提单，这就证明对提单数字并无异议。船方未按清洁提单数字交货，发生短卸，船方应负赔偿责任。

船方指出，租船合同第21条规定理货人员由租方安排，该条的真正含义是租方应对理货人员的疏忽负责。船长对于装港的理货工作不满意，但不可能改变那种情况，也不能更换理货人员以保证理货准确。船方同时援引英国法院关于"SINOE"轮的判例，主张租方应对理货人员的行为负责。

租方认为，根据租船合同第21条，理货人员是作为船方的雇员并听从船长的命令和指示行事。因此对于理货人员所进行的工作，船方作为雇主应该负责。

根据双方1978年3月10日签订的定期租船合同中仲裁条款的规定，向海事仲裁委员会提出了仲裁申请。

5.3 港口货运船舶代理业务

港口发挥疫情
防控重大作用

5.3.1 船舶代理的定义

船舶代理指代理经营者根据船舶所有人或船舶经营人的委托办理与船舶有关的港口作业

业务和进出港口手续的工作。船舶代理分国内水运船舶代理和国际海运船舶代理。国内水运船舶代理通常由各港务管理单位办理。国际海运船舶代理有船舶揽货总代理和不负责揽货的船舶代理两种形式。

5.3.2　国际船舶代理的业务范围

《国际海运条例》第二十九条规定：国际船舶代理人接受船舶所有人、船舶承租人、船舶经营人的委托，可以经营下列业务：

（1）办理船舶进出港口手续，联系安排引航、靠泊和装卸。

（2）代签提单、运输合同，代办接受订舱业务。

（3）办理船舶、集装箱以及货物的报关手续。

（4）承揽货物、组织货载，办理货物、集装箱的托运和中转。

（5）代收运费，代办结算。

（6）组织客源，办理有关海上旅客运输业务。

（7）其他相关业务。国际船舶代理人应当按照国家有关规定代扣代缴其所代理的外国国际船舶运输经营者的税款。

各国的船舶代理机构或代理行都有自己的业务章程，但代理的作用和业务范围却大致相同。如《中国外轮代理公司业务章程》规定了船舶代理的20项业务。通常国际船舶代理业务范围大体可归纳为以下五个方面：

（1）客货运组织工作：① 客运组织。代办客票、办理旅客上下船手续等。② 货运组织。代为揽货、洽订舱位；绘制出口货物积载计划，缮制各种货运单证；签发提单、提货单；办理海上联运货物的中转业务等。

（2）货物装卸工作：联系安排装卸；办理申请理货及货物监装、监卸、衡量、检验；办理申请验舱、熏舱、洗舱、扫舱；洽办货物理赔工作等。

（3）集装箱管理工作：办理集装箱的进出口申报手续；联系安排集装箱的装卸、堆存、清洗、熏蒸、检疫、修理、检验；办理集装箱的交接、签发单证等。

（4）船舶、船员服务工作：办理船舶进出口岸的申报手续，主要有船舶出入境海关手续、出入境边防检查手续、出入境检验检疫手续、海事机构申报手续；申请引航以及安排泊位；洽购船用燃料、物料、属具、工具、垫料、淡水、食品；安排提取免税备件，洽办船舶修理、检验、油漆；办理船员登陆、签证、调换及遣返手续；转递船员邮件；联系申请海员证书；安排船员就医、游览等。

（5）其他工作：洽办海事处理、联系海上救助；代收运费及其他有关款项、提供业务咨询和信息服务；办理支付船舶速遣费及计收滞期费；经办船舶租赁、买卖、交接工作，代签租船和买卖船舶合同；经营、承办其他业务等。

船舶代理业务关系见图5-6。

5.3.3　国际船舶代理关系的建立

1. 建立船舶代理关系

我国《合同法》第396条规定：委托合同是委托人和受托人约定，由受托人处理委托人事务的合同。委托人可以特别委托受托人处理一项或者数项事务，也可以概括委托受托人

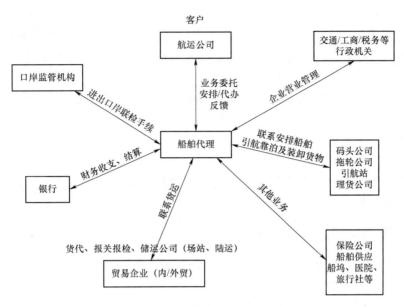

图 5-6　船舶代理业务关系

处理一切事务。在建立船舶代理关系中，必须经过委托人的授权和代理人的接受这一过程才能建立。也就是必须经过船公司或与船舶有关的当事人提出代理的要求，并经代理人的同意，船舶代理关系方告成立。

建立国际船舶代理关系，可采用双方谈判、签订书面合同的形式，也可以由委托方用函电形式（包括电报、电传、电子数据交换和电子邮件），将委托事项告知代理人，代理人经过审核，双方就委托事项和代理费用等达成一致确认后生效。在船舶代理中，一般采用前一种方法。在船舶所挂靠港口，班轮公司设有办事处，与船舶代理人面对面谈判比较方便。船舶代理一般是长期代理，有必要在合同中将双方的责任义务以及权利等事项明确订明。后一种情况主要出现在航次代理关系中。

一般在航次代理中，船舶所有人或船舶经营人或船舶承租人给船舶代理人发函电委托，在委托函电中列明委托事项、船舶规范、船舶来港任务、装卸条款、预计到港时间和吃水、货物数量/有无过境货和危险品、委托方全称及联系地址和方式、来港和去港等。船舶代理人根据来港船舶和装卸的货物对委托事项进行审核，主要是审核船舶能否满足港口的各种条件和费用要求能否接受等，如果审核后决定受代理，船舶代理人应给委托方发代理确认电，这样船舶所有人或船舶经营人或船舶承租人和船舶代理人之间就建立了船舶代理关系。

船舶代理人收到委托方的委托函电需要审核的具体内容包括：

（1）船舶预计抵/离港，吃水是否符合港口条件，港口当局是否允许其装/卸危险品，超长/超重的大件货物是否在港口机械的装卸能力范围内，以及能否满足装卸时间要求等。

（2）对专程来港加油、加水、添加食品的船舶应审核加油、加水、添加食品的种类和数量，落实供应和费用之后，才能接受代理委托。

（3）收到海上事故的船舶的委托函电后，应及时了解是否有人员伤亡、事故发生地点和经过以及船舶和货物损坏情况，必要时迅速联系医院、海事局、修船厂等。若需要有关方提供担保，则应及时转告委托方，并协助处理。

2. 船舶代理人的义务

(1) 国际船舶代理人应当按照委托人的指示处理委托事务。需要变更委托人指示的，应当经委托人同意；因情况紧急，难以和委托人取得联系的，受托人应当妥善处理委托事务，但事后应当将情况及时报告委托人。

(2) 国际船舶代理人应当亲自处理委托事务。经委托人同意，受托人就委托事务直接指示转委托的第三人，国际船舶代理人仅就第三人的选任及其对第三人的指示承担责任。转委托未经同意的，国际船舶代理人应当及时对转委托的第三人的行为承担责任，但在紧急情况下，国际船舶代理人为维护委托人的利益需要转委托的除外。

(3) 国际船舶代理人应当按照委托人的要求，及时报告委托事务的处理情况。船舶离港后，国际船舶代理人应当报告委托事务的处理结果。

5.3.4 船舶代理合同的主要内容

船舶代理合同根据船舶营运方式可分为不定期船舶代理合同和班轮代理合同。

1. 不定期船舶代理合同

对具体的某一船舶的某航次船舶代理合同而言，只要明确代理关系和委托事项等内容即可。在经常有船舶到港口的不定期船运输情况下，长期的航次船舶代理合同的内容就会比较复杂。通常代理合同中应该具备以下条款。

(1) 合同当事人。

(2) 原则：委托人同意委托代理人担当他所拥有/承租/经营的船舶挂靠港口的船舶代理人；船舶代理人接受委托，尽力保护委托人的利益，并根据代理标准和规则有效地履行协议和为自己的工作负责。

(3) 船舶代理人的服务和责任。

(4) 委托人的义务。

(5) 费用结算。

(6) 报酬。

(7) 赔偿。

(8) 合同的解除。

(9) 仲裁。

(10) 补遗/修改。

(11) 有效期。

2. 班轮代理合同

班轮代理合同属于长期代理合同，所以班轮代理合同相对于航次代理合同而言其内容更加全面，措辞更加准确、完整。班轮代理合同的主要内容也包括了上述 11 项内容，另外还有有关集装箱、代为揽货等与班轮运输特点相关的内容。

5.3.5 备用金制度

备用金是指委托人或第二委托人预付给船舶代理人的用于支付船舶在港期间所发生的费用、船员借支、代理费以及处理有关特殊事项的备用款项。在班轮运输代理中，由于船舶代理人与委托人建立的是长期代理关系，船舶代理人一般代收运费，因此船舶代理人通常不要求委托人预付备用金，双方在一定的期间内结算。船舶代理人要求委托人预付代理费一般出现在不定期船舶代理中。在不定期船舶代理中，除另有协议或特殊情况外，代理人不垫付船舶在港发生的费用，在代理关系建立后，委托人或第二委托人必须及时将备用金汇至代理人处，否则由此造成船舶延误和其他损失或费用均由提出委托的一方负责。

1. 备用金的索汇

备用金的索汇工作直接关系到船舶进港作业的安排和离港后的财务结算。为防止索汇的备用金不足以支付船舶在港发生的各项费用，通常索汇的备用金会充足一些。但是，如果备用金超出船舶在港发生的费用，多余的备用金还要退还给委托人。因为备用金会增加委托人的成本，所以备用金的索汇应该适当。原则上应在考虑船舶吨位、船舶装卸货物的数量、船舶停泊情况以及特殊委托办事项基础上，及时和略有宽裕地索汇备用金。

2. 索汇步骤

首先，要明确委托人和索汇对象。委托人负责承担船舶港口费用。船舶抵港前由委托人委托船舶代理人，委托人应最迟在船舶离港前将备用金汇至代理人指定账户，当然也可用支票或现金的方式。如果代理人对索汇对象不明确，则应根据具体情况判定。

其次，要估算备用金。备用金的数额是代理人根据船舶总吨、净吨等船舶规范，装载货物的种类、数量等货物资料，船舶的特殊事项，如船舶的加油、加水、供应伙食、船员遣返以及船舶吨税执照是否有效等估算出来的。因此估算备用金前必须清楚以上事项及与港口使用费有关的其他事项。对于建立长期代理关系或经常有业务往来的委托人，由于双方在长期往来中，相互间已有了较好的业务往来关系，对经营和财务经济状况已有了较好的了解和信任，而且代理人可以按需要随时提出增汇，所以委托人只需要预付可供船舶逐航次使用的适当数额的备用金即可。

可是，对于初次来港或不经常来港的船舶，应略有宽裕地估算备用金，索汇项目必须逐项分列清楚，将开户银行及账号告知对方，以免项目笼统或汇款银行不详而反复查询，影响备用金及时送达。

索汇项目基本上可分为四大类。

（1）港口费用：包括港务费、引水费、拖轮费、护航费、系解缆费、停泊费、装卸费、理货费、检疫费、围油栏费、航道护航费、通信费、杂费。

（2）吨税。

（3）垫隔物料及船舶备品。

（4）船东费用：包括船员手续费、交通费、登陆证费、住宿费、医疗费、邮件费、通信费，淡水费，燃油费，修船费，检验费，船长借支，伙食费，交通费，银行手续费。

其中燃油费、检验费可能需要根据租约要求分账。

最后，安排索汇。船舶代理人收到委托人的委托函电后，在复电确认接受代理的同时，向委托人或有关方索汇备用金。如果船东或租船人委托代理人同港口签订滞期/速遣协议，除委托方同意外，索汇项目中不应包括滞期/速遣费。对于载运出口货物的船舶，如果委托人要求船舶在港口所发生的有关费用从承租人支付的租金或运费中予以扣除时，代理人应立即联系承租人予以确认。索汇时应查明对方是否在本公司账上有余额或欠款。如有余额，应从估算的备用金总额中扣除余款；如有欠款，应同欠款一起索汇。一般情况下，索汇后要密切注意委托人或其他有关方是否已汇出以及汇出多少。如果船舶到港后，备用金还没有到账，船舶代理人要及时催促委托人汇付。原则上，备用金到账后，才安排离港。

○ 案例

因船舶代理费用纠纷引发的诉讼

原告世润博国际有限公司与被告瑞威尔公司存在着长期的合作关系。2013 年 3 月至 2013 年 7 月，原告世润博国际有限公司接受被告瑞威尔公司的委托，为中国籍"连兴"轮在韩国仁川港、群山港、平泽港办理 15 个航次的船舶代理业务，原告与被告瑞威尔公司未签订书面船舶代理合同。原告为完成上述船舶代理业务垫付了引水费、引水船舶费、拖轮费用、解系缆费、港务费、码头停泊费、理货费、加班费、助航费，共计 127 726 997 韩元、7 757.98 美元。按国家外汇管理局公布的 2013 年 7 月（原告完成涉案船舶代理业务）韩元兑美元的汇率（1 韩元兑 0.000 866 美元）折算上述垫付费用，共计 118 369.56 美元。每航次结束后，原告均将本航次涉及的费用单据及对账单邮寄给被告瑞威尔公司，被告始终没有将上述费用支付给原告。原告是被告航运公司的船舶代理人，也是被告瑞威尔公司的船舶代理人，被告连昌公司是涉案船舶的所有人。原告请求法院判令三被告就拖欠的代理费以及垫付的港口使用费、引航费、拖带费、船坞使用费 127 322.31 美元及其自原告申请扣押涉案船舶之日 2014 年 7 月 30 日起至判决确定的实际支付之日止按照中国人民银行同期贷款利率计算的利息承担连带支付责任，并由三被告承担本案的诉讼费用。

▶ 本章知识点小结

港口货运是现代货运产业组织中不可分割的重要组成部分，港口越来越成为产业组织利用国内、国际两种资源，占领国际、国内两个市场的重要手段。传统的港口货运业务主要包含货物进出港口理货交接，货物的通关、检验检疫，货物装卸及船舶业务关系，港口业务的风险管控以及由此发生的港口金融保险关系。其中涉及港口与船方、港口与货主、港口与理货等基本业务流程。本章主要介绍了港口库场业务、港口货运理货业务及船舶代理业务。

▶ 思考题

1. 论述港口库场在港口中的重要地位。
2. 论述库场管理包括的主要内容。
3. 理货业务范围包括哪些内容？
4. 理货过程中有哪些注意问题？
5. 装船理货程序有哪些内容？
6. 卸船理货程序有哪些内容？
7. 理货单证主要有哪些？
8. 简述港口货运国际船舶代理人的主要义务和责任。

第 6 章
航空货运代理理论与实务

教学目的

理解国际航空货运的特点、国际航空货运业务分类,飞机的装载限制,会计算飞机地板承受力;掌握民航飞机与航空集装设备的分类及集装器识别代号的构成;了解相关航空组织的性质与作用;熟悉航空运输的进出口代理业务流程。

掌握运费计算的基本方法,重点掌握普通货物与指定商品运价的计算;理解航空运输中其他费用的构成;了解等级货物与混运货物运价的计算。

熟悉不正常运输的种类、变更运输的范围与处理方式;掌握索赔的基础知识,并能通过分析索赔案例,对实践工作提供指导和借鉴。

6.1 国际航空货物运输概述

感受航空业的劳模、工匠

6.1.1 国际航空货物运输基础知识

1. 国际航空货运的特点

我国航空货运虽然起步较晚,但与其他运输方式相比,具有无可比拟的优越性,加上国家的大力扶持,发展异常迅速。其优势具体表现在:

(1) 运送速度快。飞机的飞行速度相比火车与汽车的速度,优势明显。

(2) 破损率低、安全性好。航空货物运输的地面操作流程严格,货物破损情况大大减少。而且货物装上飞机后,空中飞行较平稳,安全性能较高。

(3) 空间跨度大,实际运输路程短。航空运输采用两点间直飞,基本不受地面条件的限制,路线短。

(4) 可节省生产企业的相关费用。由于航空运输的高时效性,可加快生产企业商品的流通速度,从而带来仓储费、保险费等的节省,同时也可加快企业资金周转速度,提高资金的利用率。

(5) 基本建设周期短,投资少,见效快。航空运输的主要技术设备除了飞机外,只需修建机场和必要的导航点,筹备开航时间短,而地面运输在线路建设上需花费大量投资,建设周期较长。据统计，建一条铁路的成本是开辟一条航线的 1.6 倍，一条铁路的建设周期一般需 5~6 年，而新开辟一条航线最多只需要 2 年。

但同时，与其他运输方式相比，航空运输也具有一些劣势，表现在：

（1）成本高，运价高。由于航空运输的技术要求高，运营成本大，使得航空运输的价格相对来说比较高。例如从中国到美国，空运价格一般是海运价格的 10 倍以上。

（2）实际可用商载量小。由于飞机本身容积的限制，航空运输所能承载的货量与海运相比要小得多。目前，载重最大的 B747 全货机，最大货物载重仅为 119 t；而海洋运输船舶的载重动辄几万吨、十几万吨。

（3）易受天气影响。航空运输受到天气的影响较大，如在雷雨、大雪、大雾等恶劣天气下，航班经常不能准点起飞，影响了航空运输的时效性。

代理人在实际操作中，要充分认识到航空货运的优势和劣势，充分发挥航空运输的优势，克服其劣势。一般而言，航空运输的物品主要是高附加值、深加工、技术密集型、适时生产的产品和鲜活食品，包括贵重珠宝、电子仪器仪表、高科技产品、药品、鲜花和时鲜农产品以及其他交付日期紧迫的产品。目前，在苏州、无锡等地区，有 80% 的 IT 产品都是通过飞机在 48 h 或者 72 h 之内运到世界各地。

2. 国际航空货运组织

1）国际民用航空组织（International Civil Aviation Organization，ICAO）

国际民用航空组织（简称国际民航组织）是各国政府之间组成的国际航空运输机构，是联合国下属的专门机构。该组织根据《国际民用航空公约》于 1947 年 4 月 4 日成立，总部设在加拿大蒙特利尔，常设机构是理事会。我国于 1974 年 2 月 15 日正式加入该组织，是理事国之一。

国际民用航空组织是负责国际航空运输的技术、航行及法规方面的机构，其宗旨和目的是发展国际航行的原则和技术，促进国际航空运输的规划和发展，具体任务有：

（1）确保全世界民航事业安全和有秩序地发展。

（2）满足全世界人民从航空事业中获取安全与经济的效用。

（3）鼓励各国为发展国际民航事业的航路、航站及助航设备而努力。

（4）鼓励为和平用途的航空器的设计与操作技术。

（5）确保各缔约方的权利获得完全的尊重，并在国际民航方面获得平等的机会。

（6）避免各缔约方间的差别待遇。

（7）促进国际民用航空器的飞行安全。

（8）促进各国和平交换空中通过权。

（9）促进各国民航事业的全面发展。

2）国际航空运输协会（International Air Transport Association，IATA）

国际航空运输协会（简称国际航协）同国际民用航空组织不同，不是官方的组织，而是各国航空运输企业自愿联合组成的非政府性的国际组织，在世界航空运输中起着重要的作用。IATA 成立于 1945 年，总部设在加拿大蒙特利尔，执行总部设在瑞士日内瓦，同时在日内瓦设有清算所，为各会员公司统一进行财务结算。

IATA 的宗旨是"为了世界人民的利益，促进安全、正常而经济的航空运输"，"对于直接或间接从事国际航空运输工作的各空运企业提供合作的途径"，"与国际民航组织以及其他国际组织通力合作"。

IATA 的主要工作包括：

（1）运价协调工作。

制定旅客票价和货物运费的运价规则，为各空运企业提供运价制定的基础。

（2）运输服务。

制定一整套的标准和措施以便在客票、货运单和其他有关运输凭证以及对旅客、行李和货物的管理方面建立统一的程序。

（3）代理人事务。

制定代理标准协议，举行代理人培训。通过清算所，统一结算各会员间以及会员与非会员间联运业务账目，开发适用客、货销售的航空公司与代理人结算的"开账与结算系统"（BSP）和"货运账目结算系统"（CASS）。

（4）法律工作。

为世界航空的平稳运作而设立出文件和程序的标准，如合同等；在国际航空立法中，表达承运人的观点。

（5）技术规范工作。

主要包括：航空电子和电信、工程环境、机场、简化手续及航空保安工作。

IATA 的会员分为正式会员和准会员。凡国际民航组织成员的任一经营定期航班的空运企业，经其政府许可都可以成为该协会的成员。经营国际航班的航空运输企业为正式会员，只经营国内航班的航空运输企业为准会员。

3）国际电信协会（SITA）

国际电信协会是世界航空运输企业领先的电信和信息技术解决方案的集成供应商。该协会成立于 1949 年，目前在全世界拥有 650 家航空公司会员，网络覆盖全球 180 个国家和地区，不仅为航空公司提供网络通信服务，还可提供共享系统，如机场系统、行李查询系统、货运系统、国际票价系统等。

3. 国际航空货运业务分类

1）班机运输

班机是指在固定航线上定期航行的航班。一般有固定的始发站、到达站和经停站。

目前，全货运航班只是由某些规模较大的专门的航空货运公司或一些业务范围较广的综合性航空公司在货运量较为集中的航线开辟。一般的航空公司通常采用客货混用型飞机或利用客机腹舱，在搭乘旅客的同时承揽小批量货物运输。

班机运输由于有固定的航线、停靠港、固定的航期，并在一定时间内有相对固定的收费标准，对进出口商而言，在贸易合同签署之前就可以预期货物的起运和到达时间、核算运费成本，合同的履行也较有保障，因此成为多数贸易商的首选航空货运方式。

但目前班机运输多采用客货混用机型或利用客机腹舱，航班以客运服务为主，货物舱位有限，不能满足大批量货物及时出运的要求，往往只能分批运输。同时，不同季节同一航线客运量及旅客行李量的变化也会直接影响货物装载的数量，航班计划的制订也是从客运的需要出发，因此班机运输在货物运输方面存在很大的局限性。

2）包机运输

由于班机运输形式下货物舱位有限，因此当货物批量较大时，包机运输就成为重要形式。

按照包用飞机舱位的多少，包机运输通常可分为整机包机和部分包机。整机包机是指航空公司或包机代理公司按照合同中双方事先约定的条件和运价将整架飞机租给租机人，从一个或几个航空港装运货物至指定目的地的运输方式。部分包机则是指由几家航空货运代理公司或发货人联合包租一架飞机，或者由包机公司把一架飞机的舱位分别卖给几家航空货运代理公司的货物运输形式。相对而言，部分包机适合于 1 t 以上但货量不足整机的货物。在这种形式下货物运费较班机运输低，但由于需要等待其他货主备妥货物，因此运送时间要长。

包机运输满足了大批量货物出口运输的需要，同时包机运输的运费比班机运输低，且随着国际市场供需情况的变化而变化，给包机人带来了潜在的利益。而与班机运输相比，包机运输可以由承租飞机的双方议定航程的起止点和中途停靠的空港，因此更具灵活性。

但由于包机运输按往返路程计收费用，存在回程空放的风险；而且各国政府出于安全的需要，也为了维护本国航空公司的利益，在航权上对他国航空公司的飞机通过本国领空或降落本国领土往往大加限制，复杂烦琐的审批手续增加了包机运输的营运成本。因此，目前使用包机业务的地区并不多。

3）集中托运

由于航空运价随货物重量递增而递减，许多大的代理人不再局限在仅仅作为航空公司的销售代理，为航空公司和货主提供桥梁和纽带作用，而是开始向集中托运商转变。

集中托运商将多个托运人的货物集中起来作为一票货物交付给承运人，货物到达目的站，由分拨代理商统一办理海关手续后，再分别将货物交付给不同的收货人（见图 6-1）。在集中托运的情况下，代理人可自己签发分运单，作为与发货人和收货人交接货物的凭证；而代理人把来自不同托运人的货物集中到一起，交给航空公司运输，代理人和航空公司之间也需要一个凭证，与分运单相对应，这个凭证就是主运单。

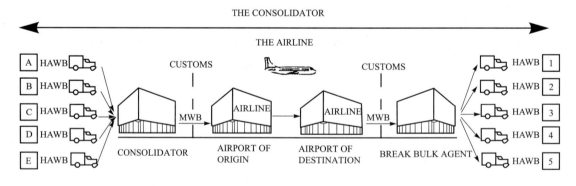

图 6-1　航空集中托运的服务过程

利用集中托运，虽然可以争取到较直接运输低的运价，但值得注意的是，并不是所有的货物都可以办理集中托运。下列特殊货物不得以集中托运形式运输：贵重物品、活体动物、尸体、骨灰、外交信袋、危险物品。

4）航空快递

航空快递是指从事快件运输的专业速递公司与航空公司合作，以最快的速度在发件人、机场、收件人之间递送货物的一种快速运输方式，快递运输紧紧抓住"迅速""安全"这两大要素来换取客户付出的较高运费。

按照服务的范围，国际航空快递运输的运作形式一般有三种：门到门服务（Door to Door），门到机场服务（Door to Airport），专人派送（Courier on Board）。门到门服务最简单、最方便，也是目前使用最多的一种快递运输方式。实际上，大多数航空货运代理公司都在经营着快递业务，即所谓的空运普货门到门服务。

航空快递与普通航空货物运输有许多相似之处，其基本程序和所需办理的手续相同，所需的运输单据和报关单证也基本一样，但是作为一项专门的业务，它又有独到之处，其特点主要表现在下述几个方面。

(1) 快递公司有完善的快递网络。

经营国际航空快件的大多为跨国公司，这些公司以独资或合资的形式将业务深入世界各地，建立起全球网络，航空快件的传送基本上都是在跨国公司内部完成。国际航空货物运输则主要采用集中托运的形式，或直接由发货人委托航空货运代理人办理，货物到达目的地后再通过发货地航空货运代理的关系人代为转交货物到收货人的手中，业务中除涉及航空公司外，还要依靠航空代理人的协助。

(2) 以收运文件和小包裹为主。

普通航空货物运输以收运进出口贸易货物为主，并且规定每件货物的最小体积不得小于 5 cm×10 cm×20 cm，每票货物的最小重量不得小于 0.5 kg。

而航空快递以收运文件和小包裹为主，收运时，一般都有最大重量和最大体积的限制。

(3) 特殊的单据（POD）。

航空货运使用的是航空货运单，而航空快递也有自己独特的运输单据，即交付凭证（Proof of Delivery，POD）。POD 一般由发货人联、随货同行联、财务结算联、收货人签收联等组成。

(4) 流程环节全程控制。

快递运输自始至终在同一公司内部完成，各分公司操作规程相同，服务标准也基本相同，而且一般全程设有专人负责，交接环节少，因此更为安全可靠。

(5) 采用中心分拨理论。

航空快件公司大多采用中心分拨理论或称转盘分拨理论组织起全球的网络（设立分拨中心统一管理），减少了中间环节，也使快件的流向简单清楚。

(6) 高度的信息化控制。

从服务质量来看，航空快递在整个运输过程中都处于电脑的监控之下，每经历一个环节，都要在电脑中输入其动态，派送员将货送交收货人时，收货人需在 POD 交付联上签收，电脑操作员及时将派送信息输入电脑，反馈到发货方。全程信息处理及时、准确，查询方便，使收、发货人都感到安全可靠。

4. 民用航空运输飞机与集装设备
1）民用航空运输飞机
（1）民用航空运输飞机的分类。
① 按机身的宽窄，飞机可以分为宽体飞机和窄体飞机。

窄体飞机机身宽约 3 m，客舱仅有一个走廊，只能在其下货舱装运散货，不能接收集装货物。常见的窄体飞机如 A318、A319、A320、A321、B737、B757、MD80、MD90 等。

注：A320 飞机可以装载一种高 117 cm 的特制集装器，而宽体飞机集装器一般高 163 cm。

宽体飞机机身宽一般在 4.72 m 以上，客舱有两条走廊、三排座椅，可以装运集装货物和散货。常见的宽体飞机如 A300、A310、A330、A340、B747、B767、B777、MD-11 等。

② 按使用用途，飞机可以分为全货机、全客机和客货混用机。

全货机：主舱及下舱全部载货。

全客机：主舱载客，只在下货舱载货。

客货混用机：在主舱前部设有旅客座椅载客，后部可装载货物，下舱内也可装载货物。

目前，我国的全货机数量还很有限，大部分货物还是依靠客机腹舱装载完旅客行李和邮件后的剩余舱位运出。

（2）民用航空运输飞机的装载限制。

由于受到飞机结构及最大起飞全重的限制，飞机对其所装载的货物的重量和体积均有严格的限制。

① 重量限制。首先，整架飞机所装载的货物受到飞机可用货载的限制。任何情况下，所装载的货物重量均不可超过该限额，否则，飞行安全将会受到影响。其次，对于单件货物重量的限制，主要取决于飞机的机型（地板承受力）和机场的装卸设施。不同的机型有不同的地板承受力限制，又叫最大允许地板承受力。货物重量每平方米作用于机舱地板的压力就是机舱地板的实际承受力。当机舱地板的实际承受力超过其地板承受力限制时，会对机舱地板甚至飞机结构造成损坏。因此，对一些体积小、重量大的货物，应采取相应措施，否则不予承运。

$$地板实际承受力 = 货物的重量 \div 底面接触面积$$

若超过所装载机型的地板承受力限额，应使用 2~5 cm 厚的垫板，加大底面接触面积。

$$垫板面积 = 货物的重量 \div 地板承受力限额$$

② 体积限制。首先，飞机货舱的容积是有限的。其次，在装运散舱货物时，由于货物只能通过舱门装入货舱，因此每件货物的尺寸必然受到飞机舱门大小的限制。在收运货物时，遇到超大货物，应先查询该机型的舱门尺寸表，以确定该件货物是否可以装入机舱，能否收运。

飞机对所装载货物的重量和体积的限制要求配舱时将轻泡货物和高密度货物混合装载，以经济、合理地利用飞机舱位。尽量避免轻泡货物已占满货舱的所有空间，而重量却未达到限额；或是高密度货物使得重量已达到限额，而货舱内仍有很多的剩余空间没有利用。

2）航空货物运输中的集装设备

利用集装运输可以提高装卸效率，提升运输质量，节省包装费用，更是开展多式联运的必然要求。

(1) 空运集装设备分类。

① 按集装器是否注册,可以分为注册的飞机集装器和非注册的飞机集装器。

注册的飞机集装器是国家有关部门授权生产的,可以看作为飞机的一部分,适宜于飞机结构和飞行安全。而未注册的飞机集装器,仅适用于某些特定机型的特定货舱,一般不允许装入飞机主货舱,使用时应特别小心。

② 按种类,集装器可划分为集装板和网套,结构与非结构集装棚,集装箱。

集装板是带有中间夹层的硬铝合金制成的平板,具有标准尺寸,四边带有卡锁,通过专门的网套来固定货物。

除了板和网之外,为保护飞机内壁,充分利用空间,还可在货物和网套之间增加一个非结构的轻金属棚罩,这就构成了非结构的集装棚。结构的集装棚则具有固定在底板上的外壳,不需网套固定。

集装箱(见图 6-2)类似于结构集装棚,按照使用范围,又可分为空陆联运集装箱、主货舱集装箱、下货舱集装箱,以及一些特殊用途的集装箱(马厩、保温集装箱等),应根据货物性质和机型合理选用。

图 6-2　航空集装箱

(2) 集装设备识别代号。

从图 6-2 可见,在集装器的面板和四周均印有集装器的识别代号(如 AKE71427CZ),一个集装器对应一个代号。

集装器代号由五部分组成。第一位字母表明集装器的类型,如 A 代表注册的飞机集装器,P 代表注册的飞机集装板;第二位字母表示集装器的底板尺寸,如 K 表示底板尺寸为 153 cm×156 cm;第三位字母表示集装器的外形或适配型,如 E 表示适用于 B747、A310、DC10、L1011 下货舱无叉眼装置的半型集装箱;4~8 位的数字是集装器的序号;最后两位字母是集装器所属航空公司的 IATA 两字代码,如 CZ 代表中国南方航空公司。

6.1.2　国际航空货运代理业务流程

航空货运代理业务流程对于货运代理人非常重要。只有熟悉整套流程,才能监控货物运输的全过程,对突发事件进行有效处理,确保货物安全、及时送达收货人,从而更好地为客户服务。

国际航空货运代理的业务流程主要包括两大部分:出口业务流程和进口业务流程。出口业务流程的起点是接受委托,从发货人手中接货,终点是货交航空公司或代航空公司在机场进行地面操作业务的机场货运站；进口流程的起点是从航空公司或机场货运站接货，终点是货交收货人。

1. 出口业务流程

航空货物出口运输代理业务，是指货运代理公司从托运人手中接货，直到把货交给航空公司或机场货站这一过程中，对物流、信息流、单证流和资金流的控制和管理，所需通过的环节、办理的手续以及必备单证的准备。

具体来说，出口业务主要包括以下环节：市场销售→委托运输→审核单证→预配舱→预订舱→接单接货→配舱→订舱→制单→报关报检→出仓单→提板箱与装货→签单→交接发运→航班跟踪→信息传递→费用结算（见图6-3）。

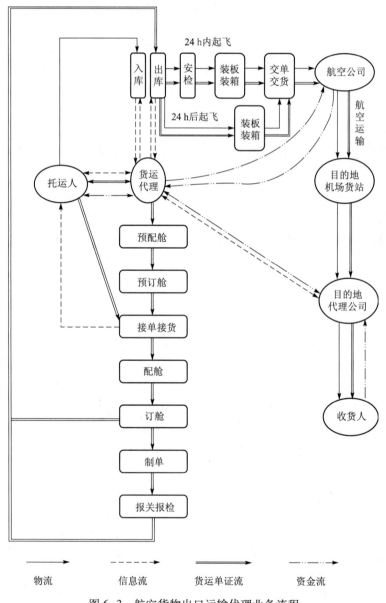

图 6-3 航空货物出口运输代理业务流程

1）市场销售

市场销售在整个出口业务流程中处于核心地位，销售业绩的好坏直接影响着货运代理行业的生存与发展。货运代理市场竞争的日益加剧，使得对代理人的素质要求越来越高。代理人不仅要对货运代理的业务范围与业务流程非常熟悉，而且知识面要广，信息交流要及时，在变化多端的市场面前，要能迅速地把握住时机，抢占先机。销售时，需及时向出口单位介绍业务范围、服务项目、各项收费标准，特别是优惠运价、服务优势等。

代理人与托运人就出口运输代理事宜达成协议后，一般需向托运人提供"国际货物托运书"作为委托书。对于长期出口或出口货量大的单位，一般都会签订长期代理协议。

2）委托运输

发货前，首先需要填写委托书，即货物托运书，并加盖公章，作为货主委托代理公司承办航空货物出口运输的依据。

托运书（Shipper's Letter of Instruction，SLI）是托运人委托承运人或其代理人所填开的货运单，其上所列各项内容，托运人必须逐项认真仔细地填写。

托运书示例见图6-4。

3）审核单证

代理人首先要对托运人填写的托运书进行审核，包括目的港名称或目的港所在城市名称、运费支付方式（预付还是到付）、货物毛重、收发货人姓名、地址、电话/传真等。托运人签字处一定要有托运人签名或盖章。

审核的单证还应包括报关报检所必需的各项单证，如发票、装箱单、报关单、外汇核销单、出口许可证、商检证、进料/来料加工核销本等。审核主要是清点单证是否齐全，检查其填写是否规范、正确。

4）预配舱

代理人对所接受的委托进行汇总，依据各个客户报来的预报数据，计算出各航线的总件数、重量、体积，按照客户的出运要求和货物情况，以及不同机型对板箱的重量和高度要求，制定预配舱方案，同时为每票货配上运单号。

5）预订舱

代理人根据预配舱方案，按航班号、日期打印出总运单号、件数、重量、体积，向航空公司进行预订舱。

之所以称为预配舱、预订舱，是因为此时货物可能还没有进入仓库，客户的预报数据和实际数据会有所差别，需要再做调整。

6）接单接货

接单，是指代理人在订妥舱位后，从托运人手中接过已经审核确认的货物出口所必需的一切单证。

接货，是指代理人与托运人进行空运出口货物的交接，并将货物运送到自己的海关监管仓库。

接货一般与接单同时进行。接货时应根据发票和装箱单清点货物，核对货物的数量、品名、合同号或唛头等是否与货运单据所列一致，检查货物外包装是否符合运输要求、有无残损等。

国际货物托运书
SHIPPER'S LETTER OF INSTRUCTION

货运单号码
NO. OF AIR WAY BILL

托运人姓名及地址 SHIPPER'S NAME AND ADDRESS	托运人账号 SHIPPER'S ACCOUNT NUMBER	供承运人用 FOR CARRIER USE ONLY	
		航班/日期 FLIGHT/DAY	航班/日期 FLIGHT/DAY
收货人姓名及地址 CONSIGNEE'S NAME AND ADDRESS	收货人账号 CONSIGNEE'S ACCOUNT NUMBER	已预留吨位 BOOKED	
代理人的名称和城市 ISSUING CARRIER'S AGENT NAME AND CITY		运费 CHARGES	
		ALSO notify：	
始 发 站 AIRPORT OF DEPARTURE			
到 达 站 AIRPORT OF DESTINATION			

托运人声明价值 SHIPPER'S DECLARED VALUE		保险金额 AMOUNT OF INSURANCE	所附文件 DOCUMENTS TO ACCOMPANY AIR WAYBILL
供运输用 FOR CARRIAGE	供海关用 FOR CUSTOMS		

处理情况（包括包装方式、货物标志及号码等）
HANDLING INFORMATION (INCL. METHOD OF PACKING IDENTIFYING MARKS AND NUMBERS. ETC.)

件数 NO. OF PACKAGES	实际毛重千克 （公斤） ACTUAL CROSS WEIGHT（kg）	运价类别 RATE CLASS	收费重量千克 （公斤） CHARGEABLE WEIGHT（kg）	费 率 RATE/ CHARGE	货物品名及数量（包括体积或尺寸） NATURE AND QUANTITY OF GOODS (INCL. DIMENSIONS OR VOLUME)

托运人证实以上所填全部属实并愿遵守承运人的一切载运章程
THE SHIPPER CERTIFIES THAT THE PARTICULARS ON THE FACE HEREOF ARE CORRECT AND AGREES TO THE CONDITIONS OF CARRIAGE OF THE CARRIER

托运人签字 SIGNATURE OF SHIPPER	日 期 DATE	经手人 AGENT	日 期 DATE

图6-4 国际托运书示例

■ 链接6-1 货物包装的一般要求

（1）不得用带有碎屑、草末等的材料做包装，如草袋、草绳、粗麻包等。包装的内衬物，如谷糠、锯末、纸屑等不得外漏。

（2）外部不能有突出的棱角，也不能有钉、钩、刺等。包装外部需清洁、干燥，没有异味和油腻。

（3）托运人应在每件货物的包装上详细写明收货人和托运人的姓名和地址。包装表面不能书写时，可写在纸板、木牌或布条上，再拴挂在货物上。填写时字迹必须清楚、明晰。

（4）包装材料要良好，不得用腐朽、虫蛀、锈蚀的材料。无论是木箱或其他容器，必要时可用塑料、铁箍加固。

（5）收运有限定条件的货物，如活动物、鲜活易腐物品、危险品等特种货物，其包装应符合该货物特定的运输要求和承运人的有关规定。

接货后，应检查货物是否贴有标记，同时给每件货物贴上标签。

（1）标记。

标记指货物外包装上由托运人书写的有关事项和记号，包括托运人、收货人的姓名、地址、联系电话、传真、合同号、操作注意事项等。

（2）标签。

根据标签的作用，可以分为识别标签、特种货物标签和操作标签。

识别标签（见图6-5）标明货物的货运单号码、始发地、经停地、目的地、件数、重量等，按使用的不同，有挂签和贴签两种。

图6-5 识别标签

特种货物标签（见图6-6）是说明特种货物性质的各类识别标志。按照特种货物种类的不同，分为活动物标签、危险品标签和鲜活易腐物品标签。

操作标签（见图6-7）说明货物储运过程中的注意事项，如易碎品，不得倒置，防潮等。

凡是特种货物必须贴特种货物标签，运输中需特殊处理的需贴上相应的操作指示标签，以保证货物运输的安全与质量。普通货物只需粘贴或悬挂识别标签，对于集中托运、有分运单的货物，除贴航空公司的识别标签外，还需贴一张代理公司出具的分标签。

图 6-6 特种货物标签
(a) 活动物标签；(b) 危险品标签

图 6-7 操作标签
(a) 不得倒置标签；(b) 防潮标签

7）配舱

正式配舱时，所有需出运的货物都已入库。代理人需核对货物的实际件数、重量、体积与托运书上预报数量的差别，对预配舱单进行修改，合理配载，低密度货物与高密度货物混运装载，制作正式的配舱单。

8）订舱

依据配舱单，对所接收的空运货物正式向航空公司提出运输申请并订妥舱位。订舱需根据托运人的要求和货物本身的特点进行。一般而言，急件货物、大宗货物、鲜活易腐货物、危险品、贵重物品等，必须订妥舱位，而且尽量预订直达航班的舱位（运费相对较贵）；而对于非紧急的零散货物，可以预订转运航班的舱位（运费相对较低），甚至不事先订妥舱位。

订妥舱位后，航空公司签发舱位确认书（订舱单），同时给予集装器领取凭证，以备装货。

9）制单

制单，是指填制航空货运单，包括总运单和分运单。填制航空货运单是出口业务中最重要的环节。运单填写正确与否，直接关系到货物能否及时、准确地运达目的地。运单的填写应严格符合单货一致、单单一致的要求，有关货运单的详细内容和重要作用将在后面的章节中重点介绍。

10）报关报检

报检，是指根据出口商品的种类和性质，按照进出口国家或地区的有关规定，对其进行商品检验、卫生检验、动植物检验等。

出口报关，是指发货人或其代理人在货物发运前，向出境地海关办理出口手续的过程。海关审单无误后，海关关员在总运单正本上加盖放行章，货物方可出仓发运。

11）出仓单

正式的配舱单制定后就可着手编制出仓单。出口仓库依据出仓单制订出仓计划，安排货物出仓，与装板箱环节交接。

12）提板箱与装货

代理人凭航空公司出具的集装器领取凭证，向航空公司箱板管理部门申领板箱及相应的塑料薄膜和网套。代理人可以在自己的仓库、场地装板、装箱，也可在航空公司指定的场地装货。

13）签单

航空货运单在盖好海关放行章后还需到航空公司签单，接受航空公司的再次审核，只有签单确认后才允许将单、货交给航空公司。

14）交接发运

交接发运，是指代理人按订妥舱位的航班时间，依据航空公司的规定，向航空公司或机场货站交单交货，由航空公司安排航空运输。

交单，是指将随机单据和应由承运人留存的单据交给航空公司。随机单据主要包括第二联航空运单正本、分运单、发票、装箱单以及品质鉴定书等。

交货，是指与航空公司办理与单据相符的货物的交接手续。航空公司审单验货后，将货物存入其出口仓库内，同时将单据交吨控部门，以备配载。

15）航班跟踪

由于航空运输易受天气等因素的影响，在单、货交接给航空公司后，代理人还需对航班、货物进行跟踪，以备及时处理各种不正常的运输情况。尤其是对于需中转的货物，代理人在货物出运后，应主动向航空公司了解联程航班的信息，确认中转情况。

16）信息传递

在整个出口货物的操作过程中，代理人应及时将各种信息传递给托运人，做好信息服务。向其提供订舱信息、报关信息、货物的交接信息，以及货物在运输过程中的跟踪信息。与此同时，在货物发运后，把应交托运人留存的单据（包括第三联航空运单正本、盖有海关放行章的出口货物报关单、出口收汇核销单等）交付托运人。

对于集中托运货物，还应将到货预告发给目的地代理人，以便其做好接货与分拨处理准备。

17）费用结算

出口代理工作完成后，代理人需要与各相关方结算费用，主要涉及与发货人、承运人和国外代理人三方面的结算。

与托运人结算费用，即是向托运人收取航空运费（运费预付情况）、地面运输费以及各种服务费和手续费。

与承运人结算费用，即是向承运人支付航空运费，同时收取代理佣金。

与国外代理结算费用，包括国外代理收取并退还给发货方代理的到付运费，以及发货方代理支付给国外代理的手续费及产生的其他相关费用。

2. 进口业务流程

航空货物进口运输代理业务，是指货运代理人对于空运货物从入境到提取或转运整个流程所需通过的环节，办理的手续以及相关单证的准备。

进口代理业务流程大致包括以下环节：代理预报→接单接货→理货与仓储→理单→到货通知→制单→进口报关→收费与发货→送货与转运（见图6-8）。

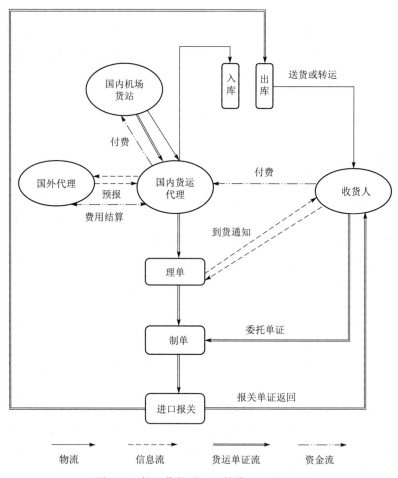

图6-8 航空货物进口运输代理业务流程

1）代理预报

接收国外代理人在交货后发来的各项预报信息，包括运单、航班号、货物件数、重量、品名、收货人等，做好所有接单接货前的准备工作。

2)接单接货

空运货物入境时,与货物有关的单据(运单、发票、装箱单等)也随机到达,运输工具及货物处于海关监管之下。航空公司的地面代理(机场货站)卸货后,将货物存入其海关监管仓库内,同时根据运单上的收货人及地址寄发取单、提货通知。若运单上的收货人(或通知人)为海关及民航局共同认可的一级航空货运代理公司,则把运输单据及与之相关的货物交给该货运代理公司,货物将转入货运代理公司的海关监管仓库。

货运代理人在与机场货站办理单、货交接手续时,应根据总运单及交接清单核对实际货物。若发现有单无货或有货无单的现象,应及时告知机场货站,进行查询处理。若发现货物短缺、破损或其他异常情况,应向机场货站索要商务事故记录,作为与实际收货人处理索赔事宜的依据。

3)理货与仓储

货运代理人与机场货站办理完单、货交接手续后,即把货物短途驳运至自行使用的监管仓库,组织理货与仓储。按照重货、轻货,单票货、混载货,危险品、贵重品、鲜活易腐品等分门别类,分别堆存、进仓。同时登记每票货的储存区号,输入电脑。

4)理单

按照集中托运货物和单票直单货物,不同的发货代理,不同的实际收货人,收货人所在的特殊监管区域(如出口加工区、保税区等),运费预付与到付等进行单证分类。

集中托运货物需要把每票总运单项下的分运单分理出来,审核与到货情况是否一致,每份分运单对应的货物分别处理。单票直单货物则无须分拨。

5)到货通知

单据分类整理好后,代理人应尽早、尽快、尽妥地给实际收货人寄发到货通知,告知其货物已到,提请收货人配齐有关单证,速办报关、提货手续。

所谓尽早,是指到货后,普货在24 h以内要设法通知货主;而急件一般要求2 h内通知到货主。

所谓尽快,是指尽可能使用传真、电话通知收货人,单证若需要传递,尽可能使用特快专递,以缩短传递时间。

所谓尽妥,是指一种方式无法联系到收货人时,应不断尝试可能的各种方式,一星期内须保证以电函、信函等形式至少三次通知收货人。

6)制单

制单即是依据运单、发票以及证明货物合法进口的有关批准文件,填制进口货物报关单。制单一般是在收到客户的回复及确认,并获得必备的批文和证明后进行。有批文存放在货运代理处的长期协作的客户单位以及不需批文和证明的,可直接制单。

7)进口报关

进口报关,即是向海关申报办理货物进口手续,是进口运输代理中最关键的环节。只有在向海关申报并经海关验放后,货物才能提出海关监管仓库。进口报关一般包括初审、审单、征税、验放四个环节。

8)收费与发货

在办完进口报关报检手续后,收货人即可凭盖有海关放行章、检验检疫章的进口提货单到货物所属监管仓库付费提货。收货人提货前,应先结清相关费用(到付运费、垫付费、单证费、报关费、仓储费等）。长期合作的客户，一般都与代理人签订有财务付费协议，按月或按季结账，可以先提货后付款。

9）送货与转运

代理人也可以接受客户的委托，在办理完相关手续后，通过送货上门或转运业务，直接把货物送达收货人手中。

办理转运业务有两种方式：一种是在办理完清关手续后转运；一种是不在进境地海关办理清关手续，而是办理转关及监管运输手续后，在另一设关地点办理进口海关手续。无论何种方式，均需由最终目的地的代理人协助收回相关费用，同时应支付一定比例的代理佣金给该代理人。

6.2　航空运价与运费

6.2.1　航空运价与运费相关概念

1. 航空运价与运费

1）运价（Rate）

运价又称费率，是指承运人对所运输的每一单位重量（公斤或磅）的货物所收取的自始发地机场至目的地机场的航空运输费用。

（1）货物运价的货币单位。

用以公布航空货物运价的货币称为运输始发地货币。货物的运价一般以运输始发地的本国或本地区货币公布，有的国家或地区以美元代替其本国或本地区货币公布。

以美元公布货物运价的国家或地区视美元为当地货币。运输始发地销售的航空货运单的任何运价、运费均应为运输始发地货币，即当地货币。

（2）国际货物运价表及其使用。

国际货物运价表，是由国际航协出版的一套运价资料，分为规则手册和运价手册。

规则手册每年出版两期，主要介绍运价计算规则、航空货运单填写规定等内容，其中还包括两字代码、三字代码等常用表格。运价手册每两月出版一期，公布世界城市之间直达航空运价和比例运价以及使用运价的特殊规定等内容。

（3）货物运价的有效期。

航空货运单所使用的运价应为填制货运单之日的有效运价，即在航空货物运价有效期内使用的运价。

2）运费（Weight Charges）

航空运费是指航空公司将一票货物自始发地机场运至目的地机场所应收取的航空运输费用。该费用根据每票货物所适用的运价和货物的计费重量计算而得。每票货物是指使用同一份航空货运单的货物。

航空运费仅指运输始发地机场至目的地机场间的运输货物的航空费用，不包括机场与市区之间或同一个城市两个机场之间的承运人或代理人向托运人收取的地面运输费及其他费用。

3）其他费用（Other Charges）

其他费用是指由承运人、代理人或其他部门收取的与航空货物运输有关的费用。

在组织一票货物运输的全过程中，除了航空运输费外，还包括地面运输、仓储、制单、国际货物的报关报检等环节，提供这些服务的部门所收取的费用即为其他费用。

2. 计费重量

计费重量是指用以计算货物航空运费的重量。货物的计费重量或者是货物的实际毛重，或者是货物的体积重量，或者是较高重量分界点的重量。

1）实际毛重（Actual Gross Weight）

货物的实际毛重是指包括货物包装在内的货物重量。为提高精确度，在称重时可保留至公斤后面两位小数。

一般情况下，对于高密度货物，应考虑其实际毛重可能会成为计费重量。

2）体积重量（Volume Weight）

（1）定义。

按照国际航协规则，将货物的体积按照一定的比例折合成的重量，称为体积重量。

由于货舱容积的限制，一般对于低密度货物（轻泡货物），应考虑其体积重量可能成为计费重量。

（2）轻泡货物。

轻泡货物是指每公斤体积超过 6 000 cm^3 或 366 立方英寸的货物。

（3）计算方法。

体积重量的折算，以每 6 000 cm^3 或 366 立方英寸合成 1 kg。例如，在以厘米为单位时，

$$体积重量 = 货物体积 \div 6\,000$$

体积重量的计算分为以下几个步骤：

① 无论货物的形状是否为规则的长方体或正方体，均丈量其最长、最宽、最高边的长度，量至厘米后一位小数点（英寸后带有一个分数）。

② 将量得的三边四舍五入进整。

③ 将三边相乘得出货物的体积。

④ 按照 IATA 规则进行折算。

⑤ 用计费重量的进位方法将得出的体积重量进位。

3）计费重量（Chargeable Weight）

一般将货物的实际毛重与体积重量两者比较取其高者作为计费重量；但当货物按较高重量分界点的较低运价计算的运费较低时，则可以按较低运价收费，以较高重量分界点的起始重量作为计费重量。

例如：某单位托运一箱普通货物 40 kg 从上海到东京。

上海到东京的运价为　　M　　230.00
　　　　　　　　　　　　N　　 30.22
　　　　　　　　　　　　45　　 22.71

40×30.22＝1 208.80

45×22.71＝1 021.95＜1 208.80，这时，则应按较低运费收取，以 45 kg 为计费重量。

国际航协规定，国际货物的计费重量以 0.5 kg 为最小单位，重量尾数不足 0.5 kg 的，

按 0.5 kg 计算；0.5 kg 以上不足 1 kg 的，按 1 kg 计算。

3. 最低运费（Minimum Charge）

最低运费是指一票货物自始发地机场至目的地机场航空运费的最低限额，是航空公司在考虑办理即使很小的一批货物也会产生的固定费用后制定的。

如果承运人收取的运费低于最低运费，就不能弥补运送成本。因此，货物按其适用的航空运价与计费重量计算所得的航空运费，应与货物最低运费比较，取高者。

最低运费在国际货运输价表中公布，一个直达运价对应一个最低运费。

4. 货物航空运价、运费的货币进整

1）货币代号

从 1990 年 1 月 1 日起，货物航空运价、运费使用 ISO（国际标准化组织）制定的货币代号。货币代号由 3 个字母组成，前两位是国家或地区两字代码，第三位是货币的简称。如人民币代号为 CNY，日元的代号为 JPY。

2）货币的进整

货物航空运价及运费的货币进整，因货币的币种不同而不同。各国或地区货币的进整单位公布在国际货物运价表规则中（Rules 5.7.1 "CURRENCY TABLE"），进位规则分为最低运费和除最低运费以外的运费两种。

进位时，将运费计算到进整单位的下一位，然后按半数进位法进位，达到进位单位一半则入，否则舍去。

我国人民币（CNY）的进位规定为：最低运费进位单位为"5"，除此之外的运价及航空运费的进位单位均为"0.01"。

采用进整单位的规定，主要用于填制航空货运单。销售航空货运单时，所使用的运输始发地货币，按照进整单位的规定计算航空运价与运费。

6.2.2 航空运价分类

1. 运价分类

1）按制定途径划分

国际货物运价按制定的途径不同可分为协议运价和国际航协运价。

协议运价是一种优惠运价，是指航空公司与托运人签订协议，托运人保证每年向航空公司交运一定数量的货物，航空公司则向托运人提供一定数量的运价折扣。目前航空公司使用的大多是协议运价。

国际航协运价是指在国际货物运价表上公布的运价。

2）按公布的形式划分

国际货物运价按公布的形式不同，可分为公布直达运价和非公布直达运价。

公布直达运价是承运人直接公布的从运输始发地机场至目的地机场间的直达运价。按货物性质又可分为普通货物运价、指定商品运价、等级货物运价和集装货物运价。

非公布直达运价按运价组成可分为比例运价和分段相加运价。

（1）普通货物运价（General Cargo Rate）。

普通货物运价是指运输除等级货物运价和指定商品运价以外的货物所适用的运价。它分为 45 kg 以下货物运价和 45 kg 以上各个重量等级的运价。

(2) 指定商品运价 (Specific Commodity Rate)。

指定商品运价是指自指定的始发地至指定的目的地间公布的低于普通货物运价的特定商品的运价。这类运价的每一个公布运价都有一个最低重量的限制，使用时应遵守规定。

(3) 等级货物运价 (Class Rate)。

等级货物运价是指在指定的地区内或地区之间实行的高于或低于普通货物运价的少数几种商品运价。这类运价以普通货物运价作为基数，附加或附减一定百分比。

(4) 集装货物运价 (Unitized Consignments)。

集装货物运价是指适用于货物装入集装器交运而不另加包装的特别运价。

2. 运价分类代号

国际航协对每一种类的运价都规定了一个运价代号，具体如下：

M	Minimum Charge	最低运费
N	Normal Rate	45 kg 以下普通货物运价
Q	Quantity Rate	45 kg 以上普通货物运价
C	Specific Commodity Rate	指定商品运价
R	Class Rate Reduction	等级运价附减
S	Class Rate Surcharge	等级运价附加

这些运价分类代号，主要用于填制货运单运费计算栏的"Rate Class"一栏。

3. 运价的使用顺序

(1) 如果有协议运价，则优先使用协议运价。

(2) 没有双边协议运价时，使用国际航协运价（多边协议运价）。

① 优先使用公布直达运价。

在相同运价种类、相同航程、相同承运人条件下，公布直达运价的使用顺序为：

• 优先使用指定商品运价。但如果使用普通货物运价的某一重量分界点的运价计算所得的运费低于按指定商品运价计算所得的运费时，则使用该普通货物运价。

• 其次使用等级货物运价。但如果使用普通货物运价的某一重量分界点的运价计得的运费低于使用等级运价计得的运费时，则可按较低的普通货物运价计收。

• 最后使用普通货物运价。

② 当实际运输两点间无公布直达运价时。

• 优先使用比例运价组成最低直达运价。

• 当两点间无比例运价时，最后只能通过挑选最合理的运价相加点，组成最低的分段相加的全程运价。

6.2.3 航空运费的计算

1. 普通货物运价计算

1) IATA 运价表（见表 6-1）

理解运价表的构成，准确地找出适用的运价，是进行运费计算的前提和关键。

表 6-1　IATA 运价表

date/type⑧	note⑨	item⑩	Min. weight	local curr.⑪
BEIJING①			CN②	BJS③
Y. RENMINBI④			CNY	KGS⑤
OSAKA⑥		JP⑦	M⑫	230.00
			N⑬	37.51
			45⑭	28.13
		0008	300⑮	18.80
		0300	500	20.61
		1093	100	18.43
		2195	500	18.80

① 始发站城市全称；
② 始发站国家的二字代码；
③ 始发站城市三字代码；
④ 始发站国家的当地货币；
⑤ 重量单位；
⑥ 目的站城市全称；
⑦ 目的站国家二字代码；
⑧ 运价的生效、截止日期/集装器种类代号；
⑨ 备注；
⑩ 适用的指定商品品名编号；
⑪ 以当地货币表示的每公斤的运价数额；
⑫ 最低运费；
⑬ 45 kg 以下的普货运价；
⑭ 45 kg 以上的普货运价；
⑮ 指定商品运价

2）计算步骤

（1）计算体积重量。

（2）体积重量与实际毛重比较，取其高者作为暂时的计费重量，计算出一个运费。

（3）若有重量分界点运价，且货物的计费重量接近于较高重量分界点，则再采用较高重量分界点的较低运价计算出一个运费。

（4）两次计算出的运费进行比较，取低者作为最终的航空运费，其对应的重量为计费重量。

（5）填制航空货运单的运费计算栏。

3）应用举例

例：Routing：Beijing, China（BJS）
　　　　　　to Tokyo, Japan（TYO）
　　Commodity：MACHINERY
　　Gross Weight：2 Pieces EACH 18.9 kgs
　　Dimensions：70 cm×47 cm×35 cm×2

公布运价见表 6-2。

表 6-2　公布运价

BEIJING	CN		BJS
Y. RENMINBI	CNY		KGS
TOKYO	JP	M	230
		N	37.51
		45	28.13

[解]：(1) 按实际重量计算。

Volume：70 cm×47 cm×35 cm×2＝230 300 cm^3

Volume Weight：230 300/6 000＝38.38 kg＝38.5 kg

Gross Weight：37.8 kgs

Chargeable Weight：38.5 kg

Applicable Rate：GCR N 37.51 CNY/kg

Weight Charge：38.5×37.51＝CNY1 444.14

(2) 采用较高重量分界点的较低运价计算。

Chargeable Weight：45.0kg

Applicable Rate：GCR Q 28.13 CNY/kg

Weight charge：45.0×28.13＝CNY1 265.85

(1) 与 (2) 比较，取运费较低者。Weight Charge：CNY1 265.85

航空货运单的运费计算栏填制见表 6-3。

表 6-3　航空货运单的运费

No. of Pieces RCP	Gross Weight	Kg Lb	Rate Class		Chargeable Weight	Rate/ Charge	Total	Nature and Quantity of Goods (Incl. Dimensions or Volume)
				Commodity Item No				
2	37.8	K	Q		45.0	28.13	1 265.85	MACHINERY 70 cm×47 cm×35 cm×2

2. 指定商品运价计算

指定商品运价是承运人根据在某一航线上经常运输某一种类货物的托运人的请求或为促进某地区间某一种类货物的运输，经国际航协同意所提供的优惠运价。因此，在使用时，对于货物的起止地点、运价使用期限、货物运价的最低重量起点等均有严格的规定。

1) 指定商品运价的品名编号及分组

国际航协根据货物的性质、属性等对货物进行分类，共分为十大组，每一组又分为十个小组。并对其分组形式用四位阿拉伯数字进行编号，该编号即为指定商品货物的品名编号。编号如下：

0001—0999　　食用动物和植物产品

1000—1999　　活体动物及非食用动物和植物类产品

2000—2999　　纺织品、纤维及其制品

3000—3999　金属及其制品，但不包括机器、车辆和电器设备
4000—4999　机器、车辆和电器设备
5000—5999　非金属矿物质及其制品
6000—6999　化工品及有关产品
7000—7999　纸张、芦苇、橡胶和木材制品
8000—8999　科学仪器，专业、精密仪器，器械及配件
9000—9999　其他货物

2) 计算步骤

（1）查询运价表中由始发地至目的地的运价，如有指定商品代号，则考虑使用指定商品运价。

（2）查找国际航协运价表的品名表，确定该货物属于哪一大组和哪一小组，找出与其品名相对应的指定商品编号。

（3）检查货物的计费重量，如果达到了指定商品运价的最低重量，则使用指定商品运价计算。

（4）如果货物的计费重量没有达到指定商品运价的最低重量要求，则需要与普通货物运价进行比较，取较低者。

3) 应用举例

例：Routing：BJS—SIN

　　　Commodity：Apple（0007 水果、蔬菜）

　　　Gross Weight：7 Pieces EACH 40kgs

　　　DIMS：102 cm×40 cm×26 cm×7

公布运价见表6-4。

表6-4　公布运价

BEIJING		CN	BJS
Y. RENMINBI		CNY	KGS
SINGAPORE	SG	M	230.00
		N	40.73
		45	30.54
		100	24.38
	0007	250	16.36

[解]：查找国际航协运价表的品名表，品名编号"0007"所对应的货物名称为"水果、蔬菜"，现在承运的货物是 Apple，符合指定商品代码"0007"；且货物重量超过了指定商品运价使用时的最低重量要求。

Volume Weight：102×40×26×7/6 000 = 123.76 = 124.0 kg

Gross Weight：280 kgs

Chargeable Weight：280 kg

Applicable Rate：SCR 0007/Q250 16.36 CNY/kg

Weight charge：280×16.36＝CNY4 580.80

航空货运单的运费计算栏填制见表6-5。

表6-5 航空货运单的运费

No. Of pieces RCP	Gross Weight	Kg Lb	Rate Class		Chargeable Weight	Rate/ Charge	Total	Nature and Quantity of Goods (Incl. Dimensions or Volume)
				Commodity Item No				
7	280	K	C	0007	280	16.36	4 580.8	Apple 102 cm×40 cm×26 cm×7

3. 等级货物运价计算

按照国际航协的规定，等级货物包括活动物，贵重货物，书报杂志类货物，作为货物运输的行李、尸体、骨灰、汽车等。等级货物运价是在普通货物运价基础上附加或附减一定百分比，具体附加或附减规则须根据国际航协运价表。下面以活动物运价为例。

例：Routing：BJS—NYC

　　Commodity：Live dog

　　Gross Weight：40kgs

　　DIMS：90 cm×50 cm×68 cm

公布运价见表6-6。

表6-6 公布运价

BEIJING Y. RENMINBI		CN CNY	BJS KGS
NEW YORK	US	M	630.00
		N	64.46
		45	48.34
		100	45.19
		300	41.80

［解］：查找IATA活动物运价表，从北京到纽约，一般的活动物运价构成形式为"110% of Appl. GCR"。

Volume Weight：90×50×68/6 000＝51.0 kg

Gross Weight：40 kgs

Chargeable Weight：51.0 kg

Applicable Rate：S 110% of Appl. GCR

　　　　　　　　110%×48.34 CNY/kg＝53.17 CNY/kg

Weight charge：51×53.17＝CNY 2 711.67

航空货运单的运费计算栏填制见表6-7。

表 6-7　航空货运单的运费

No. Of pieces RCP	Gross Weight	Kg Lb	Rate Class		Chargeable Weight	Rate/ Charge	Total	Nature and Quantity of Goods (Incl. Dimensions or Volume)
				Commodity Item No				
1	40	K	S	Q110	51	53.17	2 711.67	Live dog 90 cm×50 cm×68 cm

4. 混运货物运价的计算

1）混运货物定义

混运货物是指使用同一份货运单运输的一票货物中，含有不同运价、不同运输条件的货物。混运货物中不得包含：贵重货物，活体动物、尸体、骨灰、外交信袋，作为货物运送的行李、机动车辆（电力自动车辆除外）。

2）运费计算

（1）如果托运人在交运货物时，仅声明一批货物的总毛重，则整票货物用普通货物运价计算。

（2）如果托运人分别申报每类货物的件数、重量，则按各自适用的运价与其相应的计费重量分别计算运费，再相加得出总的运费。

（3）当适用于不同运价的货物包装在一起时，运价取其最高者。

（4）声明价值按整批货物计算。

（5）最低运费按整批货物计收。

6.2.4　航空货物运输中的其他费用

国际货物运输托运人或收货人除了支付航空运费外，还应支付在始发地或目的地发生的其他费用，包括地面运输费、保管费、仓储费、声明价值附加费、代垫付款、代垫付款手续费等，每项费用在填入航空货运单时都有其费用代码。下面介绍几种常见的其他费用。

1. 声明价值附加费

货物毛重每公斤价值超过 20 美元时，可以办理声明价值，并支付声明价值附加费。

声明价值附加费 =（声明价值 - 20 美元 × 声明价值的货物重量）× 0.5%

托运人办理声明价值时需按整票货物来办理，每票货物的声明价值不得超过 10 万美元。声明价值附加费以元为单位，不足元者应进整为元。

2. 运费到付货物手续费（FC）

运费到付货物手续费是指在货物的运费、其他费用到付时，由最后一个承运人向收货人收取并归其所有的费用。

到付运费手续费 =（货物的航空运费 + 声明价值附加费）× 2%

每票货物最低收费标准为 CNY100。

3. 货运单费（AW）

货运单费又称为航空货运单工本费，为填制航空货运单之费用，一般为 5 美元，归货运单的填制人所有。如："AWC"表示由航空公司来销售或填制，此项费用归出票航空公司所有；"AWA"表示由代理人来销售或填制，此项费用归销售代理人所有。

4. 垫付款手续费（DB）

垫付款是指在始发地机场运输一票货物时发生的由货运代理人垫付的部分其他费用。此项费用由最后承运人在目的地向收货人收取，与出票航空公司进行结算。

垫付款手续费是基于垫付款而确定的费用，收费标准为：

$$垫付款手续费 = 垫付款 \times 10\%$$

注：每一票货物的垫付款手续费不得低于20美元或等值货币。

5. 危险物品处理费（RA）

收运危险物品，除按规则收取航空运费外，由于其操作的特殊性和收运的危险性，还应收取危险物品操作手续费，此项费用归出票航空公司所有，表示为"RAC"。

海南出台航空货运发展财政补贴办法

自我国出发的每票危险品的最低收费标准为400元人民币。

6.2.5 航空运费纠纷案例分析指导

1993年年初，意大利代理商X与湖州市A公司签订了丝绸服装贸易合同。该合同确定的贸易条件为FOB上海。1993年4月23日，X与意大利B公司签订了一份委托运输合同，合同约定：由B公司为X实施从中国到意大利进口货物的运输。X交托所有的进口货物由B公司独家经营托运，不得转托其他公司代理托运。X把从中国出口的货物交B公司在中国办事处的负责人Y，Y必须在一个星期内把所收到的货物运到意大利，保证不发生交货延误。货到米兰后，X要立即给付B公司运费才可提货，否则，X还要支付仓库保管费。合同签订后，X到同年4月29日传真告知A公司的中介中发公司通知A公司，此次出口货物包括以后的出口货物都交由B公司承运，运费由其在米兰提货时支付，并告知了B公司中国办事处负责人Y在杭州的住址，要求A公司速与其接洽办理出口手续。为便于订舱发运，A公司按照Y的要求改用C航空公司的国际货物托运书，将填好的托运书传真给Y。Y将托运书交给了C航空公司的销售代理D公司。A公司于同年5月至9月间先后7次按照Y的指示将货物送到了上海虹桥机场D公司的仓库。该公司签收了货物，随后代填并签发了6票C航空公司主运单，还委托另一空运公司E公司上海分公司签发了一票国际航空公司主运单。D公司签发的6票主运单上记载的托运人为D公司，收货人为比利时Gondrand公司。D公司还签发7票航空货运分运单。分运单上记载的托运人为A公司，收货人为托运书上A公司指定的意大利诸客户。在此期间，D公司按照航空公司预付运费的要求，先后向C航空公司和E公司上海分公司支付了7票货的空运费（外汇人民币）449 311.50元（其中6笔系上海到布鲁塞尔空运费、1笔为上海到米兰空运费）。货物发运后，D公司未将航空分运单正本托运人联交给A公司，亦未向A公司索要空运费。7票货物于同年5月至9月间陆续到达米兰，X先后向B公司支付了全程空陆运费、清关费及杂费，提取了货物。B公司分别开具了发票和收据，同时声明该批货物运送合同已履行完毕。1995年2月10日，D公司致函A公司称：当时A公司委托B公司，但B公司与D公司有代理协议，现B公司将收款权移交给D公司，要求A公司依照航空分运单支付上海到米兰7票货的全程空运费101 712.824美元。A公司以运费由外商支付，本公司无支付运费义务为由拒付，双方酿成纠纷。D公司遂向浙江省湖州市中级人民法院起诉，要求 A 公司支付航空分运单记载的全程空运费及滞纳金共计 126 123.904 美元。

[**法院分析与判决**]

湖州市中级人民法院审理认为：双方虽未签订书面委托运输合同，但 A 公司将货物交到 D 公司仓库，并在货物托运书上签字，D 公司已将货物运至目的地，有权向 A 公司收取运费，A 公司由外商支付运费的理由无法律依据。遂判决 A 公司向 D 公司支付运费及逾期违约金共计 126 123.904 美元。

A 公司不服，向浙江省高级人民法院上诉，称：本公司虽在货物托运书上签字，但和被上诉人不存在货物委托运输合同关系，运费应由意大利客户承付，且客户已向米兰公司支付运费，请求撤销原判，予以改判。

浙江省高级人民法院二审认为：双方虽未签订书面委托运输合同，但 A 公司是以自己的名义出口货物，将货物送到 D 公司仓库，并在货物托运书上签字确认，D 公司亦将货物委托航空公司运到 A 公司指定的地点交付，应认定双方间的委托运输关系成立。D 公司已履行了委托运输义务，A 公司应向其支付运费。意大利客户与 B 公司间的委托运输合同与本案无涉。上诉人的上诉理由无事实和法律依据，不予支持。原判认定事实清楚，适用法律正确，应予维持。根据《中华人民共和国民事诉讼法》第一百五十三条第一款第（一）项之规定，于 1995 年 12 月 11 日做出判决：驳回上诉，维持原判。

A 公司不服此判决，以原上诉理由向最高人民法院申请再审。

最高人民法院再审审查认为：原审判决认定事实证据不足，适用法律不当。根据《中华人民共和国民事诉讼法》第一百七十九条第一款第（二）、（三）项，第一百八十三条的规定，于 1996 年 11 月 17 日裁定：对本案予以提审。

裁定书送达后，D 公司除以原起诉理由予以答辩外，还辩称：根据外经贸部 1990 年颁布的《国际货物运输代理行业管理的若干规定》，B 公司不能在中国境内揽货并转委托代理，故本公司与 B 公司之间不存在委托代理关系。本公司受 A 公司委托，将货物运至了目的地，有权向 A 公司收取运费。

最高人民法院再审认为：按照意大利代理商 X 与 A 公司商定的贸易条件 FOB，订立运输合同并支付运费是买方的义务。据此，X 与 B 公司签订了委托运输合同，合同内容表明 B 公司是本案 7 票货的缔约承运人、X 是托运人。由于 B 公司在出口国中国不具备经营国际货运代理业务的资格，为确保本案货物能及时向航空公司订舱发运，并按照 X 的指示货物经布鲁塞尔转运到米兰，B 公司必须委托中国上海和比利时的国际货运代理协助完成运输事宜。本案航空主运单上记载的托运人 D 公司、收货人 Gondrand 公司。Gondrand 公司是 B 公司委托的所在国的发货代理人和中转代理人。根据 Gondrand 公司的证言，该公司是按照 B 公司的委托办理本案货物经布鲁塞尔转运到米兰的运输，发生的费用包括关税、税务代理费、航空提货费、单证费、卡车运费都是由 B 公司负责向该公司支付，从不和货主直接联系，所有指令都来自 B 公司。该公司与 B 公司间的财务问题已全部结清。关于中方运费问题与该公司无关，应与意大利 B 公司协商解决。Gondrand 公司接受 B 公司委托事宜并与 B 公司结算费用是各国国际航空货运代理行业相互委托办理 FOB（FCA）货物运输的惯例。作为 B 公司发货代理的 D 公司向航空公司支付的空运费亦应向 B 公司收取。虽然本案 A 公司将货物送到 D 公司在上海虹桥机场的仓库，其名称亦被填入航空分运单托运人栏内，但不能因此认为双方构成委托运输关系。A 公司将货物送到 D 公司仓库是按照 B 公司要求将货物送到指定地点的行为，并非向 D 公司托运，A 公司只是按照 X 的指示向 B 公司交货的付货人。D 公司接收货物，填制航空货运单并不是接受 A 公司的委托，而是作为 B 公司的发货代理将 B 公司收到的货物向航空公司托运的行为。根据我国参加的《关于统一国际航空运输某些规则的公约》（即《华沙公约》）第十一条第一款规定："在没有相反的证据时，航空货运单是订立合同、接受货物和承运条件的证明。"本案作为 C 航空公司销售代理的 D 公司虽然签发了航空货运单，但本案有 X 与 B 公司按照委托运输合同履行支付空运费用、交付货物的事实的相反证据，从而否定了航空分运单作为合同的证明效力。该分运单只是作为证明 B 公司收到并发运本案货物的收据。而且 D 公司在 1993 年 5 月至 9 月间陆续发送货物后，一直未将作为运输合同凭证的航空分运单正本托运人联交给 A 公司，15 至 21 个月后才向 A 公司主张运费。这种违反《华沙公约》有关规定和不符合国际航空货运代理行业惯例的做法亦说明 D 公司不认为与 A 公司之间存在委托运输关系。

D 公司以 B 公司收款权转移为由向 A 公司主张运费的理由，也是不能成立的。本案证据证明 B 公司已经收到 X 支付的全程运费，运输合同履行完毕，收款权已不存在，而且货运代理之间依代理关系改变支付运费的义务人，违背贸易合同当事人商定的贸易条件，因此所谓收款权转移对 A 公司是无效的。

D 公司答辩称，根据我国外经贸部 1990 年颁布的《国际货物运输代理行业的管理的若干规定》，B 公司不能在中国境内揽货并转委托代理，以此否定其与 B 公司间的委托代理关系。依据外经贸部上述文件第八条第（三）项规定，国际货运代理企业"可以接受国外货运代理人的委托办理集运、托运、拼箱、装拆箱、存仓分拨、转运、门对门运输、快件运输，以及咨询服务等"。本案是 B 公司在意大利揽到 X 的进口货物，委托中国的国际货运代理办理托运出口，完全符合外经贸部上述文件规定，而且也是各国国际航空货运代理行业的惯例。本案 A 公司指定的收货人是意大利多家客户而非 B 公司和 Gondrand 公司。B 公司与 D 公司、Gondrand 公司之间是航空货运代理关系，与货主无关。本案 7 票全程运费应由 B 公司向 X 收取，并由 B 公司依委托代理关系分别向 D 公司和 Gondrand 公司偿还垫付运费和中转费用。

D 公司向航空公司支付的空运费系为 B 公司垫付的费用，理应由 B 公司偿还。如果 B 公司不予以偿还，应属商业风险，而不能以所谓"权益转让"为由主张权利，损害第三者的利益。况且 D 公司所主张的运费是航空分运单记载的上海经布鲁塞尔到米兰发生的费用，已明显超出其依航空主运单向航空公司支付的空运费。对此 D 公司未能做出合理解释。

综上，最高人民法院依照《中华人民共和国民事诉讼法》第一百七十九条第一款第（二）项、第（三）项的规定，于 1997 年 4 月 9 日裁定如下：一、撤销浙江省高级人民法院的第二审民事判决和湖州市中级人民法院的第一审民事判决。二、驳回 D 公司的起诉。一、二审案件受理费 67 706 元，诉讼保全费 5 000 元，由 D 公司负担。

[启示]：本案是由于国际航空货物运输而导致的运费纠纷案。法院的分析与判决有

利于我们厘清国际航空货物运输中当事各方的合同关系，认清各自的权利和义务。航空货运单是航空货物运输中的重要单证，其上记载了有关该票货物运输的详细信息，并规定了各方的权利和义务，那么航空货运单是不是就是运输合同呢？产生纠纷时，其法律效力如何呢？

按照《华沙公约》的规定："在没有相反证据时，航空货运单是订立合同、接受货物和运输条件的初步证明。"可见，航空货运单只是一项初步证明文件，有了航空货运单，可以证明运输合同存在，托运人交付了货物，承运人接收了货物，但航空货运单并不是运输合同本身，在有其他合同关系存在（即有相反证据）时，其作为初步证据的效力是可以被推翻的。本案中，意大利代理商 X 根据贸易合同中与卖方所约定的 FOB 贸易条件承担组织货物运输并支付运费的责任，其由此与 B 公司签订了委托运输合同，并向 B 公司支付相关费用后提取了货物，正是构成了这种相反的证据。因此，D 公司仅凭航运单上的记载就认定与 A 公司存在运输合同关系，要求 A 公司履行托运人义务，支付航空运费，是不成立的。本案中真正的托运人是 FOB 术语下的买方 X，A 公司与 D 公司没有任何法律上的合同关系。与 D 公司存在合同关系的是 B 公司，他们之间是一种委托代理合同关系，因此，D 公司应根据与 B 公司的委托代理关系，向 B 公司索要其垫付的航空运费。

6.3　不正常运输、变更运输及责任与赔偿

6.3.1　货物的不正常运输

不正常运输是指货物在收运及运输过程中由于运输事故或工作差错等而出现了不正常的情况。

1. 不正常运输的货物种类和代号

卸下，拉货	Offloaded	OFLD
漏（少）装	Shortshipped	SSPD
漏卸（运过境）	Overcarried	OVCD
贴错标签货物	Mislabeled Cargo	
标签脱落	Missing Label	
少收货物	Missing Cargo	MSCA
多收货物	Found Cargo	FDCA
少收货运单	Missing AWB	MSAW
多收货运单	Found AWB	FDAW
破损	Damage	

2. 货物破损

货物破损有两种情况：一种是货物的破裂、损坏或短缺等明显可见的损坏；一种是货物的内损，即货物外包装完好而内装货物破损，这种破损只有收货人提取开箱检查后才能发现。

■ **链接6-2** 货物破损的处理方法

（1）收运时——拒绝收运。
（2）出港操作时——轻微破损（内物未损坏）：加固包装，继续运输。
　　　　　　　——严重破损（内物损坏）：停止运输，通知发货人，征求处理意见。
（3）进港操作时——填开不正常运输记录，通知装机站和始发站。
（4）交接中转货物时——轻微破损：在中转舱单的备注栏内说明情况。
　　　　　　　——严重破损：拒绝转运。

3. 无人提取货物

货物到达目的地14天后，由于下列原因造成无人提取时，称为无人提取的货物。

（1）货运单所列地址无此收货人或收货人地址不详。
（2）收货人对提取货物通知不予答复。
（3）收货人拒绝提货。
（4）收货人拒绝支付有关款项。
（5）出现了其他一些影响正常提货的问题。

对于无人提取的货物通常发出无法交付货物通知单（IRP），通知始发地出票航空公司和代理人，由其联系托运人，征询处理意见。货物到达后90天内仍未获得答复的，应将货物交给海关处理。

6.3.2 变更运输

1. 变更运输的范围

托运人在交运货物后、收货人提取货物之前，有权对其货物运输做出变更。

1）费用方面

（1）将运费预付改为运费到付，或将运费到付改为运费预付。
（2）更改垫付款数额。

注：托运人不得对货物的声明价值与保险金额进行更改。

2）运输方面

（1）在运输始发地将货物撤回。
（2）在任何经停站停止货物运输。
（3）更改收货人。
（4）将货物退回始发地机场。
（5）变更目的地。

2. 变更运输的前提

托运人要求变更运输时，应书面提出申请，出示货运单正本并保证支付由此所产生的一切费用。对于托运人变更运输的要求，在收货人尚未提货或尚未要求索取货运单和货物，或者拒绝提货的前提下，始发地方可予以接受。

托运人不得要求将一张货运单上所列的部分货物变更运输，也不得要求将整批货物分批变更运输。托运人变更运输的请求不得损害承运人及其他托运人的利益。

3. 变更运输的处理

按运输的变更是否由于托运人主观原因所致，变更运输可以分为自愿变更和非自愿变更。

由于托运人的原因改变运输，称为自愿变更运输。

由于天气、机械故障、货物积压、禁运和承运人的其他原因而改变已订妥的航班和运输路线，称为非自愿变更运输。

1) 托运人自愿变更运输的处理

（1）货物发运前。

货物发运前，托运人要求更改付款方式或垫付款数额时，承运人应收回原货运单，重新填开新货运单，根据情况补收或退回运费，并按有关航空公司的收费标准向托运人收取变更运输手续费、货运单费等。

托运人在货物发运前要求退运时，承运人应收回货运单正本，扣除已发生的各项费用（地面运输费、退运手续费等）后将余款退回托运人。

（2）货物发运后、提取前。

货物发运后，在收货人提货前，托运人要求变更付款方式或垫付款数额时，承运人应重新核算费用，与原费用核对，多退少补，填写货物运费更改通知单（CCA），并按有关航空公司的规定向托运人收取变更运输手续费。

货物发运后，若托运人要求变更运输，除应根据上述有关规定办理外，还应及时与有关航站联系，在得到相关航站的复电证实后方可予以办理。运输的变更意味着运费将发生变化，应向托运人多退少补运费，并收取变更运输手续费。

注：托运人变更要求不能执行时，承运人应当立即通知托运人。

　　托运人已办理货物托运手续后要求变更运输时，承运人不退还声明价值附加费。

2) 托运人非自愿变更运输的处理

只有填开货运单的承运人和货运单上所列的承运人才有权变更运输。

发生非自愿变更运输时，承运人应当采取一切可能的措施，按照货物运输安全、迅速、可靠的原则，尽快将货物运至目的地，并按照下列规定处理运输费用。

（1）在始发地退运货物，退还全部运费。

（2）在经停站变更目的地，运费多退少不补。

（3）在经停站将货物运回始发地，退还全部运费。

（4）在经停站改用其他运输工具将货物运至目的地，超过部分由承运人承担。

6.3.3　责任划分

有关国际航空货物运输的条约主要是《关于统一国际航空运输某些规则的公约》。该公约共有八个文件，总称《华沙体制》。在这八个文件中，主要由以下三个文件作为基础：《华沙公约》《海牙规则》和《蒙特利尔第四号议定书》。在确定国际航空运输中的责任和赔偿方面，主要采用《华沙体制》的相关规定。

1. 承运人的责任与免责

1) 承运人的责任

《华沙公约》第十八、第十九条对承运人的责任做出了明确的规定：

（1）对于任何已登记的行李或货物因毁灭、遗失或损坏而产生的损失，如果造成这种损失的事故是发生在航空运输期间，承运人应负责任。

（2）上款所指航空运输的意义，包括行李或货物在承运人保管下的期间，不论是在航空站内、在航空器上或在航空站外降落的任何地点。

（3）航空运输的期间不包括在航空站以外的任何陆运、海运或河运阶段。但是如果这种运输是为了履行空运合同，是为了装货、交货或转运，任何损失都应该被认为是在航空运输期间发生事故的结果，除非有相反证据。

（4）承运人对旅客、行李或货物在航空运输过程中因延误而造成的损失应负责任。

而在赔偿金额上，按照公约的规定，货物没有办理声明价值的，承运人按实际损失的价值进行赔偿，但赔偿责任以每千克250法郎（约合20美元）为限；已办理声明价值并支付了声明价值附加费的，则按声明价值赔偿。公约同时规定，如经证明损失是由于承运人及其雇佣人员或代理人员故意造成或明知可能造成损失而漠不关心的行为或不行为所致，则不适用于责任限额的规定。

2）承运人的免责

按照公约规定，如承运人证明他和他的代理人为了避免损失，已经采取了一切必要措施，或不可能采取这种措施时，承运人不承担责任。具体而言，对于下列原因造成的货物损失，承运人可免除责任。

（1）不可抗力。如自然灾害、战争行为、武装冲突。

（2）货物的属性或本身的缺陷所引发的损失。如动物的自然死亡，鲜活易腐货物的自然变质等。

（3）承运人或其受雇人以外的人包装不善。

（4）政府有关部门实施的与货物出入境和过境有关的行为。

（5）承运人已采取措施但无法制止货物损坏，如机械故障。

（6）托运人或收货人的过失。

2. 托运人、收货人的权利与义务

对于托运人、收货人的权利，《华沙公约》规定：托运人在履行运输合同所规定的一切义务的条件下，有权在起运地航空站或目的地航空站将货物提回，或在途中经停时中止运输、或在目的地或运输途中交给非航空货运单上所指定的收货人、或要求将货物退回起运地航空站，但不得因为行使这种权利而使承运人或其他托运人遭受损害，并且应该偿付由此产生的一切费用。收货人于货物到达目的地，并在缴付应付款项和履行航空货运单上所列的运输条件后，有权要求承运人移交航空货运单并发给货物。如有损坏情况，应在发现损坏后立即向承运人提出异议，最迟在收到货物后14天内提出。

托运人、收货人在享有权利的同时，也应承担相应的责任。

公约规定：对于在航空货运单上所填货物的项目和声明的正确性，托运人应负责任。托运人应对提供的项目和声明不合规定、不正确或不完全而使承运人或承运人对之负责的任何其他人遭受的一切损失负责。托运人应提供各种必需的资料，并将必需的单证附在航空货运单后面，以便在货物交付收货人以前完成海关、税务或公安手续。除非由于承运人或其代理人的过失，这种资料或单证的缺乏、不足或不合规定所造成的任何损失，应由托运人对承运人负责。承运人对这种资料或单证是否正确或完备没有检查的义务。

6.3.4 索赔案例分析指导

○ 案例 1

货物损坏赔偿纠纷

2004年9月4日，托运人X将一批旧手机配件交给A航空服务有限公司托运，该公司的工作人员应托运人的要求在航空货运单上填写有关内容，订明：始发站广州，目的站济南，收货人Y，计费重量9 kg，货物品名为配件，付款总额为100元（包括航空运费56元，地面运费10元，其他费用25元，保险费8元）。在该货运单上托运人未填写"运输声明价值"和"运输保险价值"。A公司将该票货物交由B运输公司承运，在B公司把货物交由机场装卸服务部承运时，货物发生了破损，其中损坏的旧手机配件、翻新手机配件共74台（套）。双方对赔偿数额协商未果，上诉至法院。

另查，上诉人（托运人X）托运货物保险费率为4‰。

[法院分析与判决]

法院认为：A公司以其名义与上诉人订立航空货运单，是《中华人民共和国民用航空法》第137条第一款规定的缔约承运人，上诉人与A公司因航空货运合同关系产生的纠纷应适用该法律进行调整。A公司作为缔约承运人应当对合同约定的全部运输负责。民航局依据《中华人民共和国民用航空法》的规定，制定了《中国民用航空国内货物运输规则》。该规则第45条规定：货物没有办理声明价值的，承运人按照实际损失的价值进行赔偿，但赔偿最高限额为毛重每千克人民币20元。本案上诉人托运时未办理声明价值，依据该规定，被上诉人A公司按照货物重量9 kg赔偿上诉人货物损失180元。被上诉人A公司称收取上诉人保险费8元后已为上诉人投保，现该公司同意按货物相应的保险费率4‰赔偿上诉人损失即2 000元合理，法院予以支持。上诉人向A公司缴纳了100元，但该公司没有履行承运义务造成上诉人货物受损，该公司应退还上诉人该100元。综上所述，依照《中华人民共和国合同法》第312条、《中华人民共和国民用航空法》第128条第一款、第138条、《中国民用航空货物国内运输规则》第45条的规定，判决如下：

一、被上诉人A公司在本判决发生法律效力之日起3日内赔偿上诉人X损失2 180元。

二、被上诉人A公司在本判决发生法律效力之日起3日内退还上诉人X费用100元。

[启示]：此票货物运输属于国内运输，应适用于民用航空法及国内货物运输规则的调整。由于货物没有声明价值，承运人按实际损失赔偿，但最高限额为毛重每千克20元人民币，因此本案例中，托运人获得的赔偿远小于其货物的价值。在实际操作中，收运货物时，货运代理人应提请托运人注意其货物价值是否超过了每千克20元，是否办理声明价值。并向其说明货物损坏、遗失时的相关赔偿规定，尽量减少以后可能带来的赔偿纠纷，从而提高客户满意度。

○ 案例 2

国际航空快递运输的延误赔偿

1993 年 7 月 20 日上午，A 公司电话通知 B 储运公司（系境外某快递公司 C 公司在当地的揽货点）的××，表明其 7 月 21 日需快递一份文件至也门共和国参加投标。当日下午，××交给 A 公司一份运单号为 38036552760 的 C 公司运单，由 A 公司填写。该份运单印有《华沙公约》和它的修改议定书完全适用本运单、托运人同意本运单背面条款、托运人委托 C 公司为出口和清关代理等规定。运单还详细说明填写的 12 个步骤。A 公司仅在运单上填写了托运人及收件人的详细情况，其余应填事项未填写。7 月 21 日上午，××至 A 公司取走托运物标书（该托运物标书送机场报关时，过磅重量为 8 kg），并在运单上签字，表示认可收到 A 公司的标书。A 公司随即汇付 B 公司运费人民币 1 285 元，其中 1 280.50 元由 B 公司经结算付给 C 公司。当日上午 10 时，C 公司当地办事处人员至××处取走了 A 公司的托运物标书，并在 C 公司收件代表签字栏签字认可，在托运日期一栏填写日期为 1993 年 7 月 21 日。

C 公司收到 A 公司标书后，未在当天送往海关报关。次日，C 公司亦未能使托运的标书报关出境。直至 7 月 23 日晚，C 公司才办理完托运标书的报关出境手续。托运的标书于 7 月 27 日到达货物运送地点，但已过了 7 月 26 日的投标截止日期，A 公司未能参加投标。7 月 27 日，A 公司致函 C 公司香港总部，要求查清此事并予答复。8 月 10 日，C 公司当地办事处业务经理回函 A 公司，承认此事主要延误责任在 C 公司当地办事处，并称标书 7 月 21 日未送机场报关系因接另一客户至东京快件所致，7 月 22 日标书未出境系因 A 公司填写运单不当所致，承认 C 公司当地办事处在此快件处理上犯有未严格按收件时间收件（收件截止时间为每日 16 时，而原告标书最后送至其办事处为 16 时 45 分），未仔细检查运单载明的货品性质，未问清客户有否限时送到的额外要求等三点错误，对此表示遗憾。此后，A 公司多次致函 C 公司，要求协商处理此事，C 公司未作答复。为此，A 公司向上海市静安区人民法院起诉。

原告 A 公司起诉称：A 公司为参加也门共和国港务局岸边集装箱起重件招标投标，于 1993 年 7 月 21 日上午委托被告 C 公司办理标书快递，要求被告在 7 月 25 日前将标书投递到指定地，被告表示可如期送达。因被告经办人员疏忽，致使托运的标书在沪滞留两天，于第三日才离沪，迟至 7 月 27 日下午到达指定地，超过 7 月 26 日的投标截止日期，致使 A 公司丧失投标机会，蒙受了较大的经济损失及可能得到的利润。请求法院判令被告退还所收运费人民币 1 430 元，赔偿经济损失 10 360 美元，并承担诉讼费用。

被告 C 公司答辩称：双方未明确约定托运标书到达日期。投送此件费时 6 天零 5 个小时，未超过国际快件中国至也门的四至七天的合理运输时间，故 C 公司无延误送达标书之事实。标书在上海滞留两个整天，系原告未按规定注明快件的类别、性质，由此造成 C 公司无法报关，责任在原告。即使 C 公司存在延误送达的事实，应予赔偿，亦应按《华沙公约》或其修改议定书规定的承运人最高责任限额赔偿。原告的诉讼请求无法律依据，请求法院依法驳回。

[法院分析与判决]

上海市静安区人民法院经审理认为：被告 C 公司作为承运人，理应迅速、及时、安全地将原告 A 公司所需投递的标书送达指定地点。1993 年 7 月 21 日上午，被告接受标书后，未按行业惯例将标书于当日送往机场海关报关，直至 7 月 23 日晚才将原告的标书报关出境，致使标书在上海滞留两天半。被告的行为违背了快件运输迅速、及时的宗旨，属延误行为，被告应承担相应的民事责任。原告虽未按被告运单规定的要求填写运单，但作为承运人的被告，亦未认真审核，责任在被告。被告的无延误送达之事实以及致使快件延期出境的主要原因在于原告运单填写不适当的理由，不能成立。原告诉请被告退还运费及赔偿直接经济损失，缺乏法律依据。被告运单明确规定《华沙公约》和它的修改议定书完全适用其运单，故应视为原、被告双方当事人均接受《华沙公约》和它的修改议定书的约束，被告应按《华沙公约》和它的修改议定书规定的承运人最高责任限额赔偿原告经济损失。据此，依照《中华人民共和国民法通则》第一百四十二条、《修订 1929 年 10 月 12 日在华沙签订的统一国际航空运输某些规则的公约的议定书》第十一条之规定，该院于 1995 年 9 月 18 日判决如下：

一、被告 C 公司在本判决生效后十日内一次性赔偿原告 A 公司经济损失 2 000 金法郎，折成人民币为 12 695.47 元。

二、原告 A 公司其余诉讼请求，不予支持。

宣判后，原、被告双方当事人均未上诉，被告并自动履行了判决。

[启示]：这是一起涉外航空快递标书延误引起的赔偿损失纠纷案，适用于《华沙公约》及《海牙议定书》的相关规定。公约规定："承运人对旅客、行李或货物在航空运输中因延误而造成的损失应负责任"。航空快递以收运商业信函和文件为主，客户一般都有限时送达的要求。快递公司在操作时，应迅速、及时地将客户所交运的快件安全送达收件人手中（速度被称为该行业的生存之本）。被告 C 公司使得原告 A 公司的标书滞留 2 天半后才出境，严重违反了快递对时效性的要求，C 公司在给 A 公司的回函中，也对其延误责任予以了承认。航空快递作为航空货物运输中的一项特殊而重要的业务，在确定赔偿金额时，同样按照《海牙议定书》的规定，"在托运行李或货物时，承运人的责任以每公斤 250 金法郎为限，除非旅客或托运人在交运包件时，曾特别声明在目的地交付时的利益并缴付必要的附加费"。A 公司在填写货运单时没有填写声明价值，因此 C 公司只需按最高赔偿额进行赔偿。运单上的货物重量为 8 kg，故原告共获得 2 000 金法郎的赔偿。

航空货运的"速度与激情"

本章知识点小结 ▶▶▶

本章介绍了国际航空货物运输的一些基础知识以及进出口运输代理业务流程。其中，民用航空运输飞机与集装器等相关知识为从事航空货运代理工作提供了重要的理论基础，而进出口运输代理业务流程及各环节的操作注意事项则为实务工作提供了有益的借鉴。只有熟知了整个业务流程，才能更好地监控货物的全程运输，提高运输的时效性，提升服务质量，拓展服务范围。

在出口运输代理中，收运货物时应对货物进行严密的检查。根据货物性质，判断货物属于普通货物、特种货物还是国家、政府禁止运输的货物。特种货物应严格按照航空公司的相关规定办理，普通货物内不得隐含有害物品、危险品。托运人对填写在托运书上的货物品名的描述一般不够准确，可能夹带没有申报的危险品，尤其应注意有关配件是否隐含危险性。

在配舱时，对于尚未入库的货物，应要求货主尽可能准确地预报货物的件数和重量。一旦有了精确的数据，应立即予以修改调整，合理地向航空公司订舱，既要防止舱位短缺，更要防止亏舱现象的发生。

在装集装箱、板时，按照货物的重量、体积合理配载，做到低密度货物与高密度货物混合装载，尽可能最大限度地利用所预订的舱位。

进口运输代理中，货物到港后，应尽早、尽快、尽妥地发出到货通知，协助货主办理相关提货手续，体现航空运输的时效性。

正确计算航空运费与航空运输中的其他费用，是货运代理人实现经营利润，提高经济效益的重要保障。运费=运价×计费重量，因此，计算航空运费的关键是确定适用的运价及计费重量。按照货物性质的不同，航空运价可以分为普通货物运价、指定商品运价、等级货物运价、集装货物运价。计算时应遵照各类运价使用的条件与运价的使用顺序，合理地选用。而计费重量的确定，除考虑到体积重量与实际重量两个因素外，还应注意到较高重量分界点的起始重量的影响。

正确及时地处理不正常运输以及客户提出的变更运输请求，有助于提高服务质量和客户满意度。不正常运输种类繁多，实际操作中，应具体情况具体处理。托运人在不损害承运人及其他托运人的权利的前提下，有权提出运输的变更及费用支付方式的变更；若托运人的指示不能执行，应立即通知托运人。《华沙体制》是处理航空纠纷的重要法律依据，代理人应熟悉《华沙体制》的相关规定，掌握索赔的相关基础知识，以合理地进行索赔和有效地处理索赔。

思考题

1. 简述国际航空货运的特点。
2. 简述 IATA 与 ICAO 的区别与联系。
3. 简述国际航空货运业务的分类。
4. 简述航空快递的特点。
5. 简述国际航空货物出口运输代理与进口运输代理业务流程。
6. 货物一件，毛重 298 kg，底部面积 0.6 m×0.5 m，该货物不可倒置，试计算该货物装上 B757 飞机时飞机地板的承受力，是否需要加垫板？若需要，要加多大面积的垫板？（注：B757 的地板承受力限额为 732×9.806 65 Pa。）
7. 简述航空运价的分类与分类代号。
8. 简述航空运价的使用顺序。
9. Routing：PEK—TYO，Commodity：Bamboo Basket，PC/WT：2/40.0 kg

DIMS：39.6 cm×40.2 cm×50.4 cm。

公布运价：

BEIJING		CN	BJS
Y. RENMINBI		CNY	KGS
TOKYO	JP	M	230.00
		N	37.51
		45	28.13

试计算该票货物的航空运费，并填制航空货运单的运费计算栏。

10. 航空货物运输中常见的其他费用有哪些？

11. 变更运输包括哪些范围？应如何处理？

12. 《华沙公约》对承运人的责任及免责事项是如何规定的？

13. 一票从东京到北京的仪器，每千克价值100美元，共20 kg，货运单上无声明价值。在装运的过程中，由于搬运工人不小心，使仪器受到震荡。当收货人把货物运至工厂后，经检查，仪器已出现明显的损坏，收货人立即向承运人提出索赔，此时，距离收货人收到货物已10天。收货人是否可以提出索赔？如果可以，可以得到多少赔偿？

第 7 章

国际多式联运理论与实务

教学目的

了解国际货物多式联运的发展与现状，掌握国际货物多式联运的基本含义、主要特征及主要类型，通过比较多式联运与一般联运的区别，明确多式联运较其他运输方式存在的优势与问题。了解我国法律对国际货物多式联运经营企业的设立要求，明确我国多式联运经营企业应当具备的业务条件，重点掌握货运代理企业取得多式联运经营主体资格的条件以及货运代理企业在国际货物多式联运中的不同法律地位。

重点了解和掌握组织多式联运运输的主要环节，国际货物多式联运的主要业务及其操作程序，多式联运费率的构成及计算方式，作为运输工具的集装箱的租赁方式，以及多式联运中货损的索赔和理赔程序等内容。

7.1 国际多式联运概述

7.1.1 国际多式联运的含义及特征

1. 国际多式联运的含义

随着国际贸易和运输技术的发展，传统的海、陆、空和江河等互不连贯的单一运输方式已不能适应世界经济发展的要求。在集装箱运输的基础上，出现了一种新的运输方式，即国际货物多式联运（International Multimodal Transport）。这种运输方式一般以集装箱为媒介，把货物海上运输、铁路运输、公路运输、航空运输和江河运输等传统的单一运输方式有机结合起来，组成一体并加以综合利用，构成一个连贯的过程来完成货物的国际运输。

根据国际上的统一认识，国际货物多式联运，是指根据一个多式联运合同，采用两种或两种以上的运输方式，由多式联运经营人把货物从一国境内接管货物地点运到另一国境内指定交付货物地点的行为。由于这种运输通常适用于国际货物运输领域，因此又称为国际多式联运。

2. 国际多式联运的特征

根据上述定义的解释，结合国际多式联运的实践，国际多式联运具有以下特征。

（1）多式联运经营人与发货人签订一个多式联运合同，签发一份多式联运单据。

货物在运输中无论采用多少种运输方式，负责全程运输的多式联运经营人必须与发货人签订一个多式联运合同。该合同明确规定多式联运经营人作为承运人与托运人之间的权利、义务、责任分配以及多式联运的性质。

多式联运单据是证明多式联运合同，证明多式联运经营人已经接管货物并负责按照合同条款交付货物所签发的一种权利凭证。它与传统的海运提单具有相同的作用，由多式联运经营人作为全程运输的承运人向托运人签发。

（2）多式联运经营人对全程运输负责。

多式联运经营人是货物全程运输的组织者，各区段的实际运输是通过多式联运经营人与实际承运人订立区段运输合同来完成的，各区段承运人对自己承担运输的区段负责，但无论多式联运经营人是否承担全程运输中部分区段的实际运输，他都要对全程运输负责。

（3）采用两种或两种以上不同的运输方式完成运输。

根据多式联运的定义，多式联运所指的至少两种以上的运输方式，可以是海陆、陆空、海空等，但与单一的陆陆、海海、空空联运有本质区别。多式联运不仅是采用两种不同的运输方式，而且必须是不同运输方式下的连续运输。

（4）多式联运采用全程单一运费率。

多式联运经营人制定一个货物从发运地至目的地全程单一的费率，并以包干形式一次向货主收取。这种全程单一费率通常包括全程各段运输费用的总和、经营管理费以及合理利润。

（5）多式联运的货物主要是集装箱货物或是集装化的货物。

货物的集装箱化促进了多式联运的发展，有些国际多式联运法规或惯例专门将国际多式联运货物的种类限定为集装箱货物。例如，西伯利亚大陆桥运输中的货物仅限于国际集装箱货物；我国《国际集装箱多式联运规则》中的国际多式联运货物也仅限于国际集装箱货物。

7.1.2 国际货物多式联运的发展与现状

1. 国际多式联运的发展

20世纪60年代，随着大陆桥运输通道的开通，海运集装箱开始由铁路大批量运送。所谓大陆桥运输，是集装箱通过海运抵达港口之后，穿越大陆到达大陆彼岸，而后再由海运运抵目的地，如远东的货物穿越北美运往欧洲。大陆桥运输比通过巴拿马运河的全程海运节省了大量时间，这一运输方式公认由美国海陆公司（SEA-LAND）首创。20世纪70年代陆桥运量随着更多的集装箱船进入市场及世界贸易局势的转变而稳步增长。当时，美国与原来第一大贸易伙伴欧洲的贸易量不断下降，而太平洋沿岸国家的出口量随其低廉的价格稳步上升。许多来自远东的货物从美国西海岸港口登陆，除一部分以西部城市为目的地外，更多的是运抵中西部和东部，有的甚至是欧洲，这些货物给陆桥运输带来了大量的集装箱运量。

随着海上集装箱运输、陆桥运输的发展，从港到港的单一运输方式逐步过渡到与铁路、公路、水运、航空多种运输方式的联合，充分利用各种运输方式的优点，开展多式联运，为货主提供一票到底的门到门运输。由于集装箱运输本身的特性和所具备的优点，大大降低了多式联运经营人在全程运输中的风险。随着集装箱运输系统的建立，运输及有关法规的完善，从美国开始的多式联运，很快扩大到整个世界范围。到目前为止，各国都在不同程度上开展多式联运业务，而发达国家之间的集装箱运输已基本实现多式联运。

目前，一些发达国家，海运船队、专用码头及内陆集疏运网络已配套形成较为完善的集装箱综合运输系统，同时也不断加强了多式联运的正规化、国际化和标准化的进程，制定并通过了与集装箱运输有关的国际公约、惯例、规则和国内法规，建立了全球性的分支机构、货运代理和多式联运经营网络。而发展中国家由于各方面条件的限制，多式联运仍处于起步和发展阶段，但多式联运的吸引力必将加快这些国家发展多式联运的脚步。发展中国家经济的发展及世界范围内多式联运网络的改善，必将促进集装箱货物多式联运的发展。

2. 国际多式联运的现状

1）陆桥运输线

陆桥运输是根据集装箱运输在不同运输方式之间便于换装、联合运输的特点，使集装箱运输从海上扩展到铁路，即海陆（或陆海）等方式的联合运输。目前，陆桥运输主要有四种表现形式。

（1）大陆桥运输。

所谓大陆桥运输，是指采用集装箱专用列车，把大陆当成联结两端海运的桥梁。这样的运输方式，使集装箱船和专用列车结合了起来，达到了提速和降低运输成本的目的。在大陆桥运输中，日本—欧洲、中东（伊朗、阿富汗）之间的西伯利亚大陆桥运输是最典型的多式联运路线。它是远东—欧洲间运输距离最短的一条运输线，可实现集装箱的门到门运输。

由于采用优惠运价，20世纪70年代末80年代初，该运输线在欧洲的货运量稳步增长，服务范围不断扩展。但近年来由于其他运输线的运价水平日趋下降，而西伯利亚大陆桥一方面不能随行就市，另外还存在运输时间不稳定、列车编组系统缺陷、往返货源不平衡等问题，其竞争力明显下降。

尽管如此，这种典型的门到门的集装箱多式联运的积极意义还是十分明显。随着EDP（提前发车法）控制系统以及专用列车系统的完善，该运输线的服务质量会有所提高，西伯利亚大陆桥作为欧洲的补充性运输线，仍会稳定发展。

（2）小陆桥运输。

小陆桥运输的前身是大陆桥运输，它通过日—美、日—欧之间的海上集装箱运输和横贯美国东西的铁路，开展日—欧之间的集装箱运输。小陆桥运输的发展，直接把远东、日本去美国的货物吸引到美国西海岸。事实上，美国墨西哥海湾可利用集装箱运输的大部分货物都是经过小陆桥运输的，许多前往这一地区的直达船运输被取消了。

由于没有直达集装箱船抵达美国墨西哥海湾，加之去美国西海岸比东海岸运距短，美国墨西哥海湾的货物几乎已经全部转为小陆桥化运输。美国小陆桥的实际运输形态是日本各主要港口至奥克兰或圣佩德罗的货物由各航运公司的船舶承运，美国内陆区段的运输由铁路承担，经由休斯敦或加尔维斯敦，再进行海上运输，将货物联合运至欧洲主要港口或一部分欧洲内陆地区。

（3）加拿大陆桥。

加拿大陆桥与美国陆桥相似，先由船公司的船舶将货物运抵温哥华或西雅图，然后利用加拿大铁路把货物运抵蒙特利尔，再与大西洋上的海上货物运输相联结，一直运至欧洲各港口。由于加拿大陆桥的运输成本较美国小陆桥运输成本高，以及难以确保二程船在太平洋的舱位等问题，美国一些运输公司还是改用了小陆桥运输。此外，各转运人在该航线上的运价水平接近于该干线上的运价水平,所以加拿大陆桥的经营活动未能顺利开展。

(4)微桥运输。

随着小陆桥运输的发展,又产生了新的矛盾。主要反映在:如货物由靠近美国东海岸的内地工厂运往美国国外、远东地区,首先要通过国内运输,以国内提货单运至西海岸船运公司,然后由船公司另外签发由西海岸出口的国际货运单证,再通过国内运输运至西海岸港口或运至远东。对此,货主认为,从内地直接以国际货运单运至西海岸转运,不仅增加费用,还耽误运输时间。为解决这一矛盾,微桥运输应运而生。铁路、船公司、海关以及商检等部门共同协商,在行政、法规上采取一定措施,使用联运提单,经美国西海岸港口,利用集装箱拖车或铁路运输将货物运至美国内陆城市。

无论小陆桥运输还是微桥运输,其发展都不是一帆风顺的。它们与船公司主导的联合运输本身存在矛盾,主要反映在与班轮公会运价水平和直达船运价水平,以及参加小陆桥运输的美国铁路公司有关的运费及作业间的关系等方面。所有这一切随着集装箱运输的发展逐渐暴露,进而由于美国贸易结构变化引起的回程货少,加之美国铁路公司不断提高运费等情况,使船公司的运费收益下降,且船公司无法控制铁路运输,这一切都意味着小陆桥运输还有很多问题需要解决。

2)远东—北美间的多式联运

北美航线集装箱运输已有几十年历史。在集装箱运输之前,由于受港到港运输方式的限制,货物在卸离船舶后到最终目的地的运输(北美内陆运输),由收货人自己安排。因此对货主来说,交货必须留有一定的期限。此外,由于受转运的影响,货物造成损害的情况也较多。但改用集装箱运输后,该种状况和局面得到改善,因而集装箱运输迅速被采用。随着铁路运输的发展,小陆桥在远东—北美贸易运输中逐渐成为一种主要的运输方式。特别是由于太平洋沿岸的船舶班次的增多,运输时间的减少,以及美国铁路部门采取的积极态度,经由美国西海岸至美国内陆城市的海陆联运货运量显著增多,过去经由美国东海岸运输的货物也有相当部分改由西海岸运输。

■ 链接 7-1　以日本为起点的班轮公会运输路线

1. 当地—内陆公共点的联运(Local OCP)

日本—(经海路)美国西海岸—(经铁路)内陆公共点

2. 小陆桥联运(Miniland Bridge)

日本—(经海路)美国西海岸—(经铁路)美国东海岸

3. 内陆公共点多式联运(Interior Point of Intermodal,IPI)

日本—(经海路)美国西海岸—(经铁路)内陆公共点

4. 海运—公路联运(Ocean-Motor)

日本—(经海路)美国西海岸—(经公路)内陆

■ 链接 7-2　以日本为终点的海陆多式联运

1. 小陆桥联运

美国东海岸或加勒比海湾—(经铁路)美国西海岸—(经海路)日本

2. 内陆公共点联运

内陆公共点—（经海路）美国西海岸—（经铁路）日本

3. 汽车陆桥联运

内陆公共点—（经公路）美国西海岸—（经海路）日本

4. 河桥联运

内陆公共点—（经驳船）美国西海岸—（经海路）日本

5. 反向内陆公共点联运

内陆公共点—（经铁路或公路）美国西海岸—（经海路）日本

3）远东—非洲间的多式联运

除了西北部海港，非洲大部分地区远离消费地和生产地，需要相当长距离的内陆运输，特别是无海岸的国家，除了靠经由他国的内陆运输外别无他法。但由于非洲各国对运输手段、运输规则的不同规定，以及外汇支付的问题，并不能充分利用过境运输。加之铁路、公路、港口等设施落后，影响了多式联运的开展。

4）海空联运

海空联运的方式始于 20 世纪 60 年代，但到 80 年代中期才得到较充分的发展。如利用海空联运进行日本、远东—欧洲间的运输，运输时间比全程海运少，运费比全程空运便宜。但在海空联运开始时，由于这种运输体制尚不完善，得不到货主的信赖，而且海运公司也认为没必要坚持低运费，因此海空联运的设想没有得到进一步的发展。到了 20 世纪 80 年代中期，海运业和空运业的形式发生了新变化，加之远东与欧洲国家之间汇率的变化，使北美西海岸的海空联运迅速发展起来。

在海空联运发展的同时，日本、欧洲出现了强大的运输代理行，使海空联运以更快的速度发展。目前，海空联运的范围已从远东—欧洲扩大到迪拜、新加坡、中国香港、泰国曼谷、中东，对此，运输代理行十分活跃，为各港组织多种形式的海空联运提供代理业务。

目前，海空联运的路线有：远东—欧洲、远东—中南美、远东—美国国内、远东—中近东、非洲、澳大利亚等。一般认为，运输距离远，采用海空联运可以缩短运输时间，较直接采用空运便宜，因此至欧洲、中南美，以及非洲采用海空联运是比较经济的。

3. 我国国际多式联运的发展概况

我国于 1980 年 8 月由中国对外贸易运输总公司开办境内国际集装箱接转西伯利亚大陆桥运输，当时国际多式联运业务量不大。1986 年，铁道部运输局与中国远洋运输总公司合作开办国际集装箱海铁联运业务，从而使我国国际集装箱多式联运得到了较快的发展。从 1994 年开始，铁道部所属的中国铁路集装箱运输中心、中国铁路对外服务公司先后与美国总统轮船公司、丹麦马士基航运公司等合作开办国际集装箱多式联运业务。目前，中外运系统、中远系统、中国铁路系统、中国海运集团系统以及地方国际航运公司、国际货运代理企业、中外合资与中外合作企业等都在不同程度上开办了国际集装箱多式联运业务。

■ 链接 7-3 国际集装箱多式联运业务

1. 我国内地—我国港口—日本港口—日本内地（或反向运输）。
2. 我国内地—我国港口—美国港口—美国内地（或反向运输）。
3. 我国港口—肯尼亚的蒙巴萨港—乌干达内地（或反向运输）。

4. 我国内地—我国港口—德国汉堡或比利时安特卫普港—北欧、西欧内地（或反向运输）。
5. 我国内地—我国港口—科威特—伊拉克（或反向运输）。
6. 我国东北地区—图们—朝鲜清津港—日本港口（或反向运输）。
7. 我国港口—日本港口—澳洲港口—澳洲内地。
8. 我国内地接转西伯利亚大陆桥运输（或反向运输）。
9. 我国内地接转亚欧大陆桥运输（或反向运输）。

7.1.3　国际多式联运的主要类型及与一般联运的区别

1. 国际多式联运的主要类型

国际多式联运所指的是至少两种运输方式进行联运的运输组织形式，例如，海陆联运、陆空联运和海空联运等。这与一般的陆陆联运、海海联运或空空联运等形式的联运有着本质的区别。众所周知，海、陆、空各种单一的运输方式都有自身的优点与不足，而国际多式联运严格规定必须采用两种或两种以上运输方式进行联运，所以这种运输组织形式综合利用各种运输方式的优点，充分体现国际化、社会化运输的特点。目前，有代表性的组织形式有以下几种。

1）海陆联运

海陆联运是国际多式联运的主要方式，可分为船舶与汽车联运、船舶与火车联运两种。由于汽车的运费较高，经济运距较短，对于陆运距离长的货物运输，其竞争力不如船舶与火车的联运，但是它可以实现门到门的运输；对长距离的陆上运输则主要采用海铁联运，这种组织形式多以航运公司或国际货运代理为主体，签发多式联运提单。距海运口岸较近的货物始发地多采用集装箱汽车运输的陆海联运，而距海运口岸较远的始发地多采用铁海联运；大陆桥运输则多采用铁海联运。实际上为了实现门到门运输，则是陆海陆联运。

2）海空联运

海空联运又被称为空桥联运，在运输组织的方式上与陆桥运输不同。陆桥运输在整个货运过程中使用的是同一个集装箱，不用换装；而空桥运输的货物通常要在航空港装入航空集装箱。不过，两者的目标是一致的，即以低费率提供可靠的运输服务，但是由于航空、海运的局限性，所谓的海空联运很难离开陆运。这种联合运输方式确切地说，应该是陆海空陆联运才能实现货物的门到门运输。

3）江（河）海联运

江海联运或河海联运，是利用发达的内陆水系进行的国际集装箱联合运输。目前，许多国家都利用国内既有的内陆河运系统，因地制宜地开展江（河）海集装箱联运。近年来，我国长江沿岸的集装箱货物通过上海或上海附近的口岸由太平洋航线运往世界各地；珠江下游中小城市的集装箱通过深圳、香港、珠海口岸由太平洋航线运往世界各地的货运量在逐年增加，从而拉动了长江中下游、珠江下游地区的经济发展。

2. 国际多式联运与一般联运的区别

1）概念不同

国际多式联运是使用两种及两种以上运输方式来完成国际货物运输的联运，而一般联运是指同一种运输工具多家经营的两程或两程以上的运输衔接。例如，铁路转铁路的运输,通常称为国际铁路联运;船转船的运输,通常称为转船运输。由于各实际运输企业业务范围的限制,货物全程运输要由多家企业采取分程接力方式完成,这种联运一般是同一运输方式下两程或两程以上运输的衔接,通常称为单一方式联运。多式联运是指两种或两种以上运输方式的联运,因而称之为"多式联运"。

2)责任关系不同

国际多式联运经营人承担全程运输责任,需要组织多种运输工具来完成货物的国际运输。因此实际上往往是多式联运经营人在接受发货人托运后,自己承运一部分,而其余的由其他承运人进行运输。它与单一方式联运不同的是这些接受多式联运经营人委托的承运人,只是根据委托对多式联运经营人负责,并不与原货主有直接的承托关系。因此,在实际业务中通常把多式联运经营人称为总承运人,把承担分段运输的承运人称为分承运人,而分承运人只对其本身承运的区段负责。

3)责任期间不同

国际多式联运的出现,从根本上改变了传统运输的交接界限。货物的交接地点突破了以往"港到港"或"站到站"的界限而向两端延伸。多式联运经营人接管货物的地点可能在某个港口的货场,也可能在港口以外某个内陆地点的货主工厂、仓库或集装箱货运站;货物的交付地点也同样延伸至内陆某地、某站或某货运站。因此,多式联运经营人的承运责任也由传统的"钩至钩"或"站至站"扩大到"从货物被多式联运经营人接收掌管时起至在指定地点交货时止"的全程运输责任。货物在运输过程中不论其灭失、损坏发生在哪一个运输区段,货主只要向多式联运经营人提出索赔要求,多式联运经营人就有责任查明情况统一处理或赔偿。

7.1.4 国际多式联运的优点与存在的问题

1. 国际多式联运的优点

国际多式联运是一种较高级的运输组织方式,它集中了各种运输方式的特点,扬长避短,融合一体,组成连贯运输,达到简化货运环节、加速周转、减少货损货差、降低运输成本、实现合理运输的目的。相对于单一运输方式具有较大的优越性,主要表现在以下几个方面。

1)提高运输组织水平

国际多式联运开展以前,各种运输方式都是自成体系,因此其经营的范围有限,承运的货物数量也有限。多式联运的开展,实现了运输的合理化,改善了不同运输的衔接协作,从而提高了运输的组织和管理水平。

2)实现"门到门"运输的有效途径,有利于物流业的发展

国际多式联运综合了各种运输的特点,组成了直达连贯运输,可以把货物从发货人的内地工厂或仓库,直接运送到收货人的内地工厂或仓库,还可以运到收货人指定的任何适宜的地点。

应当说,国际多式联运的发展是国际物流生产和发展的前提条件,只有国际多式联运发展形成或达到一定规模,各种单一的运输方式组成一个有机的运输系统的时候才能实现"门到门"运输。在此基础上,拓展物流经营人的业务,提高服务质量,才能有力地推动物流业的发展。

3) 手续简便，结汇方便

多式联运下，所有的运输事宜均由多式联运经营人全权负责，统一办理。对货主而言，只需要办理一次托运手续，多式联运经营人就会设定最佳路线，优化各种运输方式，提供统一单证和至目的地的统一费率，承担运输的全部责任。这样就减轻了货主的负担，同时也可以获得最优惠的运价。而货物在起运地装上第一程运输工具后，货主即可获得多式联运单据，并可凭此向银行办理收汇手续。这较之过去从内地发货，需要到达港口装船后才可取得装船提单收汇要快得多，因而也有利于加速资金周转，节省利息支出。

4) 提高货运质量和效率，方便货主索赔

多式联运是以集装箱为单元的直达运输，集装箱起着一个强度较大的外包装作用，货物在运输保管中不易被盗；单件杂货装入箱内，采用大型机械装卸，减少了许多不必要的中间环节，使各运输环节和各运输方式之间密切配合，货物中转迅速，大大缩短了货运时间，减少了货损货差的可能性，提高了货运质量。

若货物由各种单一运输方式分段进行运输，一旦发生货损货差，货主必须先确定区段责任人，这样做容易引起过多纠纷。而多式联运中，多式联运经营人是多式联运合同下货主的唯一合同相对人，货主只需向多式联运经营人索赔即可，从而方便了货主的索赔。

2. 国际多式联运存在的问题

1) 国外多式联运存在的主要问题

(1) 各国的集装箱标准尚未统一。

目前，欧洲大陆各国、日本和其他发达国家都是采用国际标准化的20英尺和40英尺的标准集装箱，而美国的国内运输通常使用的是45英尺或48英尺的集装箱，同时还采用加长、加高的集装箱。这就使得美国与其他国家之间的多式联运存在一定的摩擦。

(2) 各国集装箱运输发展不平衡。

许多发展中国家尚停留在集装箱化的初级阶段，这些地区成为多式联运路线的薄弱环节。由于财政或其他原因而导致港口建设与内陆交通情况得不到及时的改善，并且其交通运输的执法和海关的监管环境也不尽如人意，但其地理位置却处于多式联运路线的中途，这就使其成为国际多式联运的重要障碍之一。

(3) 国际多式联运适用的法律尚未统一。

至今《联合国国际多式联运公约》由于尚未达到30个国家的有效批准而未能生效，而国际货运代理协会联合会指定的多式联运单证也因各国法律的差异以及各国船公司、承运单位及企业规模的不同，而未能被广泛使用，因而国际多式联运尚处于缺少统一适用的法律和普遍使用的单证的杂乱状态。

2) 我国国际多式联运存在的问题

(1) 多式联运相关的必要设施不配套。

目前，我国存在着集疏运系统不完善、货运站装卸设备不足等问题。

(2) 多式联运的外部环境有待改善。

目前，有关单位，如海关、商检、税务、银行、保险、理货等相关单位尚未能做到认识一致，互相配合，这些都会影响整个多式联运系统工程的发展和推广应用。

(3) 信息系统不完善。

大型多式联运经营人应尽快建立遍及全国乃至全球的跨国信息网络系统，以达到真正能控制和管理集装箱的动态,做到迅速及时地发送和收回运往内地的集装箱。

(4) 缺乏大型的国际多式联运经营人。

由于目前我国缺乏一些能够综合协调整个多式联运系统各方面操作,并能真正承担全程责任的多式联运经营人,使得多式联运的优势并未得到充分发挥。相反,客户可能因选择多式联运形式反而造成货物的延迟交货或收货,这样也不利于多式联运的发展和普及。

7.1.5　国际货物多式联运经营主体

1. 我国对多式联运经营企业的资格要求

1) 缔约型国际货运代理企业

1995年6月6日经国务院批准,6月29日由外经贸部发布实施的《中华人民共和国国际货物运输代理管理规定》,明确了国际货物运输代理企业可以接受委托,代为办理国际多式联运。

(1) 设立国际货物运输代理企业的条件。

① 有与其从事的国际货物运输代理业务相适应的专业人员。

② 有固定的营业场所和必要的营业设施。

③ 有稳定的进出口货源市场。

(2) 国际货物运输代理企业的注册资本。

① 经营海上国际货物运输代理业务的,注册资本最低限额为人民币500万元。

② 经营航空国际货物运输代理业务的,注册资本最低限额为人民币300万元。

③ 经营陆路国际货物运输代理业务或者国际快递业务的,注册资本最低限额为人民币200万元。

经营两项以上业务的,注册资本最低限额为其中最高一项的限额。

国际货物运输代理企业每设立一个从事国际货物运输代理业务的分支机构,应当增加注册资本人民币50万元。

根据外经贸部发布的《外商投资国际货运代理企业审批规定》第8条规定:外商投资国际货运代理企业的注册资本最低限额为100万美元。

由此可见,缔约型多式联运经营企业的设立条件,同上述国际货运代理企业设立的规定。

2) 承运人型多式联运企业

1997年3月14日由交通部、铁道部联合发布,同年10月1日起实施的《国际集装箱多式联运管理规则》第二章对多式联运的管理做出了规定,申请经营多式联运业务的企业要符合如下条件:

(1) 具有中华人民共和国企业法人资格。

(2) 具有与从事多式联运业务相适应的组织机构、固定的经营场所、必要的经营设施和相应的专业管理人员。

(3) 该企业具有3年以上国际货物运输或代理经历,有相应的国内、外代理。

(4) 注册资本不低于1 000万元人民币,并有良好的资信。增设经营性分支机构时,每增设一个分支机构增加注册资金100万元人民币。

(5) 符合国家法律、法规规定的其他条件。

多式联运企业经营许可证的有效期为 3 年。有效期届满，需继续从事多式联运业务的，应在有效期满 30 日前向原发证主管部门申请换证。如不申请换证，其多式联运业务资格在期满后自动丧失。

2. 经营国际货物多式联运企业应具备的条件

1) 企业的素质条件

(1) 经营国际货物多式联运的企业，必须在取得国家主管部门批准的经营资格后，到所在地区工商行政管理部门办理登记注册手续，取得企业法人资格。具备了独立经营权，企业自己或委托代理人才能够与托运人、各区段承运人，以及相关的其他关系人签订合同，从而经营国际货物多式联运，对货物的全程运输负责。

(2) 多式联运经营企业必须拥有规定的资金，以满足经营业务的需要。具有与经营多式联运业务相适应的资金能力，才能对运输全程的货物灭失、损坏和延迟交付负责，具备承担对货主的赔偿能力。对一些较大的经营者，还要在多式联运体系的组成部分，如集装箱、集装箱货运站、仓库、卡车和拖车、集装箱装卸设备等方面进行一定的投资。

(3) 为了更好地为多式联运服务，必须具有管理方面、技术方面和专业知识方面的高素质人才，全面、及时地了解和掌握国际贸易和国际运输的法律程序、实务和市场最新动态，以及有关实际承运人、代理人、货运站、码头港站、海关、检验检疫，保险各项费率标准的变化、费用结构调整等信息，组织完成全程运输。

(4) 多式联运经营人可以自己拥有一种或一种以上的运输工具，也可以是不具有任何一种运输方式的缔约承运人（或称无船承运人）。但是，必须具有起码的业务设备和设施，如信息处理、传达设备，接收和保管货物的仓库，少量的国内公路运输工具，甚至一定面积的堆场、拆装箱设备、堆场作业机械，配备一定数量的集装箱和装卸机械等。

2) 进行货物运输的条件

(1) 必须建立和开发自己的联运线路。

从理论上讲，国际货物多式联运可以是从某一国的任何一地到另一国的任何一地，甚至遍及全世界。但是事实上这是不可能的，即便是实力再强的多式联运经营人也无法做到。世界上许多多式联运经营企业，通常只能是在自身可能的条件下，重点办好几条多式联运线路。例如，中国外运集团是我国最早也是目前我国最大的经营国际多式联运的企业，主要拥有从中国到日本、美国、加拿大等国家和地区的近 20 条线路。

建立和开发多式联运线路，需要在进行国际贸易货物流向、流量调查的基础上，选择物流量较大而且比较稳定的线路，再根据联运线路全程的运输能力、集装箱货物运输的集散、装卸和设备条件来确定。

(2) 具有与联运线路配套的集装箱货运站。

国际货物多式联运改变了传统运输的交接概念，不仅仅把港口或车站作为货物的交接地点，而是延伸到港口或车站以外的地点进行交接。在门到门的运输难以实现时，集装箱货运站便成为货主拆箱、分拨的理想场所。集装箱货运站具有货物交接、储存、中转的功能，在多式联运业务中发挥着重要的作用。因此，多式联运经营人必须设立或拥有合作关系稳定的、具有一定设施条件和能力的集装箱货运站。这些集装箱货运站通常在多式联运的公路、铁路线上或工业、贸易中心地区附近,并应和海关、检验检疫、保险机构连接在一起,甚至在保税区内,以便办理货物的报关、检验检疫、装箱、拆箱及分拨交接。

(3) 联运线路上要有由分支机构或合作伙伴组成的联运网络。

国际货物多式联运是跨国运输,不可能仅由一国、一个地区或一家企业来完成,需要国内外有关单位的共同合作才能进行有效的联合运输。因此,经营国际货物多式联运必须根据业务的需要建立国内外业务合作网,负责办理国内外运输、交接手续。多式联运经营人要在各经营线路的两端和途中进行各种运输方式的转运,并在交接处设立分支机构或派出代表,或委托适当的代理人来办理集装箱货物的接收、转运、交付,完成各区段的运输、衔接和服务。这些网点主要通过以下三种方式设立。

① 在国外设立自己的子公司或分支机构,独立承办自己的运输业务。

■ 链接 7-4 多式联运常见经营形式一

多式联运经营人可在一些重点地区、国家设立子公司或分支机构,形成跨国公司,由这些子公司或分支机构作为全权代表,处理多式联运中的货物交接、转运,甚至揽货、出运等一系列业务。例如,我国的中国外运、中远集团等大型航运企业就在世界各主要港口和内陆各主要站点设有自己的分支机构,来处理本公司的运输业务。

② 在国外的运输企业、代理企业入股,或同国外公司搞合营、联营、合作,通过委托代理形式开展业务。

■ 链接 7-5 多式联运常见经营形式二

这种方式实际上是入股投资一方直接参与对方的经营,至于参与程度则视入股多少或投资比例来决定。这种方式必须选择好的合作伙伴,否则,对方经营能力将直接影响到参股、投资方的利益。目前,国外的运输、物流企业已在我国成立了合资、合作的货运代理公司、物流企业,例如,日本日通物流、美国的飞驰等。

③ 通过订立委托代理协议,作为代理或互为代理,建立长期稳定的代理关系。

■ 链接 7-6 慎重选择长期代理

这种方式要注意选择资信可靠、有经营业务能力的货运代理公司、物流公司,通过协议建立长期的双方互为代理的业务关系,接受和委托对方作为分承运人,承担分段运输,或作为运输代理负责对方国家港口的接运和地区的内陆运输,根据委托相互代理签发多式联运单据,提供信息,接收和向收货人交付货物,收回单据,结算费用,处理货运事故等。这种合作关系,双方各负盈亏,也可根据协议和双方合作的信誉,按业务比例分享赢利或分摊亏损。

3) 开展联运的业务条件

(1) 缮制国际多式联运单据。

多式联运经营人从发货人或其代理手中接收货物后,应签发自己的多式联运单据,以证明收到货物和多式联运合同的订立,并开始对发货人所交付的货物承担责任;而发货人凭此单据到银行结汇，作为有价证券开始具有流通性质，可以进行转让和向银行抵押贷款。

至于在多式联运业务中分段承运人出具的承运单据，如海运提单，铁路、公路、航空货运单等，仅是多式联运经营人与承运人之间的运输合同或其合同的书面证明，与多式联运的托运人无关。因此，在填制这些提单或货运单时，"托运人"一栏应填写多式联运经营人的名称和地址，"通知人"一栏应填写该程运输终端多式联运经营人的代理人名称和地址，"收货人"一栏一般均填"凭指示"。

■ **链接 7-7** 注意不可照搬多式联运单证

目前，有的国际货运代理人特别是在刚开始经营多式联运时，为了方便，喜欢照搬其他经营人的多式联运单据的条款，这样容易造成不必要的麻烦。因为多式联运单据的背面条款与所采用的国际规则或国内法有关，而多式联运的线路不同，所适用的国家法律有可能不同，管辖权条款或其他条款也有可能不同，特别是不同类型的多式联运经营人和本人承运不同区段时，所以，应引起多式联运经营人和作为发货人代理的国际货运代理人的足够重视。国际货物多式联运经营人必须根据自己经营的线路和特点设立自己的多式联运单据，并应在政府业务主管部门或有关行业协会报备。

（2）制定国际多式联运单一费率。

在国际多式联运业务中采用单一费率是这种运输方式的基本特征之一，因此经营多式联运要制定一个单一的联运统一包干费率。由于国际多式联运涉及的环节多，不仅涉及不同的运输方式，还涉及不同的国家和地区；费率又是影响多式联运经营企业揽取业务、占领市场份额、树立企业信誉，以及获得企业本身经济效益的关键。因此，制定联运单一费率是一个复杂而又重要的问题，需要在掌握大量市场信息的条件下，综合考虑各种因素才能制定，并使制定的联运单一费率具有竞争性，以利于多式联运业务的开展。

国际集装箱货物多式联运全程运费，主要由国内段陆运费、海运费或国际航空运费、国际铁路运费和国外段陆运费组成的运输费，以及多式联运企业的经营管理费和企业利润等组成。该单一费率随着不同的贸易条件、货物的运输状态、交接方式、采用的运输方式、选择的区段实际承运人和运输线路的情况而变化。

（3）多式联运经营人的责任保险。

多式联运经营人的责任保险，主要用于弥补开展国际货物多式联运业务给经营人带来的风险损失。而这种风险不仅来源于运输本身，而且来源于完成全程运输的诸多环节之中。例如，各分段运输合同、仓储合同、保险合同等合同的签订；货物管理、业务操作、报关、检验检疫、单证签发、付款手续以及向分段承运人索赔和保留索赔的合理程序等。经营中的上述项目都是由多式联运经营人来完成的，一个错误指示、一个错误的地址，往往都会给多式联运经营人带来非常严重的后果和巨大的经济损失。因此，多式联运经营人有必要投保自己的责任险。

多式联运经营人承担的责任风险主要产生于以下三种情况。

① 赔偿责任限制的不统一。由于在不同的单一运输形式下,所适用的国际公约不同,承运人所承担的货物毁失、损害赔偿限额的规定不同,特别是隐藏损失,即货物损失不能确定发生在哪一运输区段时,会出现分段承运人的责任小于国际多式联运经营人,尤其是在海运区段当承运人免责时。

② 分段承运人或其他分包人的过失。多式联运经营人与众多的分包人签订合同,责任的产生往往是由于分包人的行为,而多式联运经营人本身没有任何过错。此时,从理论上讲,多式联运经营人有充分的追索权,但复杂的实际情况却使其无法全部或部分地从责任人处得到补偿,例如,分段承运人破产。

③ 多式联运经营人本身的过失。多式联运经营人由于自身或其受雇人或其代理人的过错,而导致未能履行或全部履行其应承担的义务,或在使用自有运输工具时出现事故,或在多项业务操作过程中失职或疏忽,给货主造成损失,此时,多式联运经营人无权向任何人索赔,而只有自己承担赔偿货主损失的风险。所以,多式联运经营人投保自己的责任险,不仅在以承运人身份出现时可以从运输保险内得到合理的责任限制,而且其经营风险还可以通过投保责任险而获得控制。

4) 多式联运企业要具有科学的管理体系

(1) 多式联运企业要实施规模化、集约化经营的管理体系。

大的多式联运企业必须要在国内外一些重点地区设立自己的子公司或分支机构,在多式联运线路上完善代理机构,使企业具有相当规模,形成一个全球运输网络。在此基础上,必须具备一个包括广告、供货、运输、仓储、装拆箱、控制和管理等各环节在内的集约化的经营体系。

(2) 建立科学的组织管理制度。

要确保国际多式联运货物快速、安全地运抵目的地,使各区段、各环节紧密衔接,从组织上保证货物迅速安全地运输。多式联运企业从接收托运人托运的货物起,到把货物交给收货人,各环节都要职责分明,操作有标准,行动有规范,环环紧扣,力争万无一失。

(3) 要建立现代化的信息网络。

多式联运的众多环节需要信息把它们连接起来。在整个联运过程中,从货物的接收、单证的签发、货物的发运、中转地的到达、装卸换装、再次发运至到达交付,货物的动态需要随时了解和掌握。这样做既便于货主随时查询,也能使企业在货物运输出现问题时及时采取措施予以解决,保证货物运输工作的顺利进行。没有优质高效的信息网络系统,多式联运企业的整体竞争力必将会受到严重影响。

(4) 要有统一管理指挥机构。

根据多式联运业务环节多、涉及面广的特点,不论企业大小,都应建立一个统一完善的管理指挥机构,负责对外受理业务,对内统一指挥全程运输,包括对货源、运力、报关、报验、报检、装卸、取送集装箱以及货物交接等的组织与衔接,以保证安全运输,提高运输效率。

3. 国际多式联运经营人的特殊法律地位

1) 国际多式联运经营人的特殊法律地位

《国际货物多式联运公约》中对多式联运经营人的定义是:本人或通过其代表及订立多

式联运合同的任何人是事主,而不是发货人的代理人或代表,或参加多式联运的承运人的代理人或代表,并且负有履行合同的责任。

从上述多式联运经营人的定义可以看出,在国际货物多式联运业务中,多式联运经营人与发货人、代理人、各类受雇人,以及分区段的承运人组成了较为复杂的法律关系。因而多式联运经营人在不同的合同中将处于不同的法律地位。

(1) 多式联运经营人以本人的身份与发货人订立多式联运合同,签发多式联运单据。如果是承运人型的多式联运经营人还以实际承运人的身份参加多式联运全程中某一区段或一区段以上的实际运输,还兼作区段的实际承运人。所以,他除了对多式联运全程运输负责外,还要对自己实际运输的区段负责。不论是缔约型还是承运人型的多式联运经营人,他的法律地位均是承运人。

(2) 多式联运经营人不论其是否参与某区段的运输,他都要与其他承担实际运输区段的承运人订立分运输合同,以完成其他区段的运输。在这些分运输合同中,多式联运经营人所处的法律地位是发货人(或收货人),或者既是发货人又是收货人,因而他处于委托人(或者货主)的法律地位。

(3) 多式联运经营人为了履行多式联运合同,完成全程的运输,在各种运输方式衔接点要与各类货物运输的运输代理人签订委托代理合同,委托代理人代其完成运输或其他相关的业务。这时的多式联运经营人将处于委托人的法律地位。

(4) 多式联运经营人以自己的名义与国际货物多式联运过程中所要涉及的各有关单位订立相应的合同,在签订合同和履行这些合同的过程中,多式联运经营人均是作为货方出现的,代表货方去履行义务,承担责任,开展相关的业务。

从上述分析可以看出,在国际货物多式联运的全过程中或其中一个阶段、某一环节,多式联运经营人是以不同的身份出现,承担其责任,履行其义务。但是,不论其以何种身份出现,又均是以自己而不是以货主或承运人的代理人的身份,这就是多式联运经营人定义中所说的"事主",而不是代理人的含义。所以说,多式联运经营人在全程运输中以多重身份、不同的法律地位而进行多式联运的组织与经营。

2) 多式联运经营人与不同参与方之间的关系

多式联运经营人履行多式联运全程运输合同时,必须要取得各方当事人所提供的服务,这些当事人可分为以下三类。

(1) 承运人。主要包括海运承运人、公路运输承运人、铁路运输承运人、航空和内河运输承运人等。

(2) 非承运人。主要包括集装箱码头经营人,仓库经营人,集装箱货运站经营人,集装箱出租人,从事货物包装、报关、报验报检、办理进出口手续的代理,以及其他有关单证服务的单位和组织。

(3) 其他各方。包括银行、保险人、外汇管理机构,以及港口、机场、海关、检验检疫机构等。

国际多式联运经营人与不同参与方之间的关系见图 7-1。

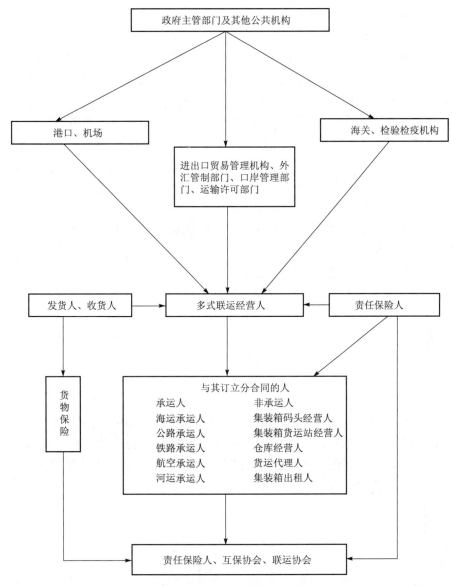

图 7-1 国际多式联运经营人与不同参与方之间的关系

7.2 国际货物多式联运实务

7.2.1 国际货物多式联运运输的组织

1. 影响多式联运运输组织的因素

国际货物多式联运的运输组织是一个非常复杂的问题,人们所希望的理想运输是"门到门"(Door to Door),但是由于诸多因素的影响,特别是对内陆地区集装箱货物运输来说,往往不能达到这种理想状态。在这些因素中,影响比较大的有国际贸易合同所采用的贸易条款、货物批量、集装箱的交接方式、多式联运经营人的类型,以及第一程运输和主要运输区段的运输方式，等等。

1）贸易合同中的贸易术语

随着国际集装箱运输的发展，FCA、CPT 和 CIP 将取代单一海上运输方式的 FOB、CFR 和 CIF。若需要多式联运的贸易合同采用了 FCA 条款，将由买方指定承运人，若是进口贸易则由我方选择多式联运承运人，而出口贸易则由对方选择承运人。对于 CPT、CIP 贸易，则有相反的选择权。对于向不同地区供货的货主，随着所选择的贸易术语的不同将会直接影响对多式联运经营人和第一程运输的运输方式的选择，甚至整条多式联运的运输路线的确定。不同的多式联运经营人，或者同一经营人但选择的是不同的运输路线、不同的货运站，其多式联运运输的组织也会不同。

2）货物批量与装箱方式

货物批量的大小，将会直接影响是整箱货还是拼箱货。若整箱货有组织"门到门"（Door to Door）运输的可能性，但还要视货主供货工厂或仓库的装卸条件而定。而货物批量小则只能组织拼箱，拼箱只能由集装箱货运站（CFS）装箱。当货物以集装箱运输且发货人提供了整箱货时，由发货人或其代理人进行装箱，或应发货人的要求，由多式联运经营人或其代理在集装箱货运站装箱；在拼箱货的情况下，通常在多式联运经营人或在其代理的监督下装箱，或者在集中运输的货运站装箱，在目的地所在国的集装箱货运站拆箱。但是如果是在货运代理的集中运输货运站装箱，而多式联运经营人将重箱作为整箱货处理，则装箱不受多式联运经营人的监督。这一切都将影响多式联运运输组织。

3）集装箱的交接方式

不同的集装箱交接方式涉及集装箱货运站、货主工厂、仓库的装卸条件，贸易合同所采用的贸易术语和货物运输批量，以及多式联运经营人接收货物的始发地和交付货物的目的地，多式联运路线，多式联运的全程运费，经营人的责任。因此，集装箱的交接方式也将影响多式联运经营人对货物全程运输的组织。

■ **链接 7-8** *集装箱的交接方式*

集装箱的交接方式有：① 门到门交接（Door to Door）；② 门到场交接（Door to CY）；③ 门到站交接（Door to CFS）；④ 场到门交接（CY to Door）；⑤ 场到场交接（CY to CY）；⑥ 场到站交接（CY to CFS）；⑦ 站到门交接（CFS to Door）；⑧ 站到场交接（CFS to CY）；⑨ 站到站交接（CFS to CFS）

4）多式联运经营人的类型

多式联运经营人的类型，通常被分为有船承运人型和无船承运人型。这里之所以把他们分为承运人型和缔约承运人型，除了我国对这两种多式联运经营人的审批、主管部门不同外，更主要的是因为不同类型多式联运经营人对货物运输组织的差异。

■ **链接 7-9** *多式联运经营人的类型*

承运人型的多式联运经营人：一般在组织多式联运的货物运输时，总要充分利用自己所拥有的运输工具，例如，海上运输的承运人，总要考虑本身所拥有船舶及船舶的班轮航线，他组织的多式联运路线在绝大多数情况下是向船舶始发港和目的港两端延伸至腹地；而航空公司承运人组织的多式联运总离不开所经营的飞机航线；铁路运输承运人所经营的多式联运路线往往以国际铁路联运、我国的大陆桥运输或者铁海联运为主。

缔约型的多式联运经营人：也就是国际货运代理人所经营的多式联运，在他们当中除了像中国外运集团这种具有相当实力并拥有国内外分支机构和联运网络的货运代理公司外，绝大多数是通过签订合同，与国外货运代理公司合作，本身负责国内段运输，委托其国外的代理负责国外段的运输。这种类型的多式联运经营人不拥有任何运输工具，主要靠与多方面签订合同来经营多式联运业务。虽然他们的经济实力往往不如承运人型的多式联运经营人，但是他们选择余地大，可以不受本身所拥有的运输工具的制约，而根据货主所托运的货物，选择最佳的运输路线以及最理想的区段运输方式和区段承运人。

5）货物运输所经由的国家和地区

组织国际货物多式联运，是多式联运经营人从发货人处接收了货物后，直到把货物交给收货人为止，整个运输过程要通过多式联运链完成。多式联运经营人或其代理人要监督多式联运运输链中所用的每一种运输方式中货物的装卸、中转，对全程货物运输的安全负责，确保货物能迅速顺利地运送至目的地。对于发展中国家，现代运输技术相对落后，运输装卸设备缺乏，内陆地区的集装箱货运站少，甚至暂时还没有设立，"门到门"集装箱运输的开展往往要受到运输条件的限制；国家对外汇、海关监管的制度也与发达国家有所不同，集装箱货物运输往往受到过境、转关、关税等条件的限制。所以，发展中国家的管理体制、运输技术和海关管制条件将直接影响到多式联运运输的组织。

2. 组织国际货物多式联运的主要环节

1）市场调查，开发货源

在传统的分段运输的条件下，国际贸易货物从发货人的工厂或仓库到目的地的运输要经过多个环节，由多种运输方式、多个承运人采用接力的方式来完成。往往发货人负责国内段的运输，根据贸易条款 FOB、CFR 或 CIF 由海运完成主要运输区段的运输，收货人完成进口国内段的运输。发货人或收货人通过与各区段承运人分别签订独立的运输合同，由各区段承运人分别负责各自区段的运输，而中间环节货物的仓储、装箱、拆箱、换装、中转、报关报验、保险投保、装卸大多是通过委托货运代理来完成的。

国际货物多式联运的产生和发展，为货主提供了方便。多式联运经营人通过市场调查，了解进出口贸易量，托运货物的品种、批量、价格、稳定性，以及供需情况，商品的供应地、起运地，需求的国家、地区和运输目的地，商品需求的稳定性，运价以及对货物供求的影响，货物运输的季节和时间要求，以及采取的运输方式和代理人的情况，贸易合同习惯采用的贸易术语及其原因等信息，然后，分门别类加以整理，通过广告、走访、会议、招待会等各种形式进行宣传，承揽货源。

2）多式联运路线的设置

根据传统运输方式的市场调查，或本企业已开展多式联运路线的情况，分别按照不同货源结构、对运输时间的要求、运输批量、运输的始发地和目的地等，初步设置多式联运的运输路线，在该运输路线上应选用的主要运输方式，以及与其配套的区段运输方式。例如，货物价值高、批量小、运送时间要求快的货物，主要运输方式可选用航空运输，多式联运的全程运输可选取陆—空—陆联运，等等。

■ **链接 7-10**　注意

多式联运有多条线路和多种运输方式可供选择，而又没有最后确定时，在可行的条件下，可同时选择多条路线、多种运输方式的不同组合。

如果多式联运路线上双向货流不平衡时，就会产生空箱调运，严重影响运输的经济性。所以，保证货流的回程平衡是多式联运经营人考虑运输路线的一个重要的因素，例如，采用三角路线运输组织形式来减少空箱的调运比例，也是路线设置的重要手段。

3）区段承运人的选择

区段承运人的选择往往与多式联运经营人自身的条件有关，对于有船的经营人开展多式联运经营活动，必须要充分发挥自己领域的特长，利用自身优势。他们不但在干线上有自己的船舶运输，甚至还有与其他航运公司的联盟，有的还拥有支线的运输，例如，我国的中远集团、中外运集团，有的还拥有从事公路集装箱运输的卡车、世界各地的分支机构、代理机构等。所以，他们选择分区段承运人的数量就比较有限，而且是辅助性的。而缔约型的多式联运经营人自己不拥有任何运输工具，必须与多式联运全程运输各区段承运人签订运输合同，他们把注意力集中在满足货主的服务需求上，可以在最大范围内选择经济性好、效率高的运输路线和运输方式，而每种运输方式都有一定数量的分段承运人可供选择。选择时，往往要考虑运输工具的状态、运价、货物送达时间、运输质量、班期、服务质量等。为了节约租箱费用，在很大程度上还要考虑船公司集装箱的可利用程度及换装费用。例如，若利用航空运输，会遇到航空集装箱不适用于其他运输方式、集装箱在机场需重新拆装箱而提高运输成本等问题。

4）代理人的选择

由于多式联运经营人负责全程的货物运输，从运输货物接收时起，到向收货人交付货物时止，在货物接收、装箱、拼装、仓储、报关、检验检疫、保险、调拨、多种方式运输、转运等众多环节中，世界上几乎没有一个多式联运经营人不委托代理人来完成其中的部分环节，即便是大的跨国公司有时也需要在部分环节上由其代理人来完成。此类经营人成功与否，在很大程度上取决于组织机构与可靠的合作伙伴和服务质量以及足够的货源上，尤其是国外段的运输和服务。在选择代理人时要考虑资信信誉、运输质量和各种服务费用等因素。多式联运经营人都有自己长期的合作伙伴，他们的工作状况对多式联运全过程运输的完成情况将起到决定性的作用。一定要严防运输欺诈，决不能与"皮包"公司式的"代理"合作。

5）运输成本的核算与全程统一运费的制定

在初步确定运输路线、选择分段承运人和代理人之后，就可以通过这些分区段承运人、代理人的报价，了解各运输区段的运费或运费率、代理费或佣金以及其他服务费的收费标准。多式联运经营人可以根据初步选择的不同运输路线核算全程运输所需要的各项费用，对不同的运输路线和同一路线上不同运输方式的成本和各项服务的报价进行综合，核算出全程运输的运输成本，根据本企业的管理费用和利润要求、运输市场情况以及竞争对手的报价，核定多式联运全程的运费和运费率。

■ 链接 7-11　注意

在考虑企业利润时，起定价目标有多种形式可供选择，主要有最大利润、预期收益利润率、适当利润、市场占有率、货运量占有率以及竞争定价目标等。在企业管理中曾经追求过最大利润，特别是在用数学方法的计算中常常把最大利润或利润率作为目标函数，但在实际工作中这么做往往会适得其反。目前，许多发达国家，例如，日本就有很多管理学家推荐以适当利润为目标。当然，在行业竞争激烈时也常常以市场占有率或运输的货运量占有率为目标。

6）多式联运协议、分段运输协议的签订和多式联运单据条款的修订

在进行了上述调查、选择、方案比较，甚至可行性分析之后，如果认为方案可行，就应分别与发货人签订长期的多式联运协议，此协议可与每次的托运单和场站收据组成多式联运合同，把货源稳定下来。然后再分别与各区段承运人签订分段运输协议，争取优惠的运价和一定的集装箱使用期，以保证各区段的运输。此项协议可按不同可行路线分别签订，也可以与大的船公司签订全面合作协议。对于不同运输路线，应根据各国强制性的法律法规修订多式联运单据的条款。例如，进出美国的船舶，其提单必须符合美国海上运输法的规定，我国中远集团、中国外运集团船舶进出美国港口的提单都具有美国条款或地区条款。多式联运的责任形式近期以《1991 年多式联运单证规则》规定的网状责任制较为稳妥。至于进出其他国家和地区的路线，应在调查了解的基础上进行修订。

7.2.2　国际货物多式联运业务程序及其运作过程

1. 国际货物多式联运业务程序

1）接受托运

多式联运经营人或其代理人根据发货人或其代理人提交的托运单或一式多联的场站收据及其副本（一般为 10 联单）和自己的运输路线，决定是否接受委托，若不能接受或某些要求无法满足，应及时做出反应，以免承担不必要的法律责任。根据货物多式联运协议和分合同的情况，如果能够接受，则再审核委托单，经双方议定有关事项后"承诺"，并填写运输工具的名称、联运单号、船舶航次或其他运输工具的车次、航班等，证明运输合同成立，留下承运人或其代理人的留底联和运费通知联，将其余各联退回，交发货人或其代理人。

2）提取空箱

国际货物多式联运中使用的集装箱一般应由多式联运经营人提供。这些集装箱的来源，一是多式联运经营人购置的，二是从租箱公司租用的，三是由全程运输的分承运人提供，多数情况是由海上运输区段的分承运人根据海上运输合同而提供的。

多式联运经营人或其代理人在与托运人签订多式联运合同并接受托运后，即签发集装箱空箱提交单，连同集装箱设备交接单一并交给托运人或其代理人。托运人或其代理人据此到指定的集装箱堆场或集装箱站提取空箱，由发货人或其代理组织装箱。如果是由多式联运经营人或其代理人或分区段承运人负责装箱，则由装箱的货运站提取空箱。不论由哪一方提取空箱，都必须事先缮制集装箱出场设备交接单。在提箱时，必须向箱站提交空箱提交单，并在箱站检查桥或门口由双方代表在集装箱设备交接单上签字，办理交接手续，并各执一份。

3）报验报关

在我国，凡列入商品检验机构规定的《进出口商品种类表》和合同规定须由商品检验检疫机构出证的商品，必须在规定的期限之内填好申报单向出入境检验检疫机构申报检验。

经监督检验部门审核或查验，视不同情况分别予以免检放行或经查验后出具有关证书放行。出口商品的检验检疫可由发货人或其代理人办理，也可委托多式联运经营人办理。

出口货物的报关，若联运从港口开始，则在港口报关；若联运从内陆地区开始，就在内陆地区货物装运地附近的海关办理报关，然后转关到出口口岸海关查验放行。出口报关在检验检疫后进行，一般由发货人或其代理人办理通关手续，也可委托多式联运经营人代为办理，但多式联运经营人要加收报关手续费。

4）货物装箱

货物装箱分发货人自行装箱和多式联运经营人装箱。发货人自行装箱包括发货人或其代理人提取空箱在发货人自己的工厂或仓库自行装箱；或在发货人代理人的集装箱货运站装箱，由发货人或其代理人请海关人员监装、施封。所以，在发货人的代理人货运站装箱即使是拼箱，多式联运经营人也按整箱货接收和交付。

多式联运经营人装箱也分在多式联运经营人货运站或其代理人货运站装箱。在区段承运人货运站装箱视为在多式联运经营人代理人的货运站装箱。如果在多式联运经营人代理人的货运站装箱，不论是拼箱货还是整箱货，均应由发货人或其代理人负责将货物送至指定的货运站，由货运站代表多式联运经营人接收货物，按多式联运经营人的指示装箱。

无论由谁负责货物装箱，均需由装箱人制作集装箱装箱单，并负责请海关监装和施封。对于由货主自行装箱的货物，发货人应负责将货物运至双方议定的交箱地点办理交接，多式联运经营人或其代理人在指定地点验收并接收货物后，应在场站收据正本上签章，留下其副本装货单联和收货单联后，将正本退还发货人或其代理人。

5）办理保险

在国际货物多式联运业务中，由发货人投保货物运输险，多式联运经营人投保货物责任险，集装箱所有人投保集装箱险。若集装箱是多式联运经营人的租箱，集装箱险的投保人视租箱合同而定。货物运输险分全程投保或分段投保，一般由发货人自行投保，或由其代理人作为保险经纪人代其投保，也可由发货人委托多式联运经营人代为办理。

多式联运经营人代为投保货物运输险时，应注意货物买卖合同和信用证规定的险别、保险金额和保险期间。保险单是保险人与被保险人之间订立保险合同的证明文件，当发生保险责任范围内损失时，保险单是保险索赔和理赔的主要依据。

6）货物运送

多式联运经营人接收货物后，应根据多式联运路线及其与区段承运人签订的分区段运输合同交第一程运输的承运人，此实际承运人接收集装箱货物后，向多式联运经营人签发本区段运输单据（提单或运单），并安排装到运输工具上进行第一程运输。此项业务可由多式联运经营人或其代理人以托运人的身份进行，所以，此运输合同或单据的当事人是多式联运经营人和这一区段的承运人，而与发货人或其代理人无关。货物装运后，多式联运经营人应及时通知中转或过境站的分支机构或其代理人。多式联运经营人在分区段运输合同中约定由第一程承运人代为中转时，多式联运经营人应及时通知第二程区段承运人，准备接运货物。

7）签发单据

多式联运经营人或其代理人接收货物后，在场站收据上签章，发货人或其代理人持由多式联运经营人签章的场站收据到多式联运经营人或其分支机构或代理人处换取多式联运全程运输单据。在换取单据时，发货人应按多式联运合同的约定，交付运费及其他各项应交费用。

多式联运经营人根据多式联运合同的约定负有组织完成全程运输的义务和责任，所以，在接收货物后，按运输线路和分合同的约定通知全程各区段运输实际承运人和各中转、过境环节的分支机构或其代理人，共同协作，做好全程各环节的衔接、协调，处理好运输过程中所涉及的各种服务、运输单据交接以及信息传递。发货人凭多式联运单据、保险单和发票等信用证要求的有关单据到银行结汇。

8）中转、过境

按照多式联运的定义和国际惯例的规定，多式联运全程运输是属于国际货物运输。因此，在中转站不同运输方式之间的中转，是由多式联运经营人分支机构或其代理人组织，也可由各区段的实际承运人代为办理。另外，尚需在过境或进口国办理货物及集装箱过境或直接进口通知手续，过境国或进口国国内段运输一般是在海关监管下的保税运输，直至到达目的地。

如果货物是在目的港交付，则结关应在港口所在地海关进行；如在进口国国内交付，则应在口岸办理海关监管下的保税运输手续，港口海关加封后可运往内陆目的地，然后在内陆目的地海关办理结关手续，由此而产生的全部费用应由发货人或收货人负担。

9）货物交付

当货物运至目的地后，在多数情况下放在保税仓库的集装箱堆场或货运站，由目的地代理通知收货人提货。收货人或其代理人需按多式联运合同付清收货人应付的全部费用，凭多式联运单据换取交货记录或提货单，凭此单到进口国海关办理进口结关手续，由提货人凭其通关后盖有海关放行章的有关证明到指定堆场或货运站提取货物。

如果是整箱货物，收货人提箱至拆箱地点拆箱后，负责返还空集装箱；如果是拼箱货物，则凭海关放行手续和提货单在多式联运经营人或其代理人的集装箱堆场或货运站拆箱提货。至此，运输合同终止。

10）货运事故处理

如果在全程运输中发生了货物灭失、损坏或运输延误，无论是否能确定灭失损坏或延迟发生的运输区段，收货人或发货人均可在有效期内向多式联运经营人提出索赔。多式联运经营人根据多式联运单据条款和双方签订的多式联运合同约定做出赔偿。能确知事故发生的区段和实际责任人时，由多式联运经营人向其追偿；不能确定事故发生的区段时，根据多式联运合同所选定的适用法律或国际规则，或多式联运经营人与分区段承运人的分合同约定处理。如果已对所运货物及责任投保，也可先向保险公司索赔，然后，保险公司取得代位求偿权后，可向责任人追赔。如果索赔人和责任人之间不能达成一致，则可在有效诉讼期内，通过协议进行仲裁或向法院提起诉讼。

2. 国际货物多式联运业务运作过程

国际货物多式联运业务的运作是由发货人向多式联运经营人提出托运，多式联运经营人根据自己的条件考虑是否可以接受，如双方能够达成共识，则可订立货物多式联运合同，并按合同约定的时间、地点和方式办理货物交接，多式联运经营人签发多式联运单据。多式联运经营人根据所经营多式联运路线与分区段实际承运人所签订的运输协议，确定整箱货或拼箱货的装箱集运方案，制订全程运输计划，把计划转发给中转衔接地点的分支机构或委托代理人，并与各区段实际承运人订立各区段运输合同，通过这些实际承运人和中转机构组织完成货物的全程运输。多式联运经营人接收托运的货物后，先转交第一程实际承运人，再逐段向后程承运人转运,在最后一程承运人手中接收货物,并向收货人交付(见图7-2)。

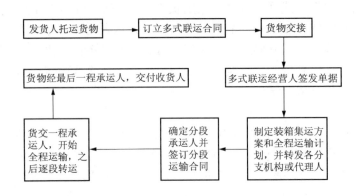

图 7-2 国际货物多式联运运作过程

在与发货人订立多式联运运输合同后,多式联运经营人根据双方协议按全程单一费率收取全程运费和各类服务费、代垫代付费用。在与各区段实际承运人订立各区段实际运输合同时,需向各区段实际承运人支付各区段运费及其他各项费用;在各中转衔接地点委托代理完成中转衔接服务时,也需支付委托代理费用和各项代垫代付费用。

7.2.3 国际货物多式联运的运费

1. 多式联运费率的构成

尽管国际货物多式联运环节多、情况复杂,因货物交接地点和业务项目的不同而有所差异,但运费制定的基本原则一般都是以成本为基础的,所以,其费率的构成一般为

联运费率=运输成本+经营管理费用+利润

1) 运输成本

运输成本根据贸易合同中不同的交货条件和不同的运输线路,有不同的计算项目。但是,归纳起来主要包括以下几项。

(1) 国内段费用。

这段运费主要是从陆运段的接货地点至港口或机场的运输费用。

■ **链接 7-12** 国内段费用

(1) 从发货人的工厂、仓库接管货物后,至内陆集装箱中转站,包括货运站、内陆货站、铁路车站、公路中转站等集散点的运输费,以及在中转站发生的集装箱存放费、装拆箱费、站内操作费用和装卸车费用等。

(2) 中转站至港口或机场的运输费用,包括两点之间空、重箱的铁路、公路和水运的运输费用,以及不同运输工具之间的中转、代理和相关的服务费用。

(3) 在干线运输的港口、机场所发生的费用,包括装卸车费、场内堆存保管费、机场换装费、港务费、移动费和其他附加费等。

(2) 干线运输费用。

多式联运经营人为了完成全程的货物运输,要与海上承运人/航空承运人/国际铁路承运人签订区段货物运输合同,货物在这一国际干线运输所应支付的运费就是干线运输费用。这

段运输可选择不同的运输线路、不同的运输方式，即使是采用同一种运输方式，也有多个不同的承运人可供选择。如果这一段选择国际航空运输，可有不同航空公司、不同中转地供多式联运经营人选择；如果这一段选择的是国际海上运输，也可有不同的船公司、不同的中转港供多式联运经营人选择。由于这一段运费的比例较大，多式联运经营人可以通过与自己长期合作伙伴订立长期的运输协议而获得优惠的运价。

（3）国外段费用。

这段费用是从货物干线运输的目的港至交货地之间完成货物运输的全部费用。这段费用与国内段费用大体相同。

■ **链接 7-13** 国外段费用

（1）港口或机场费用。

（2）港口或机场至中转站费用。

（3）中转站费用和中转站至交货地费用，但要计入国外代理的交接手续费或代理费，如系经第三国转运还要计算过境费用。

由于各国的国内运输费用规定不尽相同，可能还要收取一些特定费用，例如，德国对内陆运输强制保险，还必须支付保险费用。

（4）集装箱租用费用和保险费用。

集装箱租用是指由多式联运经营人提供的集装箱，不论是多式联运经营人本人的，还是租用集装箱出租公司的，或是某一实际承运人提供的，都要支付租（使）用费用。此项费用一般按全程预计天数包干计算。

这里所指的保险费用主要包括集装箱保险费和多式联运经营人对货物运输的责任保险费。集装箱保险费视集装箱租用合同而定，如果集装箱出租公司已对所出租的集装箱投保，则此保险费已包含在集装箱出租费用中，不需单独考虑。必须注意：货物运输保险费一般由货方自己投保，如果货方委托多式联运经营人代为投保，应由货方承担保险费及服务费，而不应包含在运输成本中。

2）经营管理费用

经营管理费主要包括多式联运经营人与货主、各分支机构、代理人、实际承运人之间的信息、单证传递费用、通信费，单证成本和单证缮制手续费，以及公司和分支机构职工薪金、生产设备折旧等营业性开支费用，可分别摊入有关的业务项中作为运输成本。

■ **链接 7-14** 经营管理费用注意事项

对于货物全程运输中委托项目发生的报关、申请海关监管保税运输手续费，检验检疫、保险以及由发货人或收货人委托的其他服务项目所发生的费用，一般应单独列出，作为预付款或代垫代付款向发货人或收货人收取。

3）利润

利润是指多式联运经营人预期从该运输路线的货物多式联运中获得的税前利润。计算利润的多少受多种因素制约。从外部因素看，受到行业竞争和运量多寡的影响；从内部因素看，受到本身经营方针、业务难易以及行业收费标准等因素制约。追求利润的目标条件已在上述多式联运运输的组织中阐述，这里不再赘述。但在初步确定时，一般以运输成本与经营管理费之和，再考虑营业税税收，乘以一个适当的百分比（例如10%~15%）等确定。此百分比需根据市场行情和企业本身所具备的竞争能力考虑。

2. 多式联运费率计费方式

1）按单一运费制计算运费

单一运费制是指集装箱从托运到交付，所有运输区段均按照一个相同的运费率计算全程运费。在西伯利亚大陆桥运输中采用的就是这种计算方式。单一费率有相对的稳定性，并且有一定的透明度。由于各区段的运费可能发生变化，因此确定单一费率时使用的数据应是较长一段时间内各数据的平均值。

2）按分段运费制计算运费

分段运费制是按照组成多式联运的各运输区段，分别计算海运、陆运、空运、水运及港站等各项费用，然后合计为多式联运的全程运费，由多式联运经营人向货主一次性计收各运输区段的费用，再由多式联运经营人与各区段的实际承运人分别结算。目前，大部分多式联运的全程运费均采用这种计算方式。例如，欧洲到澳大利亚的国际集装箱货物多式联运，日本到欧洲内陆或北美内陆的国际集装箱多式联运等。

7.2.4 国际多式联运的租箱业务

集装箱租赁业是一个随着集装箱运输的发展而发展起来的行业，在当今世界上具有相当规模的集装箱出租公司已有100多家，目前可供出租使用的集装箱数量约占世界集装箱总数的50%左右，这对于集装箱运输和多式联运的发展起着重要的促进作用。

1. 集装箱租赁的优越性

1）可避免占用过多的资金

由于集装箱造价昂贵，如果多式联运经营人采用自备箱，则需要购置大量的集装箱，尤其是缔约型的国际货运代理经营国际多式联运时，需要巨额投资，占用大量资金。如果贷款购箱，还要支付为数可观的银行贷款利息，这对一个多式联运经营人来说是一个相当沉重的负担。如果租赁集装箱，只需支付少量租金即可获得集装箱使用权。当多式联运经营人不需要这些集装箱时，则退还租箱公司，这样就可避免占用大量资金，也无须支付巨额银行贷款利息。

2）节省空箱调运费用并可满足联运用箱需求

对于多式联运路线上往返货运量不平衡、季节性货源的变化等产生的用箱方向上和时间上不平衡的情况，可通过采用合理的租箱方式来解决。如果采用单程租赁或短期租赁或者灵活租赁的办法，既可解决用箱方向上和用箱时间上的不平衡问题，又可节省集装箱购置费、银行贷款利息和空箱调运费。集装箱租赁还可以满足不同货主、不同货物运输的要求，按每次运输的具体情况租用所需要的箱型，特别是特种箱。

3）避免集装箱陈旧、过时

由于集装箱运输的迅速发展，情况在不断地变化。某些曾被采用的集装箱尺寸、规格和结构形式将不适于使用而被淘汰，而某些非标准集装箱的适应运输形势发展，数量大增，得到了国际标准化组织的推荐而被标准化。通过集装箱租赁，就不必承担集装箱陈旧、过时的风险，当旧规格的集装箱即将被淘汰时，尽早归还并重新租用新箱，即可继续使用。

4）降低运输费用，提高多式联运的竞争力

如果多式联运经营人自购大量集装箱参加多式联运，将会增加其运输成本中的折旧费用，提高多式联运的运输成本；而某些分段承运人提供的免费使用的集装箱又不能得到充分利用，对多式联运经营人来说，这是一种变相浪费。由于采用租赁的集装箱可根据需要租赁，甚至可以租用分段承运人的集装箱，这样既可减低多式联运的运输成本，又可提高集装箱的利用率，不但提高了多式联运的竞争能力，也有利于分段承运人乃至整个集装箱运输业的发展。

2. 集装箱的租赁方式

1）期租

集装箱期租是租箱人在一定期间内租用集装箱的租赁方式。在租期内，租箱人可以把租来的集装箱像自己拥有的箱子一样自由调配使用。期租可根据租用时间的长短分为长期租赁和短期租赁两种形式。

（1）长期租赁。

集装箱长期租赁一般有较长的期限。通常在1年以上，多数为3~10年。根据租期届满后对集装箱处理方式的不同，可以分为金融租赁和实际使用期租赁两种。金融租赁是指租箱人在租箱合同期满后作价买下所租用的箱子，从而取得集装箱的所有权的一种租赁方式；而实际使用期租赁则是当租赁合同期满后，租箱人将箱子退还给出租公司的一种租赁方式。

长期租赁的特点是租箱人只需按时支付租金，即可如同自备箱一样使用，租期越长，租金越低。对集装箱出租公司来说，可以保证在较长的时期内有稳定的租金收入，减少租箱市场的风险，并减少大量的提、还箱的管理事务。但是，这种方式一般约定：在租期未满前，租箱人不得提前退租。为解决这一问题，可在租箱合同中附有提前归还集装箱的选择条款。货源稳定的班轮公司多采用这种租箱方式。

（2）短期租赁。

短期租赁是指租箱人根据自己所需要的使用期及市场情况，与租箱公司签订租箱合同租用集装箱。与长期租赁相比，短期租赁比较灵活，租箱人可以根据自己的需要确定租箱时间、地点和租期，但其租金较高，而且还要根据当时租箱市场的供需和竞争情况调整。租箱人一般用这种方式来保证临时用箱需要。

2）程租

程租是指集装箱的租期由航程时间决定的一种租赁方式，一般又分为单程租赁和来回程租赁两种方式。

■ 链接 7-15　程租

单程租赁：是指租箱人从起运地租箱至目的地单程使用集装箱，在目的地拆箱后即还箱的一种租赁方式，主要适用于在一条多式联运路线上来回货源不平衡的情况，它可以满足租箱人单程用箱的需要。如果从缺箱地区单程租赁到集装箱压箱地区，租箱人不但需要支付较高的租金，有时还要支付提箱和还箱费。因为集装箱出租公司需要从集装箱积压地区向缺箱地区调运空箱,支付空箱调运费。反之,由压箱地区单程租赁到缺箱地区,集装箱出租公司由于箱子积压会产生许多费用,所以租箱人可以享受租箱优惠,不仅不必支付或者少量支付提箱和还箱费,甚至在一定时间内可免费租借。

来回程租赁:是指提箱、还箱在同一个地区的租赁方式,一般适用于往返货源比较平衡的运输路线,原则上在租箱地区还箱。该租赁方式的租期不受限制,在租赁期间,租箱人有较大的自由使用权,不必仅限于一个单纯的来回程,也可以是连续几次的租赁,租期由来回程所需的时间和所需的次数决定。由于不存在空箱回运的问题,因而租金较单程租赁低,但是该种租赁方式对还箱地点有严格的限制。

有时人们把集装箱的短期租赁、单程租赁和来回程租赁通称为临时租赁或即时租赁,因为其能满足租箱人临时的用箱要求,解决货源变化和箱源不足的问题。虽然其租金比长期租赁方式高,但多式联运经营人租箱多采用这种方式,除非在某多式联运路线上有长期稳定和均衡的货源。

3)灵活租赁

灵活租赁是一种在租箱合同有效期内,租箱人可在与出租公司约定的地区灵活地进行提、还箱的租赁方式。这种租箱方式在租期上类似于长期租赁,一般为1年,而在箱子的具体使用上又类似于即期租赁。所以,它兼有长期租赁和即期租赁的特点,在大量租箱的情况下,租箱人可享受租金回扣的优惠,其租金近乎长期租赁。在多式联运的运量大、路线多且来回程货运量不平衡的情况下,采用这种租赁方式能够比较好地适应其变化,是一种较佳的方式。

由于灵活租赁的提、还箱灵活,因而给集装箱出租公司带来一定的风险,所以在租箱合同中会规定一些附加约束条件。例如,在合同中规定租箱人每月提箱、还箱数量及地区,最少租期不得少于30天,基本的日租金率,租箱人按租期支付租金;并规定起租额,租期内应保持一定的租箱量等。

尽管集装箱租赁的方式很多,但最重要的是租箱人应根据多式联运路线情况、运输市场及租箱市场行情、租箱人的资金状况,经过论证、分析和可行性研究后,确定适合自身条件的租赁方式和租箱量。

7.2.5 国际多式联运与保险

1. 国际集装箱多式联运保险概述

国际集装箱多式联运的发展,为货主提供了便利的"门到门"服务,减少了部分集装箱货物的运输风险,同时也增加了一些新的风险,从而给运输保险提出了一些新的问题,如保险人责任期限的延长、承保责任范围的扩大、保险费率的调整以及集装箱运输责任保险等。

与传统的运输方式相比,国际集装箱多式联运使得货物在运输过程中的许多风险得以减小,其中包括:① 装卸过程中的货损事故;② 货物偷窃行为;③ 货物水湿、雨淋事故;④ 污染事故;⑤ 货物数量溢短现象等。

然而,随着集装箱多式联运的开展也出现了一些新的风险,包括:① 由于货物使用集装箱运输,货物包装从简,因而货物在箱内易造成损坏;② 由于货物在箱内堆装不当、加固不牢造成损坏;③ 在发生货物灭失或损坏时,责任人对每一件或每一货损单位的赔偿限额大为增加；④ 装运舱面集装箱货物的风险增大等。

由于上述原因，尤其是舱面装载集装箱，运输风险增大，保险公司会据此提出缩小承保责任范围，或对舱面集装箱征收高保险费率，或征收保险附加费。

与此同时，在多式联运下，保险利益所涉及的范围也有所变化，主要有：

（1）海运经营人。从某种意义上讲，由谁投保集装箱，与谁拥有集装箱或对集装箱承担责任有关。如果该集装箱由船公司拥有，则应该由船公司进行投保。可采取的投保方式包括延长集装箱船舶保险期、扩大承保范围、单独的集装箱保险等。在实际保险业务中，单独的集装箱保险比延长船舶保险期应用更为广泛。

（2）陆上运输经营人。陆上运输经营人通常是指国际货运代理人、公路承运人、铁路承运人等。当他们向货主或用箱人提供集装箱并提供全面服务时，必须对集装箱进行投保，以保护其巨额资金投入。

（3）租箱公司。在租箱业务中，不仅要确定租赁方式，同时，确定由谁对集装箱进行投保也是十分重要的。根据目前的实际情况看，无论是集装箱的长期租赁，还是程租，较为实际的做法是由租箱公司投保，而向承租人收取费用。

（4）第三者责任。在集装箱多式联运过程中，除因箱子损坏而产生经济损失外，还有可能对第三方引起法律责任，如集装箱运输过程中造成人身伤亡及其他财产损失等。由于对第三者的损失责任可能发生在世界任何用箱地，因此其签订的保险单也必须是世界范围内的。

2. 国际集装箱多式联运保险的特征

国际集装箱多式联运保险承保的是运输货物从一国（地区）到另一国（地区）之间的"位移"风险。由于所承保的保险标的在整个运输过程中，无论是地理位置，还是运输工具以及操作人员等均频繁变更，使得承保标的时刻暴露在众多的自然或人为的风险之中。因此与其他财产保险相比，多式联运运输保险有着下列特征。

（1）事故发生的频率高，造成损失的数量大。

国际集装箱多式联运以其安全、简便、优质、高效和经济的特点已广为国内外贸易界和运输业所接受，业务量迅猛增加。与此同时，由于其覆盖面广、涉及环节多，因而不可避免地使货物在运输过程中发生事故的频率增加，造成的损失加大。

（2）集装箱多式联运保险具有国际性。

国际集装箱多式联运保险的国际性主要表现在它涉及的地理范围超越了国家的界限。多式联运所涉及的保险关系方不仅包括供箱人、运箱人、用箱人和收箱人，而且包括不同国家和地区的贸易承运人和货主等。因此，运输保险的预防与处理，必须依赖于国际公认的制度、规则和方法。这是国际集装箱多式联运保险的一个显著特征。

（3）运输保险人责任确定的复杂性。

国际集装箱多式联运保险涉及多种运输方式，一般以海运为主体，铁路运输、公路运输以及内河运输等为辅助。在承运过程中，保险人对被保险货物所遭受的损失是否负赔偿责任，首先应以导致该损失的危险事故是否属于保险合同上所约定的承保事项为依据。也就是说，只有因保险合同上所约定的危险事故造成的损失，保险人才负赔偿责任。其次是受货物受损程度的限制。当损失尚未达到保险合同约定的程度时，保险人也不负赔偿责任。由此可见，多式联运下货物损失赔偿的确定是一个非常复杂的问题。它不仅涉及保险合同本身的承保范围，同时也涉及与运输有关的货物承运人的责任问题。因此，为了划清损失的责任范围，必须深入了解各国以及国际上公认的法律和惯例。

3. 国际集装箱多式联运与海上货物运输保险

无论是从保险的基本概念，还是从保险合同条款的内容来看，海上货物运输保险与国际多式联运的风险保护，在某种意义上是一致的。

目前，以国际贸易运输货物为承保对象的英文保险单大都是以1906年英国海上保险法为准据法的。该法的第3条规定："海上保险合同可以根据明文规定或商业习惯，扩大其承保范围，向被保险人赔付因海上航行前后发生于海上或陆上的风险所造成的损害。"也就是说，在货物运输过程中，货运保险应就运输全程所发生的危险，向被保险人提供连续、不间断的保险。从这一传统的海上货物运输保险的基本概念来看，海上货物运输保险与保护因集装箱化而出现的真正意义上的多式联运过程中所发生的货物风险，从体制上讲是相适应的。

此外，从构成保险合同的条款和保险期限等方面看，海上货物运输保险也能提供适应于集装箱化和国际多式联运下的"门到门"运输的全程货物保险体制。以目前世界各国保险市场上一贯使用的英国保险协会货物条款为例，根据该条款中所规定的"仓到仓"条款，不论贸易当事人之间对于货物的风险、责任转移的时间和地点的约定有什么差异，从货物离开起运地仓库或其他场所时开始，至进入最终目的地仓库时止（但有时有卸船后60天的限制或其他约束），货物保险均应对货物运输给予全程保险。

4. 国际多式联运经营人的责任制与保险

在保险实务中，货物的损坏或灭失先是由货物保险人予以赔偿的。根据国际保险法有关代位追偿权的规定，与支付保险金相对应，保险人可以代位取得被保险人对第三者享有的权利。多式联运经营人责任制的主要作用就是确定保险人对经营人行使代位追偿的权利。

对于多式联运经营人的责任制，国际多式联运公约采用了"修正的统一赔偿责任制"。也就是说，在责任原则方面，遵循由债务人（经营人）承担举证责任的严格责任主义，采用统一责任制。而在责任限额方面，则采用网状责任制。关于责任限额，多式联运公约规定了三种赔偿标准。其中，该公约规定的第一赔偿标准，即包括水运的赔偿标准，比《海牙规则》相应的责任限额提高了470%，分别是《维斯比规则》和《汉堡规则》赔偿限额的135%和110%。同时该公约的第三赔偿标准规定，如果货物的灭失或损坏已确定发生在多式联运的某一地区段，而该区段适用的国际公约或强制性国家法律规定的赔偿限额高于多式联运公约的标准，则经营人的赔偿应以该国际公约或强制性国家法律予以确定。

很显然，在上述情况下，多式联运经营人的赔偿责任将会超过其分承运人，而且难以从其分承运人那里得到与其支付给索赔人（货主）数额相同的赔偿金额。因为多式联运经营人对其分承运人的追偿请求不能适用多式联运公约，只能适用多式联运某运输区段所对应的单一运输国际公约，而有些单一运输方式所适用的国际公约规定的赔偿责任却低于多式联运公约的规定，如上述的《海牙规则》或《汉堡规则》。为弥补此差额，多式联运经营人除提高运费外，只得向保险公司进行责任保险，以避免此类损失。

由此可见，随着多式联运经营人责任的严格化和扩大化，以经营人的责任为对象的货物赔偿责任保险的保险费将会大幅度提高，而这种保险费本来就是包括于运费之中的。所以，多式联运经营人的责任制对其运输成本所产生的影响是很大的。

5. 多式联运经营人的责任保险和货物保险之间的关系

简单地说，运输保险可以分为两种形式：一种是由货主向货物保险公司投保的货物保险；另一种是由承运人（经营人）向互保协会投保的责任保险。

在多式联运条件下，多式联运经营人作为多式联运单证的签发人，当然应对该多式联运负责。不过，多式联运经营人对于运输过程中造成的货物损坏或灭失的赔偿责任，通常都是以货物赔偿责任保险（简称责任保险）向保险公司或保赔协会投保。当然，经营人的责任保险所承担的风险，取决于他签发的提单中所规定的责任范围，即货物保险承保的是货主所承担的风险，而责任保险所承保的则是经营人所承担的风险。

尽管很难确切地说明货物保险和责任保险的全部关系，但根据有关的国际公约和规则的规定可以看出，两者之间既存在着互为补充的关系，也有共同承保货物运输风险的关系。也就是说，尽管以多式联运经营人所签发的提单上规定的赔偿责任为范围的责任保险和以与货主（托运人或收货人）的可保利益（除作为所有人利益的货物的 CIF 价格外，还包括预期利益、进口税、增值利益等）有关的各种损害为范围的货物保险之间存在着各种各样不同领域的保护范围，但是两者之间的相互补充作用也是很明显的。例如，在多式联运提单下由于不可抗力以及罢工、战争原因所造成的损害是免责的，而在全损险和战争险、罢工险条件下的货物保险则包括上述事项。换句话说，不论把多式联运经营人的责任扩大到什么范围，或严格到什么程度，货主都不会不需要货物保险。

推进多式联运"一单制"试点工作

本章知识点小结

通过对国际货物多式联运含义及特征的介绍，应当对这种新兴的、蓬勃发展中的运输方式有所了解，在实践中应当尽量发挥其优势，同时着力克服其目前仍然存在的问题，使得多式联运的应用范围逐步扩大。

货运代理在经营过程中会面临很多风险，其中有托运人、代理人、独立经营人的概念模糊，造成身份混淆，超越代理权限产生的风险；有未尽职责、操作失误造成的索赔风险和轻信承诺导致受骗产生的风险；也有拖欠运费造成的坏账风险。

即使在多式联运中，货运代理人在作为代理身份时，也要谨慎履行合理的职责，这是对货运人代理人最基本的要求。然而在实践中，货运代理人往往会因疏于管理，马虎大意，而未能尽到合理的义务，给自己带来损失。

因此，货运代理人在业务经营过程中应当从以下几个方面注意防范风险：

（1）树立风险意识，健全内部规章制度，制定标准业务流程，对可能出现因疏忽造成风险的业务环节进行科学、全面的分析，使业务环节程序化、制度化，并不断完善。努力学习业务知识,工作认真负责,避免操作失误。

(2) 对客户实行信用管理。对货主实行资信等级考察制度,对不同等级的货主实行不同的对待策略。同时,提高警惕性,时刻注意保护自身的利益。垫付运费应签订合同,并随时掌握对方经营状况。

(3) 对外出具保函应当进行严格的审核,慎重出具。对于不应当或不必要以及可能损害货运代理人利益的保函坚决不出。

(4) 加强对相关国家法律的研究和了解。

(5) 要求往来文件尽量加盖公司印章。对于个人的业务行为,要求其公司提供委托授权书,明确其行为为公司授权的职务行为。

实践中,越来越多的货运代理企业出现在多式联运经营中,充当缔约承运人,甚至是实际承运人,此时货运代理与承运人已经没有太大区别。特别是对于由船公司、航空公司、铁路运输部门设立的货运代理(如中远国际货运有限公司),实际承运人和货运代理实质上已融为一体。如果说作为无船承运人的货运代理突破了单纯代理的身份,作为多式联运人的货运代理则由兼负代理人和经营人双重身份的单纯的代理人正式发展为独立承担运输责任的当事人。此时货运代理已不再是托运人或参加联运承运人的代理,而是多式联运的当事人,是一个独立的法律实体。

对于托运人来说,此时货运代理是货物的承运人,以国际多式联运经营人的身份同货主订立多式联运合同,签发联运单证,收取全程运费,负责货物"门到门"的全程运输;对于区段分承运人来说,货运代理是货物的托运人,与分承运人订立运输合同,接受分提单,向各区段承运人支付运费。

此时,作为多式联运经营人的货运代理,无论是否有自己的运输工具,是否实际参与运输,都适用于《海商法》关于多式联运经营人的规定,承担多式联运经营人的责任。一方面负有合理谨慎选择和监督区段承运人的责任;另一方面需要照管运输期间的货物,履行多式联运合同,负责全程运输。因此,货运代理人在工作中要明确自己的法律地位,即在与货方和实际承运人确立合同关系时要明确自己的权利义务。尤其在作为多式联运经营人时要注意防范可能存在的风险,即在发生货损货差时,可能要独立承担法律责任。

思考题

1. 国际货物多式联运的含义及特征。
2. 国际货物多式联运的主要类型。
3. 国际货物多式联运与一般联运的区别。
4. 简述陆桥运输线的几种主要类型。
5. 我国货运代理企业成为多式联运经营人的条件有哪些?
6. 简述货运代理企业在国际货物多式联运中的法律地位。
7. 多式联运经营人的特殊法律地位表现在哪些方面?
8. 企业经营多式联运业务应当具备的条件有哪些?

9. 简述组织国际货物多式联运的主要环节。
10. 简述国际货物多式联运业务的主要程序。
11. 简述国际货物多式联运运费的构成。
12. 简述多式联运中货损、货差索赔的条件和理赔的程序。
13. 简述多式联运下保险利益涉及范围的变化。

第 8 章

国际货运单证及单证业务

教学目的

掌握提单的概念、性质、作用;熟悉缮制提单、签发提单及提单的转让与背书;了解货运代理实务中常见的提单法律纠纷及司法界对涉及货运代理提单纠纷的处理意见和倾向。

掌握航空货运单的基本知识,学会航空货运单的填开。

了解多式联运提单的性质、作用以及多式联运提单签发的注意事项,重点掌握多式联运单据的流转程序。

8.1 提单及提单业务

8.1.1 提单概述

1. 提单的概念

提单出现在中世纪,经过多年发展逐步形成完整的提单制度。提单是国际海运与国际贸易的重要业务单证及法律文件。不仅是卖方交付货物的证明,也是买方获得货物的凭证,而且口岸管理、保险等领域都涉及提单。

我国《海商法》第 71 条规定:"提单是指用以证明海上运输合同和货物已经由承运人接收或者装船,以及承运人保证据以交付货物的单证。"

提单既是重要的国际海上运输单证,又是重要的国际货物贸易单证。提单是托运人按事先与承运人达成的货物运输协议,将货物交给承运人接管或者由承运人装船后,应托运人要求,由承运人、船长或者承运人的代理人签发。

2. 提单的性质和作用

提单的法律性质:提单是有价证券,作为有价证券,提单既是物权证券又是债权证券,同时它还是要式证券、流通证券、设权证券和缴还证券。提单的这些性质在以下的分析中可以看出。

根据上述提单的定义,提单具有以下三个功能。

1) 提单是承运人与托运人之间达成的国际海上货物运输合同的证明

提单的这一作用表明,提单是确定承运人和托运人权利义务的根据。但是提单只是国际海上货物运输合同的证明，而不是合同本身。这是因为，在提单签发之前，合同已经通过要约和承诺而成立，签发提单只是承运人履行合同的一种环节。因此，提单不论在托运人手中，还是在持有人或者收货人手中，始终只是承运人与托运人之间达成的合同的证明。这种证明的效力，不仅表明在承运人与托运人之间存在合同关系，更为重要的是，表明承运人与托运人之间达成的合同内容，即提单条款视为双方达成的合意。因为，提单作为每一船公司的格式合同，在签发之前，托运人已知道或者应该知道其条款内容，如果托运人在与承运人达成运输合同时，对提单条款没有提出异议，应视为托运人同意接受，除非托运人能证明，他与承运人另有相反约定。但是，提单之外承运人与托运人双方约定的合同内容，对提单持有人或收货人没有约束力。

2）提单是承运人接收货物或者将货物装船的证明

承运人、船长或者承运人的代理人向托运人签发提单，表明承运人已接收提单上记载的货物，或者已经将该货物装于提单上载明的船舶。

《海商法》第77条具体规定了提单的这种证明效力。在托运人与承运人之间，提单是承运人已按其上所记载情况，收到货物或者将货物装船的初步证据（Prima Facie Evidence），即如果承运人实际收到的货物与提单上记载的内容不符，承运人可以提出反证。若提单流转（在运输领域）或者转让（在贸易领域）至善意的第三者手中，其与承运人之间，除提单上订有有效的"不知条款"（Unknown Clause），或者承运人或代其签发提单的人知道提单记载的货物情况与实际接收或者装船的货物情况不符，并在提单上批注不符之处的情况外，承运人不得以内容不符对抗该善意的第三者。此时，提单成为承运人按其上记载的内容收到货物的绝对证据（Conclusive Evidence）。即使此种内容不符是托运人申报错误所致，承运人亦不得以此对抗善意的第三者，而只能按照提单记载的情况向收货人作出损害赔偿后，转向托运人追偿。

3）提单是承运人保证据以交付货物的凭证

《海商法》第71条规定，"提单，是……承运人保证据以交付货物的单证"。据此规定，不论是记名提单还是可转让提单，承运人均需凭提单交付货物。但是，该条同时规定，"提单中载明的向记名人交付货物，或者按照指示人的指示交付货物，或者向提单持有人交付货物的条款，构成承运人据以交付货物的保证"。换言之，如果是记名提单，承运人应向提单中记名的收货人交付货物；如果是指示提单，承运人应按指示人的指示交付货物；如果是不记名提单，承运人应将货物交给提单持有人。这一规定表明，承运人交付货物凭的是提单的记载，而不是提单本身。但是，对于向谁交货，记名提单则不必出示，因为在装货港承运人就已知向谁交货。

我国没有提单法，《海商法》中并未规定提单的物权功能。国际上倾向于将海上货物运输合同下承运人的权利、义务与货物的物权脱钩。当提单作为货物运输单证在运输领域流转时，提单不具有物权性，而提单作为贸易单证或者质押单证时，其物权性才显示出来。

3. 提单的分类

提单根据不同的标准可以分成不同种类。

1）已装船提单和收货待运提单（Shipped Bill of Lading/on Board Bill of Lading; Received for Shipment Bill of Lading）

根据签发时间不同，提单可以分为已装船提单和收货待运提单。已装船提单是在货物已经由承运人接收并装上船后签发的提单；收货待运提单则是承运人已经接收货物但尚未将货物装上船时签发的提单。收货待运提单在货物实际装上船后可以换成已装船提单。

2) 记名提单、空白提单和指示提单（Straight Bill of Lading; Bearer Bill of Lading; Order Bill of Lading）

根据提单上的抬头不同，提单可以做以上划分。记名提单是记载了收货人名称的提单；空白提单是在收货人一栏未作任何记载的提单；指示提单是记载凭指示交货的提单。根据是否记载指示人的名称，又分为记名指示提单和不记名指示提单。不记名指示提单一般理解为凭托运人指示交货。

3) 清洁提单和不清洁提单（Clean Bill of Lading; Foul Bill of Lading）

这是根据提单上对货物外表状况的记载不同而做的划分。清洁提单是未对货物表面状况作不良批注的提单。清洁提单表明承运人在接收货物时，货物的状况良好。但该状况仅指货物的外表状态，是承运人目力所及者，不涉及目力所不及的货物内容。不清洁提单是记载了货物外表状况不良的提单。承运人在目的港交货时，对于提单批注内的货物损坏，不负责任。在以信用证为付款方式的国际贸易中，不清洁提单一般不被接受。

4) 运费预付提单（Prepaid Bill of Lading）和运费到付提单（Received Bill of Lading）

根据提单上记载运费是在装货港支付还是在目的港支付，分成运费预付提单和运费到付提单。

此外还有依照运输方式区分的直达提单（Direct Bill）、联运提单（Ocean Through）和多式联运提单（Multimodal Transport Bill）等。

4. 提单的记载事项

为保证提单的作用，保障收货人的利益，有关国际公约和各国海商法都对提单记载事项作出规定。

我国《海商法》第 73 条规定为 11 项，即① 货物的品名、标志、包数或者件数、重量或者体积，以及运输危险货物时对危险性质的说明；② 承运人的名称和主营业所；③ 船舶名称；④ 托运人的名称；⑤ 收货人的名称；⑥ 装货港和在装货港接收货物的日期；⑦ 卸货港；⑧ 多式联运提单增列接收货物地点和交付货物地点；⑨ 提单的签发日期、地点和份数；⑩ 运费的支付；⑪ 承运人或者其代表的签字。但是，该条同时规定，提单缺少前述一项或者几项内容，不影响提单的性质，但提单的记载事项应符合《海商法》第 71 条的规定。这一规定表明：与提单三个功能有关的记载事项是不能缺少的，如第①、②、④、⑨、⑪项，其他记载事项，应属提示性规定。

5. 提单条款

1) 提单正面条款

提单正面都会印制一些条款，这些条款是：

（1）确认条款。说明所列外表状况良好的货物已装上船，并会在注明的卸货港或者能安全到达并保持浮泊的附近地点卸货。

（2）不知条款。说明重量、尺码、标志、号数、品质、内容和价值是托运人提供的，承运人在装船时并未核对。

（3）承认接受条款。托运人、收货人和该提单持有人接受并同意该提单及其背面所记载的一切印刷、书写或打印的规定、免责事项的条件。

(4) 效力条款。所签发正本提单的各份具有相同的效力，提货时必须交出经妥善背书的一份正本提单，其中一份正本提单完成提货后其余各份自行失效。

2) 提单的背面条款

全式提单的背面印有的条款，一般分为两类：一类属于强制性条款，其内容不能违背有关国家的海商法规、国际公约或港口惯例的规定，违反或不符合这些规定的条款是无效的；一类是任意性条款，即上述法规、公约和惯例没有明确规定，允许承运人自行拟定的条款。所有这些条款都是表明承运人与托运人以及其他关系人之间承运货物的权利、义务、责任与免责的条款，是解决他们之间争议的依据。其中主要有：

(1) 定义条款（Definition Clause）：主要对"承运人""托运人"等关系人加以确定。前者包括与托运人签订有运输合同的船舶所有人；后者包括提货人、收货人、提单持有人和货物所有人。

(2) 管辖权条款（Jurisdiction Clause）：指出当提单发生争执时，按照预定，提单上列明的法院有审理和解决案件的权利。

(3) 首要条款（Paramount Clause）：也称为法律适用条款，列明本提单适用的实体法律或法规。一般列明提单所属人所在国家的海商法，或者《海牙规则》《维斯比规则》。在有首要条款时，提单不再列明承运人的责任和免责条款，完全依据适用的法规规定。

(4) 责任期限条款（Duration of Liability, Period of Responsibility）：规定承运人对货物灭失或损害承担赔偿责任期间的条款。一般海运提单规定承运人的责任期限从货物装上船舶起至卸离船舶为止，理解为货物越过船舷的期间，即"舷到舷"，当然使用船舶装卸设备（船吊）则为"钩到钩"。集装箱提单则从承运人接收货物至交付给指定收货人为止。

(5) 包装和标志（Packages and Marks）：要求托运人对货物提供妥善包装和正确清晰的标志。如因标志不清或包装不良所产生的一切费用由货方负责。

(6) 运费和其他费用（Freight and Other Charges）：运费规定为预付的，应在装船时一并支付；运费为到付的应在交货时一并支付。当船舶和货物遭受任何灭失或损害时，运费仍应照付，否则，承运人可对货物及单证行使留置权。

(7) 自由转船条款（Transshipment Clause）：承运人虽签发了直达提单，但由于客观需要仍可自由转船，无须经托运人的同意。转船费由承运人负担，但风险由托运人承担，而承运人的责任也仅限于其本身经营的船舶所完成的那段运输。

(8) 错误申报（Inaccuracy in Particulars Furnished by Shipper）：承运人有权在装运港和目的港查核托运人申报的货物数量、重量、尺码与内容，如发现与实际不符，承运人可收取运费罚金。

(9) 承运人责任限额（Limit of Liability）：规定承运人对货物灭失或损坏所造成的损失所负的赔偿限额，即每一件或每计算单位货物赔偿金额最多不超过若干金额。

(10) 共同海损（General Average，GA）：规定若发生共同海损，按照什么规则理算。国际上一般采用1974年约克—安特卫普规则理算。在我国，一些提单常规定按照1975年北京理算规则理算。

(11) 美国条款（American Clause）：规定来往美国港口的货物运输只能适用美国1936年海上货运法（Carriage of Good by Sea Act. 1936），运费按联邦海事委员会（FMC）登记的费率本执行，如提单条款与上述法则有抵触时，以美国法为准。此条款也称"地区条款"

(Local Clause)。

（12）舱面货、活动物和植物（on Deck Cargo, Live Animals and Plants）：对这三种货物的接收、搬运、运输、保管和卸货规定，由托运人或收货人承担风险，承运人对其灭失或损坏不负责任。

（13）留置权条款（Lien Clause）：规定承运人可以因托运人、收货人未支付运费、亏舱费、滞期费及其他应支付款项，以及应分摊的共同海损，对货物及其有关单证行使留置权，并有权出卖或以其他形式处置货物。如出卖后所得款项不足以支付的，有权向托运人、收货人索赔差额。

此外提单上还会有分立契约条款，索赔通知，货方的责任，货主整箱货，托运人的集装箱，互有过失碰撞责任条款，新杰森条款等。

3）集装箱提单条款特点

（1）甲板箱舱面装载特点。

① 船公司有权将任何货主的集装箱装载甲板运输，而事先不必征得货主同意。

② 所签发的集装箱运输提单上不显示"装载甲板"的字样，因为一旦显示"装载甲板"，有时结汇银行会将该提单认定是甲板货提单，而甲板货提单通常银行不办理结汇。

③ 一旦发生共同海损，甲板箱可得到补偿。

（2）制约托运人的责任条款。

① 发货人装箱、计数或不知条款。如有的集装箱运输提单规定："如货物件数是由发货人或其代理人装箱并加封，该种集装箱又为本公司接受运输的，则本提单正面所列的内容（有关货物的重量、尺码、件数、标志、数量等），本公司均不知悉。"在提单中订有不知条款，从表面上看能保护承运人的利益，但其保护范围也有一定的限度，如货主能举证说明承运人明知货物详细情况，且又订上不知条款，承运人仍不能免责。特别是集装箱运输下的整箱货，承运人收到的仅是外表状况良好、铅封完整的集装箱，对里面所装的货物一无所知，所以，有必要加注这样的条款。

② 铅封完整交货条款。集装箱运输提单中这一条款的规定仅适用于整箱货交接，也就是说，承运人在铅封完整下接货、交货，认为承运人完成货物运输，并解除所有责任。因此，从某种程度上说，集装箱运输下的整箱货交接是以铅封完整与否来确定承运人责任的。如货物受损人欲提出赔偿要求，不仅需举证说明，还应根据集装箱运输提单中承运人的责任形式来确定。

③ 货物检查权条款。所谓货物检查权条款是指承运人有权，但没有义务在任何时候将集装箱开箱检验，核对其所载装的货物。经过查核，如发现所装载的货物全部或一部分不适合运输，承运人有权对该部分货物放弃运输，或是在由托运人支付合理的附加费后完成这部分的货物运输，或存放在岸上或水上具有遮蔽的或露天的场所，这种存放业已认为按提单交货，即承运人的责任已告终止。集装箱运输提单上订有货物检查权条款是为了承运人对箱内货物的实际状况怀疑或积载不正常时启封检查。承运人在行使这一权利时，无须得到托运人的预先同意，但在实际业务中，对由货主自己装载的集装箱启封检查时，原则上应征得货主同意，其费用由货主负担。

④ 海关启封检查条款。根据《国际集装箱海关公约》的规定，海关有权检查集装箱，因此，集装箱运输提单中都规定："如果集装箱的启封是由海关当局认为检查箱内货物内容

打开而重新封印，由此而造成任何货物灭失、损害以及其他后果，本公司概不负责。"在实际业务中，尽管提单条款作了这样的规定，承运人对这种情况还应做好记录，并保留证据，以使其免除责任。

⑤ 发货人对货物内容准确性负责条款。集装箱运输提单中所记载的内容，通常由发货人填写，或由负责集装箱运输的承运人或其代表根据发货人所提供的有关托运文件制成。在集装箱运输经营人接收货物时，发货人应视为已向承运人保证，且在集装箱运输提单中所提供的货物种类、标志、件数、重量、数量等概为准确无误，或系危险货物就说明其危险特性。

⑥ 货主自行装载集装箱责任。在由货主自行装载集装箱，以集装箱作为运输单元交承运人运输时，集装箱运输提单一般均订有：

a. 承运人接收的是外表状况良好、铅封完整的集装箱，有关箱内货物的详细情况概不知悉。

b. 货主应向承运人保证：集装箱以及箱内货物适应装卸、运输。

c. 当集装箱由承运人提供时，货主有检查集装箱的责任。

d. 当承运人在箱子外表状况良好、铅封完整下交付时，业已认为承运人完成交货义务。

e. 承运人有权在提单上作出类似"由货主装载并计数"或"据称内装"等字样的保留文字。

8.1.2 提单的业务流程

1. 提单在海上货物运输中的业务流程

提单是在海上货物运输中签发的，一般的业务流程是，承运人揽货或托运人订舱，根据订舱单，承托双方达成一致意见后签订运输合同。根据运输合同，托运人将货物交承运人指定的地点或直接交到船上。承运人签发装货单。装货单一般由三联组成。一联是作为留底，供承运人编制装船清单之用，故又称作关单。另一联是收货单，返还给托运人作为承运人已收取货物的凭证，由于其上有船上大副的签字，习惯上又称为大副收据。托运人凭大副收据向承运人换取提单。托运人取得提单后，即将提单寄交目的港的收货人，以便收货人能凭提单提取货物。实际业务中，承运人还往往要求收货人凭提单先到承运人在目的港的代理人处换取一份交货单（俗称小提单），再凭交货单提货，见图 8-1。

图 8-1 提单在海上货物运输中的业务流程

2. 提单在国际货物买卖中的业务流程

目前，在涉及海运的国际货物买卖中，最常见的是跟单信用证付款的 CIF 买卖合同。最典型的形式是：买卖双方签订一份 CIF 买卖合同，买方根据合同向一家银行申请开立信用证，然后把信用证寄交卖方。卖方收到信用证后，与承运人签订一份运输合同，把买卖合同下的货物交给承运人。承运人收到货物后，签发一份提单给卖方，卖方持提单和其他运输单据到银行结汇。银行审核单据无误后，则依据信用证的规定付款给卖方，再将全套单据转交给买方，由买方付款后，买方持提单在目的港向承运人提货，承运人将提单撤销或收回。这是最简单的情况,在其他涉及海运的买卖合同如 CFR 或 FOB 条件下,或在涉及货物在运输途中转卖的情况时,会涉及更多的当事人、更多的合同关系,但提单的基本流程是一样的,见图 8-2。

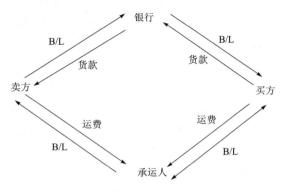

图 8-2 提单在国际货物买卖中的流程

8.1.3 提单业务

1. 提单的缮制

缮制提单要注意以下问题:

(1)开来信用证无特殊规定,提单上的发货人(Shippers)应为信用证的受益人。如来证规定以第三者为发货人时,可以国内运输机构或其他公司的名义为发货人。如来证规定以开证人为发货人时则不能接受。

(2)提单的收货人(Consignee)习惯上称为抬头人。绝大多数信用证都要求做成指示抬头,又称"空白抬头",这种提单必须经发货人背书,方可流通转让。也有极少数信用证要求做成"凭开证银行指示"(To order of Issuing Bank),或"凭收货人指示"(To order of Consignee),这种提单无须发货人背书。另外,提单抬头还分记名和不记名的,对这两种提单发货人均不背书,对于不可转让提单无须背书。

(3)提单上的背书又分"空白背书"和"记名背书"。凡是"空白抬头"必须是"空白背书"。"空白背书"是由发货人在提单背面加盖印章,无须加任何文字;而"记名背书"除加盖印章外,还应注明"交付给×××(Deliver to×××)"字样。

(4)提单的抬头与背书直接关系到物权归谁所有和能否转让等问题,因此一定要严格按照信用证要求办理。值得一提的是,如果目的地是法国或阿根廷,发货人必须在提单正面签署。

(5)信用证上如要求加注被通知人(Notify Party)名称者,应照办。如来证规定仅通知某人(Notify×××only),则通知栏内不能省去"only"字样。来证如规定在提单上需表示出买方名称,应在提单上加注"买方×××"(Name of Consignee×××)。如来证未要求加注被通知人,则在正本提单上的被通知人一栏留空不填,但应在副本提单的被通知人一栏内加注开证申请人的名称,以便货到目的港时,船方通知其办理提货手续。

(6)若为联运提单(C.T.B/L),其上有:

① 前段运输(Pre-carriage by)。本栏应填写第一段运输方式的运输工具名称。如货物从西安经陆路运往天津,再装船运往美国,则此处填写"by wagon No.×××"或"by Train"。

② 收货地点(Place of Receipt)。本栏填写前段运输承运人接收货物的地点,如西安。

③ 船名及航次号(Ocean Vessel Voyage No.)。如第一程运输不是海运,在签发联运提单时此栏可填写"Intended Vessel"(预期船只)。根据《UCP 500》第 26 条规定,银行可以接受这样填制的提单。

④ 装运港(Port of Loading)。本栏填写海运段的实际装运港名称,但应与信用证上的规定相一致。

⑤ 卸货港（Port of Discharge）。本栏填写实际的卸货港名称，但应与信用证上的规定相一致。

⑥ 交货地点（Place of Delivery）。是指最终目的地，如从上海海运至美国旧金山，然后再由旧金山陆运至芝加哥，则交货地点应填芝加哥。

（7）提单上的唛头必须与其他单据上的相一致。如信用证规定有唛头则应按信用证上的规定制作。如为散装货应注明"N/M"或"In Bulk"字样。如果是裸装货钢材，若钢材端部涂刷的是红色，则在提单的唛头栏内注明"Red Stripe"，若刷的是白色，则填"White Stripe"。

（8）提单上的货物名称，可作一般概括性的描述，不必列出详细规格。有时同一货物，使用不同货名可以节约运费。因此，应尽可能事先通知对方在来证中采用收取运费较低的货名，或使对方在来证中加注"提单使用××货名可以接受"的字句。

（9）提单上除有用阿拉伯数字标明的件数外，尚需有用大写英文标明的件数，两者的数量要一致。

（10）提单上的重量，除信用证有特别规定者外，仅列毛重，并应与发票、重量单上的重量相一致。

（11）如为 CFR 或 CIF 价格，提单上加注"运费预付"（Freight Prepaid）或"运费已付"（Freight Paid）字样，除非信用证另有规定，运费预付或已付的提单可不必加注运费金额。如为 FOB 价格，提单上须加注"运费到付"（Freight Collect 或 Freight to Be Collected）。

（12）提单上的签发日期必须与信用证上规定的装船期相适应，也就是最晚不得迟于信用证或合约上规定的最迟的日期。在提单日期之后，必须填写签发地点。

（13）提单正本须按信用证规定的份数签发，如无规定，应签发正本两份。如信用证上规定受益人提供"全套提单"（Full Set B/L or Complete Set B/L），就是指承运人在提单上所注明的全部正本份数。如要求出具 2/3 origin B/L，则应制作三份正本，其中两份送银行议付，另一份正本应按信用证中规定办理。如该项规定不合理，应及时通知开证申请人改证。每份正本提单的效力是相同的，只要其中一份提货，其他各份即告失效。

（14）提单必须编号，以便联系工作和核查。发装船通知时，也要说明提单号和船名。提单正本必须要有船长和船代或承运人或其代表签字，才能开始生效。

（15）如签发提单人为代理，而承运人为"MAERSK LINE"，则应在代理之后加注"as agent for the carrier MAERSK LINE"字样。

2. 提单的签发

提单的签发包括提单签发人、签发地点和日期、签发份数、签发对象。

1）签发人

应托运人请求签发提单是承运人的基本法定义务之一。承运人必须依照法定规则签发提单，而不是通过运输合同的规定减轻或取消这一法定义务。

提单的签发人是承运人、船长或者承运人的代理人。《海商法》第 72 条规定，"货物由承运人接收或者装船后，应托运人的要求，承运人应当签发提单。提单可以由承运人授权的人签发。提单由载货船舶的船长签发的，视为代表承运人签发"。无须承运人事先明确授权，船长签发提单的权利由法律所赋予。在实践中，提单通常由承运人在装货港委托的代理人签发，但代理人必须具有这种授权。代理人签发提单一般注明代承运人（for and on behalf of the carrier as agent）签发。

在实际业务中，承运人可能由于未收到本应预付的运费或由于与托运人的其他商业纠纷而拒绝签发提单或者扣押提单。这样的做法使托运人不能及时得到提单，妨碍提单及时进入流通领域，因而是违反规定的错误行为。托运人可依据我国《海事诉讼特别程序法》的规定，向有管辖权的海事法院申请海事强制令，令承运人签发提单。

2）签发地点和日期

提单的签发地点（Place of Issue）通常是装货港，有时是船公司所在地或者其他地点。

提单的签发日期（Date of Issue）是货物由承运人接收或者装船的日期的证明。在国际货物买卖和信用证结汇中，除提单载明货物装船日期外，通常把已装船提单的签发日期视为货物装船完毕的日期。因此，它影响到买卖合同的履行与托运人的结汇。货物由承运人接收或者装船后，经托运人要求，承运人、船长或者承运人的代理人有义务及时签发已装船提单。如果托运人交运多票货物，经托运人要求，承运人、船长或者承运人的代理人有义务在每票货物装船后，及时为该票货物签发已装船提单，而不能推迟至全部货物均装船后签发。

提单签发的时间是承运人接收货物或者将货物装上船舶以后。承运人接收货物以前签发的提单被称为"预借提单"（Advanced Bill of Lading），是不合法的提单。提单上必须真实记载提单签发的日期，如果记载的日期早于实际签发的日期，则称为"倒签提单"。

倒签提单和预借提单都是违反民法的行为，但行为的性质是违约还是侵权曾引起我国海商法界的广泛争论。定性不同，将引起适用法律、处理后果的诸多不同。

只有应托运人请求，承运人才有义务签发提单。托运人不及时提出请求，也可能影响承运人及时签发提单。虽然我国《海商法》规定托运人在交付货物后有权要求承运人签发提单，但任何权利的行使都有一个合理时间问题，不可能是无限制的。如货物已经到港再提出要求签发提单，显然已经超出了合理时间。因为提单的作用是用来提货的，如果货物已经到港再签发提单，势必影响承运人迅速交货。

3）签发份数

提单的签发份数按托运人要求而定，通常正本提单，一式三份，每一份都具有同等的法律效力。在提单的正面都注明全套正本提单的份数，经其中一份完成提货手续，回收一份正本提单后，其交付货物的义务即告终止。如两个或者两个以上提单持有人同时要求提取同一票货物，承运人应将货物交给有权提货的人。倘若不能确定谁有权提货，应暂不交付，待通过司法途径确定有权提货的人，再行交货。

4）签发对象

我国《海商法》规定托运人有权要求签发提单，因此提单应该签发给托运人。

由于我国《海商法》规定有两种托运人，即和承运人签订运输合同的人以及将货物实际交给承运人的人都是托运人。当这两者不同时，应该将提单交给哪个托运人可能引发争议。由于法律只规定签发给托运人，应认为是承运人签发给两种托运人都不违背义务。实践中，一般用大副收据换取提单，但当持有大副收据的人和托运人不同时，提单应签发给托运人而不是持有大副收据的人。

■ 链接 8-1　大副收据持有人、托运人，提单应该签发给谁？

在英国的案例 Nippon Yusen v. Ramjiban Serowjee 中，买卖合同的出口商签订了运输合同并交付运费,但出口商的供应商由于直接交付货物取得了大副收据。供应商和出口商约定凭大副收据支付货款,但出口商不能支付货款,而是凭保函从承运人处取得了提单。供应商凭大副收据起诉承运人。法院判决:与提单不同,大副收据不是物权凭证,也不可以转让。持有大副收据并不能赋予交付货物的一方以任何权利。承运人有权把提单签发给托运人。大副收据是换发提单的证明之一,但不是唯一或最终证明。如果有其他证据证明有权得到提单的其他人,则大副收据的效力就结束了。

3. 提单的批注

1) 承运人正确批注的义务

签发提单时,承运人必须谨慎地在提单上对货物的外表不良状况进行描述,即进行批注,没有批注的提单被称为"清洁提单",它是货物表面状况良好的初步证据。

实践中,关于提单批注经常发生纠纷。纠纷产生的一个根本原因是批注应该如何进行没有一个严格的法律标准,而是否有批注的提单的价值截然不同,对当事人的权利义务关系重大,当事人双方都希望从对自己有利的一方影响提单批注的进行。目前,关于海上货物运输合同提起的诉讼中,提单批注纠纷占了很大的份额。

■ **链接 8-2** 国际航运公会 ICS 规定不构成不清洁提单的批注:

(1) 不明显指出货物包装不令人满意。

(2) 强调由于货物或包装引起的风险,承运人不予承担。

(3) 不知条款:CMC 规定,对托运人申报的货物品名、标志、包装或件数、重量、体积,承运人有适当的根据怀疑其正确性时,或无适当方法进行确认时,便没有在提单上记载的义务。但在实际业务中,为满足买卖合同或其他需要,承运人往往对托运人申报的事项在提单上记载,然后再对此记载批注保留字句(如 SAID TO WEIGHT, SHIPPER'S LOAD, SEAL AND COUNT"重量据称,由托运人装载、封箱和计量")。

2) 提单批注与保函

国际货物买卖合同中,买方一般都要求卖方提供清洁提单,国际商会的《跟单信用证统一惯例》也规定,只要没有相反指示,银行不接受不清洁提单。但由于批注标准的不明确,很多时候承运人对不能确知是否会对货物的价值产生真实影响的状况也进行批注,这会妨碍贸易的顺利进行。

实务中,解决提单批注纠纷的一种变通方法是承运人接受托运人出具的保函后签发清洁提单,但保函本身的效力如何则有争议。一种观点认为,保函本身是不合法的合同,因为违法而无效。承运人在保函下签发了清洁提单,在提单持有人索赔时不仅必须对提单持有人赔偿,赔偿后也不能依据保函向托运人或其他出具保函的人进行追偿。但另一种观点认为,由于签发提单时存在实际的困难,出具和接受保函的双方都不一定是出于恶意,因此应该是认为保函虽然不是承运人对抗提单持有人的理由,但应该是承运人向保函出具人索赔的依据。

如果货物的缺陷对商品价值有重大影响,承运人一定不愿签发清洁提单。因为承运人签发可转让的清洁提单后,相当于对国际货物买卖的买方负起了保证其买到完好货物的责任。可是在更多的场合,承运人对货物缺陷是否严重影响商品价值不是很清楚,有时甚至对货物是否确实存在缺陷也不清楚。如一艘船舶在装货过程中为了货物交接而进行理货时,对包括许多件的一票货物发生件数短缺的争议时,再重新进行理货复查在操作上是不可能的。而且当发现一部分货物包装有破损时，不装运那些包装破损的货物，在不准许部分装运作为买卖合同中主要条件的情形下也是不可能的，而调换货物在通常情况下也难以做到。在这些情况下，承运人如果坚持签发不清洁提单，由于不清洁提单在买卖合同和信用证条件下都是不可能被接受的，则其结果必然是停止装运。

为从法律上明确保函的地位，《汉堡规则》第 17 条明确规定了托运人为换取清洁提单出具的保函的效力。根据该条规定，保函对包括受让提单的收货人在内的第三方应属有效，但承运人或代其行事的人签发清洁提单是为了对包括收货人在内的第三方进行欺诈时，这种保函或协议一概无效。在发生欺诈的情况下，不仅承运人不能依据保函向托运人索赔，也不能在对第三方进行赔偿时享受公约规定的责任限制的利益。

4. 提单的更正与补发

1) 提单的更正

（1）提单签署前的更正。

在实际业务中，提单通常是在托运人办妥托运手续后，货物装船前，在缮制有关货物单证的同时缮制的。在货物装船后，这种事先缮制的提单在以下情况时需要更正。

① 事先缮制的提单，与实际装载情况不符。

② 货物装船后，可能发现托运人申报材料的错误。

③ 信用证要求的条件有所变更。

④ 由于其他原因，托运人提出更正提单内容的要求。

在上述情况下，承运人或代理人通常都会同意托运人提出的更正要求。

（2）提单签署后的更正。

货物已装船，提单已签署，托运人提出更正提单的要求。这时，承运人或其代理人要考虑各方面的关系，在不妨碍其他提单利害关系人的利益，不影响承运人的交货条件的前提下，征得有关方面的同意，可以更改并收回原签提单。因更改提单内容而引起的损失和费用，则应由提出更改要求的托运人负担。如果提出提单更改时船舶已开航，应立即电告船长作相应的更改。

2) 提单的补发

如果提单遗失，托运人要求补发时应视不同情况予以处理。

（1）正本提单结汇后，在寄送途中遗失。这种情况一旦发生，收货人可在目的港凭副本提单和具有信用的银行出具证书提取货物，并依照一定的法定程序声明提单作废，而无须另行补发提单。

（2）提单在结汇前遗失。这时由托运人提供书面担保，经承运人或其代理人同意后补签新提单并另行编号。将有关情况转告承运人在目的港的代理，并声明原提单作废，以免发生意外纠纷。

5. 提单的背书转让

所谓背书转让是转让人在提单的背面写明受让人并签名的转让手续。按照背书的方法区分，背书分为记名背书、指示背书、选择不记名背书和空白背书（不记名背书）四种。

（1）记名背书。记名背书也称完全背书，是背书人（转让人）在提单背书写明被背书人（受让人）的姓名，并由背书人签名的背书形式。

（2）指示背书。指示背书是背书人在提单背面写明"指示"或"××指示"字样，并不写明特定受让人,由背书人签名的背书形式。

(3) 选择不记名背书。这种背书形式是背书人在提单背面既特指某一受让人,又指明可以以提单持有人作为受让人,即以"××或持有人"形式表示受让人,并由背书人签名的背书形式。

(4) 空白背书。空白背书则指在提单背书中不记载任何受让人,只由背书人签名的背书形式。

在承运人签发的提单是指示提单的前提下,只要经过背书都可以转让。如果所签发的提单是托运人指示提单,则应以托运人为第一背书人;如果是记名指示提单或选择指示提单,则第一背书人应是提单中指明的指示人;如果是"××指示"或"××或指示",其中的"××"应为第一背书人。空白背书不需背书即可转让,转让时,背书人不需要在提单上写明受让人,只要在提单背面签字即可。

采用完全背书形式时,必须连续背书才能连续转让;而采用空白背书形式时,则不需要连续背书即可转让。

8.1.4 关于提单的法律及承运人责任

1. 有关提单的国际公约

国际海运在长期的发展中,逐步形成了相关的国际公约,目前有关提单的国际公约主要是《海牙规则》《维斯比规则》《汉堡规则》《鹿特丹规则》。

1)《海牙规则》

《海牙规则》全称为《1924年统一提单的若干法律规则的国际公约》(International Convention for the Unification of Certain Rules of Law Relating to Bills of Lading, 1924)。《海牙规则》是在承运人势力强大的历史背景下产生的,是目前在国际航运业影响最大的一个公约,它建立了海运提单的基本规范。它是1924年8月25日在比利时的布鲁塞尔由26个国家代表出席的外交会议上签署的,于1931年6月2日起生效。截至1997年2月,加入该规则的国家和地区共有88个。

《海牙规则》共有16条规定,其主要内容有:承运人保证船舶适航、适货的最低限度的义务;货物装上船到卸离船为承运人的责任期间;承运人的不完全过失免责制度;每件货物100英镑的赔偿责任限额;运输合同违反本公约无效;托运人的义务和责任;索赔通知与1年的诉讼时效;公约只适用于缔约国之间。

2)《维斯比规则》

《维斯比规则》全称为《1968年修改统一提单的若干法律规则的国际公约的议定书》(Protocol to Amend the International Convention for the Unification of Certain Rules of Law Relating to Bills of Lading, 1968)。《维斯比规则》是对《海牙规则》的补充和修改。

《维斯比规则》的主要内容有:明确规定提单对于善意受让人是最终证据;采用了双重责任限额制,即对货物的灭失或损害责任以每件或每个单位10 000金法郎或每千克30金法郎为限,两者以高者计。1984年4月承运人的责任限制金额为每件或每单位666.67特别提款权(SDR),或按货物毛重每千克2特别提款权(SDR)计算,两者之中以较高者为准;承运人的雇用人或代理人适用责任限制;诉讼时效为1年,经双方协商可以延长时效。

该公约可适用范围为:① 提单在缔约方签发;② 从一个缔约方的港口起运;③ 提单中

列有适用公约的首要条款。

3)《汉堡规则》

《汉堡规则》的全称为《1978 年联合国海上货物运输国际公约》（United Nations Convention on the Carriage of Goods by Sea, 1978）。该公约共 34 条，公约对《海牙规则》进行了实质性的修改。最主要的特点是扩大了承运人的责任，主要表现在以下几个方面：

（1）在承运人的责任基础上，采用了完全的过失责任制。不但取消了承运人对船长、船员等在驾驶船舶或管理船舶上的过失免责，也取消了火灾中的过失免责。

（2）确定了延迟交货的责任。

（3）承运人的责任期间为货物在装货港、运送途中和卸货港在承运人掌管下的期间。

（4）责任限额为每件或每单位 835 特别提款权（SDR）或每千克 2.5 特别提款权（SDR），两者以高为准。

（5）关于保函的效力，规定保函只在托运人与承运人之间有效。但是如果保函有欺诈成分，在托运人与承运人之间则是无效的。

4)《鹿特丹规则》

2008 年 12 月 11 日，经第 63 届联合国大会 67 次会议审议通过《联合国全程或者部分国际海上货物运输合同公约》（UN Convention on Contract for the International Carriage of Goods Wholly or Partly by sea），即《鹿特丹规则》。该规则于 2009 年 9 月 23 日在荷兰鹿特丹举行开放供签署仪式，获得了 16 个国家的签署。到 2009 年 12 月 31 日止，共有 21 个国家或地区签署了这一规则。

《鹿特丹规则》的宗旨，是要通过整合现存的海运公约，对现存的国际海运制度和秩序进行整合，创立一套旨在对涉及海运区段的国际货物运输规则进行更新和协调统一的规则，以规范国际海上货物运输合同。该规则除了有意对调整海上区段的国际货物运输关系的法律制度进行统一外，还要在调整包括海运在内的"门到门"运输和电子化单证等关系的法律制度方面实现国际的统一。该规则设定的调整范围突破了单纯的海运区段，将其适用范围设定为"海运加其他运输方式"。

《鹿特丹规则》主要的内容和变革有：

（1）调整范围。与《海牙规则》"钩至钩"或"舷至舷"及《汉堡规则》"港至港"的调整范围不同，为适应国际集装箱货物"门到门"运输方式的变革，《鹿特丹规则》调整范围扩大到"门至门"运输，国际海运或包括海运在内的国际多式联运货物运输合同均在公约的规范范围之内，公约排除了国内法的适用，使公约成为最小限度的网状责任制，拓宽了公约的适用范围，有利于法律适用的统一。

（2）电子运输记录。与前述三个公约不同，《鹿特丹规则》明确规定了电子运输记录，确认其法律效力，并将电子运输记录分为可转让与不可转让电子运输记录。该规定适应了电子商务的发展，具有一定的超前性，势必加速运输单证的流转速度并提高安全性。

（3）承运人的责任。承运人必须在开航前、开航当时和海上航程中恪尽职守使船舶处于且保持适航状态，适航义务扩展到贯穿航程的始终。根据公约，承运人对货物的责任期间，自承运人或履约方为运输而接收货物时开始，至货物交付时终止。承运人责任基础采用了完全过错责任原则，废除了现行的"航海过失"免责和"火灾过失"免责。公约规定，未在约定时间内在运输合同规定的目的地交付货物，为迟延交付，承运人承担迟延交付的责任限于合同有约定时间，未采纳《汉堡规则》规定的合理时间标准。公约对船货双方的举证责任和顺序做了较为具体的规定，这是以前立法所没有的。承运人的单位责任限制有较大幅度的提高。总的来说，承运人的责任比以前加重了。

（4）托运人的义务。托运人应交付备妥待运的货物，及时向承运人提供承运人无法以其他合理方式获取，而合理需要的有关货物的信息、指示和文件。托运人应在货物交付给承运人或履约方之前，及时将货物的危险性质或特性通知承运人，并按规定对危险货物加标志或标签。托运人对承运人承担赔偿责任的责任基础是过错原则，对于承运人遭受的灭失或损坏，如果承运人证明，此种灭失或损坏是由于托运人违反其义务而造成的，托运人应负赔偿责任。增设单证托运人，单证托运人是指托运人以外的同意在运输单证或电子运输记录中记名为"托运人"的人，单证托运人享有托运人的权利并承担其义务。

（5）海运履约方。《鹿特丹规则》下没有实际承运人的概念，但创设了海运履约方制度，是指凡在货物到达船舶装货港至货物离开船舶卸货港期间履行或承诺履行承运人任何义务的履约方。内陆承运人仅在履行或承诺履行其完全在港区范围内的服务时方为海运履约方。海运履约方与托运人之间不存在直接的合同关系，而是在承运人直接或间接的要求、监督或者控制下，实际履行或承诺履行承运人在"港至港"运输区段义务的人，突破了合同相对性原则。海运履约方承担公约规定的承运人的义务和赔偿责任，并有权享有相应的抗辩和赔偿责任限制。班轮运输条件下的港口经营人作为海运履约方将因此受益。

（6）批量合同。批量合同是指在约定期间内分批装运特定数量货物的运输合同，其常见的类型是远洋班轮运输中的服务合同。公约适用于班轮运输中使用的批量合同，除承诺的货物数量外每次运输项下承托双方关于货物运输的权利、义务或责任等方面适用公约的规定。公约赋予批量合同当事人双方较大的合同自由，允许在符合一定条件时背离公约的规定自行协商合同条款，这是合同自由在一定程度上的回归。自美国《哈特法》以来，立法无不对承运人规定最低责任限度，以防止承运人滥用合同自由和自身优势逃脱责任，而公约考虑到某些货主力量和地位的增长，具有平等谈判的能力，为扩大公约的适用范围对批量合同作出规范。

（7）货物交付。公约赋予收货人收取货物的强制性义务，当货物到达目的地时，要求交付货物的收货人应在运输合同约定的时间或期限内，在运输合同约定的地点接受交货，无此种约定的，应在考虑到合同条款和行业习惯、惯例或做法以及运输情形，能够合理预期的交货时间和地点接受交货。公约还对无单放货作出规定，将航运实践中承运人凭收货人的保函和提单副本交货的习惯做法，改变为承运人凭托运人或单证托运人发出的指示交付货物，且只有在单证持有人对无单放货事先知情的情况下，才免除承运人无单放货的责任。如果单证持有人事先对无单放货不知情，承运人对无单放货仍然要承担责任，此时承运人有权向上述发出指示的人索要担保。公约为承运人实施上述无单放货设定了条件，即可转让运输单证必须载明可不凭单放货。

（8）控制权。公约首次在海上货物运输领域规定货物的控制权。货物控制权是指根据公约规定按运输合同向承运人发出有关货物的指示的权利，具体包括就货物发出指示或修改指示的权利，此种指示不构成对运输合同的变更；在计划挂靠港或在内陆运输情况下，在运输途中的任何地点提取货物的权利；由包括控制方在内的其他任何人取代收货人的权利。在符合一定条件下，承运人有执行控制方指示的义务；在无人提货的情况下，承运人有通知托运人或单证托运人请其发出交付货物指示的义务。

（9）权利转让。签发可转让运输单证的，其持有人可以通过向其他人转让该运输单证而转让其中包含的各项权利，主要是请求提货权、控制权。权利转让的同时，义务并不当然同步转让。作为运输单证的受让人，即非托运人的持有人，只有其行使运输合同下的权利，才承担运输合同下的责任，并且这种责任以载入可转让运输单证或可转让电子运输记录为限或者可以从中查明。

（10）诉讼与仲裁。公约专章规定了诉讼和仲裁，除批量合同外，索赔方有权在公约规定的范围内，选择诉讼地和仲裁地，且运输合同中的诉讼或仲裁地点，仅作为索赔方选择诉讼或仲裁地点之一。各国对这两章的内容分歧更大些，为了不致影响到公约的生效，允许缔约方对这两章做出保留。

2. 国内立法

各国参照提单的国际公约相继立法。国际海运的国际性使得相关的国际法规趋于相似，特别是在承运人的责任和免责方面的规定差别很小。

《中华人民共和国海商法》（1992年11月7日颁布，1993年7月1日起施行）（以下简称《海商法》）是依据国际公约、国际惯例及最新发展情况，结合我国的航运实际，指定的调整国际航运和船舶关系、海事处理的专门法律。其立法目的是调整海上运输关系、船舶关系，维护当事人各方的合法权益，促进海上运输和经济贸易的发展。它规定了国际海上货物运输合同及当事人的权利与义务，船舶的地位与性质，船舶租赁，海事侵权关系，海上救助，海上保险及海事赔偿等海商、海事关系。但是其所规定的海上货物运输合同部分不适用于国内水路货物运输，也就是说，其海上货物运输合同部分只适用于国际运输。由于我国未加入前述三个公约，《海商法》成为我国承运人责任制度的依据，是我国提单的规范标准。

3. 承运人的责任

1）承运人的责任期间（Period of Responsibility）

承运人对于集装箱货物的责任期间，是指从装货港接收货物时起至卸货港交付货物止，货物处在承运人掌管之下的全部期间。承运人对非集装箱装运的货物的责任期间，是从货物装上船时起至卸下船时止，货物处在承运人掌管之下的全部期间。

如果采用船舶设备进行装卸作业，则承运人的责任期间为从装船时货物起吊起到卸船时货物脱离钓钩止，即"钩到钩"原则；如果采用非船舶设备装卸货物，则承运人的责任期间实行货物越过船舷的"舷到舷"原则。

承运人如果在运输合同或者提单中承诺装前、卸后扩大责任范围，则根据协议确定责任范围。

2）承运人的基本责任

承运人的基本义务和责任：谨慎处理，使船舶适航；恪尽职守，照管货物；不绕航。我国《海商法》及《海牙规则》对此都规定：

（1）承运人在船舶开航前和开航当时应当谨慎处理，使船舶处于适航状态，妥善配备船员，装备船舶和配备供应品，并使货舱、冷藏舱、冷气舱和其他载货处所适于并能安全收受、载运和保管货物。

（2）承运人应当妥善地装载、搬移、积载、运输、照料和卸载所运货物。

(3) 承运人应当按照约定的、习惯的或地理上的航线将货物运往卸货港。船舶在海上救助或企图救助人命或者财产而发生的绕航,不违反本规定。

船舶应满足适航要求:

(1) 所谓适航的船舶,就是能够抵御通常的海上风险,或是在通常的航海环境中,不会对货物产生危险或损坏的船舶。

(2) 一个尽职尽责的承运人,应该在航次开始前,对船舶进行仔细检查,看是否存在缺陷,如果存在缺陷,那么在船舶开航前应该消除缺陷。

(3) 对船舶的仔细检查是指对船舶定期的适当而全面的检查,包括船上的维修保养工作、操作规程、船舶管理及常规命令等。

绕航是指航程偏离了约定的、地理的或习惯的航线。在以下情况下允许承运人绕航,称为合理绕航。① 船在海上为救助或企图救助人命或财产;② 如果存在危险或即将发生危险,承运人为了保护或保存货物可以绕航;③ 如果运输合同中包含了自由绕航的条款,可以根据协议绕航。

3) 承运人的免责

承运人如能够证明是由于下列原因造成货物的灭失或损坏,承运人可不负赔偿责任:火灾、天灾或海难、战争、政府行为、罢工、救助人命或财产、货主的行为、货物的特性及包装缺陷。

《海牙规则》和我国《海商法》均规定:船长、船员、引航员在驾驶船舶或管理船舶中的过失所造成的货物灭失和损害,承运人可以免责。这就是著名的不完全过失责任制的核心。依据此项,发生海事直接造成船舶所装运货物的损害,承运人无须赔偿。

8.1.5 提单签发与货运代理身份的关系

在海上货物运输和货运代理业务中,存在船东提单、无船承运人提单、货运代理提单等不同形式的提单,提单的签发、正面记载内容和背面条款也有不同的表现形式。国际货运代理在开展业务时,通常会在不同情况下使用这几种提单,当出现提单法律纠纷时货运代理又会利用其代理身份来规避法律责任。这种状况使得国际海运市场十分复杂,突出的问题表现在如何通过提单的签发人来认定货运代理的身份和责任。

1. 船公司签发提单时货运代理的身份认定

在货主持有的是船公司签发的提单的情形下,法院一般认定船公司为承运人。货运代理公司只是转交提单,既没有使用自己格式的提单,也没有代签提单,应当认定为货运代理人。但是,在有的案例中,法院在做出上述认定时考虑了另外一个因素,即货运代理公司向承运人订舱时以委托人为托运人,船公司签发的提单也记载委托人为托运人。如果货运代理公司向船公司订舱时是以自己的名义,船东提单记载的托运人也为货运代理公司,则货运代理公司仍然可被认定为承运人。

■ 链接8-3 案例1

原告A公司诉被告货运公司货运代理合同纠纷案[案号:(1995)×海法商字第×号]

A公司通过海运出口货物委托书向货运公司托运货物后,货运公司以A公司为发货人,制作了一份相同的海运出口货物委托书向B公司订舱,并取得B公司签发的以A公司为托运人的提单。广州海事法院认为，提单是海上货物运输合同的证明。A公司作为托运人，接受承运人B公司签发的提单，双方构成海上货物运输合同法律关系。货运公司接受委托，以A公司名义办理货物报关、订舱、装船，应认定为货运代理人。

■ **链接 8-4** 案例 2

原告A公司诉被告B公司货物交付纠纷一案［案号：（1998）×海法商字第×号］

A公司向B公司托运一批货物至南非，B公司又以自己为托运人向C航运公司订舱。广州海事法院认为：B公司接受A公司的委托后，以自己为托运人委托C航运公司运输，因此应认定B公司为承运人。

2. 货运代理公司代为签发船东提单

对于货运代理公司代为签发船东提单的情况下货运代理公司法律身份的认定问题，法院的判决并不一致。同样是船东提单，同样表明了代签，法院在认定货运代理公司的法律身份时所持的观点并不相同。在有的案件中，法院不考虑签发人的签单权的来源及其合法性问题，直接根据签署的内容认定签发人为代理人；在有的案件中，法院则要求签发人证明其签单权的合法性，否则认定为承运人；在有的案件中，即使签发人能够证明其签单权源于船东的合法授权，但是，如果没有向委托人披露承运人，签发人仍然需要承担责任。

值得注意的是，在货运代理公司代船公司签发提单的场合中，即使其代理的主张成立，也属于船舶代理人，而非货运代理人。

■ **链接 8-5** 案例 3

原告A公司诉B公司海上货物运输合同无单放货纠纷案［一审案号：（2005）×海法商初字第×号；二审案号：（2006）×高民四海终字第×号］

A公司向B公司托运货物，持有抬头为Globe Links Express Inc的提单。该提单由B公司签署，但没有表明作为承运人或者作为代理人签署。上海市高级人民法院二审认为：B公司在提单承运人签章栏签章，并未注明是作为承运人的代理人签发。尽管Globe Links Express在美国合法注册，且已授权B公司签发提单，但B公司以承运人的名义签发提单，并在事后才披露Globe Links Express Inc的承运人身份，根据《合同法》第403条的规定，A公司可以向Globe Links Express Inc主张权利，也可以选择向B公司主张权利。

3. 代为签发无船承运人提单

对于货运代理公司代签境外无船承运人格式提单的效力以及代签提单的货运代理公司的法律责任，不同法院的判决也不一致。有判决认定，签发未在我国交通部备案的境外无船承运人提单的行为无效；也有判决认为，未在我国交通部登记备案，并不足以影响提单所证明的海上货物运输合同的成立和履行。

■ **链接 8-6** 案例 4

原告A公司与被告B公司、C公司海上货物运输货损赔偿纠纷案［一审案号：（1999）广海法汕字第×号；二审案号：（2000）粤法经二终字第××号；再审案号：（2002）粤高法审监民再字第×号］

A公司持有KOL Ocean Lines格式的海运提单，由B公司作为承运人的代理人签发。广州海事法院认为：B公司签发提单时虽然表示其为承运人的代理人，但并未就提单的来源及承运人的身份作出说明，也未就承运人授权其签发提单提出证据，应认定B公司为承运人。广东省高级人民法院二审认为：提单载明货物由C公司所属的"××一号"轮承运，B公司签发提单时也表示了其为承运人的代理人，应认定B公司是承运人的代理人。广东省高级人民法院再审维持了广州海事法院一审的判决。

■ **链接 8-7** 案例 5

原告A公司诉被告B公司、C公司海上货物运输合同纠纷案［案号：（2003）×海商初字第×号］

A公司向C公司托运货物至韩国，持有C公司签发的B公司提单。B公司为韩国无船承运人，其无船承运人提单未在交通部登记备案。天津海事法院认为：B公司在中国境内经营无船承运业务，没有按《海运条例》的规定向交通部办理提单登记并交给保证金，B公司与A公司的海上货物运输合同因违反行政法规的强制性规定而无效，B公司因其过错应赔偿A公司货物损失。C公司代签未经备案的提单，应承担连带赔偿责任。

■ **链接 8-8** 案例 6

原告A公司诉被告B公司上海分公司提单侵权损害赔偿纠纷案［案号：（2003）×海法商初字第×号］

A公司向B公司上海分公司托运货物至美国，持有B公司上海分公司的总公司B公司代为签发的Nw Express Inc格式的提单。Nw Express Inc为美国注册的无船承运人，授权B公司代为签发提单。上海海事法院认为：Nw Express Inc是本案货物运输的承运人。至于Nw Express Inc的提单是否在我国交通部备案，以及Nw Express Inc和B公司是否具有合法无船承运人资格，并不足以影响提单所证明的海上货物运输合同的成立和履行。

4. 货运代理公司签发自己格式提单

签发自己格式的提单，多指货运代理人向交通部备案的无船承运人提单，过去的货运代理提单随着无船承运人制度的建立已经成为历史。但是由于设立无船承运人制度后由无船承运人独享订舱权的承诺没有兑现，经登记的无船承运人的预期落空，一些没有取得无船承运人资格的货运代理公司，甚至已取得无船承运人资格的货运代理公司，有时也签发"货运代理提单"。这种行为因违反行政管理法规而不应当得到保护，对签发"货运代理提单"的货运代理公司应视为承运人。

■ **链接 8-9** 案例 7

原告人保公司诉被告A公司海上货物运输合同货损纠纷案［案号：（2006）×海法初字第×号］

人保公司的被保险人向A公司托运货物，A公司以B公司代理人的名义签发了A公司格式的无船承运人提单。广州海事法院认为：A公司在无B公司授权的情况下以B公司代理人的名义签发了自己的格式提单，签单行为应视为A公司自己的行为，因此认定A公司为无船承运人。

货运代理公司对签发船东提单或无船承运人提单所产生的法律后果应当有合理的预测，签发无船承运人提单意味着被视为承运人，必须承担承运人的责任。正是基于这种预测，除了为树立企业品牌的少数有雄心的企业外，大多数货运代理公司不愿意主动签发其无船承运人提单。一旦货运代理签发了自己格式的提单，法院通常认定货运代理公司为承运人或无船承运人，无论其在提单中的签署表示为承运人或者代理人。

■ 链接8-10　案例8

原告丝绸公司诉被告A公司、B公司海上货物运输交货纠纷案［一审案号：（2001）×海法初字第×号；二审案号：（2002）×高法民四终字第×号］

丝绸公司向A公司托运货物，A公司向B公司订舱。A公司签发了以丝绸公司为托运人的自己格式的货运代理提单。B公司签发了以A公司为托运人的海运提单。广州海事法院一审认为：A公司接受委托运输货物，并签发了提单，是涉案货物运输的承运人；B公司是涉案货物运输的实际承运人。广东省高级人民法院二审维持了一审的认定。

■ 链接8-11　案例9

原告出口基地公司诉被告外代公司海上货物运输交货纠纷案［案号：（1997）×海法深字第×号］

出口基地公司委托外代公司托运货物，外代公司签发了自己格式的多式联运提单。货物实际由中远公司承运。广州海事法院认为：外代公司向出口基地公司签发了自己格式的多式联运提单，为多式联运经营人。

总之，通过提单识别货运代理人身份：一是看提单格式。在货运代理公司使用自身格式的无船承运人提单（提单抬头印制了货运代理公司名称）的情形下，一般应认定其为无船承运人。反之，货运代理公司没有使用自身格式的无船承运人提单，而是由船公司签发船东提单的情形下，则船公司为承运人，货运代理公司一般为代理人。二是看提单的签署。一般而言，船东提单以船公司为抬头，由船舶代理人代签。船舶代理人的签署表明其所代理的船公司，或者仅表示"代表承运人"或"代表船长"。无船承运人提单通常由货运代理公司自己签署，按理其签署应与抬头一致，即表明"作为承运人"。然而，现实中往往并非如此。绝大多数货运代理公司即使使用其无船承运人提单，在签署时仍然表示其"作为代理人"。这是一种"浑水摸鱼"的心态，具有很大的迷惑性，在签署与格式（抬头）不一致的情况下，以格式为准，因为所谓的承运人其实并不存在。船公司没有使用自己的提单格式，也没有授权货运代理公司签发提单，不能被认定为所谓的承运人。在没有船公司授权的情况下，货运代理公司很难为其自称的"代理"身份进行有效抗辩；而在船公司授权货运代理公司签发提单的极少数情况下，货运代理公司的身份变为船舶代理人，其使用的提单格式应为船东提单，而非无船承运人提单。

8.1.6　案例分析指导

案件名称：比利顿公司诉广州A货运公司倒签预借提单索赔案

提要

本案承运人在明知货物尚未装船甚至货物尚未备妥的情况下，便应托运人湖南省某市B

第8章 国际货运单证及单证业务

进出口公司的要求,签发了倒签预借已装船提单,掩盖了货物实际装船日期,造成了提单上记载的装船日期不真实,显然违反了《中华人民共和国海商法》第七十四条的规定,签发倒签预借提单的行为对收货人来说构成了欺诈行为。

案情简介

1998年2月26日,比利顿市场及贸易公司与中国湖南省某市B进出口公司签订货物买卖合同,约定购买100吨锡锭,以跟单信用证方式结算。1998年4月13日,B进出口公司向广州货运A公司提供保函称,因信用证规定装船期为1998年4月10日以前,而货物要到4月17日才能全部备齐,为此要求A公司将提单倒签及预借到4月10日,由此产生的一切经济责任全部由其承担。

1998年4月10日,广州A公司以承运人代理人身份签发了装港为中国黄埔港、卸港为荷兰鹿特丹港、一程船为"莞航268号"轮的提单,提单注明货物装船日期为1998年4月10日,香港二程中转船为"Shan He"轮。1998年4月29日"莞航268号"轮装完货开航,于6月2日到达鹿特丹港。卸货后,鹿特丹港的 Daniel C. Griffith B.V. 检验公司对货物进行了取样化验检验,发现含锡量为15%,比利顿市场及贸易公司据此计算,该提单项下净重为97.85吨的货物中,真货锡只有37.246吨,其余60.604吨为假货铅。索赔USD 5 560×60.604吨=USD 336 958.24。

争议焦点

原告认为:根据《联合国国际货物销售合同公约》第三十条规定:"卖方必须按照合同和本公约的规定,交付货物,移交一切与货物有关的单据和货物所有权"。根据该条规定,交付货物、移交单据和转移货物所有权是卖方的三项基本义务,如果卖方违反了这些基本义务,买方有权解除合同,拒付货款。被告预借提单的欺诈行为,故意隐瞒了托运人交付货物的真实情况,掩盖了托运人没有依法履行交付货物、移交单据、违反合同基本义务的事实真相,使得买方丧失了解除买卖合同、拒收单据、拒付货款的机会,最终导致原告信用证项下货款被骗的结果。

被告认为:预借提单的行为是造成原告货款损失的原因之一,但预借提单并不是原告货款损失的直接原因,预借提单与原告货款被骗之间没有因果关系。原告遭受货款损失的真正原因是卖方以铅冒充锡发运,如果没有托运人发假货,原告就没有货款损失。根据《中华人民共和国海商法》第五十一条规定,本案中由于是托运人以铅冒充锡发运造成原告货款损失,根据该条规定,被告不应承担责任。

仲裁庭裁决

被告倒签预借提单的行为,掩盖了货物的真实装船日期,使卖方取得了符合信用证要求的提单,卖方向银行提供这种提单和信用证要求的商业发票、原产地证明、化验证书、重量证书、装箱单等单据,构成单据相符、单单相符,使卖方顺利结汇。如果被告没有倒签预借提单,因提单记载的装货日期不符合信用证要求,卖方不可能结汇,原告也完全有权拒绝按信用证的付款方式付款,而要求以其他方式付款,如见货付款。因此,被告倒签预借提单的行为与原告货款损失有一定的因果关系。被告人关于倒签其预借提单与原告货款损失之间完全无因果关系的主张不能成立。因此,被告与卖方之间因倒签预借提单致使原告遭受货款损失,倒签预借提单行为人应在货款损失的1/4限度内承担连带责任。仲裁庭需指出,仲裁庭上述意见不影响原告根据货物买卖合同对卖方的诉权。

仲裁庭最后裁决被告应于本裁决之日起45天内，向原告付清USD 84 284.56及原告支付货款之日（1998年4月24日）起至铅锭售出之日（2000年3月7日）止年利率7%的利息。

本案仲裁费人民币242 963元，实际费用人民币7 603.40元，合计人民币250 566.40元由被告承担1/4，即人民币62 641.60元。

相关法律、法规

《联合国国际货物销售合同公约》第三十条规定："卖方必须按照合同和本公约的规定，交付货物，移交一切与货物有关的单据和货物所有权"。

《中华人民共和国海商法》第七十四条规定："货物装船前，承运人已经应托运人的要求签发收货待运提单或者其他单证的，货物装船完毕，托运人可以将收货待运提单或者其他单证退还承运人，以换取已装船提单；承运人也可以在收货待运提单上加注承运船舶的船名和装船日期，加注后的收货待运提单视为已装船提单"。

执行情况

广州A公司于裁决之日起45天内向原告付清USD 84 284.56及原告支付货款之日（1998年4月24日）起至铅锭售出之日（2000年3月7日）止年利率7%的利息。付清本案仲裁费人民币62 641.60元。

专家点评

本案中的承运人由于签发了倒签预借提单，从法律角度来说，构成与托运人共同欺骗无辜的第三方——收货人的行为。因此，对托运人的以铅充锡的行为负连带责任。

提单被公认为是货物装船的收据，是运输合同的证明，是物权的凭证，要求在货物装上船舶以后再签发提单。作为承运人在明知货物未备妥的情况下，仍签发倒签提单，风险之大是可以预见的。

8.2 航空货运单

8.2.1 航空货运单概述

1. 航空货运单的定义及作用

1) 货运单的定义

航空货运单是由托运人或者以托运人的名义填制，是托运人和承运人之间在承运人的航线上运输货物所订立合同的初步证明。

航空货运单包括有出票航空公司标志的航空货运单和无承运人任何标志的中性货运单。目前，我国使用的基本都是有各航空公司标志的货运单，由各公司自行印制。航空公司的标识部分包括：承运人名称、承运人总部地址、承运人的图案标志、承运人的票证代号（三位数字）以及包括检查位在内的货运单序号。

每本货运单都有一个货运单号码，它是查询货物运输情况的重要依据，也是组织运输必不可少的依据。货运单号码的前三位是航空公司的票证结算代码，直接确定航空货运单的所有人——出票航空公司。如：国航——999，东航——781，南航——784。

一本货运单既可用于单程货物运输，也可用于联程货物运输。

2）货运单使用的一般规定

（1）货运单不可转让。

货运单仅作为货物航空运输的凭证，其所有权属于出票航空公司，不得通过背书等方式转让，这是与海运提单的本质区别。

（2）货运单的有效期。

货运单填开并经托运人（或其代理人）和承运人（或其代理人）签字后即开始生效。当货物运至目的地，收货人提取货物并在货运单的交付联上签字时，货运单作为运输凭证，其有效期宣告结束，但作为运输合同，其法律依据的有效期应为自运输停止之日起两年。

（3）同一张货运单上填开货物的限制。

一张货运单只能用于一个托运人在同一时间、同一地点托运的由承运人承运的，运往同一目的站同一收货人的一件或多件货物。

集合运输货物的分运单应由集中托运人自行备制，不得使用承运人的货运单。

3）货运单的构成

我国国际航空货运单由一式12联组成，1、2、3联为正本，其背面印有运输契约条件，4~9联为副本，10~12联为额外副本。根据需要，可再增加额外副本。

按装订顺序，各联的分配见表8-1。

表8-1 国际航空货运单各联分配表

序号	名	称		颜色
1	正本3	Original 3	（交托运人）	蓝色
2	副本9	Copy 9	（交代理人）	白色
3	正本1	Original 1	（交填开货运单的承运人或代理人）	绿色
4	正本2	Original 2	（交收货人）	粉红色
5	副本4	Copy 4	（提取货物收据）	黄色
6	副本5	Copy 5	（交目的地机场）	白色
7	副本6	Copy 6	（交第三承运人）	白色
8	副本7	Copy 7	（交第二承运人）	白色
9	副本8	Copy 8	（交第一承运人）	白色
10	额外副本10	Extra Copy 10	（供承运人使用）	白色
11	额外副本11	Extra Copy 11	（供承运人使用）	白色
12	额外副本12	Extra Copy 12	（供承运人使用）	白色

正本3，托运人联，货运单填开完毕后此联交给托运人作为托运货物及交付运费的收据，同时也是托运人和承运人签订运输契约的证明文件。

正本1，承运人联，交出票航空公司，作为财务部门运费计算的依据。

正本2，收货人联，随货物运至最终目的地，在交付货物时，由最后承运人将此联交收货人留存。

其他各联的用途比较明确，只需参考货运单各联底部的说明。

4）货运单的作用

作为主要货物运输文件的货运单具有以下作用。

（1）是承运人与托运人之间缔结运输契约的书面证明。

（2）是承运人收运货物的证明文件。

（3）是运费结算凭证及运费收据。

（4）是承运人发运、交付和联运货物的凭证。

（5）是办理报关手续的证明文件。

（6）是托运人要求承运人代办保险的证明。

5）填开货运单的责任

根据《华沙公约》《海牙规则》和承运人运输条件的规定，货运单应由托运人填制。承运人或其代理人根据托运人的请求填写航空货运单，在没有相反证据的情况下，应当视为代托运人填写，因此，托运人应当对货运单的真实性负责。由于货运单所填内容的不正确、不完全致使承运人或其他任何人遭受损失，托运人应负责任。

托运人在承运人填开完毕的货运单上签字就代表托运人已接受货运单正本背面的合同条件和运输条件。

2. 航空货运单的种类

在集中托运的情况下，存在着两种航空货运单：一种是分运单，另一种是主运单。

1）分运单

在进行集中托运时，代理人首先从各个托运人处收取货物，在收取货物时，需要给托运人一个凭证，这个凭证就是分运单。因此，分运单是代理人与托运人之间交接货物的凭证。

分运单由代理人自己印制颁布，不受航空公司的限制，但通常的格式还是按照航空公司主运单来制定。

分运单上托运人栏和收货人栏填写的都是真正的托运人和收货人。

2）主运单

代理人把来自不同收货人的货物集中到一起向航空公司订舱，交给航空公司运输，代理人和航空公司之间也需要一个凭证，这个凭证就是主运单。主运单是代理人与承运人间交接货物的凭证，也是承运人组织货物运输全过程的依据。

主运单只能由航空公司颁布，任何代理人都不得自行印制。

主运单上记载的货物托运人和收货人分别为始发地和目的地的代理人，即集中托运商和分拨代理商。

8.2.2 航空货运单的填制

1. 货运单的填制要求

填开货运单要求使用英文打字机或计算机，用英文大写字母打印，各栏内容必须准确、清楚、齐全，不得随意涂改。

货运单已填内容在运输途中需要修改时，必须在修改项目的旁边注明修改货运单的空运企业名称、地址、日期。修改时，应同时将剩余的各联一同修改。

货运单的各栏目中，有些栏目印有阴影。其中，有标题的阴影栏目仅供承运人填写使用，没有标题的阴影栏目除非承运人有特殊需要，一般不需填写。

航空货运单示例见图8-3。

Shipper's Name and Address	Shipper's Account Number	Not Negotiable **Air Waybill** Issued by
Consignee's Name and Address	Consignee's Account Number	Copies 1,2 and 3 of this Air Waybill are originals and have the same validity In is agreed that the goods described herein are accepted for carriage in apparent good order and condition (except as noted) and SUBJECT TO THE CONDITIONS OF CONTRACT ON THE REVERSE ANY OTHER CARRIER UNLESS SPECIFIC CONTRARY INSTRUCTIONS ARE GIVEN HEREON BY THE SHIPPER. THE SHIPPER'S ATTENTION IS DRAWN TO THE NOTICE CONCERNING CARRIER'S LIMITATION OF LIABILITY. Shiper may increase such limitation of liability by declaring a higher value for carriage and paying a supplemental charge if required.
Issuing Carrier's Agent Name and City Agent's IATA Code / Account No. Airport of Departure (Addr. of First Carrier) and Requested Routing		Accounting Information

To	By First Carier	Routing and Destination	to	by	to	by	Currency	CHGS Code	WT/VAL PPD	WT/VAL COLL	Other PPD	Other COLL	Declared Value for Carriage	Declared Value for Customs

Airport of Destination	Flight/Date	For Carrier Use Only	Flight/Date	Amount of Insurance	INSURANCE-if carrier offers insurance and such insurance is requested in accordance with the conditions there of indicate amount to be insured in figures in box marked "Amount o Insurance"

Handing Information

(For USA only) These commodities licensed by U.S. for ultimate destination　　Diversion contrary to U.S.law is prohibited

No. of Pieces RCP	Gross Weight	kg lb	Rate Class	Commodity Item No.	Chargeable Weight	Rate/Charge	Total	Nature and Quantity of Goods (Incl. Dimensions or Volume)

Prepaid	Weight Charge	Collect	Other Charges
	Valuation Charge		
	Tax		
	Total Other Charges Due Agent		Shipper certifies that the particulars on the face hereof are correct and that insofar as any part of the consignment contains dangerous goods, such part is properly described by name and is in proper condition for carriage by air according to the applicable Dangerous Goods Regulations.
	Total Other Charges Due Carrier		
			Signature of Shipper or his Agent
Total Perpaid		Total Collect	
Currency Conversion Rates		CC Charges in Dest. Currency	Executed on (date)　at (place)　Signature of Issuing Carrier or it's Agent
For Carrier's Use only at Desination		Charges at Destination	Total Collect Charges

QRIGINAL 3（FOR SHIPPER）A

图8-3　航空货运单

2. 各栏目的填写说明

1) 货运单号码（The Air Waybill Number）

货运单号码应清晰地印在货运单的左右上角以及右下角。包括：航空公司的票证代号、货运单序号及检验号。

2) 始发站机场（Airport of Departure）

在货运单左上角的航空公司票证代号后打印始发站机场 IATA 三字代码（如不知道机场代码，可打印机场所在城市的 IATA 三字代码）。

3) 货运单所属承运人的名称及地址（Issuing Carrier's Name and Address）

此处一般印有出票航空公司的标志、名称和地址。

4) 正本联说明（Reference to Originals）

无须填写。

5) 契约条件（Reference to Conditions of Contract）

一般情况下无须填写，除非承运人需要。

6) 托运人栏（Shipper）

（1）托运人姓名和地址（Shipper's Name and Address）。

打印托运人姓名（名称）、地址、国家或地区（或国家或地区两字代号）以及托运人的电话、传真、电话号码。

（2）托运人账号（Shipper's Account Number）。

此栏不需填写，除非承运人需要。

7) 收货人栏（Consignee）

（1）收货人姓名和地址（Consignee's Name and Address）。

打印收货人姓名（名称）、地址、国家或地区（或国家或地区两字代号）以及收货人的电话、传真、电话号码。

（2）收货人账号（Consignee's Account Number）。

此栏仅供承运人使用，一般不需填写，除非最后的承运人需要。

8) 填开货运单的承运人的代理人栏（Issuing Carrier's Agent）

（1）名称和城市（Name and City）。

打印向承运人收取佣金的国际航协代理人的名称和所在机场或城市。

（2）国际航协代号（Agent's IATA Code）。

代理人在非货账结算区（Non-CASS Areas），则打印国际航协 7 位数字代号；代理人在货账结算区（CASS Areas），则打印国际航协 7 位数字代号，后面是 3 位 CASS 地址代号及 1 位检验号。

（3）账号（Account No.）。

一般不需填写。

9) 运输路线（Routing）

（1）始发地机场（第一承运人地址）和所要求的运输路线［Airport of Departure（Addr. of First Carrier）and Requested Routing］。

此栏打印与栏中一致的始发地机场名称，以及所要求的运输路线。

注：此栏中应打印始发地机场或所在城市全称。

(2) 运输路线和目的地（Routing and Destination）。

① 至（To）：按照运输路线，依次在各栏中打印第一、第二、第三转运点的 IATA 三字代码。如果是直达航班，则在第一个 To 栏中打印目的地机场三字代码即可。

By：依次填写第一、第二、第三承运人的 IATA 两字代码。

② 目的地机场（Airport of Destination）：打印最后承运人的目的地机场全称（如果该城市有多个机场，不知道机场名称时，可用城市全称）。

③ 航班/日期（Flight/Date）：本栏一般不需填写，除非参加运输的各有关承运人需要。

10）财务说明（Accounting Information）

此栏打印有关财务说明事项。

(1) 付款方式。

打印运费的支付方式：现金、支票或其他方式。

(2) MCO 号码。

MCO 付款时，只能用于作为货物运输的行李运输，此栏应打印 MCO 号码，换取服务金额以及旅客的客票号码、航班、日期及航程。

注：代理人不得接受托运人使用 MCO 作为付款方式。

(3) 退运货物。

货物到达目的站无法交付收货人而需退运的，应将原始货运单号码填在为退运货物所填开的新货运单的本栏内。

11）货币（Currency）

打印运输始发地的 ISO 货币代号。除"目的地国家（或地区）收费栏"内的款项外，货运单上所列明的金额均按该货币支付。

12）运费代号（CHGS Code）

供承运人用，本栏一般不需填写，仅供电子传送货运单信息时使用。

13）运费（Charges）

(1) 航空运费和声明价值附加费的预付和到付（WT/VAL）。货运单上这两项费用必须全部预付或全部到付，在相应栏中用"×"来表示。

(2) 在始发站的其他费用预付或到付。

14）供运输用声明价值（Declared Value for Carriage）

打印托运人申报的货物运输声明价值的金额。如果托运人没有申明价值，此栏必须打印"NVD"字样。

注：NVD——No Value Declared，表示没有声明价值。

15）供海关用声明价值（Declared Value for Customs）

打印货物报关时所需的商业价值金额。如果货物没有商业价值，此栏必须打印"NCV"字样。

注：NCV——No Commercial Value，表示没有商业价值。

16）保险金额（Amount of Insurance）

承运人向托运人提供代办货物保险业务时，此栏打印托运人投保的金额。

承运人不提供此项服务或托运人不要求投保时，此栏必须打印"×××"符号。

17）储运注意事项（Handling Information）

(1) 填写货物在运输、仓储中需要特殊处理的事项。

如：货物上的标志、包装方法，货运单所附文件，另请通知人的姓名、地址、电话，货物所需的特殊处理规定等。填写时尽可能使用"货物交换电报程序"中的代号和简语。

(2) 危险品的填写。

如果是危险物品，有两种情况：一种是需要附托运人的危险物品申报单，则本栏内应打印"DANGEROUS GOODS AS PER ATTACHE SHIPPER'S DECLARATION"字样，对于要求装货机的危险物品，还应打印"CARGO AIRCRAFT ONLY"字样。另一种是不需要附危险品申报单的货物，则应打印"SHIPPER'S DECLARATION NOT REQUIRED"。

18) 货物运价细目（Consignment Rating Details）

一票货物中如含有两种或两种以上按不同运价类别计费的货物，则应分别填写，每填写一项另起一行。如果含有危险物品，则该危险物品应列在第一项。

(1) 件数/运价组合点（No. of Pieces RCP）。

打印货物的件数，使用非公布直达运价计算运费时，在件数的下面还应打印运价组合点城市的 IATA 三字代号。

(2) 毛重（Gross Weight）。

打印货物的实际毛重。（以千克为单位时可保留至小数点后两位。）

(3) 重量单位（kg/lb）。

以千克为单位打印代号"K"；以磅为单位打印代号"L"。

(4) 运价等级（Rate Class）。

根据需要打印下列代号：

M——最低运费（Minimum Charge）。

N——45 kg 以下（或 100 kg 以下）运价（Normal Rate）。

Q——45 kg 以上运价（Quantity Rate）。

C——指定商品运价（Specific Commodity Rate）。

R——等级货物附减运价（Class Rate Reduction）。

S——等级货物附加运价（Class Rate Surcharge）。

U——集装化设备基本运费或运价（Unit Load Device Basic Charge or Rate）。

(5) 商品品名编号（Commodity Item No.）。

使用指定商品运价时，此栏打印指定商品品名代号；使用等级货物运价时，此栏打印附加或附减运价的比例（百分比）。

(6) 计费重量（Chargeable Weight）。

打印与运价相应的货物计费重量。

(7) 运价/运费（Rate/Charges）。

打印与运价代号相应的运价；当使用最低运费时，此栏与运价代号"M"对应，打印最低运费。

(8) 总计（Total）。

打印计费重量与适用运价相乘后的运费金额；如果是最低运费或集装货物基本运费，本栏与运价/运费内金额相同。

（9）货物品名和数量（Nature and Quantity of Goods）。
本栏应按要求打印，尽可能地清楚、简明，要一目了然。
① 打印货物的品名（用英文大写字母）。
② 当一票货物中含有危险物品时，应分别打印，危险物品应列在第一项。
③ 活体动物运输，本栏内容应根据 IATA 活体动物运输规定打印。
④ 对于集合货物，本栏应打印"CONSOLIDATION AS PER ATTACHED LIST"。
⑤ 打印货物的体积，用长×宽×高表示。
（10）总件数。
打印运费计算栏中各组货物的件数之和。
（11）总毛重。
打印各组货物毛重之和。
（12）总计。
打印各组货物运费之和。
19）其他费用（Other Charges）
打印始发地运输中发生的其他费用。
作为到付的其他费用，应视为"代垫付款"，托运人应按代垫付款规定支付手续费。
打印"其他费用"金额时，应冠以费用代号。
20）预付（Prepaid）
（1）预付运费（Prepaid Weight Charge）。
打印货物计费重量计得的货物运费。
（2）预付声明价值附加费（Prepaid Valuation Charge）。
如托运人申报货物运输声明价值，则此栏打印计得的声明价值附加费金额。
（3）预付税款（Prepaid Tax）。
打印适用的税款。
（4）预付的其他费用总额（Total Other Prepaid Charges）。
根据有关栏内的其他费用金额打印。
Total Other（Prepaid）Charges Due Agent 预付由代理人收取的其他费用。
Total Other（Prepaid）Charges Due carrier 预付由承运人收取的其他费用。
（5）预付总计（Total Prepaid）。
打印所有预付款项的总额。
21）到付（Collect）
填制方法与预付相同，在相应栏中对应打印所有到付款项。
22）托运人证明栏（Shipper's Certification Box）
打印托运人名称，并请其在本栏内签字或盖章。
23）承运人填写栏（Carrier's Certification）
（1）填开日期（Executed on Date）。
按日、月、年的顺序打印货运单的填开日期（月份可用缩写）。
（2）填开地点（at Place）。
打印填开地机场或城市的全称或缩写。

(3) 填开货运单的承运人或其代理人签字 (Signature of Issuing Carrier or it's Agent)。
填开货运单的承运人或其代理人在本栏内签字。

24) 仅供承运人在目的地使用 (For Carrier's Use only at Destination)
本栏不需打印。

25) 用目的地国家或地区货币付费（仅供承运人使用）
(1) 货币兑换比价 (Currency Conversion Rate)。
打印目的地国家或地区货币代号，后面是兑换比率。
(2) 目的地国家或地区货币付费额 (CC Charges in Dest. Currency)。
将到付运费总额，使用相应的货币换算比率折算成目的地国家或地区货币，打印在本栏内。
(3) 目的地的费用 (Charges at Destination)。
最后承运人将目的地发生的费用金额，包括利息（自然增长的）等打印在本栏内。
(4) 到付费用总额 (Total Collect Charges)。
打印"目的地国家或地区货币付费额""目的地的费用"内的费用金额之和。

8.3 多式联运单据与单证业务

8.3.1 多式联运单据

1. 国际多式联运提单

1) 国际多式联运提单的概念

国际多式联运提单是指货物由水路、铁路、公路、航空等两种或多种运输方式进行国家和地区之间联合运输而签发的适用于全程运输的提单。在实际业务中，一般将国际多式联运单据称为国际多式联运提单。国际多式联运提单是用于证明多式联运合同以及证明多式联运经营人接管货物并负责按合同条款交付货物的单据。该单据包括双方确认的取代纸张单据的电子数据交换信息。国际多式联运提单不是多式联运合同，只是多式联运合同的证明，是多式联运经营人收到货物的收据和凭其交货的凭证，联合国 1980 年《多式联运公约》表明，多式联运单证是可以转让的物权凭证。

2) 国际集装箱多式联运提单内容

对于国际集装箱多式联运提单的记载内容，《联合国国际货物多式联运公约》以及我国的《国际集装箱多式联运管理规则》都作了具体规定，根据我国的《国际集装箱多式联运管理规则》的规定，国际集装箱多式联运提单应当载明的主要内容有：
(1) 货物名称、种类、件数、重量、尺寸、外表状况、包装形式。
(2) 集装箱箱号、箱型、数量、封志号。
(3) 危险货物、冷冻货物等特种货物应载明其特性、注意事项。
(4) 多式联运经营人名称和主营业所。
(5) 托运人名称。
(6) 多式联运单据表明的收货人。
(7) 接收货物的日期、地点。

(8) 交付货物的地点和约定的日期。
(9) 多式联运经营人或其授权人的签字及单据的签发日期、地点。
(10) 交接方式，运费的支付，约定的运达期限，货物中转地点。
(11) 在不违背我国有关法律、法规的前提下，双方同意列入的其他事项。

国际集装箱多式联运提单一般都应注明上述各项内容，如果缺少其中一项或两项，只要所缺少的内容不影响多式联运提单的法律性质，不影响货物运输和各当事人之间的利益，这样的集装箱多式联运提单仍然有效。此外，除按规定的内容填制外，还可以根据双方的实际需要和要求，在不违背提单签发国家法律的情况下加注其他项目，如有关特种货物的装置说明，对所收到的货物批注说明，不同运输方式下，承运人之间的临时洽商批注等。

3) 国际多式联运提单的签发与转让

一般情况下（如费用预付），多式联运经营人在收到货物后，签发多式联运提单前，应向发货人收取合同规定的和应由其负担的全部费用，然后可以根据发货人的要求签发可转让国际多式联运提单或不可转让国际多式联运提单。根据《联合国国际货物多式联运公约》的要求，国际多式联运提单的转让性在其记载事项中应有规定。

可转让的国际多式联运提单，具有流通性。国际多式联运提单以可转让方式签发时，应列明按指示或向持票人交付：如列明按指示交付，须经背书后转让；如列明向持票人交付，无须背书即可转让。提单上的通知方一般是在最终交货地点由收货人指定的代理人。此外，如签发一套一份以上的正本，应注明正本份数，各正本提单具有同样的法律效力，但多式联运经营人或其代表如已按其中的一份正本交货便已履行交货责任，其他正本提单自动失效。如签发任何副本，每份副本均应注明"不可转让副本"字样。如果多式联运经营人在接收货物时，对货物的实际情况和提单中所注明的货物的种类、数量、重量和标志等有怀疑，但又无适当方法进行核对、检查时，可以在提单中做出保留，注明不符之处及怀疑根据。

签发不可转让多式联运提单时，应列明收货人的名称。不可转让的国际多式联运提单没有流通性。多式联运经营人凭单据上记载的收货人而向其交货。按照多式联运公约的规定，多式联运提单以不可转让的方式签发时，应指明记名的收货人。同时规定，多式联运经营人将货物交给此种不可转让的多式联运提单所指明的记名收货人或经收货人以书面正式指定的其他人后，该多式联运经营人即已履行其交货责任。

对于国际多式联运提单的可转让性，我国的《国际集装箱多式联运管理规则》也有规定。根据该规则，国际多式联运提单的转让依照下列规定执行：
(1) 记名单据：不得转让。
(2) 指示单据：经过记名背书或者空白背书转让。
(3) 不记名单据：无须背书，即可转让。

4) 多式联运提单与单一运输方式下单据比较

不同的运输单据的内容、性质和作用的规定都是以某一国际公约为基础的，一般均在首要条款中对服从的国际运输公约做出说明。由于不同运输方式的特点、运输组织形式、货物运输中的风险及货物运输所需要的时间等方面存在着差别，各国际公约对运输单证内容、性质、作用及条款的规定也有很大的差别。

多式联运提单与各单一方式运输单据的主要差别可通过表8-2来说明。

表 8-2　多式联运提单与各单一方式运输单据主要差别

单证 内容	铁路运单	公路运单	海运提单	联运提单	多式联运提单
运输方式	铁路	公路	海运	同一种运输方式间（实务中有例外）	多种
接收货物收据	是	是	是	是	是
运输合同	是	是	不是	不是	不是
交付凭证	不是	是	是	是	是
物权证明	不是	不是	是	是	是
可转让性	不可	不可	可（特殊情况例外）	可（特殊情况例外）	可（特殊情况例外）
货方风险	无	无	有	有	有
责任期限	站—站	接受—交付	港—港	接受—交付	接受—交付

5）国际多式联运提单的证据效力

国际多式联运提单的证据效力主要表现在它是该单据所载明的货物由多式联运经营人接管的初步证据。由此可见，作为国际多式联运合同证明的多式联运提单，其记载事项与其证据效力是密切相关的，多式联运单据主要对以下几个方面起到证明作用：一是当事人本身的记载；二是有关货物状况的记载；三是有关运输情况的记载；四是有关法律约束方面的记载。

根据《联合国国际货物多式联运公约》的规定，多式联运经营人对多式联运单据中的有关记载事项可以作出保留。如果多式联运经营人或其代表知道或有合理的根据怀疑多式联运提单所列货物的品种、主要标志、包数或件数、重量或数量等事项没有准确地表明实际接管的货物的状况或无适当方法进行核对，则该多式联运经营人或其代表应在多式联运提单上作出保留，注明不符之处、怀疑的根据或无适当的核对方法。如果多式联运经营人或其代表未在多式联运单据上对货物的外表状况加以批注，则应视为他已在多式联运单据上注明货物的外表状况良好。

多式联运经营人如在单据上对有关货物或运输方面加了批注，其证据效力就会产生疑问，收货人原则上是不能被接受加了批注的多式联运提单的。如果多式联运单据上没有这种保留性批注，则多式联运提单上记载事项的证据效力是完全的，对发货人来说是初步证据，但多式联运经营人可举证予以推翻。不过，根据《联合国国际货物多式联运公约》的规定，如果多式联运单据是以可转让方式签发的，而且已转让给善意信赖该单据所载明的货物状况的、包括收货人在内的第三方时，该单据就构成了最终证据，多式联运经营人提出的反证不予接受。

此外，《联合国国际货物多式联运公约》对一些经过协议达成的记载事项，如交货日期、运费支付方式等并未作出法律规定，这符合合同自由原则，但公约对由于违反此类记载事项带来的责任还是作了规定：如果多式联运经营人意图诈骗，在多式联运单据上列入有关货物的不实资料，或其他规定应载明的任何资料，则该联运经营人不得享有该公约规定的赔偿责任限额，而须负责赔偿包括收货人在内的第三方因信赖该多式联运单据所载明的货物的状况行事而遭受的任何损失、损坏或费用。

6）多式联运提单的签发时间与地点

多式联运提单一般是在多式联运经营人收到货物后签发的，由于主要是集装箱货物，因而多式联运经营人接收货物的地点可能是集装箱堆场（CY）、集装箱货运站（CFS）和发货人的工厂或仓库（Door）。因此，多式联运经营人接受货物地点不同，提单签发的时间、地点及承担的责任也有比较大的区别。

（1）在集装箱堆场（CY）收货后签发的提单。

这种情况一般由发货人将装好的整箱货运至多式联运经营人指定的集装箱堆场，由多式联运经营人委托的堆场业务人员代表其接收货物，签发正本场站收据给发货人，再由发货人用该正本场站收据至多式联运经营人处换取提单。多式联运经营人收到该正本场站收据并收取应收费用后即应签发提单。

（2）在发货人工厂或仓库（Door）收到货物后签发的提单。

这种情况应在站场收据中注明。提单一般在集装箱装上发货人工厂或仓库（Door）处的运输工具（汽车或火车）后签发。在发货人工厂或仓库签发提单意味着发货人应自行负责货物报关、装箱、制作装箱单、联系海关监装及加封，交给多式联运经营人的是外表状况良好、铅封完整的整箱货物。而多式联运经营人应负责从发货人工厂或仓库至码头堆场的运输和至最终交付货物地点的全程运输。

（3）在集装箱货运站（CFS）收货后签发的提单。

在这种情况下，多式联运经营人是在其自有的或由其委托的集装箱货运站接收货物。该货运站可在港口码头附近，也可以在内陆地区。接收的货物一般是拼箱运输的货物。提单签发时间一般是在货物交接入库后。在集装箱货运站签发提单意味着发货人应负责货物报关，并把货物（以原来形态）运至指定的集装箱货运站，而多式联运经营人（或其委托 CFS）负责装箱、填制装箱单、联系海关加封等业务，并负责将拼装好的集装箱货物运至集装箱堆场。

2. 多式联运提单的性质与作用

多式联运单据在实践中一般表现为多式联运提单，其与海运提单的性质和作用基本上是一致的，即多式联运单据是由承运人或其代理人签发，既是货物收据也是运输合同的证明，在单据做成指示抬头或不记名抬头时，可作为物权凭证，经背书可以转让。

多式联运单据表面上和海运提单相仿，但海运提单承运人只对自己执行的一段负责，而多式联运承运人对全程负责；海运提单由船公司签发，包括海运在内的全程运输，而多式联运单据由多式联运承运人签发，也包括全程运输，但其中可能不包括海运。

与海运提单相同，多式联运提单按是否可以转让可分为两大类，即可转让提单和不可转让提单。而可转让提单又可分为按指示交付或向持单人交付两类。不可转让提单一般为记名提单。

3. 多式联运提单的签发

多式联运经营人在收到货物后，凭发货人提交的收货收据（在集装箱运输时一般是场站收据正本）签发多式联运经营人提单，根据发货人的要求可签发可转让或不可转让提单中的任何一种。签发提单前应向发货人收取合同规定的和应由其负担的全部费用。

1）签发提单时应注意的事项

（1）如签发可转让提单，应在收货人栏列明按指示交付或向持单人交付；签发不可转让提单，应列明收货人的名称。

（2）提单上的通知人一般是在目的港或最终交货地点由收货人指定的代理人。

（3）对签发正本提单的数量一般没有规定，但如应发货人要求签发一份以上的正本时，在每份正本提单上应注明正本份数。

（4）每份副本均应注明"不可转让副本"字样，副本提单不具有提单的法律效力。

（5）如签发一份以上的正本可转让提单，各正本提单具有同样的法律效力，而多式联运经营人或其代表如已按其中一份正本提单交货，便视为已履行交货义务，其他提单自动失效。

2）多式联运提单签发的时间与地点

多式联运提单一般是在多式联运经营人收到货物后签发的，由于联运的货物主要是集装箱货物，因此经营人接收货物的地点可能是集装箱码头或内陆港堆场、集装箱货运站和发货人的工厂或仓库。由于接收货物地点不同，提单签发的时间、地点及联运经营人承担的责任也有较大区别。

（1）在发货人工厂或仓库收到货物后签发的提单。

这种情况属于在发货人的"门"接收货物，场站收据中应注明。提单一般在集装箱装上运输工具后签发。在该处签发的提单意味着发货人应自行负责货物报关、装箱、制作装箱单、联系海关监装及加封，交给多式联运经营人（或其代表）的是外表状况良好、铅封完整的整箱货物。而经营人应负责从发货人工厂或仓库至码头堆场的运输和至最终交付货物地点的全程运输。

（2）在集装箱货运站收货后签发的提单。

在这种情况下，多式联运经营人是在他自己的或由其委托的集装箱货运站接收货物。该货运站可在港口码头附近，也可在内陆地区，接收的货物一般是拼箱运输的货物。提单签发时间一般是在货物交接入库后。在该处签发提单意味着发货人应负责货物报关，并把货物运至指定的集装箱货运站，而多式联运经营人负责装箱，填制装箱单，联系海关加封等业务，并负责将拼装好的集装箱运至码头或内陆堆场。

（3）在码头或内陆堆场收货后签发的提单。

这种情况属于码头或内陆堆场接收货物，一般由发货人将装好的整箱货运至多式联运经营人指定的码头或内陆堆场，由经营人委托的堆场的业务人员代表其接收货物，签发正本场站收据给发货人，再由发货人用该收据至经营人或其代表处换取提单。联运经营人收到该正本收据，收取应收费用后，即应签发提单。

在该处签发的提单一般意味着发货人应自行负责货物装箱、报关、加封等工作，并负责这些整箱货物从装箱地点至码头或内陆堆场的内陆运输，而多式联运经营人应负责完成或组织完成货物由该堆场至目的地的运输。

在上述地点签发的多式联运提单，均属于"待运提单"。为了适应集装箱多式联运的需要，《跟单信用证统一惯例》最近三次修订本均规定卖方可使用联运提单结汇。

8.3.2 多式联运单证

1. 国际多式联运单证系统的构成

简单地说,国际多式联运单证系统由下述两部分构成。

1) 在国际多式联运经营人与货主(托运人、收货人)之间流转的单证

这部分单证中最重要的是国际多式联运单证。由于没有可适用的国际公约,因此,世界上并不存在国际上认可的、统一的多式联运单证。实务中使用的多式联运单证在商业上是通过订立合同产生的,它既可以是可转让的,也可以是不可转让的,但目前以使用可转让的多式联运提单最为常见。

2) 国际多式联运经营人与各区段实际承运人之间流转的单证

这部分单证采用该区段运输方式所使用的运输单证。

2. 多式联运单证的种类

在没有可适用的国际公约的情况下,并不存在国际上认可的作为多式联运单证的合法单证。现在多式联运中使用的单证在商业上是通过合同产生的,可分为以下四类。

1) 波罗的海国际航运公会(BIMCO)制定的 Combidoc

此单证已得到了国际商会的认可,通常为拥有船舶的多式联运经营人所使用。

2) FIATA 联运提单(FBL)

它是由 FIATA 制定的,供作为经营多式联运的货运代理使用。它也得到了国际商会的认可。

3) UNCTAD 制定的 Multidoc

它是为便于实施《国际货物多式联运公约》而制定的,并入了该公约中关于责任方面的有关规定。但由于该公约尚未生效,因而该多式联运单证尚未被多式联运经营人采用。

4) 多式联运经营人自行制定的多式联运单证

目前,几乎所有的多式联运经营人都制定了自己的多式联运单证。但考虑到适用性,与 Combidoc、FBL 单证一样,绝大多数单证都并入或采用"ICC 联运单证统一规则",即采用网状责任制,从而使现有的多式联运单证趋于标准化。

3. 多式联运单证与区段承运人单证在缮制上的区别与联系

在国际多式联运中,多式联运提单与各区段实际承运人签发的单据(提单、运单等)在缮制上既有区别也有联系,具体见表 8-3。

表 8-3 多式联运提单与各区段承运人单据的区别与联系

项目	多式联运提单	各运输区段实际承运人单据(提单、运单等)
收货地	依贸易合同的规定	载运工具的收货地、港、站
装货地	承运船的装货港	承运船的装货港
卸货地	承运船的卸货港	承运船的卸货港
交货地	依贸易合同的规定	承运工具的卸货地
签单地	收货地或经营人所在地	载运工具的收货地、港、站
托运人	依贸易合同的规定	联运经营人(承运人)或代理

续表

项　目	多式联运提单	各运输区段实际承运人单据（提单、运单等）
通知人	依贸易合同的规定	联运经营人（承运人）或代理
收货人	依贸易合同的规定	联运经营人（承运人）或代理
类型	一般为指示提单	一般为记名提单
签发人	联运经营人（承运人）	实际承运人
目的地	结汇	货物交接与提货

4. 多式联运提单的流转程序

下面以一程是公路运输、二程是海上运输、三程是铁路运输的多式联运为例，说明多式联运经营人签发的多式联运提单几个区段单证的流转程序（图 8-4）。

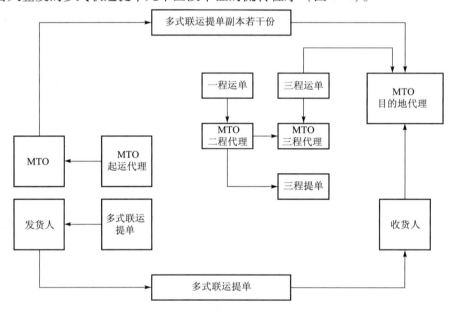

图 8-4　多式联运提单及各区段实际承运人签发运输单证的流转程序

在实际业务中，多式联运提单和各区段实际承运人的货运单证的缮制大多交由多式联运经营人的各区段代理负责，多式联运经营人主要充当全面控制和发布必要指示的角色。以下为多式联运经营人签发的多式联运提单及各区段实际承运人签发的运输单证的流转程序。

（1）多式联运经营人起运地分支机构（或代理）缮制并签发全程多式联运提单，其中的正本交给发货人，用于结汇；副本若干份交付多式联运经营人，用于多式联运经营人留底和送交目的地分支机构或代理。

（2）多式联运起运地分支机构或代理将货交一程承运人后，一程承运人签发以多式联运经营人或其起运地分支机构（或代理）为托运人、以多式联运经营人或其二程分支机构（或代理）为收货人的公路运单，运单上应注有全程多式联运提单的号码。多式联运经营人起运地分支机构（或代理）在货物出运并取得运单后，应立即以最快的通信方式将运单、舱单等寄交多式联运经营人二程分支机构或代理，以便二程分支机构或代理能用此提货；与此同时，还应向多式联运经营人提供运单副本以及运载汽车离站时间及预计抵达时间等信息，以便多式联运经营人能全面了解货运进展和向二程分支机构或代理发出必要的指示。

（3）多式联运经营人二程分支机构或代理收到运单后，凭此单从一程承运人（或其代理）处提取货物，并交付二程承运人（或其代理）。二程承运人或其代理收到货物后，签发以多式联运经营人或其二程分支机构（或代理）为托运人，以多式联运经营人或其三程分支机构（或代理）为收货人的提单，提单上应注明全程多式联运提单的号码。多式联运经营人二程分支机构（或代理）在货物出运并取得提单后，应立即以最快的通信方式将正本提单、舱单等寄交多式联运经营人三程分支机构（或代理），以便三程分支机构（或代理）能用此提货；同时，还应向多式联运经营人提供提单副本以及船舶离港报告等，以便多式联运经营人能全面了解货运进展和向三程分支机构（或代理）发出必要的指示。

（4）多式联运经营人三程分支机构（或代理）收到运单后，凭此从二程承运人（或其代理）处提取货物，并交付三程承运人（或其代理）。三程承运人（或其代理）收到货物后，签发以多式联运经营人或其三程分支机构（或代理）为托运人，以多式联运经营人或其目的地分支机构（或代理）为收货人的铁路运单，运单上应注明全程多式联运提单的号码。多式联运经营人三程分支机构（或代理）在货物出运并取得运单后，应立即以最快的通信方式将运单等寄交多式联运经营人目的地的分支机构（或代理），以便目的地的分支机构（或代理）能用此提货；同时，还应向多式联运经营人提供运单副本以及火车动态等，以便多式联运经营人能全面了解货运进展和向目的地分支机构或代理发出必要的指示。

（5）多式联运经营人目的地的分支机构收到铁路运单后，可凭此从承运人（或代理）处提取货物，并向收货人发出提货通知。收货人付款赎单后取得多式联运经营人签发的全套正本多式联运提单，凭此套正本提单可向多式联运经营人目的地分支机构（或代理）办理提货手续。多式联运经营人目的地分支机构（或代理）经与多式联运经营人寄交的副本提单核对，并在收取应收取的运杂费后，将货物交付收货人。

8.3.3　案例分析指导

○ 案例 1

货运代理与货方的关系

原告：A 公司

被告：B 公司

案情：

2001 年 11 月 18 日，C 公司与 D 公司签订了进口 3 套冷水机组的贸易合同，交货方式为 FOB 美国西海岸，目的地为吴江。2001 年 12 月 24 日，买方 C 公司就运输的冷水机组向人保吴江公司投保一切险，保险责任期间为"仓至仓条款"。同年 12 月 27 日，原告 A 公司从美国西雅图港以国际多式联运方式运输了装载于 3 个集装箱的冷水机组，经上海到吴江。原告签发了空白指示提单，发货人为 D 公司，收货人为 C 公司。

货物到达上海港后，2002 年 1 月 11 日，原告与被告 B 公司以传真形式约定，原告支付被告陆路直通运费、短驳运费和开道车费用等共计 9 415 元，将提单下的货物交由被告陆路运输至目的地吴江。事实上，被告并没有亲自运输，而是由 E 公司实际运输，被告向 E 公司汇付了 8 900 元运费。同年 1 月 21 日货到目的地后，收货人发现两个集装箱破损，货物严重损坏。收货人依据货物保险合同向人保吴江公司索赔，保险公司赔付后取得代位求偿权，向原告进行追偿。原告与保险公司达成了和解协议，已向保险公司做出 11 万美元的赔偿。之后，原告根据货物在上海港卸船时的理货单记载"集装箱和货物完好"，以及集装箱发放/设备交接单（出场联和进场联）对比显示的"集装箱出堆场完好，运达目的地破损"，认为被告在陆路运输中存在过错，要求被告支付其偿付给保险公司的 11 万美元及利息损失。

评析：

本案的主要争议焦点之一，即原被告之间的法律关系如何界定，是陆路运输合同关系还是货运代理合同关系？

被告指出，其与原告往来的传真件是代理协议，其根据是传真出具的有关运费的发票抬头是货运代理专用发票，所以双方不存在承托关系，而是货运代理关系，被告作为原告的代理人委托 E 公司进行实际运输。

虽然被告名义上是一家货运代理性质的公司，但不能仅仅凭此项来认定被告的真实身份。原被告之间往来传真的内容主要涉及的是被告收取内陆运费的事宜，而没有提及货运代理事项。根据合同法理论，合同的性质依合同的实质内容来确定，传真是合同法明确规定的、可以视为书面合同的形式之一，所以关于内陆运费的传真可以作为双方签订的陆路运输合同，真实有效。此外，货运代理专用发票只是被告业务中开具发票通常的格式化抬头，以此种表面格式来对抗原被告之间的运输合同关系显然过于牵强。

本案中，原告支付给被告内陆运费 9 415 元，而被告最后支付给 E 公司 8 900 元运费，两者存在差额。在实务中，货运代理公司视为承运人时，其与传统的货运代理公司之间一个显著的区别就是收取的费用性质不同。传统货运代理公司收取的是佣金，按运费的一定比例计算；而货运代理公司作为承运人时，收取的费用往往是运费的差价。本案中被告赚取的这笔差额，视为运费的差价比较妥当。

综上而言，原被告之间的法律关系应该是陆路运输合同关系，而不是货运代理关系。

○ 案例 2

货运代理与承运人的关系

原告：马士基集团香港有限公司（以下简称马士基公司）

被告：闽东金洋（集装）货运有限公司（以下简称金洋公司）

案情：

1994 年 9 月 5 日至 10 月 19 日期间，马士基公司根据金洋公司提交的抬头为"闽东金洋（集装）货运有限公司"的托运单，在深圳蛇口港分别安排了 6 个 40 英尺的集装箱装载衣服、运动鞋等货物，并于装船完毕后向金洋公司签发了 6 个集装箱货物的记名联运提单。该 6 单货物由金洋公司从福建陆运至深圳并交由马士基公司承运。金洋公司提出的托运单和马士基公司签发的提单均记载，该 6 单货物的托运人为福建省宁德外贸公司，收货人为 HUA RONG KERESKEDELMI KFT. HUA RONG TRADE LTD，卸货港为汉堡，交货地为布达佩斯，运费预付。另有提单号为 SHEB01148 和 SHEB01152 两单货物，由金洋公司向马士基公司提出托运单并交付货物，托运单记载事项与前述 6 份托运单大致相同，但托运单抬头为

"福建国际货运有限公司""深圳华南国际运输有限公司"字样。托运单约定,每个集装箱运费为4 400美元,合计35 200美元。货物已运抵目的港,马士基公司未收取运费。马士基公司于1995年10月5日向海事法院提起诉讼,请求法院判令金洋公司支付拖欠的运费35 200美元、报关费100美元,并承担本案诉讼费。

金洋公司确认SHEB01046、SHEB01047、SHEB01150、SHEB01296、SHEB01297和SHEB01331六单货物由其向马士基公司提出的"闽东金洋(集装)货运有限公司"格式的托运单订舱以及提交货物,未向马士基公司明示系代理托运人而为。但事实上,该六单货物的托运人是福建省宁德外贸公司,金洋公司系受托运人的委托将货物从福建经陆路运至深圳交给马士基公司运输,并非托运人,没有义务向马士基公司支付运费。马士基公司于1994年9月22日签发的提单号为SHEB01148和SHEB01152的两单货物,托运单的抬头是"福建国际货运有限公司""深圳华南国际运输有限公司",运费更不应该由金洋公司支付。

法院认为,金洋公司向马士基公司提出托运单,同时将货物交由马士基公司承运,且未向马士基公司明示系代理宁德外贸公司办理托运,又接受马士基公司签发的提单,虽然提单托运人记载为宁德外贸公司,但这是应金洋公司的要求而记载的,根据《中华人民共和国海商法》(简称《海商法》)第四十二条关于托运人的规定,应认定金洋公司是上述六单货物的托运人。马士基公司接受了托运单,并依据托运单将货物运抵目的港,履行了运输义务,有权向金洋公司收取运费。金洋公司应向马士基公司支付运费。但是,马士基公司不能提供证明金洋公司是SHEB01148和SHEB01152号两张提单的托运人的证据,其请求该两单货物的运费,证据不足,不予认定。

评析:

本案所涉托运单和提单,均明确记载托运人是宁德外贸公司。在班轮运输中,在没有签订运输合同的情况下,托运单和提单便是确定运输合同关系的证明。本案托运单和提单清楚地表明,运输合同关系的主体是托运人——宁德外贸公司和承运人——马士基公司。托运单的抬头是金洋公司,但这只是格式问题,当托运单记载的内容与抬头不一致的情况下,显然应依实质内容确定。虽然金洋公司在向马士基公司提出托运单时没有明示代理宁德外贸公司,但将宁德外贸公司填写为托运人,表明金洋公司是以宁德外贸公司的名义托运货物。根据《海商法》第四十二条关于托运人的定义,委托他人以本人名义或者委托他人为本人与承运人订立运输合同的人是托运人。很明显,本案中的"本人"是宁德外贸公司,"他人"是被告。另外,金洋公司是货物的陆路承运人,其将货物交给马士基公司可能只是属于陆路承运人与海上承运人之间的"交接",而非"托运"。陆路承运人将货物交给海上承运人显然不属于《海商法》第四十二条第三款第2项规定的发货人。因此,从金洋公司向马士基公司办理托运手续的环节上看,托运人应是宁德外贸公司,法院将金洋公司认定为托运人的判决值得商榷。

本案中没有清楚反映金洋公司与宁德外贸公司之间的关系。假设宁德外贸公司系委托金洋公司全程运输,约定宁德外贸公司向金洋公司支付的是全程运费,那么金洋公司便为多式联运经营人,金洋公司与马士基公司之间的关系就是多式联运经营人与区段承运人的关系。此时,金洋公司便可能有义务向马士基公司支付海运运费。

打造智慧监管模式

本章知识点小结

1. 掌握提单基本理论；了解提单的性质，在运输、贸易、金融领域的作用；熟悉提单条款内容。这些知识作为货运代理最基本的专业素质，必须具备。

2. 货运代理的提单业务。货运代理涉及的提单的业务主要有两类。其一是代理托运人缮制提单，这里主要要结合信用证要求。只有熟悉信用证对运输的要求，才不会出现后面修改提单的问题。其二是代理托运人要求签发提单，这里要注意如何要求船方在大副收据上正确批注。如果大副收据的批注影响到签发清洁提单时，就要考虑如何联系托运人用保函换取清洁提单。

3. 货运代理提单问题。首先是货运代理提单的合法性，在《国际海运条例》出台前，货运代理提单的合法性不容置疑，得到贸易方、银行、保险等方面的认可。规定了无船承运人提单登记备案后，虽然实务界仍然广泛存在货运代理提单，但其合法性受到质疑。行政违法性显然成定论，货运代理提单的民法效力即使被认可，但签发提单的货运代理人会被要求承担承运人而非代理的责任。

4. 提单与货运代理责任认定的案件及判决。了解目前涉及货运代理身份及责任定位的两类案件，关注司法界对此类案件的判决和主流观点。

5. 航空货运单的填制。航空货运单是由托运人或者以托运人的名义填制，是托运人和承运人之间在承运人的航线上运输货物所订立合同的初步证明。对于在航空货运单上所填货物的项目和声明的正确性，托运人应负责任。实务操作中，一般由托运人填写货物托运书，代理人按照托运书的内容代托运人填写航空货运单，因此，代理人应对托运书的各项内容进行仔细审核，完整而正确地填开货运单，确保货物及时、准确地运达目的地。

6. 多式联运单证的签发与流转程序。货运代理企业在多式联运中扮演的角色不同，在签发单证时的身份也随之不同。在货运代理企业作为多式联运经营人时，很可能签发以自己为承运人的多式联运提单，此时若发生货损，托运人除非在明确实际承运人身份并且确定实际承运人有过错的情况下才会向实际承运人索赔，否则都会直接向签发单证的货运代理企业进行索赔，所以签发单证之前，货运代理企业要搞清楚自己在运输的整个环节中的身份，不能随意承担多式联运经营人的责任。

思考题

1. 简述提单在各领域的性质和功能。
2. 简述提单的流转程序。
3. 简述货运代理人在缮制提单中的注意事项。
4. 简述不同提单的转让规则。
5. 试述货运代理在签发自己格式提单时的法律身份。

6. 简述航空货运单的作用。
7. 什么是主运单,什么是分运单?它们有哪些区别?
8. 航空货运单各栏目的填制有哪些基本要求?
9. 简述多式联运提单签发的注意事项有哪些。
10. 试举例说明多式联运提单的流转程序。

第 9 章

国际货物报关与报检代理实务

教学目的

通过本章的学习,准确地掌握国家对外贸易的各种法律、法规及管制制度,海关对报关活动及报关活动相关人的管理制度,能准确无误地填制各类报关单证,熟练进行通关作业及报关相关活动的前期、后续管理工作,从而提高学生的知识水平和实际操作能力,综合运用报关知识去开展工作,为从事国际贸易、报关、报检等工作和进一步科学研究奠定基础。

9.1 国际货物报关代理知识概述

9.1.1 海关监管的概述

1. 海关监管的依据和缘由

根据《海关法》授权,海关运用国家赋予的权力,通过一系列管理制度与管理程序,依法对进出境运输工具、货物、物品的进出境活动实施行政监管。海关监管是一项国家职能,其目的在于保证一切进出境活动符合国家政策和法律的规范,维护国家主权和利益。

公元前 5 世纪中叶,古希腊城邦雅典出现了世界上最早的海关。到 11 世纪以后,威尼斯共和国成立以"海关"命名的机构,即威尼斯海关。资本主义发展前期(17—18 世纪),海关执行保护关税政策,重视关税的征收,并建立一套周密烦琐的管理、征税制度。19 世纪,为发展对外贸易,欧洲各国先后撤除内地的关卡,废止内地关税,并且基本停止出口税的征收。

中国海关历史悠久,早在西周和春秋战国时期,古籍中已有关于"关和关税之征"的记载。秦汉时期对外贸易发展,西汉在合浦等地设关。宋、元、明时期,先后在广州、泉州等地设立市舶司。清政府于 1684—1685 年首次以"海关"命名,先后设置粤(广州)、闽(厦门)、浙(宁波)、江(上海)四海关。直至 1949 年后,中华人民共和国政府对原海关机构和业务进行彻底变革,逐步完善海关建制。

2. 报关单位及管理

要履行进出口货物的报关手续,必须先经海关批准成为报关单位。

报关单位是指在海关注册登记或经海关批准,向海关办理进出口货物报关纳税等海关事务的境内法人或其他组织。中国《海关法》规定:"进出口货物收发货人、报关企业办理报关手续,必须依法经海关注册登记。报关人员必须依法取得报关资格。未依法经海关注册登记的企业和未依法取得报关从业资格的人员,不得从事报关业务",以法律的形式明确了对向海关办理进出口货物报关纳税手续的企业实行注册登记管理制度。因此,完成海关报关注册登记手续,取得报关资格是报关单位的主要特征之一,也就是说,只有当有关的法人或组织取得了海关赋予的报关权后,才能成为报关单位,方能从事有关的报关活动。另外,作为报关单位还必须是"境内法人或组织",能独立承担相应的经济和法律责任,这是报关单位的另一个特征。

海关对进出口货物报关管理的主要制度实际是报关注册登记制度。凡是在中华人民共和国进出境口岸办理进出口货物报关手续的企业必须向海关办理报关注册登记。

能够向海关注册登记的单位分为两类:一类是办理报关注册登记单位;另一类是办理代理报关注册登记单位。办理报关和代理报关登记,在企业所在地海关办理。报关业务,应由报关企业和代理报关企业指派专人即报关员办理。报关员只有经海关培训、考核合格并获得由海关颁发的报关员证,才可以从事报关工作。

9.1.2 报关的基本要素

报关的概念:从广义上讲,报关是指进出境运输工具负责人、进出口货物收发货人、进出境物品的所有人或他们的代理人向海关办理运输工具、货物、物品进出境手续及相关手续的全过程。

报关的主体:包括运输工具负责人、进出口货物收发货人、进出境物品的所有人及上述三类主体的代理人。

报关主体的范畴:
(1) 法人或其他组织,如进出口企业、报关企业。
(2) 自然人:物品的所有人。
(3) 进出口货物的报关人,也称报关单位。

报关对象:
(1) 进出境货物:一般进口货物,一般出口货物,保税货物,暂时(准)进出口货物,特定减免税货物,过境、转运和通运货物,其他进出境货物。另外,一些特殊货物,如通过电缆、管道输送进出境的水、电之类,以及无形的货物,如附着在货品载体上的软件等也属报关的对象。
(2) 进出境运输工具:用以载运人员、货物、物品进出境,在国家和地区之间运营的各种境内或境外船舶、车辆、航空器或驮畜。
(3) 进出境物品:指进出境的行李物品、邮递物品和其他物品。以进出境人员携带、托运等方式进出境的物品为行李物品;以邮递方式进出境的物品为邮递物品;其他物品主要包括享有外交特权和豁免的外国机构或者人员的公务用品或自用物品以及通过国际速递进出境的部分快件等。

报关的分类:
1) 按照报关的对象分为三类
(1) 进出境运输工具的报关:进出境运输工具作为货物、人员及携带物品进出境的载体，其报关主要是向海关直接交验随附的、符合国际运输惯例、能反映运输工具进出合法性及所承运货物、物品情况的合法证件、清单和其他运输单证，手续较为简单。

（2）进出境物品的报关：进出境物品由于其非贸易性质，且一般限于自用、合理数量，手续也很简单。

（3）进出境货物的报关：手续较为复杂，为此，海关根据对进出境货物的监管要求，制定了一系列报关管理规范，并要求必须由具备专业知识和技能且经海关注册专业人员代表报关单位专门办理。

2）按照报关的目的分为两类

（1）进境报关。

（2）出境报关。

另外，由于运输和其他方面的需要，有些海关监管的货物需要办理从一个设关地点至另一设关地点的海关手续，因此在实践中产生了"转关"的需要，转关货物也需要办理相关的报关手续。

3）按照海关实施者的不同分为两类

（1）自理报关：进出口货物收发货人自行办理报关手续。根据我国海关目前的规定，自理报关的单位必须具有对外贸易经营权和报关权。

（2）代理报关：接受进出口货物收发货人的委托代理其办理报关手续的行为。

① 报关企业：接受进出口货物收发货人的委托办理报关纳税手续的企业。

② 报关企业要从事代理报关业务必须经过海关批准并向海关办理注册登记手续。

③ 根据代理报关法律行为责任的不同，可分为直接代理报关和间接代理报关。

直接代理报关：报关企业接受委托人（进出口货物收发货人）的委托，以委托人的名义办理报关手续的行为。代理人代理行为的后果直接作用于被代理人（委托人，进出口货物收发货人）。

间接代理报关：报关企业接受委托人（进出口货物收发货人）的委托，以报关企业自身的名义向海关办理报关纳税手续的行为。报关企业应当承担进出口货物收发货人自己报关时所应承担的相同的法律责任。

9.1.3 报关的基本内容

1. 进出境运输工具报关的基本内容

（1）根据我国《海关法》规定，所有进出我国关境的运输工具必须经设有海关的港口、空港、车站、国界通道、国际邮件交换局（站）及其他办理海关业务的场所申报进出境。

（2）进出境申报是运输工具报关的主要内容。

（3）根据海关监管的要求，进出境运输工具负责人或其代理人的运输工具进入或驶离我国关境时均应如实向海关申报运输工具所载旅客数量、进出口货物数量、装卸时间等基本情况。

（4）根据海关监管的要求，不同种类的运输工具报关时所需递交的单证及所要申明的具体内容不尽相同。

（5）进出境运输工具负责人或其代理人就以上情况向海关申报后，有时还需应海关的要求配合海关查验，经海关审核确认符合海关监管要求的，海关做出放行决定，至此，该运输工具报关完成,可以上下旅客、装卸货物或者驶往内地或离境。

2. 进出口货物报关的基本内容

(1) 进出口货物收发货人接到运输公司或邮递公司的"提货通知单"或根据合同规定备齐出口货物后,应做好向海关办理进出境手续的准备工作,或者签署委托代理协议,委托报关企业向海关报关。

(2) 准备好报关单证,在海关规定的报关地点和报关时限内以书面或电子数据方式向海关申报。

(3) 经海关对报关电子数据或书面报关单证进行审核后,在海关认为必要的情况下,报关人员要配合海关进行货物的检验。

(4) 属于应纳税、应缴费范围的进出口货物,报关单位应在海关规定的期限内缴纳进出口税费。

(5) 完成上述手续,进出口货物经海关放行后,报关单位可以安排装卸货物。

3. 进出境物品报关的基本内容

《海关法》规定:个人携带进出境的行李物品、邮寄进出境的物品,应当以自用、合理数量为限。

所谓"自用、合理数量",是对于行李物品而言的。"自用"指的是进出境旅客本人自用、馈赠亲友而非为出售或出租。"合理数量"是指海关根据进出境旅客旅行目的和居留时间所规定的正常数量;对于邮递物品,则指的是海关对进出境邮递物品规定的征、免税限值。

"自用、合理数量"的原则是海关对进出境物品监管的基本原则,也是对进出境物品报关的基本要求。

(1) 进出境行李物品的报关。

① 我国海关规定:进出境旅客在向海关申报时,可以在两种分别以红色和绿色作为标记的通道中进行选择。

② 带有绿色标志的通道适用于携带物品在数量和价值上均不超过免税限额,且无国家限制或禁止进出境物品的旅客。

③ 带有红色标志的通道则适用于携运有上述绿色通道适用物品以外的其他物品的旅客。对于选择红色通道的旅客,必须填写"进出境旅客行李物品申报单"或海关规定的其他申报单证,在进出境地向海关作出书面申报。

(2) 进出境邮递物品的报关。

① 进出口邮递物品的申报方式由其特殊的邮递运输方式决定。

② 我国是《万国邮政公约》的签约国之一。根据《万国邮政公约》的规定,进出口邮包必须由寄件人填写"报税单"(小包邮件填写绿色标签),列明所寄物品的名称、价值、数量,向邮包寄达国家的海关申报。

③ 进出境邮递物品的"报税单"和"绿色标签"随同物品通过邮政企业呈递给海关。

■ **链接 9-1** *报关的要点*

1. 熟悉国家有关进出口管理的法律、法规规章,掌握国家禁止和限制进、出口的货物、物品、技术范围。

2. 属于配额和许可证管理的，或自动许可管理的货物都要向海关提交许可证件（Licence）。

3. 属于出入境检验检疫范围的货物，应当先办理报检手续，后办理报关手续。

4. 对于国家已经宣布采取反倾销措施的货物，报关时应当向海关提交原产地证明（Certificate of Origin）和原厂商发票（Origin Manufacturer's Invoice）。

5. 对于国家宣布采取临时保障措施的货物，对海关总署公告宣布已达到配额总量或国别限量的，该货物报关进口时应当向海关增加缴纳特别关税。

6. 我国出口货物复运进口报关时应当向海关提交国家外经贸主管部门的批准文件。

7. 外商投资企业应当按其经营范围进口本企业自用的设备、材料和其他物品；出口自产物品。

8. 租赁贸易方式进口货物，应当填写两份报关单：一份按货物的实际价值填写，作为海关的统计专用；一份按货物的实际支付租金填写，作为海关征收关税专用。

9.1.4 报关的一般程序

报关程序指进口货物收货人、出口货物发货人、运输负责人、物品所有人或其代理人按照海关的规定，办理货物、物品、运输工具进出境及相关海关事务的手续和步骤。

进出口货物申报的定义：进口货物的收货人、出口货物的发货人或者他们的代理人在进出口货物时，在海关规定的期限内，以书面或电子数据交换方式向海关报告其进出口货物的情况，并随附有关货运和商业单据，申请海关审查放行，并对所报告内容的真实准确性承担法律责任的行为。申报，也即常说的"报关"。

海关接受进出口货物申报的方式分为以下三种：口头申报、书面申报、电子数据交换申报。

进出口货物申报的程序：

（1）接到进口提货通知或备齐出口货物。

（2）办理（接受）报关委托。

（3）需要委托专业报关企业或代理报关企业向海关办理申报手续的企业，在货物进口或出口之前，应在进出口岸就近向专业报关企业或代理报关企业办理委托报关手续。

（4）接受委托的专业报关企业或代理报关企业要向委托单位收取正式的报关委托书。

（5）准备报关单证。

基本单证（与进出口货物直接相关的商业和货运单证）：发票一份；装箱单一份（大宗散装货及单一品种且包装内容一致的件装货物没有装箱单）；提货单或装货单一份（海运进口或出口）；运单一份（空运）；包裹单一份（邮运）；领货凭证一份（陆运）；出口收汇核销单（出口）；海关签发的进出口货物减税、免税证明及保税备案手册。

特殊单证（国家有关法律、法规规定实行特殊管制的证件）：配额许可证管理证件＝配额证明（由我国计划部门签发）＋进出口货物许可证（对外贸易主管部门签发）。

其他各类特殊管理证件：

① 机电产品进口证明文件。

② 商品检验主管部门签发的证件。

③ 动植物检疫主管部门签发的证件。

④ 药品检验主管部门签发的证件。

预备单证（在办理进出口货物手续时，海关认为必要时需查阅或收取的证件）：

贸易合同；货物原产地证明；委托单位的工商执照证书；委托单位的账册资料及其他有关单证。

（6）填制报关单。

（7）报关单预录入，是实行报关自动化系统处理进（出）口报关单的海关进行申报的一个程序。经电子计算机传递数据的报关单和手工填写的报关单具有同等的法律效力。

（8）向海关递交报关单。报关单位在预备好报关随附单证，填制完报关单，或完成报关单预录入后，应在正式的每份进（出）口报关单左下角加盖报关单位的报关专用章，负责报关的报关员及其所属企业的法定代表人（或其授权委托的报关业务负责人）应签名。至此，报关员才可以向进出口口岸的海关正式递交报关单。

报关员在递交报关单后发现有填报错误或因其他情况需要变更填报内容时，应主动、及时地向接受申报的海关递交更改单。出口报关后发生退关的，应当在三天内向海关办理更改手续。

（9）海关接受报关。海关接受报关员递交的报关单，是海关与进出口货物的收发货人或其代理人发生法律关系的开始，也是海关依法对进出口货物进行实际监督管理的开始。海关接受报关后，审核：

① 报关单位和报关员的报关资格，即其签章及签名是否合法有效。

② 报关单的填制是否符合海关的规定，经电子计算机传递的报关数据是否准确，是否符合海关统计指标数据的要求。如符合上述各项要求的，则可以接受报关；否则，把报关单退给报关员作必要的更正或补充后再确定是否接受报关。

（10）海关审单。海关工作人员通过审核报关员递交的报关单及随附有关单证，检查判断进出口货物是否符合《海关法》和国家的有关政策、法令的行为。

（11）进出口货物的查验。进出口货物，除海关总署特准查验的以外，都应接受海关查验。查验的目的是核对报关单证所报内容与实际到货是否相符，有无错报、漏报、瞒报、伪报等情况，审查货物的进出口是否合法。

海关查验货物，应在海关规定的时间和场所进行。如有特殊理由，事先报经海关同意，海关可以派人员在规定的时间和场所以外查询。申请人应提供往返交通工具和住宿并支付费用。

海关查验货物时，要求货物的收、发货人或其代理人必须到场，并按海关的要求负责办理货物的搬移、拆装箱和查验货物的包装等工作。海关认为必要时，可以径行开验、复验或者提取货样，货物保管人应当到场作为见证人。

查验货物时，由于海关关员责任造成被查货物损坏的，海关应按规定赔偿当事人的直接经济损失。赔偿办法：由海关关员如实填写《中华人民共和国海关查验货物，物品损坏报告书》一式两份，查验关员和当事人双方签字，各留一份。双方共同商定货物的受损程度或修理费用（必要时，可凭公证机构出具的鉴定证明确定），以海关审定的完税价格为基数，确定赔偿金额。赔偿金额确定后，由海关填发《中华人民共和国海关损坏货物、物品赔偿通知》，当事人自收到通知单之日起，三个月内凭单向海关领取赔款或将银行账号通知海关划拨，逾期海关不再赔偿。赔款一律用人民币支付。

(12) 进出口货物的放行。海关对进出口货物的报关，经过审核报关单据、查验实际货物，并依法办理了征收货物税费手续或减免税手续后，在有关单据上签盖放行章，货物的所有人或其代理人才能提取或装运货物。此时，海关对进出口货物的监管才算结束。另外，进出口货物因各种原因需海关特殊处理的，可向海关申请担保放行。海关对担保的范围和方式均有明确的规定。

9.2 国际货物检验检疫代理实务

9.2.1 国际货物检验检疫概述

1. 国际货物检验检疫的含义和作用

国际货物检验检疫，又称出入境检验检疫，是指政府行政部门以保护国家整体利益和社会利益为衡量标准，以法律、行政法规、国际惯例或进口国法规要求为准则，对出入境货物、交通运输工具、人员及其事项等进行检验检疫、管理及认证、并提供官方检验检疫证明、民间检验检疫公证和鉴定证明的全部活动。

国际货物检验检疫是国际贸易发展的产物，是买卖双方在货物交接过程中不可缺少的重要环节。它的重要性主要体现在以下三个方面。

（1）对进出口商品进行检验、鉴定和监督管理，保证进出口商品符合质量或标准的要求，维护对外贸易各关系方的合法权益，促进对外经济贸易的顺利发展。

（2）对包括运输工具、包装材料在内的出入境动植物及其产品进行检疫和监管，防止危害动植物的病菌、害虫、杂草种子及其他有害生物出入境，保护本国农、林、牧、渔生产和国际生态环境及人类的健康。

（3）对出入境人员、交通工具、运输设备以及可能传播检疫传染病的行李、货物、邮包等物品实施国境卫生检疫和口岸卫生监督。

2. 出入境检验检疫机构

出入境检验检疫机构是主管出入境卫生检疫、动植物检疫、商品检验、鉴定、认证和监督管理的行政执法机构。出入境检验检疫机构依照国家检验检疫法律法规规定，对进出境的商品（包括动植物产品），以及运载这些商品、动植物和旅客的交通工具、运输设备，分别实施检验检疫、鉴定、监督管理和对出入境人员实施卫生检疫及口岸卫生监督。

国务院关于国家出入境检验检疫局职能配置、内设机构和人员编制的规定：① 将原由卫生部承担的国境卫生检疫、进口食品卫生监督检验的职能，交给国家出入境检验检疫局。② 将原由农业部承担的进出境动植物检疫的职能，交给国家出入境检验检疫局。③ 将原国家进出口商品检验局承担的进出口商品检验、鉴定和监管的职能，交给国家出入境检验检疫局。

国家出入境检验检疫局是主管出入境卫生检疫、动植物检疫和商品检验的行政执法机构。其主要职责任务是：

（1）研究拟定有关出入境卫生检疫、动植物检疫及进出口商品检验法律、法规和政策规定的实施细则、办法及工作规程，督促检查出入境检验检疫机构贯彻执行。

（2）组织实施出入境检验检疫、鉴定和监督管理；负责国家实行进口许可制度的民用商品入境验证管理；组织进出口商品检验检疫的前期监督和后续管理。

（3）组织实施出入境卫生检疫、传染病监测和卫生监督；组织实施出入境动植物检疫和监督管理；负责进出口食品卫生、质量的检验、监督和管理工作。

（4）组织实施进出口商品法定检验；组织管理进出口商品鉴定和外商投资财产鉴定；审查批准法定检验商品的免验和组织办理复验。

（5）组织对进出口食品及其生产单位的卫生注册登记及对外注册管理；管理出入境检验检疫标志、进口安全质量许可、出口质量许可并负责监督检查；管理和组织实施与进出口有关的质量认证认可工作。

（6）负责涉外检验检疫和鉴定机构（含中外合资、合作的检验、鉴定机构）的审核认可并依法进行监督。

（7）负责商品普惠制原产地证和一般原产地证的签证管理。

（8）负责管理出入境检验检疫业务的统计工作和国外疫情的收集、分析、整理，提供信息指导和咨询服务。

（9）拟定出入境检验检疫科技发展规划；组织有关科研和技术引进工作；收集和提供检验检疫技术情报。

（10）垂直管理出入境检验检疫机构。

（11）开展有关的国际合作与技术交流，按规定承担技术性贸易壁垒和检疫协议的实施工作，执行有关协议。

9.2.2 国际货物检验检疫的内容及程序

1. 入境货物检验检疫

法定检验检疫的入境货物，在报关时必须提供报关地出入境检验检疫机构签发的《入境货物通关单》，海关凭报关地出入境检验检疫机构签发的《入境货物通关单》验放。

入境货物检验检疫的一般工作程序是：报检后先放行通关，再进行检验检疫。在法定检验检疫货物入境前或入境时，货主或其代理人（以下简称报检人）应首先向卸货口岸或到达站的出入境检验检疫机构报检。报检时，报检人应按检验检疫有关规定和要求提供有关单证资料；检验检疫机构按有关规定审核报检人提供的资料，符合要求的，受理报检并计/收费；对来自疫区的、可能传播检疫传染病、动植物疫情及可能夹带有害物质的入境货物的交通工具或运输包装实施必要的检疫、消毒、卫生处理，然后签发《入境货物通关单》供报检人在海关办理通关手续。货物通关后，报检人应及时与检验检疫机构联系检验检疫事宜，未经检验检疫的，不准销售、使用；检验检疫合格的，检验检疫机构签发《入境货物检验检疫证明》，准予销售、使用；经检验检疫不合格的，检验检疫机构签发《检验检疫处理通知书》，通知货主或代理人在检验检疫机构的监督下进行处理。无法进行处理或处理后仍不合格的做退运或销毁处理。需要对外索赔的，检验检疫机构签发检验检疫证书。

对于入境的废物和活动物等特殊货物，按有关规定，检验检疫机构在受理报检后应先进行部分或全部项目的检验检疫，检验检疫合格方可签发《入境货物通关单》。

对于最终使用地不在进境口岸检验检疫机构辖区内的货物，可以在通关后调往目的地的检验检疫机构进行检验检疫，按规定应当在进境口岸检验检疫的除外。

2. 出境货物检验检疫

法定检验检疫的出境货物，在报关时必须提供报关地出入境检验检疫机构签发的《出境货物通关单》，海关凭报关地出入境检验检疫机构签发的《出境货物通关单》验放。

出境货物的检验检疫工作程序是：报检后先检验检疫，再放行通关。法定检验检疫的出境货物的发货人或者其代理人（以下简称报检人）应在规定的时限内持相关单证向检验检疫机构报检，检验检疫机构经审核有关单证，符合要求的受理报检并计收费，然后转施检部门实施检验检疫。对产地和报关地相一致的货物，经检验检疫合格，检验检疫机构出具《出境货物通关单》供报检人在海关办理通关手续。对产地和报关地不一致的货物，报检人应向产地检验检疫机构申报。产地检验检疫机构对货物检验检疫合格后，出具《出境货物换证凭单》或将电子信息发送至口岸检验检疫机构并出具《换证凭条》，申请人凭产地检验检疫机构签发的《出境货物换证凭单》或《换证凭条》向口岸检验检疫机构申报，口岸检验检疫机构经验证或核查货证合格后，出具《出境货物通关单》。对于经检验检疫不合格的货物，检验检疫机构签发《出境货物不合格通知单》，不准出口。

3. 进出境集装箱的检验检疫

进境集装箱的报检人应在办理报关手续前，向进境口岸检验检疫机构报检，未经检验检疫机构许可，不得提运或拆箱。检验检疫机构对集装箱实施检验检疫，经检验检疫合格的，准予放行；经检验检疫不合格的，按有关规定处理。对于装载法定检验检疫货物的进境集装箱，实行与货物一次报检、一次签证放行的工作方式。检验检疫机构在受理报检后，对集装箱可结合货物一并实施检验检疫。

出境集装箱的报检人应在装货前向所在地检验检疫机构报检，未经检验检疫机构许可，不准装运。装载出境货物的集装箱，口岸检验检疫机构凭启运地检验检疫机构出具的检验检疫证单验证放行。在出境口岸装载拼装货物的集装箱，由出境口岸检验检疫机构实施检验检疫。对于应进行卫生除害处理的进出境集装箱，检验检疫机构可根据工作需要指定监管地点对集装箱进行卫生除害处理。

4. 出入境交通工具和人员检验检疫

入境的交通工具和人员，必须在口岸检验检疫机构指定的地点接受检疫。除引航员外，未经检验检疫许可，任何人不准上下交通工具，不准装卸行李、货物、邮包等物品。

出境的交通工具和人员，必须在最后离开的国境口岸接受检疫。

9.2.3 国际货物检验检疫工作流程

总体来说，检验检疫工作流程包括多个环节，一般来讲，包括受理报检、计费、收费、施检部门出具结果和证稿、核签、检务审核证稿、制证单、校核、发证单、归档等。

（1）报检/申报。检验检疫机构的受理报检人员应审核报检人提交的报检单内容填写是否完整、规范，应附的单据资料是否齐全、符合规定，索赔或出运是否超过有效期等，审核无误的，方可受理报检。对报检人提交的材料不齐全或不符合有关规定的，检验检疫机构不予受理报检。因此，报检人应当及时了解掌握检验检疫有关政策，在报检时按检验检疫机构有关规定和要求提交有关资料。

（2）计/收费。对已受理报检的，检验检疫机构工作人员按照《出入境检验检疫收费办法》的规定计费并收费。

（3）抽样/采样。对须检验检疫并出具结果的出入境货物，检验检疫人员需要现场抽取（采取）样品。所抽取（采取）的样品有的并不能直接进行检验，因此，需要对样品进行一定的加工，这称为制样。

（4）检验检疫。检验检疫机构对已报检的出入境货物，通过感观、物理、化学、微生物等方法进行检验检疫，以判定所检对象的各项指标是否符合有关强制性标准或合同及买方所在国官方机构的有关规定。目前，检验检疫的方式包括全数检验、抽样检验、型式实验、过程检验、登记备案、符合性验证、符合性评估、合格保证的免于检验等九种。

（5）卫生除害处理。按照《中华人民共和国国境卫生检疫法》及其实施细则、《中华人民共和国进出境动植物检验检疫法》及其实施条例的有关规定，检验检疫机构对有关出入境货物、动植物、运输工具、交通工具等实施卫生除害处理。

（6）签证与放行。出境货物，经检验检疫合格的，检验检疫机构签发《出境货物通关单》，作为海关核放货物的依据；经检验检疫不合格的，签发《出境货物不合格通知单》。

入境货物，检验检疫机构受理报检并进行必要的卫生除害处理后或检验检疫后签发《入境货物通关单》，海关据以验放货物后，经检验检疫机构检验检疫合格的，签发《入境货物检验检疫证明》；不合格的，签发检验检疫证书，供有关方面对外索赔。

在报检人领取有关单证后，检验检疫工作人员对完成上述所有流程的单证进行归档。检验检疫机构要在规定的时限内完成上述所有流程。对于已办理报检手续的货物或运输工具，报检人应及时与检验检疫机构联系检验检疫，检验检疫完毕并出具有关单证后，及时领取单证，以便检验检疫机构按时完成全部工作流程。

9.3 其他对外贸易管制

9.3.1 对外贸易管制概述

1. 对外贸易管制概念

对外贸易的国家管制，是指一国政府从国家的宏观经济利益、国内外政策需要以及为履行所缔结或加入国际条约的义务出发，为对本国的对外贸易活动实现有效的管理而颁布实行的各种制度以及所设立的相应机构及其活动的总称。

2. 对外贸易管制基本架构

（1）海关制度。
（2）关税制度。
（3）对外贸易经营者的资格管理制度。
（4）进出口许可制度。
（5）出入境检验检疫制度。
（6）进出口货物收付汇管理制度。
（7）贸易救济制度。

9.3.2 对外贸易经营者的资格管理制度

对外贸易经营者是指依照《中华人民共和国对外贸易法》以及相关法律从事对外贸易

经营活动的法人和其他组织。我国对外贸易法规定，我国实行统一的对外贸易管理制度。为了鼓励对外经济贸易的发展，发挥各方面的积极性，保障对外贸易经营者的对外自主权，国务院对外经济主管部门和相关部门制定了一系列法律、法规，对对外贸易经营活动中涉及的相应内容做出了规范，对外贸易经营者在进出口经营活动中必须遵守相应的法律、法规。这些法律、法规的总和构成了我国对外贸易管理制度。对外贸易经营者的资格管理制度是我国对外贸易众多管理制度之一。

1. 我国对外贸易经营者的资格管理制度及其内涵

对外贸易经营者的资格管理制度是由进出口经营权管理制度和进出口经营范围管理制度组成。进出口经营权，即对外贸易经营资格，是指在我国境内的法人或其他组织对外签订进出口贸易合同的资格。经营范围是指国家允许企业从事生产经营活动的具体商品类别和服务项目，具体体现在国家允许企业生产经营活动的内容和方式。

我国目前对外贸易经营者的资格管理，遵循自主申请、公开透明、统一规范、依法监督以及各类所有制企业进出口经营资格实行统一的标准和管理办法的原则，实行登记和核准制。也就是企业在从事对外贸易经营前，必须按照国家的有关规定，依法定程序经国家对外贸易经济主管部门核准并登记，取得对外贸易经营资格后，方可从事对外贸易经营活动。国务院主管部门也可以对部分进出口商品，或者在一定期限内对部分进出口商品实施国有贸易管理或指定经营管理。其实质是国家通过对进出口经营权的登记和核准管理，规范我国对外贸易秩序；通过对进出口经营范围的管理，建立国有贸易和指定经营制度，使国家能够对关系国计民生的重要进出口商品实行有效的宏观管理。

2. 我国对外贸易经营者的资格管理制度的发展方向

（1）逐步放开对外贸易权。对外贸易权即对外贸易经营权。我国自2001年7月起，对企业获得对外贸易权实行登记和核准制，在此之前，我国实行的是对外贸易权审批制。目前，国际上的通行做法是，企业在依法注册后，就可以获得进出口权。在我国为加入WTO所签署的《中华人民共和国加入议定书》中承诺，在加入WTO三年后，我国将取消贸易权管制，所有在中国的企业经过注册登记后都可以获得对外贸易权，但国有贸易除外。目前我国新实行的登记和核准制，就是履行对外承诺、最终实现与国际通行做法接轨的一种过渡措施。

（2）保留国有贸易并逐步取消指定经营。为使我国在加入WTO后保留对进出口的合法调控手段，我国在WTO谈判中要求对重要的进出口商品继续履行国有贸易。同时承诺，我国将在加入WTO三年内，每年调整和扩大指定经营制度下的企业清单，并最终取消指定经营制度。

9.3.3 货物进出口许可制度

进出口许可实际上是国家对进出口的一种行政管理程序，既包括进出口许可证制度本身的程序，也包括以国家许可为前提条件的其他行政管理手续。货物进出口许可制度作为一项非关税措施，是地界各国管理进出口的一种常见手段，在国际贸易中长期存在，并广泛运用。

我国货物进出口许可制度是根据国家的有关法律、法规、对外贸易计划、国内市场需求以及我国所缔结和加入的国际条约协定，对部分进出口货物品种、数量等所实行的进出口许可管制的制度。

1. 货物进口许可制度

加入世界贸易组织后，为实现与WTO规则的接轨，我国对货物进口许可制度进行了较大的调整，在部分削减许可管制货物品种的同时还剔除了一些不必要的许可管理项目，简化了货物进口许可管理结构。目前，我国对货物进口许可制度分为自动进口许可制度和非自动进口许可制度。

自动进口许可制度是指，在任何情况下对进口申请一律予以批准的进口许可制度。这种进口许可制度实际上是一种在进口前的自动登记性质的许可制度，通常用于国家对这类货物的统计和监督目的。自动进口许可制度是目前被各国普遍使用的一种进口管理制度。

于2002年1月1日开始执行的由国务院颁布的《中华人民共和国货物进出口管理条例》中规定，在我国，自动进口许可管理的货品属于自由进口的货物，不受限制；基于监测货物进口情况的需要，国务院外经贸主管部门和国务院有关经济管理部门可以按照国务院规定的职责划分，对部分属于自由进口的货物实行自动进口许可管理；进口属于自动进口许可管理的货物，均应当给予许可；进口属于自动进口许可管理的货物，进口经营者应当在办理海关报关手续前，向国务院外经贸主管部门或者国务院有关经济管理部门提交自动进口许可申请。

非自动进口许可制度指不属于自动进口许可制度管理的其他进口许可制度，通常适用于对配额及其他限制性措施进行管理。

我国目前非自动进口许可管理货品主要是指《对外贸易法》第十六条所规定的限制进口范围，包括：为维护国家安全或者社会公共利益，需要限制进口的；为建立或者加快建立国内特定产业，需要限制进口的；对任何形式的农业、牧业、渔业产品有必要限制进口的；为保障国家国际金融地位和国际收支平衡，需要限制进口的；根据中华人民共和国所缔结或者参加的国际条约、协定的规定，需要限制进口的。另外，根据外贸法配套条例之一《货物进出口管理条例》中的有关规定，限制进口的货物目录由国务院外经贸主管部门会同国务院有关部门制定、调整并公布；国家规定有数量限制的限制进口货物，实行配额管理；其他限制进口货物，实行许可证管理；实行关税配额管理的进口货物，其目录由国务院外经贸主管部门会同国务院有关经济管理部门制定、调整并公布；属于关税配额内进口的货物，按照配额内税率缴纳关税，属于关税配额外进口的货物，按照配额外税率缴纳关税；实行配额管理的限制进口货物，由国务院外经贸主管部门和国务院有关经济管理部门按照国务院规定的职责划分进行管理。

2. 货物出口许可制度

我国实行鼓励出口政策，因此出口许可管理无论管理商品种类还是管理项目都远远超过进口。在我国，实行货物出口许可制度主要基于维护国家安全或者社会公共利益；有效保护国内供应短缺或可能用竭的国内资源；解决输往国家或者地区的市场容量有限问题；履行中华人民共和国所缔结或者参加的国际条约、协定的规定等。我国目前货物出口许可管理货品主要是指《对外贸易法》所规定的限制出口货物范围。

我国《货物进出口管理条例》中规定，限制出口的货物目录由国务院外经贸主管部门会同国务院有关部门制定、调整并公布；限制出口的货物目录，应当至少在实施前21天公布；在紧急情况下，应当不迟于实施之日公布；国家规定有数量限制的限制出口货物，实行配额管理；其他限制出口货物，实行许可证管理；实行配额管理的限制出口货物，由国务院外经贸主管部门和国务院有关经济管理部门按照国务院规定的职责划分进行管理；配额可以通过直接分配的方式分配，也可以通过招标等方式分配。

9.3.4　进出口货物收付汇管理制度

《对外贸易法》第二十八条规定，对外贸易经营者在对外贸易经营活动中，应当依照国家有关规定结汇、用汇。这里所提的国家有关规定就是我国的外汇管理制度，即国家外汇管理总局、中国人民银行以及国务院其他有关部门，依据《对外贸易法》、国务院《外汇管理条例》及其他有关规定，对包括经营项目外汇、资本项目外汇、金融机构外汇业务、人民币汇率的生成机制和外汇市场等领域实施的监督管理。进出口货物收付汇管理是我国实施外汇管理的主要手段，进出口货物收付汇管理制度是我国外汇管理制度的重要组成部分。

1. 出口货物收汇管理

我国对出口收汇管理采取的是外汇核销形式。国家为了制止出口企业外汇截留境外，提高收汇率，1991年由中国人民银行、国家外汇管理局、对外贸易经济合作部、海关总署及中国银行联合制定了《出口收汇核销管理办法》。该办法采用"出口外汇核销单"的方式，对出口货物实施直接收汇控制。"出口外汇核销单"是跟踪、监督出口单位出口后收汇核销和出口单位办理货物出口手续的重要凭证之一。该控制方式的具体内容是：国家外汇管理局制发"出口外汇核销单"，由货物的发货人或其代理人填写，海关凭以接受报关，外汇管理部门凭以核销收汇。

2. 进口货物付汇管理

进口货物付汇管理与出口收汇管理均采取外汇核销形式，国家为了防止汇出外汇而实际不进口商品的逃汇行为的发生，通过海关对进口货物的实际监管来监督进口付汇情况。其具体程序为：进口企业在进口付汇前，需向付汇银行申请国家外汇管理统一制发的"贸易进口付汇核销单"凭以办理付汇，货物进口后，进口单位（或其代理）凭盖有海关出具的"报关单进口付汇核销专用联"连同报关单向外管局指定银行办理外汇核销。

9.3.5　贸易救济措施

贸易救济的含义：贸易救济中"贸易"实际上特指对外贸易，国内贸易不在其涵盖范围内。贸易救济就是指对在对外贸易领域或在对外贸易过程中，国内产业由于受到不公平进口行为或过量进口的冲击，造成了不同程度的损害，各国政府给予的帮助或救助。

适用法律：贸易救济法律包括国内法和国际法两部分。作为国内法的贸易救济法律是国内法律制度的有机组成部分；作为国际法的贸易救济法律是世贸组织法律体系的一个重要内容。世贸组织有关规则是在各国贸易救济法律制度基础上，通过讨价还价之后形成和发展起来的。反倾销、反补贴和保障措施是贸易救济的主要方式。

贸易救济措施：为维护公平贸易和正常的竞争秩序，WTO允许成员方在进口产品倾销、补贴和过激增长等给其国内产业造成损害的情况下，可以使用反倾销、反补贴和保障措施等贸易救济措施保护国内产业不受损害。反倾销和反补贴措施针对的是价格歧视的不公平贸易行为，保障措施针对的是进口产品激增的情况。

中国入世后，WTO的其他成员的国内产业针对中国产品的进口又多了一种贸易救济手段，即特别保障措施。贸易摩擦的发生是世界经济运行中的常态，然而从 WTO 成员在对华贸易中频频使用贸易救济措施和制造贸易摩擦来看，中国已成为世界贸易摩擦的最大受害国。

有关调查：2009 年 11 月，欧盟首次对中国玻纤行业进行反倾销调查，名单中包括中国 212 家玻璃纤维制造商。如果这项申诉获得支持，中国生产商可能会面临高达 40%~75% 的反倾销关税。中欧产品互补性强，根据海关总贸易救济理论与实务研讨会署统计，欧盟是中国第一大贸易伙伴，第一大出口市场，第一大技术供应方和第四大利用外资的来源地。中国是欧盟第二大贸易伙伴，第一大进口来源地，并跃居欧盟第三大出口市场。

严控进出口
货物疫情风险

本章知识点小结

1. 海关监管是国家依法行使主权、维护国家权益的一种出入境管理制度，海关是行使这一监管权的主管部门。报关单位是依法取得经营报关权从事报关业务的企业，接受海关的业务管理。存在不同类型的报关行业进行不同种类的报关活动。

2. 报关的基本内容，包括进出口运输工具报关，进出境货物报关。

3. 报关业务有比较严格的程序。

4. 检验检疫是我国出入境管制的另一种制度，出入境检验检疫局是行使这一监管权的主管部门。从事报检业务的主体是依法取得报验权从事报检活动的企业，接受检验检疫局的业务管理。

5. 报检的基本内容，包括出境货物检验检疫，入境货物检验检疫。

6. 其他对外贸易管制的制度还有对外贸易经营者的资格管理，货物进出口许可制度，进出口货物收付汇管理制度以及贸易救济措施。

思考题

1. 报关的概念、分类及其基本内容是什么？
2. 报关活动相关人的概念分类及其法律责任是什么？
3. 货物进出口报关的基本内容及相关证件是什么？
4. 出入境货物的报检流程是什么？

第 10 章

国际货运代理业务纠纷处理及货运代理法律责任

教学目的

通过分析各种国际货运业务中主要的事故及纠纷的原因、责任划分、索赔方法、索赔途径与方式等，熟悉所适用的法律，掌握事故和纠纷的处理程序及货运代理的责任承担。

10.1 货运事故处理

货运事故发生后的处理工作和程序，虽然有共性，但不同运输方式产生的货运事故处理的技术侧重不同。以下分别就各种常见货运事故的处理作介绍。

10.1.1 水运货损事故处理

1. 货运事故确定的条件

根据原《水路货物运输规则》的规定，货运质量事故是指自货物承运验收开始至货物运达目的地向收货人交付货物时止，由于承运人的责任，在装卸、运输、保管过程中所发生的货物灭失、短缺、损坏、质变，以及在运输过程中所发生的件数或重量短少等。货损的范围是指由于火灾、爆炸、落水、海损等原因导致货物的损坏、灭失，以及在装卸、运输、保管货物过程中，由于操作不当、保管不善而引起的货物破损、受潮、变质、污染等。货差的范围是指由于错转、错交、错装、错卸、漏卸，以及货运手续办理错误等原因而造成的有单无货或有货无单等单货不符、件数或重量溢短等差错。

《水路货物运输规则》现已废止，自 2001 年 1 月 1 日起施行《国内水路货物运输规则》，新货规中未对事故作出规定。

2. 货损事故记录编制

所谓事故记录，是对货运事故发生经过或事实的记录。编制该记录时必须认真严肃，并能反映事故的真实情况，以便作为分析事故原因、确定责任的依据。

曾经交通部统一规定的事故记录有三种，即货运记录、港航内部记录和普通记录。新的《国内水路货物运输规则》对此仅有如下规定。

（1）收货人提取货物时，应当验收货物，并签发收据，发现货物损坏、灭失的，交接双方应当编制货运记录。收货人在提取货物时没有就货物的数量和质量提出异议的，视为承运人已经按照运单的记载交付货物，除非收货人提出相反的证明。

（2）下列情况，应托运人或者收货人的要求，承运人可以编制普通记录：① 货物发生损坏、灭失，按照约定或者《国内水路货物运输规则》第四十八条的规定，承运人可以免除责任；② 托运人随附在运单上的单证丢失；③ 托运人押运和舱面货物发生非承运人责任造成的损坏、灭失；④ 货物包装经过加固整理；⑤ 收货人要求证明与货物数量、质量无关的其他情况。

（3）货运记录和普通记录的编制，应当准确、客观。货运记录应当在接收或者交付货物的当时由交接双方编制。

3. 货损事故的处理

货运事故一旦发生后，承运部门应查明事故真相、分析原因、划清责任，为货运事故处理提供可靠的依据，事故记录是进行调查的书面依据之一。此外，还必须查询有关资料，其内容和范围可视事故的性质和产生事故的条件来定，主要包括在承运、中转、到达等环节上的有关内容记载（如交接清单、船图），以及有关货运单证上的批注、发货人事先声明等。

此外，在确定事故原因的损失程度方面，还可借助各种技术进行化检、测定、试验等。

货物运抵目的港后，一旦发生货损、货差，承运人应负赔偿责任，但是，凡属于下列原因引起的货运事故，根据《国内水路货物运输规则》第四十八的规定，承运人不承担任何责任。

（1）不可抗力。

（2）货物的自然属性和潜在缺陷。

（3）货物的自然减量和合理耗损。

（4）包装不符合要求。

（5）包装完好但货物与运单记载内容不符。

（6）识别标志、储运指示标志不符合《国内水路货物运输规则》第十八条、第十九条的规定。

（7）托运人申报的货物重量不准确。

（8）托运人押运过程中的过错。

（9）普通货物中夹带危险、流质、易腐货物。

（10）托运人、收货人的其他过错。

承运人在接到索赔人提出的赔偿要求时，则应审查：

（1）索赔人提出索赔的时效。

（2）索赔人的合法身份。

（3）索赔应具有的单证等。

对经审查不合规定的赔偿要求，承运人则应向索赔人说明事由，并退还赔偿要求书。

4. 索赔时效

原水运货损事故处理的时效，自货运记录编写的次日起 180 天，受理人应在接到索赔要求 60 天内作出答复。货损赔偿金额原则上按实际损失金额确定。

新的《国内水路货物运输规则》已无此索赔时间规定，目前，尽管水路货物运输合同不适用《海商法》第四章关于海上货物运输合同的规定，但可适用该法其他章节的规定。当事人因水路货物运输合同纠纷提起的诉讼应当适用该法关于货物运输诉讼时效为 1 年的规定。

10.1.2 铁路货损事故处理

在铁路货物运输中，凡涉及铁路与发货人、收货人之间，或参加运送的铁路经营人之间、铁路经营人内部各部门间发生货损时，应在事故发生当天编制记录，作为分析事故原因、确定责任的原始证明和处理赔偿的依据。

1. 货损事故记录的编制

货运事故记录分商务记录、普通记录、技术记录三种。

1) 商务记录

商务记录是在货物运送过程中对发生的货损、货差或其他不正常情况的如实记载，是具体分析事故原因、责任和请求赔偿的基本文件。在商务记录中，应确切地记载货物的实际情况和运送当时发现的不良状况，以及发生货物损坏的原因。记录中应列举事实，而不应包括关于责任问题和发生损失原因的任何判断。同时，对商务记录各栏内容应逐项填记。

遇有下列情况之一，应编制商务记录：

(1) 发现货物的名称、重量、件数等同运单和运行报单中所记载的事项不符。
(2) 货物发生全部或部分灭失或损害，或包装破损。
(3) 有货无票或有票无货。
(4) 由过境站开启装有危险货物的车辆时。

商务记录必须在发现事故的当日编制，并按每票货物分别编制。如果运送同一发货人和同一收货人的同一种类的货物时，准许在到达站对数批货物编制一份商务记录。

接受商务记录的铁路部门，如对记录有异议，则应从收到记录之日起 45 天内，将异议通知编制商务记录的人。超过这一期限则被认为记录业已接受。

2) 普通记录与技术记录

货物运送过程中，发现上述属商务情况以外的情况时，如有需要，车站应编制普通记录，普通记录不作为赔偿的依据。

当查明货损原因系车辆状况不良所致，除编制商务记录外，还应按该货损情况编制有关车辆状态的技术记录，并附于商务记录内。

2. 货损事故的赔偿

1) 赔偿请求的提出与受理

发货人、收货人均有权根据运输合同提出赔偿要求。发货人向发送站提出赔偿要求必须以书面形式提出，如委托代理人办理，则代理人必须出示发货人或收货人的委托书，以证明这种赔偿请求权是合法的。

自赔偿请求提出之日（凭发信邮戳或发送站在收到提出的赔偿请求书出具的收据为凭）起，发送站必须在 180 天内审查此项请求，并对赔偿请求给予答复。

2) 索赔的依据及有关文件

索赔人在向铁路部门提出赔偿时，必须同时出具下列文件：

(1) 一旦货物发生全部灭失，由发货人提出赔偿时，发货人应出具运单副本。如由收货人提出赔偿，则应同时出具运单副本和正本。

（2）货物发生部分灭失或质变、毁损时，收货人、发货人均可提出索赔，同时应出具运单以及铁路到达站给收货人的商务记录。

（3）货物发生运输延误时，应由收货人提出赔偿，并提交运单。

（4）对于承运人多收运送费用的情况，发货人可按其已付款向承运人追回多收部分的费用，但同时应出具运单副本或铁路规定的其他有关文件。如由收货人提出追回多收费用的要求，则应根据其支付的运费为基础，同时还需出具运单。

在提出索赔的赔偿请求书上，除应附有运单或运单副本外，在适当情况下还需附商务记录，以及能证明货物灭失、损坏和货物价值的文件。

3. 索赔时效

根据《最高人民法院关于审理铁路运输损害赔偿案件若干问题的解释》第十五条的规定：对承运中的货物、包裹、行李发生损失或者逾期，向铁路运输企业要求赔偿的请求权，时效期间适用铁路运输规章180日的规定。自铁路运输企业交付的次日起计算；货物、包裹、行李全部灭失的，自运到期限届满后第三十日的次日起计算。但对在此期间内或者运到期限内已经确认灭失的，自铁路运输企业交给货运记录的次日起计算。

10.1.3 公路货损事故处理

1. 货损事故责任的确定

承运人对自货物承运时起至交付货物期间内由于装卸、运输、保管以及交接等发生延误、灭失、损坏、错运等负赔偿责任。

货损事故责任范围：

（1）货损：指货物磨损、破裂、湿损、变形、污损、腐烂等。

（2）货差：指货物发生短少、失落、错装、错卸、交接差错等。

（3）有货无票：货物存在而运单及其他票据未能随货同行，或已遗失。

（4）运输过失：因误装、误卸，办理承运手续过程中的过失，或漏装、装卸损害等。

（5）运输延误：已接受承运的货物由于始发站未及时运出或中途发生变故等原因，致使货物未能如期到达。

造成货损、货差的其他原因，还有破包、散捆、票据编制过失等。

由于下列原因造成的货损事故，公路承运人不承担赔偿责任。

（1）由于自然灾害发生的货物遗失或损失。

（2）包装完整，但内容业已短少。

（3）由于货物的自然特性所致。

（4）根据卫生机关、公安、税务机关有关规定处理的货物。

（5）由托运人自行保管、照料所引起货物损害。

（6）货物未过磅发生数量短少。

（7）承运双方订有协议，并对货损有特别规定者。

2. 货损事故记录的编制

货损、货差商务事故记录的编制过程，一般根据下列要求进行：

（1）事故发生后，由发现事故的运送站前往现场编制商务记录。如系重大事故，在有条件时还应通知货主一起前往现场调查,分析责任、原因。

(2) 如发现货物被盗,应尽可能保持现场,并由负责编制记录的业务人员或驾驶人员根据发现的情况会同有关人员做好现场记录。

(3) 对于在运输途中发生的货运事故,驾驶人员或押运人员应将事故发生的实际情况如实报告车站,并会同当地有关人员提供足够的证明,由车站编制一式三份的商务事故记录。

(4) 如货损事故发生于货物到达站,则应根据当时情况,会同驾驶人员、业务人员、装卸人员编制商务记录。

3. 货损事故的赔偿

受损方在提出赔偿要求时,首先应做好赔偿处理手续,具体做法如下。

(1) 向货物的发站或到站提出赔偿申请书。

(2) 提出赔偿申请书的人必须持有有关票据,如行李票、运单、运票提货联等。

(3) 在得到责任方给予赔偿的签章后,赔偿申请人还应填写"赔偿要求书",连同有关货物的价格票证,如发票、保单、货物清单等,送交责任方。

货损、货差的赔偿金额主要分三种情况进行计算。

(1) 发货前损失,应按到达地同一品类货物的计划价或出厂价计算,已收取的运费也应予以退还。

(2) 到达后损失,应按货物运到当天同一品类货物的调拨价计算赔偿。

(3) 对价值较高的货物,则应按一般商品调拨价计算赔偿。

10.1.4　海运货损事故处理

1. 海运货损事故的确定

海上货物运输涉及很多环节,海运货损事故虽有可能发生于各个环节,但大多数是在最终目的地收货人收货时或收货后才被发现。

当收货人提货时,如发现所提取的货物数量不足、外表状况或货物的品质与提单上记载的情况不符,则应根据提单条款的规定,将货物短缺或损坏的事实以书面的形式通知承运人或承运人在目的地的代理人,以此表明提出索赔的要求。如果货物的短缺或残损不明显,也必须是在货物交付的次日起 7 天内、集装箱货物交付的次日起 15 天内向承运人(或其代理人)提出书面索赔通知。

■ 链接 10-1　确定海损事故的相关文件

在海运货损事故索赔或理赔中,提单、收货单、过驳清单、卸货报告、货物溢短单、货物残损单、装箱单、积载图等货运单证均可作为货损事故处理和明确责任方的依据。

货运单证的批注是区分或确定货运事故责任方的原始依据。

检验人签发的检验报告是确定货损责任的依据。

航海日志、船方的海事声明或海事报告等有关资料和单证。

2. 处理海运事故的特殊程序

由于国际海上货物运输在法律适用及司法程序等方面有其特别性,这些特别制度在处理海运事故时体现在以下方面。

1) 权益转让

货物在海上运输过程中一旦发生灭失或损害，此项货物灭失或损害系由承运人的过失造成时，通常由收货人向承运人提出索赔，但有时是由收货人根据保险合同直接向保险人提出赔偿。当收货人从保险人那里得到赔偿后，则通过签署一份权益转让证书，将向承运人提出的索赔权利转让给保险人，保险人根据代位求偿原则凭以向承运人进行索赔。

■ **链接 10-2**　*权益转让书的主要内容*

我们（收货人）将对该货物的权利和利益转让给你们（保险人），我们授权给你并以我们的名义向有关政府、企业、公司、个人提出你们认为合适的赔偿或法律上的诉讼。有关这方面你们所需要的文件，我们可随时提供。

2) 索赔权利的保全措施

为了保证索赔得以实现，需要通过一定的法律程序来采取措施，确保货损事故责任人对仲裁机构的裁决或法院判决的执行履行责任，这种措施就称为索赔权利的保全措施。

索赔人采取的保全措施主要有提供担保和扣船两种。提供担保是指货损事故责任人对索赔请求提供的担保，主要有现金担保和保函担保两种形式。

扣船是指依据海事诉讼特别程序，申请法院扣押货损事故责任人的船舶。

扣船的目的是通过对船舶的扣押，获得承运人对货损赔偿请求的担保。保全措施可避免货损赔偿得不到执行的风险。在承运人按照要求提供担保后，应立即释放被扣船舶。

同样，扣船也会带来风险。如果法院判决货损责任不在承运人，则因不正确的扣船而给承运人带来的经济损失，要由提出扣船要求的索赔人承担，由此还会产生其他一些不必要的纠纷和负面影响。因此，一些国家，如欧洲大陆国家及日本，规定索赔人提出扣船要求时，必须提供一定的担保为批准扣船的条件。我国《海事诉讼特别程序法》中对此也有同样的规定。

10.1.5　多式联运货损事故处理

1. 多式联运中货损事故处理的主要特点

由于多式联运在运输的组织以及实际运输过程等方面与传统的分段运输有较大区别，多式联运的货损事故处理与传统的分段运输相比也有了一些新的特点。

1) 索赔与理赔的多重性

国际多式联运具有简单化的特点，货方通过与多式联运经营人订立一份全程运输合同就可以完成货物的全程运输。根据这份合同，多式联运经营人承担货物的全程运输任务，对全程运输中发生的货损负责；而多式联运经营人为了完成全程的运输任务，又需要与各区段的实际承运人订立分运合同，并与各区段之间衔接地点的代理人订立代理合同来完成各区段的运输和各区段的衔接工作。各实际承运人与代理人根据与多式联运经营人订立的合同分别对自己承担区段的运输和服务负责。这种实际运作过程体现了多式联运中合同关系的特点。

在货方投保全程运输险和多式联运经营人投保运输责任险的情况下，货损事故处理中索赔和理赔的次数还会增加，如多式联运经营人已投保运输责任险，则会增加多式联运经营人根据多式联运合同向受损人承担责任后，向保险人索赔，保险人赔付后，再根据分运合同向区段运输责任人索赔的问题。

2）多式联运经营人采用的责任形式对货损事故的影响

多式联运经营人采用的责任形式有统一责任制和网状责任制两种。在这两种责任形式下，确定多式联运经营人责任的原则和赔偿额有很大区别。

在统一责任制下，多式联运经营人要对全程运输负责。各区段的实际承运人要对自己承担的区段负责，无论事故发生在哪一个区段，都按统一规定的限额进行赔偿。

在网状责任制下，多式联运经营人对全程运输负责，各区段的实际承运人对自己承担的区段运输负责，在确知事故发生区段的情况下，多式联运经营人或实际承运人都按事故发生区段使用的国际公约或地区法律规定的限额进行赔偿。

3）多式联运中对隐藏损害的处理

集装箱货物多式联运是由多种运输方式、多个实际承运人共同完成一票货物的全程运输，该运输过程中发生的货物的灭失、损害有两种情况：一种能确定货损发生的运输区段及实际责任人，另一种则不能确定，即为隐藏损害。

无论发生哪一种损害，根据合同，联运经营人均应承担责任，但在隐藏损害发生，多式联运经营人对货方进行赔偿后，由于不能确定事故发生区段和实际责任人，可能会造成多式联运经营人独自承担赔偿责任，承担不应有的损失。对隐藏损害的处理也成为多式联运货损事故处理中的一个特点。

为了避免多式联运经营人独自承担隐藏损害的赔偿责任，可采取的处理方法有两种：一种是联运经营人按统一责任制规定的限额对货方赔偿后，不再追究实际责任人，而由参加多式联运的所有实际承运人共同承担这些赔偿限额。这种方法实际操作性比较差，很难得到各实际承运人的认可。另一种是与联运经营人投保运输责任险相结合。多式联运经营人按统一标准向货方赔偿后，可从保险人处得到进一步的赔偿。

2. 多式联运中的索赔

在多式联运中，由于货物灭失、损坏发生的原因及实际责任人不同，受损人提出索赔的对象也是不同的。

1）根据货损原因确定索赔对象

受损人在索赔时，应首先根据货损造成的原因及有关合同情况确定实际责任人并向其提出索赔。

除了向发货人和多式联运经营人或实际承运人索赔外，对于投保的货物在保险人责任期间发生的属于承保责任范围内，保险人应予赔偿。

2）索赔证据及获取

在货损事故索赔或理赔中，提单、收货单、过驳清单、卸货报告、货物溢短单、货物残损单、装箱单、积载图等货运单证均可作为货损事故处理和明确责任方的依据，应该妥善处理这些单证。

主要货损索赔单证有索赔申请书或索赔清单、提单、过驳清单或卸货报告、货物残损单和货物溢短单、重理单等。提出索赔时使用的其他单证还有货物发票、修理单、装箱单、拆箱单等。

货运事故发生后，收货人与多式联运经营人之间未能通过协商对事故的性质和损坏程度取得一致意见时，应在共同意见的基础上，指定检验人对所有应检验的项目进行检验，检验人签发的检验报告是确定货损责任的依据。

货物一旦发生灭失或损坏，通常由收货人向多式联运经营人（或其代理）提出索赔。但是，当收货人根据货物保险条款从承保货物的保险人那里得到了赔偿后，则通过签署一份权益转让证书，将向承运人提出的索赔权利转让给保险人，保险人可代位（指代替收货人）向多式联运经营人或其代理人进行追偿。

作为举证的手段，索赔方出具的索赔单证不仅应证明货损的原因、种类、程度，还应确定责任方。

提出索赔，必须予以举证，而责任方企图免除责任或减少责任，则必须予以反举证和举证，反举证是分清货损责任的重要手段，有时在一个案件中会多次进行，直到最终确定责任。

审核是处理货损事故中一项重要且要求很仔细的工作，审核的主要内容有索赔期限、出具的单证是否齐全、单证之间有关内容是否相符、货损是否发生在承运人的责任期限内、有关单证上签字的确认、理货计数量是否准确等。

承运人免责或减少责任应出具相关的单证。

10.2 货运保险理赔

作为货运代理人，经常会代理或协助货方向保险人提出索赔，或处理货主根据货运保险合同项下的保险理赔。因此，了解货运保险的基本知识和理赔程序十分必要。

10.2.1 保险合同下的保险理赔

保险人与被保险人之间的保险合同形式习惯上是以保单来体现的。保单具有法律效力，对双方当事人均有约束。一份有效的保单必须载明这样一些基本内容：

（1）当事人的名称和地址。
（2）保险标的。
（3）保险风险和事故的种类。
（4）保险金额。
（5）保险费。
（6）保险责任开始的日期、时间和保险期限。
（7）订立合同的日期。

除上述事项外，其他事项可由保险人和被保险人协商后加注在保险单上。

在海运进出口贸易中，如果货物的灭失或损害系发生在保单规定的责任范围内，被保险人可向保险人提出赔偿要求。被保险人在提出保险索赔时，应做好下列一些工作。

1. 损失通知

被保险人得知保险的货物业已发生损害，应立即通知保险人。保险人在接到损害通知后，应采取相应的措施。例如，对货物损害的程度进行检验；提出施救办法；确定保险责任；追查第三方责任等。检验完毕后应取得检验报告，作为保险人日后进行追偿的重要凭证。

2. 向承运人等有关方提出索赔

被保险人或其代理人在提货时发现货损，除向保险人报损外，还应立即通知承运人、海关、港务部门等有关方，并索取有关货损的证明。在规定的期限内，被保险人或其代理人应及时向责任方提出索赔，同时保留追偿权利，以确保索赔时效。

3. 采取合理的施救措施

被保险的货物一旦发生货损事故，被保险人应对货物采取必要的施救措施，以防止损失进一步扩大。因抢救、阻止或为减少货损的措施而支付的合理费用，可由保险人负责，但以不超过该批被救货物的保险金额为限。

4. 备妥必要的索赔单证

被保险的货物经过检验，确定损失后，应立即向保险人或其代理人提出赔偿要求。在提出索赔时，通常提供：

(1) 保险单或保险凭证正本。
(2) 运输合同，包括海运提单或陆路运单。
(3) 货物的商业发票。
(4) 检验报告、海事报告记录。
(5) 有关货损、货差的证明。
(6) 索赔清单等。

保险人在收到索赔单证后，会进行审核，主要包括：

(1) 索赔单证、证书、文件是否齐全。
(2) 单证上的内容记载是否相符。
(3) 货损是否发生在承保责任范围内。
(4) 提单上有无批注。
(5) 有无海事声明、海事报告、检验报告、残损单等。

10.2.2 保险损害赔偿原则的确定

保险合同是保险人对承保责任范围内的保险标的发生损害时负责赔偿的合同。根据保险合同确定损害赔偿的基本原则是：

(1) 被保险人对保险标的必须具有保险权益，否则不能依据保险合同提出赔偿。
(2) 保险合同内的标的必须具有损害发生事实，而且所发生的损害与运输风险有关。
(3) 赔偿不是保险标的的归还，而是在经济上给予补偿。

在保险理赔中，很多货损事故索赔均涉及第三者的责任，此种索赔的原则应遵循：

(1) 凡属发货人的过失所致，如货物残损、数量短缺、包装不牢等，则由收货人直接申请检验出证，并及时将商检证书和有关单证备妥，在规定的期限内向发货人提出索赔。

(2) 如货物的损害是由于承运人过失所致，收货人根据承运人的签证，申请检验出证，连同有关货运单交卸货口岸的保险公司或船公司代理。

(3) 涉及国内装卸和运输部门责任的货损事故，收货人应立即向有关责任方取得货运记录，直接向其提出索赔，或向保险人提出索赔。

(4) 在国内中转的货物由于运输安排过失而造成的货损、货差事故，收货人应向责任方提出索赔，保险人不负责任。

10.2.3 损害赔偿保险责任范围

货物赔偿责任范围主要根据保险人与被保险人订立的保险合同中的条款来确定，一般有三种基本条款。

1. 平安险的责任范围

（1）被保险的货物在运输途中因恶劣气候、雷电、海啸、地震、洪水等自然灾害造成全部损失或推定全损。

（2）由于运输工具遭受搁浅、触礁、沉没、碰撞、火灾爆炸等意外事故造成货物全部或部分损失。

（3）在货物装卸或转运时由于一件或数件货物落海造成的全部或部分损失。

（4）被保险人对承保责任内的货物遭受危险时采取抢救，或为防止或减少货损的措施而支付的合理费用，但以不超过该批货物的保险金额为限。

（5）运输工具遇难后，在避难港由于卸货所引起的损失，以及在中途港、避难港由于卸货、储存、运送所产生的特殊费用。

（6）共同海损分摊和救助费用。

（7）运输合同或提单上订有"船舶互碰责任条款"，根据该条款应由货方偿还船方的损失。

2. 水渍险的责任范围

除包括上述平安险的各项责任外，还负责被保险货物由于恶劣气候、雷电、海啸、地震、洪水等自然灾害造成的部分损失。

3. 一切险的责任范围

除包括上述平安险、水渍险的各项责任外，还负责被保险货物在运输途中由于外来原因所致的全部或部分损失。

对由于下列原因造成的货损，保险人不予赔偿。

（1）被保险人的故意行为或过失造成的货损。

（2）属于发货人的过失责任。

（3）在保险责任开始前，被保险货物业已存在品质不良或货物数量短缺。

（4）被保险货物的自然损耗、自然特性、内在缺陷、市价跌落、运输延误等引起的损失或费用。

（5）附加险条款规定的责任范围和除外责任。

■ **链接 10-3** 保险人诉多式联运经营人代位求偿案

要点提示：本案一审判决承、托双方所签合同为多式联运合同。多式联运经营人对全程运输享有承运人的权利，承担承运人的义务，因此该运输公司对本案的货损负有赔偿责任。原告与某船公司之间无合同关系，无权对某船公司提出合同违约索赔。在原告第一次起诉运输公司时，运输公司完全可以提起追偿之诉以避免追偿时效丧失的风险。另外追偿时效何时开始起算也是本案中需要关注的焦点问题。

1. 基本案情

2000 年 7 月，某公司将 2 000 t 货物从某港经过上海、重庆运至自贡，并同时投保了某保险支公司的海洋货物运输保险和国内水路、陆路货物运输综合险。该批货物国内运输区段由某运输公司承揽，某运输公司委托某船公司及其上海分公司所属"S"轮负责上海到重庆的江段运输，2000年7月4日，船队行驶到三峡一带，突遇上游普降暴雨导致涨水后发生断缆沉驳，导致1 344 t货物沉没灭失。

某保险支公司支付某公司保险赔偿后，依据某港监的《关于三峡船队断缆沉驳重大事故的处理通知》，于2000年11月27日在武汉海事法院起诉某船公司、某运输公司，要求赔偿损失共7 361 197元人民币。2002年5月16日，武汉海事法院一审判决称某公司作为托运人，将货物交给被告某运输公司承担水路和陆路全程运输，双方所签订的合同，其实质为多式联运合同。某公司与某船公司之间构成多式联运经营人和区段承运人的关系。依照《中华人民共和国合同法》关于多式联运合同的规定，多式联运经营人对全程享有承运人的权利，承担承运人的义务，因此某运输公司对本案的货损负有赔偿责任。原告与某船公司、某船公司分公司之间无合同关系，其无权对某船公司和某船公司上海分公司提出合同违约的索赔主张。判决某运输公司赔偿原告某保险公司损失5 977 799.62元人民币；驳回原告对某船公司和某船公司上海分公司的诉讼请求。

2. 处理结果

某运输公司和某船公司在一审判决后均向湖北省高级人民法院提出上诉。二审法院开庭后，运输公司方面考虑到二审结果的不确定性，以及将来追偿船公司的困难，最后进行了三方的庭后调解，本案最终得以在三方各自让步的基础上和解；运输公司赔偿原告50万元人民币，船公司赔偿150万元人民币，原告保险支公司放弃其他诉讼请求。

10.3　国际货运代理的责任

各国法律对货运代理所承担的责任的规定并不统一，按其定义的业务范围，将其责任范围的大小分为以下三种情况。

（1）作为国际货运代理，仅对自己的错误和疏忽负责。

（2）作为国际货运代理，不仅对自己的错误和疏忽负责，还应使货物完好地抵达目的地，这就意味着他应承担承运人的责任和造成第三人损失的责任。

（3）国际货运代理的责任取决于合同条款的规定和所选择的运输工具等，例如FIATA规定，国际货运代理仅对属于本身或其雇员所造成的过失负责。如其在选择第三人时已恪尽职守，则对于该第三人的行为或疏忽不负责任。如能证明他未做到恪尽职守，其责任应不超过与其订立合同的任何第三人的责任。

由于各国的法律规定不同，因此国际货运代理所承担的责任也有很大差异。国际货运代理的责任，主要是指国际货运代理作为代理人和当事人两种情况时的责任。

10.3.1　国际货运代理从事纯代理业务之责任

传统上，国际货运代理作为代理人，负责代发货人或货主订舱、保管货物和安排货物运输、包装、保险等，并代他们支付运费、保险费、包装费、海关税等，然后按整个费用的百分比收取一定的代理手续费。上述所有的成本均由（或将由）客户承担，其中包括国际货运代理因货物的运送、保管、保险、报关、签证、办理汇票的承兑和为其服务所引起的一切费用;同时,还应支付由于国际货运代理不能控制的原因,致使合同无法履行而产生的其他费用。

国际货运代理经被代理人授权,在该授权范围内,以被代理人的名义从事代理行为时,所产生的法律后果由被代理人承担。从内部关系看,被代理人和国际货运代理人之间是代理合同关系,国际货运代理享有代理人的权利,承担代理人的义务。在外部关系上,国际货运代理不是与他人所签合同的主体,不享有该合同的权利,也不承担该合同的义务。对外所签合同的当事人为其所安排的合同中的被代理人与实际承运人或其他第三人。当货物发生灭失或残损,国际货运代理不承担责任,除非其本人在代理过程中有过失,被代理人可直接向负有责任的承运人或其他第三人索赔。当国际货运代理在货物文件或数据上出现过错,造成损失,则要承担相应的法律责任,受害人有权通过法院向国际货运代理请求赔偿。所以,一旦发现文件或数据有错误,国际货运代理应立即通知有关方,并尽可能挽回由此造成的损失。

国际货运代理作为纯粹的代理人,通常应对其本人及其雇员的过错承担责任。

国际货运代理还应对其经营过程中造成第三人的财产灭失或人身伤亡承担责任。

■ **链接 10-4** 国际货运代理作为纯代理人常见的错误和疏忽:
(1) 未按指示交付货物。
(2) 尽管得到指示,办理保险仍然出现疏忽。
(3) 报关有误。
(4) 运货至错误的目的地。
(5) 未能按必要的程序取得再出口(进口)货物退税。

10.3.2 国际货运代理作为当事人的责任

国际货运代理作为当事人,是指在和客户开展业务的过程中,以其本人的名义承担责任的独立合同人。国际货运代理以自己的名义与第三人签订合同,或者在安排储运时使用自己的仓库或运输工具,或者在安排运输、拼箱、集运时收取差价,往往被认定为当事人并承担当事人的责任。国际货运代理作为合同当事人并以自己的名义安排托运人的货物运输。同时,托运人付给的是固定费用,而他付给承运人的是较低运费,即从两笔费用的差价中获取利润。此外,国际货运代理经营集装箱拼箱货,国际货运代理被视为契约承运人,应承担承运人的责任。

作为当事人,国际货运代理不仅对其本身和雇员的过失负责,而且应对在履行与客户所签合同过程中提供的其他服务的过失负责。

(1) 对客户的责任,主要表现在三个方面。其一,大部分情况属于对货物的灭失或残损的责任。其二,因职业过失,尽管既非出于故意也非由于粗心,但给客户造成了经济损失,例如不按要求运输,不按要求对货物投保,报关有误造成延误,运货至错误的目的地,未能代表客户履行对运输公司、仓储公司及其他代理人的义务,未收回提单而放货,未通知收货人,向错误的收货人交货。其三,迟延交货。尽管按惯例货运代理一般不确保货物到达日期,也不对迟延交货负责,但目前的趋势是对过分的延误要承担适当的责任,此责任限于被延误货物的运费或两倍的运费。

(2) 对海关的责任。有报关权的国际货运代理在替客户报关时应遵守海关的有关规定,向海关及时、正确、如实地申报货物的价值、数量和性质。如报关有误，国际货运代理将会遭到罚款，并难以从客户那里得到此项罚款的补偿。

（3）对第三人的责任。多指对装卸公司、港口等参与货运的第三人提出来的索赔所承担的责任。这类索赔可分为两大类：一是第三人财产的灭失或损坏及由此产生的损失；二是第三人的人身伤亡及由此产生的损失。

10.3.3　我国国际货运代理作为（当事人）独立经营人的责任形式

根据我国有关法律法规和业务活动实践操作，我国国际货运代理作为独立经营人的责任形式可分为以下几种情况。

（1）海运承运人身份的责任。

（2）多式联运经营人身份责任。

当国际货运代理负责多式联运并签发提单时，便成了多式联运经营人，被看作法律上的承运人。同时，作为收取全部运费的合同当事人，将承担履行多式联运合同，保证货物抵达目的地的全部责任。他承担对发货人、收货人之货损、货差的责任（延期交货的责任视提单条款而定）。多式联运过程中发生的货物灭失或损失，如能知道是在哪一区段发生的，作为多式联运经营人的国际货运代理的责任将适用于这一区段的国际公约或国家法律的有关规定。如无法得知，则根据货物灭失或损坏的价值，承担赔偿责任。发生货物迟延运抵目的地时，如能确定这种迟延发生在哪个区段并适用于这一区段的国际法律或国际公约的规定，则多式联运经营人依相应规定承担赔偿责任。但上述货物灭失、损坏或迟延，如能证明是由于某些即使恪尽职守也无法避免的原因造成的，则多式联运经营人可免责。

（3）"混合"身份的责任。

有些公司作为国际货运代理，从事的业务范围较为广泛，法律关系亦相对复杂，加之我国在国际货运代理方面的法律尚不健全，使国际货运代理在从事不同的业务、以不同的身份出现时，所享有的权利和承担的义务亦不相同。也就是说，其处于的法律地位不同，所承担的法律责任也不同。对于国际货运代理法律地位的确认，不能简单划一，而应具体情况具体分析。除了作为国际货运代理代委托人报关、报验、安排运输外，还用自己的雇员，以自己拥有的车辆、船舶、飞机、仓库及装卸工具来提供服务，或陆运阶段为承运人，海运阶段为代理人。在此情况下，货运代理有时须承担代理人责任，有时视同承运人，须承担承运人的责任。

（4）作为物流经营人的责任。

从事第三方物流的风险与责任，除了涵盖国际货运代理传统业务所面临的风险与责任外，还增加了许多额外的风险与责任。由于它是整个物流业务的组织者和指挥者，因此要对全过程负责，其风险概括为合同责任风险和与合同有关的其他风险。

① 客户的合同责任。

物流经营人与客户之间的法律责任主要体现于双方所签订的合同。物流服务合同中物流经营人所承担的责任，从接收货物到最终货物交付到客户手中，在整个过程中无论何时何处，无论是否在其实际控制之下，还是转由其他公司运输或保管，也无论是否属于其自身责任，对客户来讲，只要货物发生问题，均由物流经营人承担赔偿责任。

传统业务对时间的要求不高，一般协议无约定，而第三方物流对时间性的要求很高，即

just in time。也就是说第三方物流业务要求协助客户控制好存货与配送，做到在正确的时间内将完整无缺的产品、精确的数量送到准确的地点，甚至直接做到按时、按质、按量提供货物，否则直接影响到客户的信誉、形象和市场，给客户带来经济损失，所以物流服务对时间、质量的要求十分严格，一般合同中都以明确的条款加以规定。

传统业务通常为一票货、两票货、一船货、两船货的协议，而第三方物流服务的协议则通常为数年之久的长期协议，而且须规定清楚的条款，若做不到，切记不可轻易承诺，否则不但可能无法规避风险，反而需要承担难以承受的合同责任风险。

② 与分包人的合同责任。

物流经营人是所有"供应链"的组织者，其中有的"供应链"由自己负责，有的"供应链"需要委托分包人来具体实施。物流经营人这样做既是行业的惯例也是行业的特征。但实践中物流经营人常常会碰到这样的问题，即与资信情况好的分包人合作不仅能降低物流经营的成本，也可使物流经营人的责任风险降到最低；反之，如遇到分包人资信情况不好，甚至突然宣布破产或倒闭，那么物流经营人的损失也就无法得到弥补了，这样的风险也是存在的。在与分包人合作即物流运作的全过程中，如果客户发生损失，无论是物流经营人的过失还是分包人的过失，都要物流经营人先承担对外赔偿责任。尽管物流经营人在赔付后，尚可向负责任的分包人进行追偿，但由于物流经营人与客户和分包人签订的分别是背对背的合同，因此所适用的法律往往不一样，其豁免条款、赔偿责任限额及诉讼时效等有时也不一样，物流经营人可能会因此得不到全部赔偿。

③ 与信息系统提供商的合同责任。

物流经营人在利用信息技术时面临着以下两个问题：一是信息系统出现故障；二是商业秘密受到侵犯。一旦信息系统发生故障造成物流经营人的业务无法正常进行，不能及时履行向客户提供信息服务，甚至全部丢失，损失就会相当大。解决纠纷时，如果合同中根据有关法律明确地划分了双方的责任，则纠纷容易解决；如果没有作出明确的规定，同时既查不出原因，又无法确定责任方，则纠纷就很难解决。所以，物流经营人在与信息系统提供商签订合同时，要明确双方的责任，明确信息系统提供商在何种情况下，需承担多大的责任。

物流经营人的其他责任风险包括：投资的责任风险，方案设计的责任风险，金融服务的责任风险，特殊商品的责任风险，责任范围加大的责任风险等。

10.3.4 国际货运代理之除外责任

除外责任是指根据国家法律、国际公约、运输合同的有关规定，责任人免于承担责任的事由，又称免责。国际货运代理作为承运人时，与其他一般的承运人一样享有除外责任。对于承运人，我国《海商法》规定了12项免责事由。

国际货运代理的除外责任，归纳起来包括以下七个方面。

（1）客户的疏忽或过失所致。

（2）客户或其代理人在搬运、装卸、仓储和其他处理中所致。

（3）货物的自然特性或潜在缺陷所致，如由于破损、泄漏、自燃、腐烂、生锈、发酵、蒸发或由于对冷、热、潮湿的特别敏感性。

（4）货物的包装不牢固、缺乏或不当包装所致。

（5）货物的标志或地址的错误或不清楚、不完整所致。

(6) 货物的内容申报不清楚或不完整所致。

(7) 不可抗力所致。

上述七个方面的内容，通常规定在国际货运代理标准交易条件或与客户签订的合同中。尽管有上述免责条款的规定，国际货运代理仍须对因其自己的过失或疏忽而造成的货物灭失、短少或损坏负责。如果另有特殊约定，国际货运代理还应对货币、证券或贵重物品负有责任。

另外，在有关管理部门下达关于某种货物（危险品）的唛头、包装、申报等的特别指示时，客户有义务履行其在各方面应尽的职责。客户不得让其国际货运代理对由于下列事实产生的后果负责：① 有关货物的描述不正确、不清楚或不全面；② 货物包装、刷唛和申报不当等；③ 货物在卡车、车厢、平板车或集装箱的装载不当；④ 国际货运代理不能合理预见的货物内在的危险。

国际货运代理向委托人征询有关业务或处理意见时，委托人必须予以答复，委托人对要求国际货运代理所做的工作亦应及时给予各种明确的指示。如因指示不及时或不当而造成的损失，国际货运代理不承担任何责任。凡因此项委托引起的一切费用，除另有约定，均应按合同的规定及时支付。

■ 链接 10-5　货运代理不承担延迟交付损失

要点提示：在无直接书面证据的情况下，如何认定托运人与货运代理之间曾就变更承运人一事达成了一致意见，是本案的焦点。在货运代理人没有签署书面委托合同时，通常以往来文件、单据、传真、电话等确认委托关系，以及处理委托业务中的突发情况和变故。本案从托运人接到由变更后的承运人出具的提单后未及时提出异议，并且将提单交付收货人的行为，推定委托人同意变更承运人，符合行业惯例。

1. 基本案情

1999 年 11 月 2 日，某制衣厂（原告）与南非 B 公司于国内订立一份售货合同，约定原告将其价值 576 005 美元的裤子出售给南非 B 公司。装运期为 2000 年 3 月 30 日之前；结算方式为部分信用证、部分电汇；使用 MOSK 直达航班。2000 年 2 月 28 日，原告方业务员电传出口货物明细单一份，委托某货运分公司（被告）代订立 3 月 9 日上海至南非德班的直达船，出运 40 英尺集装箱一个，被告接受订舱委托后随后电传第三人 A 公司办理。3 月 10 日，原告又电传出口货物明细单一份，继续委托被告代订 3 月 15 日 MOSK 上海直达德班的 20 英尺集装箱一个，被告接受指令后仍电传第三人 A 公司办理。由于直达德班 18 舱位已爆满，被告在接到 A 公司的通知后，即电话通知了原告，在征得其同意后改订 CSAV 班轮，并分别于 3 月 16 日、3 月 21 日将原代理出运的两票货物已装船的提单邮寄给原告。原告收到上述提单后，于 3 月 28 日致函被告，对其擅自改变指令，变更承运公司而导致货物将要延期运达的做法提出异议，要求被告对所造成的原告损失 237 279.60 美元承担责任。4 月 13 日，原告又致函被告对因被告过错而造成的损失，确定为 120 835.60 美元并要求被告赔偿。被告答复："我司已严格按照双方约定完成代理事项，对于货物转船运输的行为，已得到原告认可，其导致原告货物迟延交付的责任，不应由我司承担。"原、被告协商未果，2000 年 10 月 20 日原告诉至武汉海事法院，要求被告赔偿其经济损失 120 835.60 美元及利息。

相关事实：上述原告委托被告代理出运的集装箱，分别于 3 月 9 日、3 月 16 日装船，两票货物亦分别于 4 月 17 日和 4 月 16 日抵达南非德班。收货人南非 B 公司将两票货物提取，并于 2000 年 9 月 19 日电传原告称：由于原告未按其约定将集装箱装上 MOSK 直达船致使货物延迟运达而错失销售时间导致违约，货物大部分堆在仓库，因此扣除 120 835.60 美元货款。在本案中，原告在与南非 B 公司的买卖中，开具了金额为 263 010.00 美元的信用证，而所涉两票货物总金额为 237 279.60 美元，原告在委托被告代理出运两票至南非货物的出口货物明细单上未约定运到期限。第三人 A 公司曾于 2000 年 3 月 17 日致函原告委托 3 月 9 日出运的货物由上海至南非德班，全航程期限为 24 天，并在接受被告保证原告转委托出运原告货物的代理过程中，将货物出运动态直接电传原告。本案中被告业务员与原告业务员有着多年的同学关系，2000 年 10 月 13 日在两人的来往信件中，被告业务员提到本案涉及的业务往来，并表达"对因我司疏忽给你司造成的损失深表歉意"等言辞（后被原告作为证据使用）。

2. 处理结果

法院经审理认为：原、被告双方以出口货物明细单形式建立的委托关系成立，原告指令明确，被告在原告知晓和未表示异议的情况下转委托第三人办理原告货物出运，没有改变原告的托运人的地位，仍以原告的名义办理出运手续，其代理行为符合法律规定的代理要求。原告称被告违反原告委托指令应予以赔偿的理由不能成立。因为从提单记载上，第三人直接发给原告的保函中，足以认定原告是知晓被告转委托这一事实的。再从原告在接受提单时，又未及时提出异议，并已将提单实际交付收货人提货这一事实来看，原告这一理由也不能成立。第三人以业务操作人员非公司员工而盗用公司名义对外经营，应由操作者所属公司承担责任的抗辩理由也不能成立，因为庭审中已对第三人出具的保函，即加盖的业务公用章进行质证，第三人认可是已于 2000 年 5 月停用的专用章，而此次出运货物的时间发生在 5 月之前，第三人应对其在保证期限内将原货物运抵南非而延期运到和擅自改变指令的行为承担责任。但由于原告不能提供充分的证据证明其损失存在，其诉讼请求没有得到法院的支持。后原告上诉，二审法院认为原判决认定事实清楚，适用法律正确，实体合理恰当，驳回了上诉，案件以维持原判而告终。

3. 法律分析

原、被告之间争议的此次货物出运属委托代理关系，并非运输合同关系，被告履行了代理义务，无过失，不应承担迟延交付责任。被告在得知原告委托代订 MOSK 直达德班的航班舱位已爆满后，及时通报了原告，在征得原告同意后，改订 CSAV 班轮，并于 3 月 12 日、3 月 17 日分别将提单寄给原告，提单中也载明"途经香港"。原告在收到提单后未提任何异议，继而将提单交付给收货人提货，原告已完成代理活动。虽原告极力否认曾同意转船，或者说被告曾擅自转船，但从原告在接受提单时未及时提出异议，并已将提单实际交付收货人提货这一事实来看，应视为原告对其行为的追认。

原、被告双方以出口货物明细单形式建立的委托关系成立，原告指令明确，被告在原告知晓和未表示异议的情况下转委托第三人办理原告货物出运的过程中，没有改变原告的委托人的地位，仍以原告的名义办理出运手续，其代理行为符合法律规定的要求。

第三人 A 公司在接受被告的委托后，应按委托指令履行代理活动。A 公司却擅自改变被代理人的指令，超越了代理权限，并在原告提出异议后，向原告出具了保函，A 公司应承担相应责任。

本案中第三人 A 公司以业务员沈某非公司员工而盗用公司名义对外经营，应由沈某所属公司承担责任为抗辩理由不能成立。因为第三人出具保函上加盖的业务专用章系 A 公司于 2000 年 5 月停用的业务章，而本次出运货物的时间在 5 月之前，A 公司应对其在保证期限内将原告货物运抵南非而延期运到和擅自改变指令的行为承担责任。

原告将被告业务员写给原告工作人员以老同学相称的私人书信作为被告已承认有过错责任不合常理，因为此信是在原告正式提出索赔请求 7 天之前写的，不可能对 7 天之后原告提起的索赔作出承诺。

10.4 调整国际货运代理法律关系的法律

10.4.1 涉及调整国际货运代理法律关系的中国法律

1. 《中华人民共和国民法通则》

简称《民法通则》。该法第二节对代理问题做了专门规定。《民法通则》规定的代理制度中，代理人必须以被代理人的名义行事，因此属直接代理，学理上称之为"显名代理"。

2. 《中华人民共和国合同法》

简称《合同法》。《合同法》专列二十一章对委托合同规定得比较详尽，并在委托合同一章中引入了英美法中的隐名代理制度和不公开本人身份代理制度，确立了披露和委托人的介入权制度，明确了委托合同的归责原则为过错责任原则，规定了委托人应当预付处理委托事务的费用和清偿受托人垫付费用及利息的相关制度等一系列新的制度。另外，该法同时又在二十二章对经纪合同列专章规定，即引用了大陆法系中的间接代理制度。

《合同法》的颁布对国际货运代理行业产生了深远影响。《合同法》对明确国际货运代理人和相关权利方的权利义务，规范国际货运代理行业行为有着重要的作用。《合同法》总则部分的规定适用于调节国际货运代理关系，分则中关于运输合同、仓储合同以及委托合同的规定对国际货运代理业务的开展具有重要的指导意义。

3. 《中华人民共和国海商法》

简称《海商法》。该法的规定也涉及对货运代理业务的调整。如国际货运代理人签发自己的提单，则享有承运人的权利，承担承运人的义务。

10.4.2 调整国际货运代理法律关系的中国行政法规和部门规章

为了规范货运代理市场，促进运输业的良性发展，国务院及其所属部门还颁布了一系列行政法规和部门规章，这些法规和规章也是调整国际货运代理业的重要依据。

1. 《中华人民共和国国际海运条例》

简称《海运条例》。该条例的制定有利于防范海事欺诈，平衡无船承运人权利和承担责任的能力，建立损害赔偿救济机制，保护当事人的利益。该条例中对无船承运人制度的规定必然对国际货运代理业影响深远。该条例由国务院颁发，属于行政法规，其效力高于其他部门的规章。

2. 《中华人民共和国国际海运条例实施细则》

简称《海运条例实施细则》，该细则由交通部颁发，于 2003 年 3 月 1 日起生效。

3. 《中华人民共和国国际货物运输代理业管理规定》

简称《货运代理业管理规定》，由原对外经济贸易合作部颁发。该规定是为了规范国际货运代理行为，保障进出口货物收货人、发货人和国际货物运输代理企业的合法权益，促进对外贸易发展而制定的。

4. 《中华人民共和国国际货物运输代理业管理规定实施细则（试行）》

简称《货运代理管理实施细则》，由原对外经济贸易合作部颁发。该实施细则不仅对国际货运代理业作了管理上的规定，还规定国际货运代理人可以以"独立缔约人"的地位经营。

10.4.3 调整国际货运代理法律关系的国际公约

国际公约也是法律的一个重要渊源。到目前为止，中国参加的涉及国际货运代理人制度的国际公约主要有：

（1）调整国际铁路货物运输的《国际铁路货物联运协定》（1951年），简称《国际货协》。

（2）调整国际航空货物运输的国际公约：《关于统一国际航空运输某些规则的国际公约》（1929年，简称《华沙公约》）、1955年修改《华沙公约》的《海牙规则》、（1999年的《蒙特利尔第四号议定书》）。

10.4.4 《中国国际货运代理协会标准交易条件》

《中国国际货运代理协会标准交易条件》（简称《交易条件》）由中国国际货运代理协会于2002年7月15日颁发，并推荐会员使用。如客户和国际货运代理人选择接受该标准交易条件，该标准交易条件则产生法律效力。该交易条件保护国际货运代理人的利益，其怎样解释是值得关注的问题。

综上所述，我国国际货运代理制度的框架已经基本形成，无论是调整国际货运代理横向具有平等地位的民事主体的法律关系，还是调整政府部门与货运代理企业间纵向的行政法律关系，都有相关的规定。但对国际货运代理制度认识上的局限，对商法代理制度法律规定的不同，以及部门分割带来的对国际货运代理制度的管理规定的不协调都表明我国的国际货运代理制度远非完善。

10.5 货运代理业务经营风险及防范对策

随着世界经济一体化，国际多式联运业务的蓬勃兴起为货运代理开拓业务、发挥所长、增加利润提供了机会。此时，作为多式联运组织者的国际货运代理人责无旁贷地成为国际多式联运业务经营人，成为整个运输责任的当事人。结合货运代理行业的源起和发展，货运代理人的身份已经由单一的代理人、兼负代理人和经营人的双重身份正式发展为独立承担运输责任的当事人。但是机遇与挑战并存，利润与风险同在，货运代理人不可避免地会遇到一系列风险，如何积极地采取有效的对策避免和降低风险，值得关注。

1. 风险一：身份错置

对于货运代理人而言，不同的身份决定不同的法律地位，同时也决定不同的权利和义务。很多货运代理人由于不清楚或不明确自己的身份，尤其是在货运代理人具有双重身份的时候，混淆托运人、代理人、独立经营人的概念，摆错自己的位置，从而行事不当，造成该行使的权利没有行使，不该承担的责任却要承担的被动局面。

对策：根据具体业务情况，分析自己的身份和法律地位，知道自己该干什么、不该干什么。

2. 风险二：未尽代理职责

货运代理人在作为代理人身份时，一定要谨慎履行合理的职责，这是对货运代理人最基本的要求。然而在实践中，货运代理人往往疏于管理，马虎大意，未能尽到合理的义务，因自身的过错而给托运人造成损失，这实际上也是给自己造成了损失。主要有以下几种情况：选择承运人不当；选择集装箱不当；未能及时搜集、掌握相关信息并采取有效措施；对特殊货物未尽特殊义务；遗失单据；单据缮制错误。

对策：建立健全内部规章，制定标准业务流程，对可能出现因疏忽造成风险的业务环节进行科学、全面的分析，使业务环节程序化、制度化，并不断完善，同时加强检查力度，使疏忽大意产生的概率降到最低。

○ **案例 1**

案件名称：错误交货索赔案

提要

在"门到门"整箱货运输过程中，货运代理 A 公司在接收货物后，未进行交接，签发托运单漏填集装箱箱号、封号和货物件数等重要事项，导致最终因错误交付货物造成损失，应负主要责任。

托运人在收到托运单后未核对托运单内容，没有及时发现错误，负次要责任。

案情简介

广西某货运代理 A 公司于 2003 年 4 月 14 日接受托运人刘××（此人在防城港联通工作，经常利用关系代一些外地货主订舱发货赚取一些代理费）二票订舱，根据要求，1×20GP 于 4 月 14 日晚到马尾装货，提单号为 COSU46922760，集装箱封号为 68578。另一 1×20GP 当晚到白龙装货，提单号为 COSU46922770，集装箱封号为 68579。

2003 年 4 月 28 日，根据托运单上的要求，A 公司通过电放通知营口某船代 B 公司把提单号 COSU46922770、集装箱封号为 68579 项下 1×20GP 货物放给收货人李××，指定营口另一货运代理 C 公司送货。同时，通过电放通知大连一船代 D 公司把提单号 COSU46922760、集装箱封号为 68578 项下 1×20GP 货物放给收货人刘××。

5 月 4 日晚约 22 点，发货方代理人接到目的港委托送货车队（营口 C 公司）来电告知：提单号为 COSU46922760、集装箱封号为 68578 的收货人李××卸货后拒绝签收该箱货物，理由为该箱货不属于自己。5 月 5 日上午约 9 时，又与提单号为 COSU46922770、集装箱封号为 68579 的货主刘××联系，刘确定自己没有收错货。至此，收货人一方说错收，一方说没错收，情况陷入僵局。收货人李××最后拒不收货并提出索赔货价损失 120 000 人民币及运费损失。

争议焦点

原告认为本次运输是"门到门"运输，A 公司作为承运人派司机带空箱到装货地白龙装箱时将已打印了船名、航次、开航日期、起运港、船公司和提单号的集装箱货物装箱单交给托运人,该装箱单可证明货物装箱封号为68578。

A公司认为装箱单是托运人自己打印并填写的,无A公司的签字或盖章,该装箱单并未交给自己,而国内水路运输装箱单不是必需的。

法院判决

法院认为:提单号为COSU46922760、集装箱封号为68578的托运单约定"门到门"运输方式,根据《国内水路货物运输规则》第七十九条第二款规定:"承运人、托运人、收货人对整箱货物,应当检查箱体、封志状况并核对箱号。"该条第四款同时规定:"集装箱交接状况,应当在交接单证上如实加以记载。"根据上述规定,A公司作为货运代理人,将空集装箱运到装货地交由原告装箱,A公司在接收整箱货时应核对箱号,与原告进行交接,填写交接单,并依据该交接单签发沿海货物托运单。而A公司违反上述规定,在接收货物后,未进行交接,签发沿海货物托运单漏填集装箱箱号、封号和货物件数等重要事项,又提供错误文件给承运人填制水路集装箱货物运单,导致最终错误交付货物。故A公司对货物错误交付承担主要责任,即70%的责任。而原告作为托运人,未进行货物交接有一定责任,而且在收到沿海货物托运单后,未核对该托运单上的运单号,没有及时发现并通知A公司更正错误,也是货物错误交付的原因之一。故原告对货物错误交付承担次要责任,即30%的责任。

因此,依照《中华人民共和国合同法》第一百零七条、第四百零三条第一款、《国内水路货物运输规则》第三十二条、第七十九条第二款、第四款之规定,判决如下:

1. 被告A公司于本判决生效后十日内一次性向原告李××赔偿不能交付货物所造成的货物价值损失84 000元(120 000元×70%)及其运费3 200元。

2. 驳回原告李××对被告A公司的其他诉讼请求。

3. 案件受理费4 002元,其他费用1 000元,由原告负担1 500元,A公司负担3 502元。

相关法律、法规

《中华人民共和国合同法》第一百零七条规定:"当事人一方不履行合同义务或者履行合同义务不符合约定的,应当承担继续履行、采取补救措施或者赔偿损失等违约责任。"第四百零三条第一款规定:"受托人以自己的名义与第三人订立合同时,第三人不知道受托人与委托人之间的代理关系的,受托人因第三人的原因对委托人不履行义务,受托人应当向委托人披露第三人,委托人因此可以行使受托人对第三人的权利,但第三人与受托人订立合同时如果知道该委托人就不会订立合同的除外。"《国内水路货物运输规则》第七十九条第二款规定:"承运人、托运人、收货人对整箱货物,应当检查箱体、封志状况并核对箱号。"该条第四款同时规定:"集装箱交接状况,应当在交接单证上如实加以记载。"

执行情况

A公司在法院规定的期限内付清李××法院判决款。

专家点评

在"门到门"整箱货运输业务中,货运代理与托运人之间进行货物装箱交接不认真,致使托运单集装箱箱号、封号和货物件数等有错,导致错误制作水路运单并错误交货,收货人可以拒收货物并向托运人或货运代理索赔由此造成的一切损失。

3. 风险三:超越代理权限

货运代理人作为代理人时,其代理行为应当在托运人的委托范围内,如果超越了委托范围,擅自行事,则由货运代理人自行承担责任。在业务实践中,货运代理人处处为托运人着想,为了货物及时出运不惜超越代理权限代行托运人的权利,比如签发各类保函、承诺支付运费、同意货装甲板、更改装运日期、将提单直接转给收货人,等等,这些行为有的可能托运人一无所知,有的可能事先得到托运人的默许或口头同意,但一旦出现问题,托运人便会矢口否认,由于没有证据证明托运人的认可,则货运代理人往往要为自己超越代理范围的行为承担责任。

对策:明确托运人的权利和责任,分清货运代理人与托运人权利和责任的界限,不要越俎代庖,替人受过。

4. 风险四:货主欺诈

目前,很多货运代理人为了承揽生意,吸引货主,往往采取垫付运费及其他相关费用的方式,而这一点恰恰被个别货主钻了空子。个别货主往往在前几票业务中积极付费,表现出具有良好信誉的假象,在获取货运代理人的信任后,在随后的某一大票业务中由货运代理人垫付巨额费用后,人去楼空,而他们自身往往可能就是收货人,在贸易方式中无形减少了运输的成本。

货主为了逃避海关监管,可能会虚报、假报进出口货物的品名以及数量,当货运代理人(包括报关行)代其报关后,经海关查验申报品名、数量与实际不符时,货运代理人可能首当其冲遭受海关的调查和处罚。

在集装箱运输方式下,由于货物不便查验,货主可能会实际出运低价值的货物,而去申报高价值的货物,并与收货人串通,(或者收货人就是该货主或其关联企业)伪造出具假发票、假信用证、假合同,当货物到达目的地,通过各种手段骗取无单放货后,发货人凭正本提单向货运代理人索要高于出运货物实际价值的赔偿。

对策:对货主实行资信等级考察制度,对不同等级的货主实行不同的对待策略,同时提高警惕性,时刻注意保护自身的权益。

5. 风险五:随意出具保函

目前,倒签、预借提单现象屡禁不止,凭保函签发清洁提单或无单放货的情况更是普遍。船公司为了规避自己的风险,一般在货主提出上述要求时要求货主出具保函,但经常由于货主远在异地或者货主的资信不能得到船公司的信任和认可,往往会要求货运代理人出具保函以保证承担由此引起的一切责任,或要求货运代理人在货主出具的保函上加盖公章,承担连带担保责任。货运代理人为向货主体现自己"优质"的服务质量,一般随意地按照船公司的要求出具了保函。货运代理人此时仅是货主的代理人,出具保函的行为是超越代理范围的自身行为,因此货运代理人所承担的风险责任也远远超越了其应当所承担责任的范围。

对策:加强制度管理,对外出具保函应当进行严格的审核,慎重出具,对于不应当或不必要以及可能损害货运代理人利益的保函坚决不出。

6. 风险六:法律适用问题

货运代理人在作为国际多式联运经营人时,由于货物运输可能同时采取几种运输方式,货物运输的路段也会涉及几个国家,每一种运输方式所适用的法律不同,其规定的责任区间、责任限额、责任大小都不尽相同,而不同国家的具体法律规定又是不同的,这样就有可能导致法律适用问题给货运代理人造成的风险损失。

由于各地的海关监管、免疫查验、出入境管理以及其他相关监管的法律法规的规定不同,而且货运代理企业又不能完全熟悉掌握,尤其是一些最新出台的法规,货运代理企业缺少信息追踪以及相关信息调研的部门,极有可能会触犯这些规定,从而招致处罚,轻则罚款,重则有可能被吊销当地的经营资格。

对策：加强对相关国家法律的研究和了解，明确自己的权利和责任。

○ 案例2

案件名称：留置集装箱货损索赔案

提要

签发运费预付提单后，在发货人不是收货人的情况下，即使在货到目的港后运费没有支付，船公司还是不能留置货物。否则收货人起诉，船公司是无法胜诉的。如果因错误地留置了货物而造成对货物的损坏，船公司还要负货损的责任。

案情简介

B公司承办天津黄埔华××公司由黄埔运往天津、营口、大连等港口的海上货物运输业务，运输的货物为瓷砖。华××公司前期尚能按期支付运费，但后来开始拖欠B公司运费。自1999年3月至5月，华××公司累计拖欠B公司运费200多万元人民币，经多次催收，华××公司以种种借口拒付。

1999年7月，B公司将华××公司告上法院，为使托运人华××公司结清运费，B公司当时还通知天津自己的代理天×公司留置了13×20GP瓷砖柜货物。因此提单收货人刘××诉至法院要求放货，经二审判决，认定B公司非法留置货物，应予以放货。B公司凭判决书通知天×公司放货，天×公司又以堆存费等未结清为由未能及时放货，后经法院强制执行及B公司支付了费用后，天×公司才最终放货。但是当刘××最终来提货时，发现货物已被拆箱散放，并发现严重货损（据货主电话反映是野蛮拆箱所致）。刘××称货物已无商业价值，要求赔偿95万元，并诉至广州海事法院。

B公司应诉时提出破损率的异议，于2001年7月，由广州海事法院委托天津商检局，双方派出代表对货物重新做检验，确定破损率。最终核定破损率为20%。刘××意识到就破损率请求赔偿将不能得到全额赔偿，遂于2001年9月增加诉讼请求，增加了市场变卖损失的赔偿请求，这一诉讼请求的增加为广州海事法院所接受，并形成对B公司极为不利的局面。

由于天×公司的擅自拆箱，造成了对B公司极为不利的局面。因此B公司在和律师分析案情后，权衡利弊，为了减少进一步的损失，决定与原告调解。经广州海事法院主持调解，双方自愿达成向原告赔偿货物损失40万元。

争议焦点

在提单运费预付的情况下，收货人不是发货人，运费未支付，船公司或货运能否因运费未付而扣货？因此而造成的货损，船公司要不要承担赔偿责任？

法院判决

法院认为，提单载明收货人为刘××，因此，作为承运人的B公司（签发提单）有义务向其交付货物。根据《水路货物运输管理规则》第二十七条等的规定，收货人应凭提单正本提货，但是由于B公司扣留了该提单正本，致使刘××无法取得提单正本，B公司认为其扣留提单正本是因为托运人未付运费，其扣留行为是合法的。但是，提单载明运费预付，因此，该笔运费应由托运人华××公司预付，如华××公司没有支付运费，亦应由承运人B公司向其追索。因此，B公司无权扣留本案所涉及的十三个集装箱的货物，亦无权拒绝收货人合理的提货要求。由此造成的货损也由扣货方承担赔偿责任。

相关法律法规

《货规》第三十七条规定，《水路货物运输管理规则》第二十七条规定。

执行情况

最后经广州海事法院调解，B 公司向收货人赔偿货物损坏及变卖损失费共 40 万元。

专家点评

本案由于运费未付，B 公司行使留置权进行了扣货，从《海商法》角度分析是对的。但要注意提单是否预付，收货人与发货人是否一致。在提单预付且收货人与发货人不是一人的情况下，船公司不能行使留置权。如果错误地行使留置权的话，不但要负交货的责任，也要承担因延误交货而造成的货物损坏等责任。

7. 风险七：垫付运费风险

垫付运费是当前货运代理人承揽业务的主要手段之一，对一些资金相对紧张的出口单位颇有吸引力，但是在吸引客户的背后却蕴藏着极大的风险。

首先是垫付运费的合法性问题。关键是作为代理人，在被代理人没有对支付运费做出明确授权时，自行代其垫付运费的行为是否应当受到法律保护？

其次是托运人的资信问题。凡是被垫付运费所吸引的托运人，大部分都存在资金紧张的问题，如果一旦托运人的经济状况恶化，货运代理人垫付的费用可能无从追回。

对策：不垫付运费，或者在与托运人的代理合同中明确垫付运费的授权。

8. 风险八：职员个人行为风险

企业的经营活动是通过其职员完成的，但并不是所有的职员都忠实可靠，他们的个人行为往往以公司职务行为为掩护，让货运代理企业无法辨别，误认其个人行为为公司行为，当个人攫取利益逃之夭夭后，又无从向其原单位索赔，从而导致经济损失。

个别职员长期负责某单位某项具体工作，比如领提单、拿支票，等等，货运代理人往往会放松对其警惕性，有些人在其公司解除劳动关系后，仍然冒名领取提单或骗取支票，事后由于该职员没有原单位的书面明确授权，货运代理人往往自食苦果。还有个别职员在某单位从事订舱工作，其在做公司正常业务的同时又承揽私人的业务，"公务"和"私务"交杂在一起，货运代理人很难区分，往往会造成不必要的麻烦。

对策：要求往来文件尽量加盖公司印章，对于个人的业务行为，要求其公司提供委托授权书，明确其行为为公司授权的职务行为。

9. 风险转移

货运代理人可以通过加强内部管理，规范操作流程，对客户实行信用管理，对合同方实行有效考核等一系列手段来规避经营风险。但是，经营风险应该说是层出不穷、防不胜防，必要的防范手段只能在一定程度上减少风险发生的概率，但不能完全避免它的发生，如何化解和转移风险是货运代理人应当面对和思考，也是急需解决的问题。实践中，投保货运代理责任险是转移经营风险较为有效的途径，通过这种方式可以转化一些无法预料和无法规避的经营风险，减少重大或突发风险事件带来的冲击和影响。我国的货运代理实施细则要求货运代理人在从事国际多式联运业务时要参加保险，虽然这项制度没有得到贯彻执行，但却说明国家对货运代理人投保责任险的重视。投保责任险可能会增加货运代理人的营运成本，但为其长期稳定的经营提供了保障，维护了货运代理人和广大货主的利益。货运代理人做大做强，如果不投保货运代理责任险，后果是难以想象的。投保责任险不仅是货运代理人自我保护的手段，也是对自己信誉的承诺。

但不得不指出的是，并不是投保了货运代理责任险，对货运代理人来说就是万事无忧了。保险公司也是以盈利为目的的，为了降低和减少其承担的赔付责任，会制定出相应条款。因此，如果将防范和规避风险的全部希望都寄托在保险公司上，最终受害的将是货运代理人自身。事实上，货运代理责任险只是企业在完善自身风险防范机制基础上的补充，是一种将无法预见的风险转移的权宜策略。货运代理人既不能盲目地相信自己的能力，同时也不能完全寄希望于保险公司。货运代理人的风险防范之路应以加强自身风险防范能力为主、投保货运代理责任险为辅，只有双管齐下，才能走得平安长久。

本章知识点小结

1. 货运代理处理货运事故时的作用。处理不同货运事故的要求各有侧重，货运代理在其中要做到及时发现事故，从承运人、港口、铁路局等相关方取得原始证据，保留索赔权，注意不造成诉讼时效延误。

2. 向责任人索赔与向保险公司索赔。掌握向运输相关方责任人提出索赔的程序和所需单证，注意切不可因为已向保险公司投保而放弃向责任人的索赔。否则，影响保险人依据代位求偿权取得的向责任方追偿的权利实现。如代理发货人、收货人等向保险公司索赔，注意被代理人是否有可保利益，及是否取得索赔的授权。

3. 签订业务合同要严谨。合同签订要严谨，并要严格按合同约定办事。在没有约定或超出约定的范围时，需事先征得委托人的同意，严格按照委托人的指示操作，来不及事先通知的，一定要在事后第一时间取得委托人的追认。否则，构成无权代理或越权代理，由货运代理承担当事人责任。同时，注意签约的身份，作为纯粹代理人和作为当事人的法律责任不同。

4. 履行代理事项应尽职尽责。代理在履行代理事项过程中，应履行告知义务，及时将业务进展情况通知被代理人。实际业务操作过程中，业务指令尽可能以书面形式体现，以避免产生理解上的歧义，也可为日后可能发生的纠纷提供充分的证据，分清双方责任。

5. 熟悉和代理业务相关的法律内容。

思考题

1. 简述货运事故发生的常见原因。
2. 试分析处理各类货运事故的共同程序。
3. 货运代理在代理货主对保险公司索赔时应该注意什么问题？
4. 区分货运代理处于纯代理人和当事人不同地位的责任及其原因。
5. 简述规范货运代理的适用法律。

附录1 常用货运业务缩略语（英汉对照）

缩　写	英　文	中　文
AA	always afloat	保持漂浮；永远漂浮
a. a. r.	against all risks	一切险
AC	account current	一切险
A/C	for account of	费用由……负担
acc.	Acceptance; accepted	已接受
acc. cop	according to the custom of the port	按照……港口惯例
acct.	account	账目，账户
acpt.	acceptance	接受
a. c. v.	actual cash value	实际现金价值
a. d.；a/d	after date	……日期以后
ADCOM	address commission	订舱佣金；租船佣金
ADD. COMM	address commission	订舱佣金；租船佣金
Add-on	tariff（also proportional or arbitrate in the U. S. A）	费率标记（在美国也指按比例或仲裁决定）
ADFT	aft draft	船尾吃水
ADP	automated data processing	自动数据处理
ADR	European Agreement Concerning the International Carriage of Dangerous Goods by Road	欧洲国际公路危险品运输公约
adv.	advise or advance	通知或提前
A. F.	advanced freight	预付运费
A. F. B.	air freight bill	空运运单
AFRA	average freight rate assessment	运费费率平均价
Agcy.	agency	代理公司；代理行
Agrd.	agreed	同意
Agrt.	agreement	协议
Agt.	agent	代理人
a. g. w.	actual gross weight	实际毛重；实际总重量
AGW	all going well	（取决于）一切顺利
A. H.	after hatch	后舱
air draft	length between water level	水平面至船舷的高度

附录 1 常用货运业务缩略语（英汉对照）

	and vessel's rail	
AM	ante meridiem=before noon	上午
AMT	Air Mail Transfer	航空邮寄
amt.	amount	金额；数额
A. N.	arrival notice	到达通知
A. O.	account of	……的账上
A/or	and/or	和/或
A/P	account paid	已付账款
approx.	approximately	大约
A/R	All Risks	一切险
arr.	arrival	到达；抵达
arrd.	arrived	到达；抵达
a/s	after sight	见票后……
A/S	alongside	靠码头；并靠他船
ASAP	as soon as possible	尽快；尽速
ASF	as follows	如下
Ass.	associate	准会员；公司
ATA	actual time of arrival	实际到达时间
ATD	actual time of departure	实际出发时间
ATP	Agreement for the International Carriage of Perishable Foodstuffs	国际易腐货物协议
attn.	attention	由……收阅
Atty.	attorney	律师（美）；代理人
auth.	authorized	授权的；认可的
aux.	auxiliary	辅助的；辅助设备
A. V.；Ad Val.	ad valorem accord in	运价标记（根据商品的值计算运费）；从价费率
AWB	Air Way Bill	空运单
BA	Bale Capacity	包装容积
B. A. C.	bunker adjustment charge	燃油附加费
B. A. F.	bunker adjustment factor	燃油附加费系数
Bags/Bulk	part in bags, part in bulk	货物部分袋装、部分散装
Bal.	Balance	平衡
BALTIME	UNIFORM TIME CHARTER	统一定期租船合同；巴尔的摩期租合同
B. C.	bulk cargo	散装货
B/D	bank (er's) draft	银行汇票
b. d. i.	both dates (days) inclusive	包括始末两天
Bdl.	Bundle	捆

bdth.	breath	宽度；型宽
bdy.	boundary	边境；界线
BENDS	Both Ends	装卸港
B/G	bonded goods	保税货物
BIMCO	BALTIC INTERNATIONAL MARITIME CONFERENCE	波罗的海国际航运公会
biz.	business	业务
Bk.	bank	银行
bkge.	brokerage	佣金；经纪费
BL.	bale	包（装）
B/L	Bill of Lading	提单
BLFT	bale feet	包装尺码（容积）
BLK.	bulk	散装
BLKR.	Bulker	散装船
break down	an itemized account of... item by item	细目分类
B. RGDS.	best regards	致敬；致意
brl.	barrel	桶（分英制美制两种）
B. W.	bonded warehouse	保税仓库
bxs.	boxes	盒；箱
CABLEADD	Cable Address	电报挂号
CAConf	Cargo Agency Conference（IATA）	货运代理公会（IATA）
C. A. F.	currency adjustment fac	货币贬值附加费系数
C. A. S.	currency adjustment surcharge	货币贬值附加费
CASS	Cargo Accounts Settlement System（IATA）	货运费用结算系统
C. B.	container base	集装箱底
c. b. d.	cash before delivery	交货前付现
CC	carbon copy	抄送
CC	charge collect	收取运费
CCL	customs clearance	清关
CCS	consolidated cargo（container）service	集中托运业务
c. &d.	collection and delivery	运费收讫、货物交毕
C/D	Customs Declaration	报关单
CEM	European Conference on Goods Train Timetables	欧洲货运列车时刻表会议
C&F	cost and freight（INCOTERMS）	成本加运费（……指定目的港）
Corp.	corporation	公司
C. O. S.	cash on shipment	装船费
COSCO	CHINA OCEAN SHIPPING COMPANY	中国远洋运输（集团）总公司
COTIF	Convention Concerning Int'l Carriage	国际铁路运输公约

	by Rail (CIM-CIV)	
CP	carriage paid	运费已付
C/P	Charter Party	租船合同
C/P blading	Charter Party Bill of Lading	租船提单
CPLTC	Conference Port Liner Term Charges	港口班轮装卸条款公会
CPT	carriage paid to (INCOTERMS)	运费付至（……指定目的地）
CQD	customary quick despatch	按港口惯常速度快速装卸
CSC	Container Service Charge	集装箱运输费用
CSC	Int'l Convention of the Safe Transport of Containers	国际集装箱安全公约
CSConf.	Cargo Service Conference (IATA)	货运业公会
CST	Container Service Tariff	集装箱运输费率
CT	combined transport	联合运输
C.T.	Conference Terms	公会条款
C/T	container terminal	集装箱码头
CTD	Combined Transport Document	联合运输单证
CTO	Combined Transport Operator	多式联运经营人
CTPC	Cargo Tariff Procedures Committee (IATA)	国际航空运输协会
cub.	cubic	立方
cu. ft; C.F.	cubic foot (feet)	立方英尺
cu. in.	cubic inch (es)	立方英寸
CUM	cubic meter	立方米
CVGK	customs value per gross kilogram	（毛重）每千克海关价值
CVGP	customs value per gross pound	（毛重）每磅海关价值
CWE	cleared without examination	未经查验过关的
CWO	cash with order	订货时预付款
cwt.	hundredweight	担，（英制）等于112磅，（美制）等于100磅
CY	container yard	集装箱堆场
D	diesel oil	柴油
D300	diesel oil 300 tons	柴油300吨
D/A	document against acceptance	承兑交单
DAF	delivery at frontier (INCOTERMS)	边境交货（……指定地点）
D.A.S	delivery alongside ship	船边交货
Dbk.	drawback	退（关）税
DCAS	Distribution Cost Analysis System	分拨费用分析系统
DDP	delivered duty paid (INCOTERMS)	完税后交货（……指定目的地）
DDU	delivered duty unpaid (INCOTERMS)	未完税后交货（……指定目的地）

缩写	英文	中文
Dem.	demurrage	滞期费
Dep.	departure	（船舶）离港
Dept.	departure	离港；外部
DEQ	delivered ex quay (duty paid) (INCOTERMS)	目的港码头交货（关税已付）
DES	delivered ex ship (INCOTERMS)	目的港船上交货
Desp.	despatch money	速遣费
CFS	container freight station	集装箱货运站
C. H.	carriers haulage	承运业
C. H. C.	cargo handling charges	货物装卸费
Ch. Fwd.	charges forward	运费到付
c. i. a.	cash in advance	交货前付现款
CIC	China Insurance Clause	中国保险条款
CIF	cost, insurance and freight	到岸价格（成本、保险费加运费）（……指定目的港）
CIF&C	cost, insurance, freight and commission	到岸价加佣金
c. i. f. c. &e.	cost, insurance freight, commission and exchange	到岸价、佣金加汇费
c. i. f. c. &i.	cost, insurance, freight, commission and interest	到岸价、佣金加利息
c. i. f. &e.	cost, insurance, freight and exchange	到岸价加汇费
c. i. f. &i.	cost, insurance, freight and interest	到岸价加利息
c. i. f. i. &c.	cost, insurance, freight, interest and commission	到岸价、利息加佣金
c. i. f. i. &e.	cost, insurance, freight, interest and exchange	到岸价、利息加汇费
c. i. f. L. t.	cost, insurance, freight, London terms	伦敦条款到岸价格
c. i. f. w.	cost, insurance, freight/war	到岸价格加战争险
CIM	International Convention Concerning the Carriage of Goods by Railway	国际铁路货运公约
CIP	carriage and insurance paid to	运费、保险费付至（……指定目的地）
CIV	International Convention on the Carriage of Passenger and Luggage by Railway	国际铁路旅客货运公约
CKD	completely knocked down (unassembled)	完全分解的
CL. B/L	Clean Bill of Lading	清洁提单
cm	centimeter(s)	厘米
cm^3	cubic centimeter(s)	立方厘米
Co.	company	公司

C/O (in)	care of	由……转交
CMR	Convention on the Contract for the International Carriage of Goods by Road	国际公路货运合同公约
C/N	Consignment Note	发货通知书
cnee.	consignee	收货人
cnmt./consgt.	consignment	发运
cnor.	consignor	发货人
C/O	Certificate of Origin	原产地证明
COA	CONTRACT OF AFFREIGHTMENT	包运合同
C.O.D.	cash on delivery	货到付款
C.O.F.C.	Container-on-Flat-Car (rail flat-car)	（铁路）装运集装箱平板车
COMBITERMS	Delivery Terms for Int'l Groupage Traffic	国际成组运输交货条款
comm.	commission	佣金
CONBILL	Conference Bill of Lading	公会提单
CONGENBILL	Conference General Cargo Bill of Lading	公会杂货提单
CO-OP	co-operation	合作
COP；CP	Customs of port	港口惯例
DESPONENT OWNER	second owner of the vessel	二船东
D.F.	dead freight	空舱费
Dft	draft	吃水
DHD	demurrage and half despatch	滞期费，速遣费为滞期费的一半
DHDWTS	despatch half demurrage and for working time saved	速遣费按滞期费的一半，并按节省的工作时间计算
dia.	diameter	直径
dir.	direct	直接
dm	decimeter	分米
dm^3	cubic decimeter (s)	立方分米
D/O	Delivery Order	提货单
DOCIMEL	Electronic Cim Document	电子单证
D/P	document against payment	付款交单
D.T.A.	definite time of arrival	确报；船舶确切到港时间
DWX	deadweight capacity	受载量
DWCC	deadweight cargo capacity	载重量
DWCT	deadweight cargo tonnage	载重吨；受载量
DWT	deadweight tonnage	载重吨
DWTC	deadweight tonnage of cargo	货物载重吨
ECE	International Convention for the Harmonization of Frontiers Controls of Goods	国际边境货物、人员过境公约

ECU	European Currency Unit	欧洲货币单位
EDI	Electronic Data Interchange	电子数据交换系统
EDIFACT	Electronic Data Interchange for Administration, Commerce and Transport	电子数据交换管理、商贸与运输
EDP	Electronic Data Processing	电子数据处理
E. G.	example gratia = for example	例如
EIR	Equipment Interchange Receipt (Containers)	设备交接单（集装箱）
EIU	even if used	即使使用（也不算）
e. l. &u. l.	exclusive of loading and unloading	不包括装卸
E/M	Export Manifest	出口载货清单；出口舱单
Encl.	enclosure or enclosed	附件或所附的
ep.	express paid	快递费付讫的
ETA	estimated time of arrival	（船舶）预计抵港时间
ETAD	estimated time of arrival and departure	（船舶）预计到达和离开时间
ETB	estimated time of berthing	（船舶）预计靠泊时间
ETC	estimated time of commencement	预计开始时间
ETCD	estimated time of commencing discharging	（船舶）预计开始卸货时间
ETD	estimated time of departure	（船舶）预计离港时间
ETL	estimated time of loading	（船舶）预计开装时间
ETS	estimated time of sailing	（船舶）预计开航时间
ex.	extra	额外的
excl.	excluding	不包括；除……外
Exp.	export	出口
Exps.	expenses	（费用）支出
EXW	ex. works (INCOTERMS)	工厂交货（……指定地点）
F	fuel oil	燃油
F300	fuel oil 300 tons	燃油 300 吨
F. A. A.	Free of All Average	一切海损不赔
f. a. c.	fast as can (loading or discharging)	尽快（装卸）
F. A. C.	forwarding agent's commission	货运代理人佣金
FAK	Freight All Kinds	（不分品种）同一费率
FALPRO	Special Program on Trade Facilitation (UNCTAD)	简化贸易手续特别计划
F. &D.	freight and demurrage	运费和滞期费
F. A. Q.	fair average quality	中等质量货物
FAS	free alongside ship (INCOTERMS)	船边交货（……指定装运港）
FBL FIATA	Multimodal Transport Bill of Lading (FIATA Document)	多式联运提单

FCA	free carrier (INCOTERMS)	货交承运人（……指定地点）
FCL	full container load	（集装箱）整箱货
FCR	Forwarders Certificate of Receipt (FIATA Document)	货运代理人收讫货物证明
FCSR&CC	Free of Capture, Seizure, Riots and Civil Commotions	掳获、捕捉、暴动和内乱不赔险
FCT	Forwarders Certificate of Transport (FIATA)	货运代理人运送证明
FDft	fore draft	船首吃水
FEU	forty equivalent unit	英尺标准集装箱
FFI FIATA	Forwarding Instructions (FIATA Form)	国际货运代理协会联合会代运说明
f. g. a.	Free of General Average	共同海损不赔险
FHEX	Fridays and Holidays Excepted	节假日除外
F. I.	free in	（船方）不负担装货费用
f. i. a. s.	free in and stowed	（船方）不负担装货和理舱费用
f. i. b.	free into barge	驳船上交货
FIC	freight, insurance, carriage	运费、保险费
f. i. h.	free in harbor	港内交货
f. i. l. o.	free in and liner out	（船方）不负担装货费用，但负担卸货费用
f. i. l. s. d.	free in lashed, secured and dunnaged	（船方）不负担装货、捆扎、加固和隔垫（料）等费用
f. i. o.	free in and out	（船方）不负担装、卸费用
f. i. o. s.	free in, out and stowed	（船方）不负担装卸和理舱费用
f. i. o. s. t.	free in and out, stowed and trimmed	（船方）不负担装、卸、积载和平舱费用
firavv.	first available	最有效的
FIS	freight, insurance and shipping charges	运费、保险费和装船费
f. i. w.	free into wagon	（船方）不负担装入货车费
FLT	forklift truck	叉车
FLT	Full Liner Terms	全班轮条款
FM	from	从……；来自……
F/M	Export Freight Manifest	出口载货运费清单
FOB	free on board (INCOTERMS)	离岸价格（船上交货）（指定装运港）
F. O. C.	flag of convenience	方便船旗
F. O. D.	free of damage	损坏不赔
f. o. w.	first open water	第一解冻日

FPA	Free from Particular Average	平安险
F. P. A.	Free of Particular Average	单独海损不赔
FPAD	freight payable at destination	目的地负运费
FRG	for your guidance	供你参考；供你掌握情况
Frt. fwd.	freight forward	到付运费
Frt. ppd.	freight prepaid	预付运费
Frt. ton	freight ton	运费吨
FT	foot or feet	英尺
FWC	full loaded weight & capacity (container)	满载重量和容积
fwd.	forward	前部
FWDft	fresh water draft	淡水吃水
Fwdr.	forwarder	货运代理人
FWR FIATA	Warehouse Receipt (FIATA Document) FIATA	仓储收据
G. A.	General Average	共同海损
G. A. A.	General Average Agreement (Bond)	共同海损协议（合同）
G. A. C.	General Average Contribution	共同海损分摊额（保险）
G. B. L.	Government Bill of Lading	政府海运提单
G. C.	general cargo	杂货
G. C. R.	General Cargo Rates	杂货费率
GDP	Gross Domestic Product	国内生产总值
GENCON	UNIFORM GENERAL CHARTER	统一杂货（程）租船标准合同；"金康"程租合同
GFA	General Freight Agent	货运总代理
GMT	Greenwich Mean Time	格林尼治标准时间
GNP	Gross National Product	国民生产总值
GR	grain capacity or gross	（船舶）散装容积或毛（重）
Grd.	geared	带吊杆的
GRT	gross register tonnage	总登记吨
GSA	General Sales Agent	销售总代理
GSP	GENERALIZED SYSTEM OF PREFERENCE	普惠制
GW	gross weight	毛重
HA	hatch	舱口
HADim	hatch dimension	舱口尺寸
HATUTC	half time used to count (as laytime)	实际所使用时间的一半应计算（为作业时间）
HAWB	House Air Waybill	货运代理运单；分运单
HD	heavy diesel	重柴油

hdlg	handling	处理，手续
HERMES	Handling European Railway Message Exchange-System	欧洲铁路运输信息交换系统
hgt.	height	高度
h/lift	heavy lift	重件货
ho.	hold	货舱
H. Q.	head quarters	总部
hrs.	hours	小时
i. a. w.	in accordance with	按照
ICC	Institute Cargo Clauses, London	伦敦协会货物条款（保险）
I. E.	id est = that is	即是……；那就是……
IMDC	International Maritime Dangerous Goods Code	国际海运危险品编码
imp.	import	进口
in.	inch (s)	英寸
inc.; incl.	including	包括
INCOTERMS	International Rules for the Interpretation of Trade Terms	国际贸易术语解释通则
INMARSAT	International Convention on the International Maritime Satellite Organization	国际海运组织
inst.	instant	本月的
intrm.	intermediate point	中转点
int.	intention	意下；企图
inv.	invoice	发票
IOP	irrespective of percentage	不管百分比
i. o. u.	I owe you	借据；欠条
I. P. A.	Including Particular Average	包括单独海损（保险）
IU	if used	如果使用
K. ATT	kind attention	请交；请转；请……收阅
kg	kilogram	千克
km	kilometer	千米
km²	square kilometer	平方千米
km. p. h.	kilometer per hour	时速
kn	knot	节
kW	kilowatt	千瓦
kWh	kilowatt-hour	度，千瓦时
L/A	Loyd's agent	劳埃德保险公司代理人，劳埃德船级社代理人
LADEN DRAFT	the draft when vessel is laden	（船舶）满载吃水

LASH	Lighter Aboard Ship	子母船
Lat.；lat.	latitude	纬度
lb（s）	pound（s）	磅
LBP	length between perpendiculars	（船舶）垂线间高
L/C	Letter of Credit	信用证
LCL	less than container load	（集装箱）拼箱货
LD	light diesel	轻柴油
ldg.	leading	导航的；主要的
LDT	length deadweight	轻载重吨
l.&d.	loss and damage	损失与残损
leg.	legal	法律上的；合法的
LEL	lower explosive limit	最低爆炸极限
LFL	lower flammable limit	最低燃烧极限
L/G	Letter of Guarantee	保证书；保证信
lgt.；L/T	long ton；long tons	长吨
LH	lower hold	底舱
liq.	liquid	液体（的）
Lkg/Bkg	leakage & breakage	漏损与破损
L/L	Loading List	装货清单
LNG	liquefied natural gas	液化天然气
LO/LO	lift on, lift off	吊上吊下；吊装
LOA	length over all	船舶全长
load.	loading	装货
loc.	location	当地；位置
long；Long	longitude	经度
LPG	liquefied petrochemical gas	液化石油气
LSD	loading, storage and delivery charge	装船、仓储和交货费用
LT	Letter Telegram	书信电报
LT	Liner Terms	班轮条款
L.T.	local time	当地时间
LTA	Lighter Than Air System（Airships）	气垫船
Ltd.	limited	（有限）公司
ltg.	Lighter age	驳船费
ltr.	Lighter	驳船
lump	lump sum	包干费；总数
l.& u.	loading and unloading	装卸
M.	measurement（s）	按货物的体积计算运价
m	meter（s）	米
m^3	cubic meter（s）	立方米

M	minimum (rate classification)	最低（运费）
MACH	modular automated container handling	集装箱自动化装卸
MAWB	Master Air Way bill	总运单（空）
max	maximum, the most	最大（多）
Mdm	Madame	夫人；女士
Mdse.	merchandise	商品
MFN	MOST FAVOURED NATION	最惠国
M. H.	Merchants Haulage	商船运输
min	minimum, the least	最小（少）
MOLOO	more or less at owner's option	溢短装由船东选择
MOLSO	more or less at shipper's option	溢短装由卖方选择
M+R	maintenance and repair (centre)	维护修理
M/R; M. R.	mate's receipt	大副收据
Mrs.	mistress	夫人
Ms.	miss, mistress	小姐；女士；夫人
msbl	missing bill of lading	丢失提单
msca	missing cargo	灭失货物
MT	Motor Tanker	内燃机油船
M/T	metric ton	公吨
MTD	Multimodal Transport Document	多式联运单证
MTO	Multimodal Transport Operator	多式联运经营人
MTON	measurement ton	尺码吨
MV	Motor Vessel	内燃机船
N	normal (rate classification)	普通货（运价）
NAABSA	not always afloat but safely aground	不经常漂浮但安全坐浅
NAOCC	Non Aircraft Operating Common Carrier	无航空器公共承运人
NAWB	Neutral Air Waybill (Forwarders Air Waybill)	货运代理人空运分运单
n. c. v.	non customs (commercial) value	无商业价值
n. e. s.	not elsewhere specified	不另说明
n. f. o.	not free out	不管卸货
n. l. t.	not later than	不迟于；不晚于
N/M	NO MARK	无唛头
n/n	non-negotiable	不可转让的
N.; No.; Nr.	number	编号
N/O	no order	无订单
n. o. e.	not otherwise enumerated	不另编号
n. o. p.	not otherwise provided	未另列出
n. o. r.	not otherwise rated	未估价

NOR	NOTICE OF READINESS	装卸准备就绪通知书
n.o.s.	not otherwise specified	未列名
NRT	net register tonnage	净登记吨
NT	net weight	净重
n.v.d.	no value declared	未声明价值
NVOCC	Non Vessel Operating Common Carrier	无船公共承运人
O-B-O	Oil-Bulk-Oil (Carrier)	矿石，散货和石油多用途船
OBS	Oil Bunker Surcharge	燃油附加费
OB/L	Ocean Bill of Lading	海运提单
OCP	Overland Common Points	内陆公共点
o.d.	on deck	甲板上
o.d.s.	operating differential subsidy	经营差别补贴
OFA	Ocean Freight Agreement	海运运费协议
o.r.	owner's risk,	风险由船舶所有人或货主承担
ORB	owner's risk of breakage	破损风险由货主承担
ORD	owner's risk of damage	损失风险由货主承担
ORF	owner's risk of fire	火灾风险由货主承担
OP	open top (container)	开顶式集装箱
o.t.o.r	on truck or railway	经公路或铁路
P.A.	Particular Average	单独海损
p.a.	per annum (per year)	每年
P	paragraph	文章的段或节
p	payment	支付；赔偿
P.A.	paid by agent	由代理支付
P.C.	Paramount Clause	最重要条款
p.p.c.f.	pounds per cubic foot	每立方英尺……磅
P. chgs	Particular Charges	特别费用（保险）
pct.	percent	百分比
pd.	paid	已付款
p.d.	partial delivery	部分交付
PDPR	per day or per rate	按天计算，不足一天按比例计算
P&D	pick up and delivery	提箱期
PENAVICO	China Ocean Shipping Company	中国外轮代理总公司
p.h.d.	per hatch per day	每天每舱口（租船）
P.&I. Clause	Protection and Indemnity Clause	保赔条款
P&I Club	Protection and Indemnity Club	船东保赔协会
pkg.	package	包装
P.L.	partial loss	部分损失（保险）
P.&L.	profit and loss	收益和损失

PLP	parcel post	包裹邮寄
PLTC	Port Liner Term Charges	港口班轮费
PM	post meridiem = afternoon	下午
pmt.	prompt	即时的
P/N	promissory note	期票；本票
P. O. B.	post office box	邮政信箱
P. O. D.	payment on delivery; paid on delivery	交货时付讫
POD	port of delivery	卸港
POL	port of loading	装港
POR	port of refuge	避难港
pp/ppd	prepaid	预付
pro. rata	in proportion	按比例（计算）
prox.	proximo = next month	下个月
p. t.	per ton	每吨
pt. /dest.	port of destination	目的港
pt. /disch.	port of discharge	卸港
PTL	partial total loss	部分和全部损失
ptly. pd.	partly paid	已付部分款
p. t. w.	per ton weight	按吨计
PWWD	per weather working day	每晴天工作日
Q	Quantity (rate classification)	数量
Q. C. O.	quantity at captain's option	数量由船长决定
Qn.	quotation	引述，引用
q. v.	quod vide (which see)	见本项
S	Surcharge (rate classification)	附加费
SB	Safe Berth	安全泊位
S/C	surcharge	附加费
S. &C.	Shipper and Carrier	托运人与承运人
SCR	Special Commodity Rate	列名商品费率
S/D	sailing date	起航日期
S/d	sight draft	即期
S. d.	small damage	小量损坏
SDR	Special Drawing Rights	特别提款权
SDT	Shipper Declaration for the transport of dangerous goods (FIATA)	发货人运输危险品申报表
S. &F. A.	Shipping and Forwarding Agent	运输代理
SHEX	Sundays, Holidays excepted	星期日和节假日除外
SHINC	Sundays, Holidays included	星期日和节假日包括在内
SINOCHART	China National Charter Corporation	中国租船公司

SINOTRANS	China National Foreign Trade Transportation Crop.	中国对外贸易运输总公司
s. l. &c.	shippers load and count	发货人装船和计数
SLI	shippers letter of instruction	发货人说明
s. l. /n. l.	ship lost or not lost	船舶灭失与否
S/O	Shipping Order	装货单；关单；下货纸
S. O. L.	ship owner's liability	船舶所有人的义务
SOS	save our ship; a message for help	（船舶遇难）呼救信号
S/P	stowage plan; cargo plan	货物积载图，船图
S. P. A.	Subject to Particular Average	平均分摊单独海损
SPACETONS	measurement tons including broken stowage space	包括亏舱在内的尺码吨
sq. cm（s）	square centimeter（s）	平方厘米
sq. in（s）	square inch（es）	平方英寸
SRCC	Strike, Riots and Civil Commotion	罢工、暴乱和内乱（保险）
SS	Steam Ship	蒸汽机船
stvdrs.	stevedores	码头装卸工人
SUB-CHARTERER	Third Owner of the Same Vessel	再租人；三船东
sub. L/C	subject to letter of credit being opened	按照开立的信用证
SUBLET	transfer the charter ship	转租
sub licence	subject to license being granted	按照批准的许可
subs.	substitute	代替
SWAD	Salt Water Arrival Draft	抵港海水吃水
SWDft	Salt Water Draft	海水吃水
T. A.	Telegraphic Address	电报挂号
TACT	the Air Cargo Tariff（FIATA）	空运货物费率
TB	to be	将要……
TBL	Through Bill of Lading	联运提单
TBN	to be named（or nominated）	待派（船）；待指定
TC	type cranes	单杆吊（船舶吊杆类型）
T. C. T.	Time Charter on Trip Basis	航次期租船
TD	time of departure	开航时间
TD	type derricks	双杆吊（船舶吊杆类型）
t. d.	tween deck	二层柜
TDO	Telegraph Delivery Order	电报交货单
tdy.	today	今天
TEEM	Trans-European-Express Merchandises（rail service）	横贯欧洲快运货物

TEU	twenty feet equivalent unit	20英尺集装箱换算单位
TIF	International Transit by Rail	国际铁路运输
tks.	thanks	感谢
TL	Total Loss	全损
TLF	tariff level factor	费率水平系数
tlx.	telex	电传
tnge.	tonnage	吨位
T. O. D.	time of discharge	卸货时间
TOFC	Trailer on board flatcar	平板车载运带拖车的
T. O. R.	time of receipt	收到时间
TOT	time of transmission	传递时间
tot.	total	总共
TOW	tare on weight (container stacking according to weight)	集装箱皮重
TPI	ton per inch	每一英寸载重吨
TPN	Theft, Pilferage and Non delivery	偷盗和提货不着（保险）
T/T	Telegraphic Transfer	电汇
T. T.	Terms of Trade	贸易条款
TT	Turbine Tanker	汽轮机油船
u. c.	usual conditions	通常情况下
U. D.	under deck	下层甲板
U. DK	upper deck	上层甲板
ULCC	Ultra-Large Crude Carrier	特大型油船
ULD	unit load device (aircraft)	成组货载装置
ult.	ultimo; last month	上月的
UU	unless used	除非使用
V	voyage	航程；航次
val.	value	价值
VAT	value added tax	增值税
V/C	Voyage Charter	程租船
Ves.	vessels	船舶
VIC	Very Important Cargo	非常重要货物
VIO	Very Important Object	非常重要目标
VLBC	Very Large Bulk Carrier	大型散装船
VLCC	Very Large Crude Carrier	大型油船
VOCC	Vessel Operating Common Carrier	有船公共承运人
v. v.	vice versa	反之亦然
W	gross weight	按货物的毛重计算运价
W. A.	With Average (Institute Cargo Clause)	承保海损

W/B	Way Bill	运货单
w. c.	with costs	付费的
w. c. c. o. n.	whether cleared customs or not	无论清关与否
W/d	working day	工作日
whf.	Wharf age	码头搬运费
whse.	warehouse	仓库
WIBON	whether in berth or not	（船舶）不管靠泊与否
WICCON	whether in customs clearance or not	（船舶）不管通关与否
WIFPON	whether in free pratique or not	（船舶）不管检疫与否
WIPON	whether in port or not	（船舶）不管抵港与否
wk.	week	周；星期
W/M	gross weight or measurement	按货物重量与体积分别计算，按高者收费
W/O；w/o	without	没有；不
WOG	without guarantee	没有保证
WP	without permits	天气许可的条件下
WPA	With Particular Average	承保单独海损
w. pri.	without privileges	无例外
W. R.	Warehouse Receipt	仓库收据
W. R. I.	War Risk Insurance	战争险
WRITING	we (I) shall write to you about it later	详情函告
wt.	weight	重量
w/t	weight tons	重量吨
WTS	working time saved	节省的工作时间
WTSBENDS	working time saved at both ends	装卸港均以节省的工作时间计算（速遣费）
w/v	weight/volume	重量或体积
WW	Warehouse Warrant	仓库栈单
ww	world-wide	世界性的
WWD	weather working day	晴天工作日
WWDSHEX	weather working day Sundays, holidays excepted	星期日和节假日除外的晴天工作日
WWDSHINC	weather working day Sundays, holidays included	星期日和节假日包括在内的晴天工作日

附录 2　常用附加费名称
（英汉对照）

英　文	中　文
Alteration Charge	变更卸货港附加费
Bunker Surcharge or Bunker Adjustment Factor，BAF	燃油附加费
Cleaning Charge	洗舱费
Destination Delivery Charge，DDC	目的地交货费
Devaluation Surcharge or Currency Adjustment Factor，CAF	货币贬值附加费
Deviation Surcharge	绕航附加费
Direct Additional	直航附加费
Emergency Bunker Surcharge，EBS	应急燃油附加费
Equipment Reposition Charge，ERC	空箱调运费
Fumigation Charge	熏蒸费
General Rate Insurance，GRI	整体费率上调
Heavy-Lift Additional	超重附加费
Ice Surcharge	冰冻附加费
Long-Length Additional	超长附加费
Optional Fees or Optional Additional	选择卸货港附加费
Original Receving Charge，ORC	产地接货费
Port Congestion Surcharge	港口拥挤附加费
Port Surcharge	港口附加费
Suez Canal Surcharge	苏伊士运河附加费
Terminal Handling Charge，THC	码头作业（操作）费
Transhipment Surcharge	转船附加费

附录3 常用提单名称
（英汉对照）

英文	中文	解释
ADVANCED B/L	预借提单	因信用证规定装运期和结汇期到期而货物因故未能及时装船，但已在承运人掌握之下或已开始装船，由托运人出具保函要求承运人预借的提单。
ANTE-DATED B/L	倒签提单	承运人应托运人的要求，在货物装船后，提单签发的日期早于实际装船完毕日期的提单。
BILL OF LADING	提单	提单是指一种用以证明海上运输合同和货物由承运人接管或装船，以及承运人据以保证在目的港交付的单证。
BLANK B/L 或 OPEN B/L	不记名提单	提单内没有任何收货人或 ORDER 字样，即提单的任何持有人都有权提货。
CHARTER PARTY B/L	租船合同提单	一般指用租船承运租船人的全部货物，船东签给租船人的提单，或者并非全部装运租船人的货物，而由船东或租船人所签发的提单。
CLEAN B/L	清洁提单	货物交运时，表面情况良好，承运人签发提单时未加任何货损、包装不良或其他有碍结汇的批注。
DIRECT B/L	直达提单	指货物自装货港装船后，中途不经换船直接驶到卸货港卸货而签发的提单。
FOUL B/L	不清洁提单	货物交运时，其包装及表面状态出现不坚固、不完整等情况，船方可以批注，即为不清洁提单。
HOUSE B/L	货运提单	由货运代理人签发的提单。货运提单往往是货物从内陆运出并运至内陆时签发的。这种提单从严格的法律意义上说，是缺乏提单效力的。
LINER B/L	班轮提单	班轮运输方式下签发的提单。

附录3 常用提单名称（英汉对照）

MINMUM B/L	最低运费提单	运费未到运价本规定的最低额，而按规定的最低运费计收。
MT B/L	多式联运提单	指货物由海上、内河、铁路、公路、航空等两种或多种运输方式进行联合运输而签发的适用于全程运输的提单。
OMNIBUS B/L 或 COMBINED B/L	并提单或拼装提单	不同批数的货物合并在一份提单上，或不同批数的相同的液体货装在一个油舱内签发几份提单时，前者叫并提单，后者叫拼装提单。
ON DECK B/L	舱面提单或称甲板货提单	货物装载于船舶露天甲板，并注明"甲板上"字样的提单。
ORDER B/L	指示提单	通常有未列名指示（仅写 ORDER），列名指示（ORDER OF SHIPPER 或 ORDER OF CONSIGNEE…COMPANY；ORDER OF…BANK）。此种提单通过指示人背书后可转让。
PARCLE RECEIPT	包裹提单	适用于少量货物、行李或样品等。
NONNEGOTIABLE RECEIPT RECERVED FOR SHIPPING B/L	收货待运提单或待运提单	指承运人虽已收到货物但尚未装船时签发的提单。
SAPARATE B/L	分提单	一批货物，即同一装货单的货物，可以根据托运人的要求分列两套或两套以上提单。
SHIPPED OR BOARD B/L	已装船提单	指承运人向托运人签发的货物已经装船的提单。
STRAIGHT B/L	记名提单	只有提单上指名的收货人可以提货的提单，一般不具备流通性。
SWITCH B/L	交换提单	起运港签发提单后，在中途港另行换发的一套提单，作为该批货物经由中途或中转站转运的提单。
THROUGH B/L	联运提单或称转船提单	指承运人在装货港签发的中途得以转船运输而至目的港的提单。

参 考 文 献

[1] 余世明. 国际货运代理理论与实务 [M]. 广州：暨南大学出版社，2006.
[2] 张炳达. 国际货运代理实务 [M]. 上海：立信会计出版社，2006.
[3] 杨志刚，等. 国际货运代理实务、法规与案例 [M]. 北京：人民交通出版社，2006.
[4] 司玉琢. 海商法专论 [M]. 北京：中国人民大学出版社，2007.
[5] 黄中鼎. 国际货运代理实务 [M]. 北京：中国物资出版社，2006.
[6] 姚大伟. 国际货运代理实务 [M]. 北京：中国对外经济贸易出版社，2003.
[7] 顾丽亚. 国际货运代理与报关实务 [M]. 北京：电子工业出版社，2004.
[8] 中国国际货运代理协会. 国际海上货运代理理论与实务 [M]. 北京：中国商务出版社，2005.
[9] 霍红. 国际货运代理与海上运输 [M]. 北京：化学工业出版社，2004.
[10] 杨占林. 国际货物运输操作规程 [M]. 北京：中国对外经济贸易出版社，2002.
[11] 李玉如，张立勇. 国际货运代理与业务 [M]. 北京：人民交通出版社，2001.
[12] 孙家庆. 国际货运代理 [M]. 大连：东北财经大学出版社，2003.
[13] 金乐闻，武素秋. 国际货运代理实务 [M]. 北京：对外经济贸易大学出版社，2000.
[14] 杨运涛，等. 国际货运代理法律指南 [M]. 北京：人民交通出版社，2002.
[15] 孟于群，陈震英. 国际货运代理法律及案例评析 [M]. 北京：对外经济贸易大学出版社，2000.
[16] 索琳. 货运代理企业运作指南 [M]. 北京：中国经济出版社，2004.
[17] 张清，杜扬. 国际物流与货运代理（2版）[M]. 北京：机械工业出版社，2004.
[18] 刘树密. 国际货运代理 [M]. 南京：东南大学出版社，2004.
[19] 中国国际货运代理协会. 国际货运代理基础知识 [M]. 北京：中国对外经济贸易出版社，2003.
[20] 中国国际货运代理协会. 国际多式联运与现代物流理论与实务 [M]. 北京：中国对外经济贸易出版社，2003.
[21] 孟于群. 国际货物运输物流案例分析集 [M]. 北京：中国商务出版社，2005.
[22] 王智强，罗来仪，金乐闻. 新编国际货运代理实务 [M]. 北京：对外经济贸易大学出版社，2005.
[23] 龙桂先. 国际物流与货运代理实务 [M]. 北京：机械工业出版社，2005.
[24] 刑颐. 货运代理 [M]. 北京：中国物资出版社，2006.
[25] 蒋晓荣，何志华. 国际货运与保险实务 [M]. 北京：北京大学出版社，2006.
[26] 杨茅甄. 集装箱运输实务 [M]. 北京：高等教育出版社，2003.
[27] 郭瑜. 海商法教程 [M]. 北京：北京大学出版社，2002.

[28] 王义源. 远洋运输业务 [M]. 北京：人民交通出版社，2005.
[29] 杨占林. 国际物流空运操作实务 [M]. 北京：中国商务出版社，2004.
[30] 徐月芳，石丽娜. 航空客货运输 [M]. 北京：国防工业出版社，2004.
[31] 董念清. 航空法判例与学理研究 [M]. 北京：群众出版社，2001.
[32] 谢海燕. 国际货运代理理论与实务 [M]. 北京：中国商务出版社，2008.
[33] 庞燕，邓平. 国际货运代理实务 [M]. 长沙：湖南人民出版社，2007.
[34] 张敏. 彻底搞懂提单 [M]. 北京：中国海关出版社，2009.
[35] 汪长江. 港口货运学 [M]. 杭州：浙江大学出版社，2010.
[36] 谭钧. 港口货运 [M]. 长春：吉林大学出版社，2012.